CADA UM NA SUA LEI

EDUSC – **Editora da Universidade do Sagrado Coração**

CONSELHO EDITORIAL

Prof. Ms. Rodrigo Antonio Rocha – Presidente
Prof.ª Dr.ª Ir. Elvira Milani
Prof.ª Ms. Ir. Ilda Basso
Prof.ª Ms. Ir. Susana de Jesus Fadel
Prof. Esp. Alexandre de Oliveira
Ir. Irene Cavassin
Prof. Dr. Marcos da Cunha Lopes Virmond
Prof. Dr. José Jobson de Andrade Arruda – Editor

Prof.ª Ms. Carina Nascimento
Coordenadora Editorial

Rua Ir. Arminda, 10-50
17011-160 — Bauru/SP
Fone (14) 2107-7111
Fax (14) 2107-7219
e-mail: edusc@edusc.com.br
www.edusc.com.br

STUART B. SCHWARTZ

Cada um na sua lei
*Tolerância religiosa e salvação
no mundo atlântico ibérico*

Tradução
Denise Bottman

Copyright © 2008 by Yale University

Texto atualizado segundo o Acordo Ortográfico da Língua Portuguesa de 1990, que entrou em vigor no Brasil em 2009.

Título original
All Can Be Saved: Religious Tolerance and Salvation in the Iberian Atlantic World

Capa
Mayumi Okuyama sobre *São Miguel salvando almas no purgatório*. Autor desconhecido. Coleção Stuart B. Schwartz. Brasil (?), séc. XVIII.

Preparação
Lucas Murtinho

Índice remissivo
Luciano Marchiori

Revisão
Márcia Moura
Huendel Viana

Dados Internacionais de Catalogação na Publicação (CIP)
Câmara Brasileira do Livro, SP, Brasil

Schwartz, Stuart B.
 Cada um na sua lei : tolerância religiosa e salvação no mundo atlântico ibérico / Stuart B. Schwartz ; tradução Denise Bottman. — São Paulo : Companhia das Letras; Bauru : Edusc, 2009.

 Título original: All can be saved : religious tolerance and salvation in the Iberian Atlantic world
 Bibliografia
 ISBN 978-85-359-1499-3 (Companhia das Letras)
 ISBN 978-85-7460-366-7 (Edusc)

 1. Espanha – História da Igreja 2. Portugal – História da Igreja 3. Tolerância religiosa – Espanha 4. Tolerância religiosa – Portugal 5. Tolerância religiosa – Espanha – Colônias 6. Tolerância religiosa – Portugal – Colônias I. Título.

09-06413   CDD-270.09171246

Índice para catálogo sistemático:
1. Tolerância religiosa : História da religião   270.09171246

[2009]
Todos os direitos desta edição reservados à
EDITORA SCHWARCZ LTDA.
Rua Bandeira Paulista, 702, cj. 32
04532-002 — São Paulo — SP
Telefone (11) 3707-3500
Fax (11) 3707-3501
www.companhiadasletras.com.br

*Para os amigos da velha guarda
Anita, Fernando, Jobson, Nathan e Evaldo
e
Para María*

Cada uno se puede salvar en su ley.
Antigo provérbio espanhol

Sumário

Agradecimentos 11
Introdução 15

I. Dúvidas ibéricas

    1. Proposições 37
    2. Conversos e mouriscos 74
    3. Tolerância cristã 114
    4. Portugal: cristãos-velhos e cristãos-novos 147

II. Liberdades americanas

    5. Proposições americanas: corpo e alma nas Índias 187
    6. Ajustes americanos 230
    7. Brasil: salvação numa sociedade escravocrata 269

III. Rumo ao tolerantismo

    8. Da tolerância ao tolerantismo no mundo atlântico ibérico do século XVIII 315
    9. Pelagianos rústicos 364

Notas 385
Bibliografia selecionada 441
Índice remissivo 469

Agradecimentos

Ao pesquisar e redigir este livro durante muitos anos e em vários países, contraí uma longa lista de dívidas intelectuais. Não posso mencioná-las todas aqui, e desde já peço desculpas se tiver esquecido alguém sem querer. Vou citar as pessoas que exerceram uma influência direta no livro. Em primeiro lugar, meus colegas de Yale Paul Freedman, Jon Butler, Steven Pincus, Francesca Trivellato, Keith Wrightson, Jaime Lara e Carlos Eire leram e criticaram várias partes do livro e partilharam o conhecimento de suas respectivas áreas de trabalho. Durante meu magistério nas universidades de Minnesota e Yale, tive o privilégio de trabalhar com ótimos estudantes da pós-graduação, com os quais aprendi muito. Alguns deles foram muito prestimosos na pesquisa e preparação deste livro, ajudando a localizar e copiar documentos, dando indicações bibliográficas e me pondo à prova em conversas frequentes. Agradeço especialmente a Daviken Studnicki-Gizbert, Martin Nesvig, Raphael Folsom, Eric Myrup, Jeremy Mumford, Jennifer Ottman, Ryan Crewe, Casey King e Tatiana Seijas pela ajuda e pelas ocasionais chamadas de volta à realidade que me impuseram.

Em todos os países onde fiz minhas pesquisas contei com o auxílio e a orientação de historiadores e outros estudiosos. Na Espanha, agradeço especialmente a James Amelang, Jaime Contreras, Asunción Merino, Elda "Picchi" González e Alfonso Moreno. Mercedes García Arenal me ajudou com seu conhecimento especializado dos mouriscos e deu preciosas sugestões bibliográficas que eu não conhecia. Devo um agradecimento especial a Fernando Bouza Álvarez, meu *hermano español* de longa data, pela amizade, apoio e incentivo, e à sua esposa Carmiña Escrigas, por fazer de Madri uma segunda casa para mim e minha família. Em Portugal, tenho muitas dívidas pessoais e intelectuais com meus velhos amigos Joaquim Romero Magalhães, António Manuel Hespanha, Francisco Bethencourt e Pedro Cardim. José Pedro Paiva dispôs generosamente de seu tempo e de seu incomparável conhecimento da história religiosa portuguesa. Na América espanhola, Pedro Guibovitch, de Lima, e Enrique Florescano, da Cidade do México, incentivaram o projeto de várias maneiras. No Brasil, onde trabalhei tanto tempo, sou grato a muitas pessoas, mas destaco Laura de Mello e Souza, Ronaldo Vainfas, Anita Novinsky, José Jobson de Arruda, Iris Kantor e Monica Dantas, que contribuíram diretamente para o livro. Também agradeço à Cátedra Jaime Cortesão e ao Laboratório de Estudos da Intolerância na Universidade de São Paulo pelo convite para que eu apresentasse minhas pesquisas a seus membros e alunos. Em Paris, na École des Hautes Études en Sciences Sociales, tive a oportunidade de expor minha pesquisa inicial entre colegas, como professor visitante, graças ao convite de Nathan Wachtel e Serge Gruzinski. Outros colegas da EHESS também me auxiliaram, e foram muito úteis os comentários e incentivos de Bernard Vincent, Guillaume Boccara e Jean-Frédéric Schaub.

Ao longo dos anos, pedi e recebi muita ajuda de vários colegas. David Nieremberg, Robert Lerner, Pamela Voekel, David Higgs,

Wayne Te Brake, Erik Midelfort, Jonathan Israel, Henry Kamen, Roberto González Echevarría e Jaime Lora se deram ao trabalho de responder às minhas indagações. As críticas e sugestões de hispanistas como Richard Kagan, Antonio Feros e Teo Ruiz e de latino-americanistas como David Brading, Ada Ferrer, Tamar Herzog, Herbert Klein, William Taylor, Kenneth Mills, Eric Van Young, padre Stafford Poole, Clara López Beltrán e Murdo McCleod contribuíram para esclarecer vários argumentos do livro e eliminar alguns erros. Como no caso de qualquer pesquisa acadêmica, meu trabalho foi possível graças à competência e à gentileza dos arquivistas e bibliotecários das instituições mencionadas na bibliografia. Devo uma menção especial a César Rodriguez, principal bibliógrafo latino-americano de Yale, por sua ajuda em localizar itens novos e obscuros. Minha filha Alison e meu filho Lee sempre me deram apoio e se empenharam em me mostrar o que realmente significa a tolerância. Por fim, quero reconhecer a ajuda e companheirismo de minha mulher, María Jordán Arroyo, cujo interesse pessoal pela história da religião e cultura espanholas foi o verdadeiro estímulo para que eu convertesse este projeto num tipo de historiografia muito diferente da que sempre pratiquei. Ao lado dela, as horas que passamos nos arquivos da Espanha e de Portugal e nossas conversas constantes sobre esses temas fizeram os anos voar. Elas enriqueceram o livro e a minha vida.

Introdução

Este livro foi concebido na cama. Lembro-me de rir alto, numa noite de inverno em Minneapolis, ao ler *O queijo e os vermes*, de Carlo Ginzburg, imaginando como fora tolerante e moderno o moleiro e livre-pensador friulano Menocchio quando disse a seus inquisidores, em 1584, que ninguém sabia realmente qual era a melhor religião; e que embora, claro, fosse católico, se tivesse nascido entre os turcos teria vivido na religião deles achando que era a melhor. A salvação era possível em qualquer religião, dizia ele, porque Deus ama a todos nós.[1] E pensei: que curioso, que sensato, que singular! Ainda dando risada, apaguei a luz. A vida continuou; a passagem foi esquecida. Dez anos depois, trabalhando nos arquivos da Inquisição espanhola sobre as ideias de sexualidade na Espanha e em suas colônias, comecei a encontrar casos de pessoas com atitudes perante as outras religiões muito parecidas com as de Menocchio. Na maioria era gente simples, mas alguns clérigos e leigos instruídos também expressavam ideias de tolerância e relativismo religioso, muitas vezes resumidas numa mesma frase: *cada uno se puede salvar en su ley* [cada um pode se salvar em sua lei]. Como era possível esse tipo de relativismo ou tolerância no início da Idade Moderna em Portugal e na Espanha, os exemplos clássicos da ortodoxia imposta pela Reforma católica? Quem eram essas pessoas e de onde haviam tirado tal ideia? Aquilo desafiava todas as minhas suposições sobre o passado de Portugal, da Espanha e de suas respectivas colônias na América Latina, e senti minha curiosidade espicaçada. Assim nasceu este livro.

Como logo ficará claro, entrelacei os temas da tolerância e da salvação porque foi o problema da salvação, em seus aspectos espirituais e políticos, que levou às primeiras especulações sobre a tolerância religiosa. Para as pessoas do final da Idade Média e começo da Idade Moderna nada era mais importante do que a busca da salvação, ou pelo menos era isso o que elas ouviam constantemente de padres e teólogos. A vida era curta e a eternidade interminável, e garantir a salvação da alma era uma questão de máxima urgência. Mas a soteriologia, a ciência da salvação, era objeto de controvérsias. Os cristãos do Oriente e do Ocidente aceitavam uma única cristologia (a ideia de Jesus Cristo como Deus e homem), mas as interpretações soteriológicas variavam e às vezes se sobrepunham. Seria a morte de Cristo um exemplo para a humanidade, o preço pago pela redenção dos homens, o resgate dos pecados de todos, a quitação da dívida dos seres humanos diante de Deus, ou um sacrifício? E essas não eram as únicas interpretações.[2] Havia muitas divergências sobre a melhor maneira de alcançar a salvação, e elas ocupavam o centro do conflito religioso e do processo de conversão religiosa que acabaram dividindo a Europa quinhentista entre o campo católico e o campo protestante. A salvação levava a muitas perguntas difíceis. Qual era a chave para a salvação e a vida eterna: a graça divina e os sacramentos da Igreja ou as boas ações de uma vida reta? Em termos gerais, os protestantes, sobretudo os calvinistas, enfatizavam a graça, ao passo que a Igreja de Roma frisava o mérito e as ações humanas, mas os dois lados apresentavam muitas variações. E havia outras perguntas. O que acontecera com quem tinha vivido e morrido antes da vinda de Cristo ou quem nunca tinha ouvido a mensagem cristã? Na Europa renascentista, com sua profunda admiração pelo saber e pela filosofia dos autores clássicos, era difícil para muitos aceitar a ideia de que Platão e Aristóteles estariam condenados à eterna danação; além disso, os descobrimentos europeus revelaram povos e mundos antes desconhecidos, e teólogos e laicos começaram a questionar a ideia de que todos aqueles gentios, mesmo os que viviam de acordo com a lei natural, estariam condenados por desígnio de Deus.

O problema da salvação já preocupara os primeiros pais da Igreja, e posições divergentes como a do teólogo alexandrino Orígenes (185-254), que achava que um Deus misericordioso acabaria salvando a todos (heresia da apocatástase), e a do monge inglês Pelágio (354-420), que enfatizava a bondade humana e a possibilidade de obter a salvação pelo esforço pessoal, foram definidas como heréticas. Seguindo de perto os escritos de Santo Agostinho, a posição de Roma desde a Idade Média sustentava que a salvação só era possível após o batismo dentro da Igreja, e que havia várias restrições a ela. No entanto, restavam várias questões e dúvidas desafiando a compreensão e a fé de muitas pessoas.

Tais questões se tornaram ainda mais prementes no século XVI. As viagens da expansão europeia, o grande trabalho missionário mundial e a reforma da Igreja ocorreram à sombra da discussão maior sobre os desígnios divinos de redenção e o caminho adequado para a salvação individual. A posição da Igreja sintetizada na doutrina *extra ecclesiam nulla salus*, ou seja, "fora da Igreja não há salvação", parecia deixar claro o papel único e a validade exclusiva da Igreja de Roma, mas historicamente esse dogma continuou a incomodar teólogos e laicos, como acontece até hoje.[3] E os muçulmanos e judeus, ou pagãos, ou membros de outras igrejas cristãs que viviam vidas retas? E os chineses, japoneses, indianos e povos do Novo Mundo? Estavam todos condenados? Se não estavam necessariamente condenados, então o plano divino podia ser mais amplo e menos excludente. Outros credos também podiam ter alguma validade (ou nenhuma religião ter qualquer validade), e nesse caso a tolerância e a aceitação de outras vias poderiam não apenas ser uma solução prática mas também estar de acordo com os desígnios divinos. Fazia muito tempo que a Igreja considerava tais ideias como posições heréticas ou heterodoxas, mas elas existiam desde o começo da Cristandade. Sustento neste livro que essas antigas ideias nunca desapareceram e que, mesmo sendo minoritárias, acabaram fornecendo um contexto e de certa forma deram origem a avanços filosóficos que levaram ao surgimento da tolerância religiosa e da liberdade de consciência, conceitos centrais do mundo moderno. Mas nem tudo era uma questão de ideias, e vou demonstrar que também havia uma longa tradição de indiferença. Existiam vários graus de crença e vários graus de indiferença, o que também faz parte da história. Evidentemente, tais ideias de tolerância, ceticismo e indiferença religiosa eram parte de um vasto leque de ideias heterodoxas, por vezes classificadas de heréticas, mas nem todos os que criticavam algum aspecto do dogma ou os excessos de Roma, ou que denunciavam os abusos de um determinado padre ou bispo, toleravam outras religiões. Mesmo assim, espero mostrar que a dissidência numa certa área do dogma era amiúde acompanhada pelo questionamento de outros postulados, de forma que a tolerância religiosa por vezes era acompanhada por outras dúvidas. No século XVIII, os defensores ibéricos da ortodoxia entendiam o tolerantismo religioso como o pernicioso produto final da dúvida e da liberdade de consciência.

 Os estudiosos não costumam abordar a história do tolerantismo de baixo para cima. O tema fascina os historiadores desde longa data, e deu origem a uma vasta e variada bibliografia, incluindo algumas obras importantes, mas também marcada por certas características peculiares. Em primeiro lugar, o estudo do tolerantismo se desenvolveu basicamente como ramo da história das ideias ou como subcategoria da história das doutrinas religiosas. Como escreveu o estudioso holandês Heiko Oberman, provavelmente não existe nenhum outro campo da história que tenha se mantido com tanta obstinação nas mãos dos historiadores das ideias.[4] Até a década passada, quase todos os estudos do tolerantismo se concentravam exclusivamente nas elites cultas, o que veio a se denominar de "república das letras", e nas grandes guinadas intelectuais no desenvolvimento do tolerantismo ou, mais recentemente, no contexto político desses fenômenos.[5] Tais estudos costumavam enfocar um determinado pensador (mais raramente, uma determinada pensadora) e sua contribuição para o desenvolvimento geral da teoria do tolerantismo. Existem dezenas de livros que examinam o tolerantismo, geralmente no âmbito da cristandade ocidental. O elenco de personagens é bastante previsível: John Wyclif, Christine de Pisan, Nicolau de Cusa, Bartolomé de las Casas, Jean Bodin, Thomas Hobbes, Samuel Pufendorf, Baruch Spinoza, Pierre Bayle, G. W. Leibniz, Daniel Defoe, Jean Le Clerc, John Locke e François-Marie Arouet Voltaire, para citar apenas os que aparecem na recente minienxurrada de coletâneas de ensaios. Apesar das diferenças óbvias, existem grandes semelhanças de tema e tratamento na maioria desses livros, concentrando-se nas ideias de um único teólogo, filósofo ou político, estendendo-se sobre considerações de ordem filosófica ou política e se mantendo muito próximos a determinados textos.[6] De modo geral, esses estudos estão desvinculados de qualquer discussão sobre a acolhida de tais ideias entre a população e de qualquer discussão sobre o papel dessa população ao adotar ou mesmo gerar tais ideias. O jesuíta francês Joseph Lecler, autor do clássico estudo *Histoire de la Tolérance dans le siècle de la Réforme* (2 vols., 1955), escreveu uma história intelectual tradicional, situando os pensadores individuais em contraste à política em transformação numa Europa dilacerada pela luta religiosa. Mas ele percebeu que estava faltando alguma coisa em sua obra, e terminou esse livro magnífico com a seguinte observação:

> Assim, este ensaio histórico não se encerrará propriamente com uma espécie de cerimônia de premiação em honra de alguns indivíduos notáveis como "heróis da tolerância". Tentei não subestimar as personalidades importantes que contribuíram várias vezes com observações penetrantes sobre o tema. Foi por isso que examinei cuidadosamente suas doutrinas; mas também procurei mostrar que eles próprios pertenciam a um determinado meio social como humanistas, políticos, eclesiásticos e cidadãos comuns, e que todo esse meio já tinha consciência das mesmas questões. Nesse aspecto, a história e a sociologia se sobrepõem no estudo da tolerância.[7]

Lecler reconhecia que a história da tolerância e do pluralismo religioso envolvia não só a elite intelectual mas também a sociedade como um todo, o "meio", e que havia uma relação entre a sociedade e os pensadores abordados em sua obra. Naquela época, ele não dispunha das fontes nem do método para tratar dessa relação. É o que pretendo fazer no improvável contexto do mundo hispânico.

A Península Ibérica não ocupou praticamente lugar algum em toda a historiografia do tolerantismo. Para quase todos os historiadores do tolerantismo, e para os intelectuais do século XVIII, Espanha, Portugal e suas respectivas inquisições pareciam ser o próprio símbolo da intolerância, e, como esses países passaram para a condição de potências de segunda ou terceira categoria, apareciam na história do tolerantismo apenas como exemplos salutares dos riscos e custos da intolerância. Naturalmente, alguns estudiosos espanhóis sempre discordaram dessa avaliação, mostrando que a unidade religiosa ajudou a Espanha a evitar os conflitos internos da época da Reforma e argumentando que, em vista do grau de intolerância comprovadamente existente na Genebra reformada, na Inglaterra elisabetana e na Nova Inglaterra puritana, os estudiosos estrangeiros deveriam refrear um pouco seu afã em apontar um dedo acusador contra a Espanha.[8] A obra de Henry Kamen, o principal historiador moderno do tolerantismo na Espanha, é um exemplo dessa postura. Ele foi o único a se preocupar com a questão na Espanha, e afirmou algumas vezes que ela talvez fosse a nação europeia "mais tolerante" no século XVI.[9] Ele faz essa inversão sustentando que os teólogos espanhóis eram os que mais se dispunham a usar a persuasão, que a Espanha nunca se entregara às terríveis caças às bruxas que assolaram a Europa setentrional, e que tampouco pusera os dissidentes a arder na fogueira com tanta frequência quanto a maioria dos outros países. Devo muito aos estudos de Kamen e aos nossos contatos pessoais, mas no fundo nem sempre nossas interpretações coincidem. De vez em quando acho muito restritiva sua definição de tolerantismo, que ocasionalmente se limita às relações entre os cristãos, excluindo os outros credos. Além disso, mesmo ciente das expressões populares da tolerância e outras formas de dissidência, ele se concentra basicamente na política de Estado e no discurso dos doutos. Todavia, Kamen é um dos raros historiadores a dar uma atenção séria a esse assunto no mundo ibérico.

Segundo meu juízo e meu gosto, o afastamento entre o discurso acadêmico e a cosmologia da maioria da população tornou a historiografia do tolerantismo religioso previsível: os estudiosos discutem as sutilezas de determinados textos e as diferenças entre os autores, numa história que se estende da repressão no século XVI ao Iluminismo e ao crescente tolerantismo no século XVIII.

Nessa cronologia, o que se narra é o desenvolvimento da atitude tolerante nascida de três fontes fundamentais: a necessidade prática, o interesse próprio propenso a promover a convivência religiosa e, por fim, a convicção filosófica. Uma Europa esgotada pelas lutas religiosas começou a buscar uma solução de compromisso tolerando (no sentido de permitir algo desagradável) a prática de outras religiões. No século XVII, as possíveis vantagens econômicas do tolerantismo religioso, evidenciadas pela atitude de Amsterdam em relação aos judeus, levaram políticos e dirigentes como Jean-Baptiste Colbert na França, Oliver Cromwell na Inglaterra, Gaspar de Guzmán y Pimental e o conde-duque de Olivares, na Espanha e o padre António Vieira em Portugal a defender algum tipo de tolerantismo como política de Estado, e no final daquele século e no começo do século XVIII as considerações de ordem prática se somaram aos avanços filosóficos de Spinoza, Locke e Voltaire. Esses autores apresentaram um conjunto de argumentos convincentes que criou a base moderna do tolerantismo religioso, em que a liberdade de consciência passava a ser um direito inato e não uma dádiva ou concessão, como era antes.[10] O que falta são os contextos sociais e culturais em que ocorreram essas mudanças e a acolhida social dessas ideias.

O tema deste livro não é a história do *tolerantismo* religioso, usualmente designando uma política de Estado ou da comunidade, e sim da *tolerância*, significando um conjunto de atitudes ou sentimentos. Muitas vezes há um vínculo histórico entre ambos, mas não estão forçosamente associados. O tolerantismo era amiúde uma solução de compromisso nascida de considerações políticas ou econômicas de ordem prática, e não de sentimentos de tolerância. Este livro, portanto, trata de atitudes culturais. Já não se usa muito a expressão história das mentalidades, tão em voga nos anos 1970 e 1980, porque ela parece projetar uma excessiva unidade de pensamento sobre as sociedades do passado, e na verdade os personagens principais deste livro são pessoas que muitas vezes enfrentavam as ideias dominantes da época. Assim, concebi o livro como uma história social das atitudes ou uma história cultural do pensamento, mas, ao contrário do gênero da história das ideias, ele não é um estudo de grandes pensadores e grandes ideias e sim de casos de pessoas comuns, na maioria desconhecidas até o momento, apresentando o que pensavam e diziam a respeito do mundo e o que lhes parecia justo e correto.

Vale perguntar, pois, como fez meu velho amigo, o historiador David Brading, ao ouvir uma palestra minha sobre essas pessoas: o que de fato esses dissidentes representavam? Eram só uma meia dúzia de gente esquisita e descontente, do tipo que toda sociedade produz, e que expunham apenas a própria infelicidade e marginalidade? Ou eram pessoas dando voz a uma insatisfação mais ampla e mais profunda dentro da sociedade? É a velha pergunta: quantas andorinhas fazem um verão? Há aí um sério problema epistemológico ou metodológico. Trato de pessoas cujas manifestações de dissidência resultaram em prisão e muitas vezes em punição. Minha pesquisa revelou centenas de casos de pessoas com algum tipo de atitude tolerante, relativista, universalista ou cética em relação à religião. Claro que não eram a maioria da sociedade, e não havia nenhum movimento clandestino de céticos de aldeia à espera de uma oportunidade para anunciar suas convicções. Mas ao mesmo tempo, em vista dos perigos de expor tais opiniões e da intolerância da Coroa e da Igreja, julgo bastante razoável supor que existiam muitas outras pessoas nessas sociedades com ideias parecidas mas que tinham também o bom senso ou a discrição de não as alardear. De toda maneira, mesmo que fossem em número relativamente pequeno, eu diria que ainda assim é importante contar a história dessas pessoas. Escrever a história da cultura "popular" não significa que os personagens comuns do passado só têm importância quando representam todos os demais, ou que vamos observar apenas o comportamento normativo e encontrar sempre pessoas parecidas entre si. Faz tempo que os historiadores exaltam os integrantes das elites políticas e intelectuais justamente por causa de suas individualidades. Desidério Erasmo, Martinho Lutero, Spinoza e Locke são interessantes não porque eram iguais a todos os outros e sim porque eram diferentes, e porque a individualidade e a capacidade pessoal deles em criar e representar ideias vieram a imprimir suas marcas no curso da história. Quero conceder esse mesmo privilégio às pessoas desconhecidas que aparecem nestas páginas. Suas ideias sobre uma sociedade em que todos seriam livres para acreditar no que achassem melhor, sem que prevalecessem ameaças coercitivas, adequavam-se ou pelo menos forneciam um contexto para o desenvolvimento e o êxito de políticas tolerantistas religiosas, que constituem um dos temas centrais da modernidade. Tais pessoas foram, à sua maneira, os precursores do nosso mundo. Suas dúvidas e atitudes tolerantes criaram um terreno onde os conceitos modernos de tolerantismo e liberdade de consciência puderam brotar, e na verdade suas ideias heterodoxas quanto à possível salvação de todos estão mais próximas, sob certos aspectos, da atual posição da Igreja católica após o Concílio Vaticano II do que a da Inquisição que tentava corrigi-las.

Escrever sobre essas pessoas com a evidente simpatia que nutro por elas acarreta vários perigos. O primeiro é a armadilha de uma interpretação *whig*, isto é, uma história escrita do ponto de vista do presente, em que o tolerantismo parece inevitável. Essa cilada consiste em supor que o passado desembocou logicamente no presente, e que nossas condições e sensibilidades atuais são uma espécie de ponto final da história, muito embora alguns acontecimentos da década passada tenham mostrado claramente que o tolerantismo e a liberdade de consciência ainda não são valores universais, e que o pluralismo cultural e religioso ainda é uma questão controversa. O tolerantismo religioso e a liberdade de consciência são vistos como frutos fundamentais da secularização do mundo moderno, mas o ressurgimento de vários fundamentalismos em nossa época, disfarçados de nacionalismo ou de verdade religiosa, deve nos alertar contra qualquer espécie de concepção teleológica da secularização ou da liberdade religiosa.

A questão do tolerantismo também apresenta outro desafio ao historiador. As sociedades ocidentais modernas adotaram a liberdade de consciência, o pluralismo e o tolerantismo religioso como atitudes positivas, de modo que qualquer coisa que tresande a controle ou censura é vista a uma luz negativa. No entanto, no começo da Idade Moderna, quase ninguém achava que o tolerantismo religioso fosse benéfico em termos políticos ou religiosos. Julgava-se que a estabilidade política se baseava na unidade religiosa entre o governante e os súditos, e se considerava que a tolerância das heresias e erros doutrinários era prejudicial ao bem comum e às almas em erro. Mas nem todos eram da mesma opinião, e o que quero contar é justamente o caso desses dissidentes, que foram aumentando com o passar do tempo. As nações ibéricas da Espanha e de Portugal e suas colônias latino americanas, baseadas no apoio oficial ao exclusivismo e à intolerância religiosa, funcionam aqui como exemplos limítrofes. Acredito que as atitudes de tolerância que irei apresentar não eram exclusivas da Península Ibérica e se encontravam por quase toda a Europa, mas foram em larga medida ignoradas até bem recentemente.

Se um dos meus desafios é evitar uma posição de tipo *whiggish*, o outro certamente consiste naquilo que poderíamos chamar de síndrome da Lista de Schindler: o desejo de encontrar nas ações tolerantes e humanitárias de alguns indivíduos uma virtude redentora e justificadora que ofereça esperança para a condição humana. É muito mais agradável e satisfatório se concentrar em seu humanitarismo e coragem do que pensar na grande maioria que dava total apoio a um regime de intolerância, discriminação, repressão estatal e extermínio. Seria uma tentação fácil e ilusória ver os indivíduos que percorrem as páginas deste livro como heróis da tolerância. Alguns sustentavam suas convicções de modo firme e corajoso, mas outros tinham opiniões tíbias e outros ainda eram indiferentes a qualquer religião ou princípio. Apesar de minha simpatia pessoal por muitos dos que protagonizam esta história, sempre procurei enxergá-los no contexto da época e entender as motivações e ideias dos adversários que os denunciavam e puniam.

Este livro segue na contracorrente sob muitos aspectos. Em primeiro lugar, é um exame das atitudes tolerantes entre pessoas comuns, e não entre filósofos ou teólogos. Em segundo lugar, ele aborda os mundos de língua espanhola e portuguesa, que normalmente são tratados em separado. É verdade que algumas vezes eles foram estudados em conjunto, como na obra do notável historiador conservador Marcelino Menéndez Pelayo (1856-1912) sobre a heterodoxia no mundo luso-hispânico, mas ainda são relativamente raros os estudiosos que lidam com as complexas histórias e historiografias da Espanha, de Portugal e das suas colônias americanas em conjunto. Essa separação era geralmente determinada por diferenças linguísticas, históricas, políticas e conceituais. Tentei eliminar tal barreira, mas admito que o que essa abordagem oferece em abrangência às vezes perde em profundidade. O livro, porém, está especialmente interessado no fluxo de ideias e práticas passando da metrópole para a colônia, e assim a perspectiva, nesse sentido, é transatlântica. Em terceiro lugar, os arquivos das inquisições da Espanha e de Portugal formam a base e o cerne documental desta obra, mas a Inquisição em si, com seus membros, objetivos e história própria, não é nosso objeto de estudo. O Santo Ofício da Inquisição foi criado em Castela em 1478 e em Portugal em 1526, e seus arquivos são fontes ricas e aparentemente inesgotáveis de informação. São documentos que apresentam oportunidades e desafios excepcionais. Ao prender e interrogar pessoas dos mais variados tipos, mas sobretudo intelectuais, dissidentes e plebeus iletrados ou semiletrados, a Inquisição reuniu documentos que agora são uma das poucas fontes onde o historiador pode recuperar a voz do povo do passado. Mas seria ingênuo pensar que esses arquivos não são problemáticos, e eles sempre devem ser usados com cautela. As próprias condições em que foram obtidos os depoimentos, inclusive a disparidade de poder entre o indivíduo e a Igreja, a sombra constante de uma ameaça implícita de tortura, o diálogo desigual entre os inquisidores cultos e os prisioneiros muitas vezes analfabetos, e as múltiplas estratégias dos acusados, dos acusadores e das testemunhas complicam o uso desses registros. Nem sempre as confissões eram necessariamente expressões de uma verdadeira crença, e tampouco as denúncias e acusações vinham isentas de outras motivações. Muitas vezes o valor dos documentos consiste não só na veracidade de uma determinada denúncia ou na precisão da defesa como também, em igual medida, na revelação do quadro mental dos inquisidores e dos réus. Não esgotei todos os materiais dos mais de vinte tribunais espanhóis e das três cortes portuguesas, mas examinei manuscritos de Sevilha, Córdoba, Murcia, Toledo, Cuenca, Zaragoza, Valencia, México, Cartagena das Índias e Lima, além dos pertencentes aos tribunais portugueses de Lisboa, Évora e Coimbra. Usei também documentos publicados, em especial as *relaciones de causa* (resumos dos autos) das ilhas Baleares, ilhas Canárias, Galícia, Granada e Cartagena, e as publicações das visitas da Inquisição ao Brasil. Recorri ainda a manuscritos de processos que agora vêm se tornando disponíveis *on-line* graças à iniciativa dos Archivos Españoles en el Red (AER).

Realizei as pesquisas numa série de arquivos, mas principalmente nos arquivos nacionais da Espanha, do México e de Portugal, onde se encontra a maioria das fontes da Inquisição. Em termos metodológicos, embora eu tenha preparado um banco de dados para os casos que apresentavam referências à tolerância ou ao relativismo religioso, e incluído os resultados em vários pontos deste livro, minha abordagem não foi eminentemente quantitativa. Os números não me pareceram adequados para estudar a dissidência e as pessoas cujo traço característico era o inconformismo. Em vez disso, o resultado é essencialmente uma espécie de micro-história serial ou uma série de estudos de caso, sendo que cada um deles apresenta características individuais peculiares, e meu objetivo foi encontrar os padrões e contextos que ajudam a explicar as ideias e ações das pessoas envolvidas. Tentei evitar o uso traiçoeiro de categorias socioprofissionais predeterminadas como maneira de explicar as percepções e diferenças culturais.[11] Os casos discutidos são muitos, mas creio que a riqueza de detalhes oferece uma chave para a rede de ideias e práticas que nos permite abordar as crenças dessas sociedades. Na tradição da micro-história, esses detalhes fornecem os contextos que possibilitam o entendimento do comportamento individual, mas o objetivo do livro, em termos geográficos e cronológicos, ultrapassa os limites usuais da micro-história.[12] Finalmente, quero ressaltar que esses casos extraídos dos registros da Inquisição não são *exempla* medievais, peças didáticas criadas e narradas para instruir e admoestar, e sim, por maiores que possam ser as limitações no trabalho com relatos registrados e arquivados por uma poderosa instituição eclesiástica, indícios e provas do que as pessoas pensavam, diziam e faziam e, se lidos com cuidado, uma forma de recapturar um passado furtivo.

Uma vez que é uma história da cultura e das atitudes, este livro não trata das estruturas institucionais religiosas nem da política em si, embora, naturalmente, esses temas surjam várias vezes ao longo da exposição. A cultura, como eu a entendo, inclui

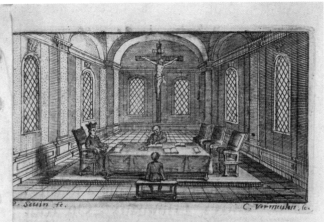

RELATION
DE L'INQUISITION
DE GOA.

___

CHAPITRE PREMIER.

*Motifs qui ont porté à donner cette Réla-
tion au Public.*

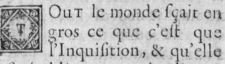OUT le monde sçait en
gros ce que c'est que
l'Inquisition, & qu'elle
est établie en certains lieux,

A

Uma audiência da Inquisição.
Esta cena de Pierre-Paul Sevin, incluída no livro em que Gabriel Dellon narra seu contato com a Inquisição portuguesa em Goa, transmite a disparidade de poder entre o indivíduo e a instituição, que compõe o quadro de muitos depoimentos registrados por esses tribunais. Gabriel Dellon, *History of the Inquisition as it is exercised at Goa* [História da Inquisição tal como é exercida em Goa] (Londres, 1688). Beinecke Rare Book and Manuscript Library, Universidade Yale.

atitudes, crenças, rituais e elementos materiais, mas tenho uma visão suficientemente geertziana para reconhecer a importância do comportamento simbólico como um aspecto fundamental da cultura e para compreender que as culturas estão num processo constante de ajuste. Tomei a Clifford Geertz o conceito de instabilidade dos significados, útil para entender como as pessoas que se consideravam integrantes da mesma comunidade religiosa podiam alternar diversas interpretações de ideias, práticas e símbolos. Lembremos que a heresia sempre foi uma questão de definição das autoridades.

Em meu entender, as culturas estão em processo constante de transformação e ajuste, e são capazes de integrar conflitos e diferenças. Pessoalmente, minha concepção tem um forte veio materialista, mas me sinto mais atraído pelas estratégias interpretativas de Pierre Bourdieu do que pelos estruturalismos de Claude Lévi-Strauss ou Karl Marx. Interesso-me pela prática e pela especificidade, e pelas ações humanas dentro dos limites impostos por estruturas culturais ou econômicas. Este livro se enquadra no discutido campo da cultura popular, conceito cuja mera existência tem sido objeto constante de análises e críticas minuciosas, mas sem o qual é difícil falar da vida e das crenças de gente comum, mesmo sendo complicado definir essas pessoas ou mostrar as diferenças da cultura popular em relação à elite ou à sociedade culta a não ser apontando suas práticas específicas. Não tenho ilusões sobre a gente comum. As sociedades da Espanha, de Portugal e das colônias eram, por definição, intolerantes, e estou ciente de que, para cada pessoa que apresentava ideias tolerantes, havia muitas outras prontas para repreendê-la ou denunciá-la às autoridades. Todavia, permanece a pergunta de como e por que havia entre os dissidentes pessoas que chegaram a desafiar a conformidade e os valores predominantes de suas comunidades no tocante à tolerância. Nestas páginas compareçam relativistas, que pensavam que todas as religiões podiam portar alguma verdade; universalistas, que acreditavam que todos seriam salvos; céticos, que duvidavam de algumas ou de todas as verdades; ateístas, que negavam Deus ou pelo menos a divina providência; e outros que, mesmo se considerando bons católicos, simplesmente não concordavam com a posição da Igreja sobre a impossibilidade de salvação fora dela. É evidente que essas posições não são iguais entre si, mas elas tinham em comum a tendência de defender a tolerância a outras crenças e de questionar os dogmas. É tentador pensar que muitos dos que tinham essas ideias formavam uma subcultura no mundo ibérico como classe de indivíduos de grande mobilidade, viajados, com acesso à cultura impressa, geralmente urbanos ou de grandes povoados. Mas, como espero demonstrar, havia exceções a todas essas características e também muitos exemplos de pessoas que, com essas mesmas características sociais, mantiveram a crença ortodoxa da validade exclusiva da Igreja e o firme apoio à política de intolerância.

Finalmente, uma das questões mais interessantes que surgem no livro é a relação complexa entre a cultura popular e a cultura de elite, ou, como dizem alguns, entre a cultura letrada e a cultura oral ou semiletrada. Não tenho como pressuposto que as ideias sempre descem do alto para as massas. As correntes de tolerância com fundas raízes no pensamento cristão ou derivadas de uma espécie de simples bom senso precisam se tornar parte da história do tolerantismo. As pessoas com um certo grau de instrução, que sabiam ler e escrever e que graças ao acesso à informação oferecido pela imprensa e por livros baratos reivindicavam cada vez mais a possibilidade de saber e pensar por si mesmas, tiveram um papel fundamental de agentes e intermediárias na relação entre os dois tipos de cultura. Muitas vezes foram vetores entre as divisões culturais e também dentro delas. Tornaram-se cada vez mais críticas em relação aos defeitos e falhas do governo e da religião, e amiúde recusavam obediência aos ditames da autoridade. Eram os padrinhos inconscientes do futuro laico. A Inquisição estava certa em temê-los.

Organizei o livro segundo critérios geográficos e cronológicos. A parte I, "Dúvidas ibéricas", examina em quatro capítulos a tradição da dissidência religiosa e a ideia de relativismo religioso na Espanha. O capítulo 1 examina o contexto social e teológico para o crime das "proposições". A seguir, outros capítulos abordam separadamente a existência dessas ideias, primeiro entre a população de muçulmanos e judeus convertidos, e depois entre os chamados cristãos-velhos. Por fim, há um capítulo dedicado às manifestações de tolerância em Portugal, sobretudo diante da perseguição aos cristãos-novos convertidos do judaísmo e seus descendentes. A parte II, "Liberdades americanas", examina durante o mesmo período aproximado de 1500 a 1700 o desenvolvimento de ideias heterodoxas e heréticas sobre a sexualidade e a salvação. Dois capítulos são dedicados à América espanhola, onde a existência de povos americanos autóctones trouxe desafios práticos e teológicos à cosmologia europeia. Ali eu demonstro que as ideias universalistas ou relativistas se estenderam aos índios e africanos, em alguns raros casos chegando a gerar uma oposição às instituições elementares de controle colonial. Também sustento que a integração de hábitos e práticas indígenas numa cultura sincrética local foi favorecida pelo relativismo religioso e pela integração harmônica entre o mundo natural e o mundo sobrenatural, e entre a magia e a religião, que fazia parte da cosmologia europeia no começo da modernidade. Um capítulo final reconstitui uma história parecida no Brasil português, onde o sincretismo, devido à presença de escravos, introduziu elementos africanos na prática cultural e religiosa brasileira. A parte III, "Rumo ao tolerantismo", traz dois capítulos sobre o século XVIII na Península Ibérica e na América, respectivamente, mostrando como a antiga tradição de tolerância religiosa e a demanda crescente pela liberdade de consciência se entrelaçaram com as novas correntes filosóficas do Iluminismo em favor do tolerantismo religioso. O último capítulo vem à guisa de conclusão. Ele demonstra que as ideias relativistas não se restringiam à Península Ibérica, mas também se encontravam em outras partes da Europa, e que na verdade foi uma combinação de forças culturais e históricas que acabou retardando a adoção do tolerantismo religioso como política de Estado na Espanha e em Portugal, embora ele tivesse sido abraçado pelas novas nações latino-americanas no século xix. O livro se encerra com uma breve referência à questão ainda acesa da salvação dentro da Igreja Católica desde o Concílio Vaticano ii e às disputas ainda vivas nas sociedades modernas quanto à ideia e à prática da tolerância religiosa.

PARTE I

Dúvidas ibéricas

1. Proposições

> *Nas ciências o erro é ignorância, mas na doutrina sagrada é pecado de heresia.*
>
> Pedro de Farfán (1585)

Diego Hurtado era copista de livros para a Igreja, e devia ter pensado duas vezes antes de falar abertamente sobre assuntos sexuais. Em 1580, ele foi preso por agentes da Inquisição de Murcia, acusado de ter feito declarações que pareciam heréticas. Numa conversa com vizinhos, alguém o criticou por quebrar o sexto mandamento, morando com uma mulher fora dos laços do matrimônio, ou *amancebado*, como se dizia.[1] Para se defender, Hurtado alegou que as proibições sexuais de Deus se referiam apenas a "crimes contra a natureza", ou seja, homossexualismo ou bestialidade. Pior ainda, ele disse que, pelo que ouvia dizer, os luteranos e os muçulmanos tinham algumas boas ideias sobre o sexo. Achava que esses não cristãos não sofriam por causa de suas crenças, e acrescentou: "Deus quer que cada um em sua lei se salve". Em outras palavras, não havia apenas um caminho para a salvação.[2]

Não é paradoxal nem estranho que Hurtado misturasse ideias dissidentes sobre o corpo e a alma, sobre a satisfação sexual e a salvação. Essas noções sobre o carnal e o sublime constituíam uma concepção de mundo racionalista, materialista e cética que podia derivar de uma herança filosófica neoplatônica ou refletir uma espécie de sabedoria prática do senso comum. De qualquer forma, elas iam contra as doutrinas da Igreja e, como tais, tinham um potencial herético, tornando-se, portanto, assunto de interesse da Inquisição.

A perseguição inquisitorial dessas ideias oferece um vislumbre das opiniões correntes que contrariavam os dogmas e que, por se manifestarem de modo muito difundido e reiterado, parecem ter sido amplamente adotadas. Como a superstição, a astrologia e outras interpretações do sobrenatural, essas ideias são portas de entrada para a crença e talvez a descrença, e revelam o tecido de certezas e dúvidas que guiavam a vida. Seguramente não eram novas. Existiam na Península Ibérica e na Europa em geral desde os tempos medievais. O que elas significavam e como devemos interpretá-las são perguntas que suscitam um considerável debate.[3]

A Igreja sustentava que as ideias em conflito com as verdades reveladas dos dogmas eram "proposições" (*proposiciones*), isto é, declarações que potencialmente indicavam concepções erradas em questões de fé e que eram, portanto, pecaminosas. Essas ideias punham em risco a alma do indivíduo, mas, pior ainda, a manifestação delas poderia provocar escândalo ou exercer influência sobre outras pessoas. A heresia não consistia necessariamente em duvidar dos dogmas ou em fazer declarações que divergiam da posição da Igreja, mas em não aceitar se corrigir e em persistir obstinadamente no erro. Os teólogos que se tornaram a base da autoridade sobre o assunto perceberam que nem todas as proposições eram igualmente perniciosas e acabaram desenvolvendo um sistema de classificação que ia desde o claramente herético até o simplesmente ofensivo.[4] Entre os tipos de proposição estavam as que pareciam heréticas; outras eram consideradas *temerarias*, isto é, defendiam posições em matéria de fé que eram incomprovadas ou careciam de autoridade; outras eram cismáticas, defendendo uma divisão dentro da Igreja; e outras eram apenas errôneas, blasfemas, ofensivas, escandalosas ou *malsonantes* a ouvidos piedosos.[5] Mas as fronteiras teológicas entre essas categorias eram particularmente indefinidas, e assim sempre havia uma larga margem de interpretação para determinar se alguma proposição era realmente herética ou apenas ofensiva. Isso oferecia à Inquisição um vasto campo de jurisdição sobre o pensamento e a expressão e, devido à vagueza de definição, estimulava as pessoas a se denunciarem mutuamente, motivadas tanto por sérias declarações de descrença quanto por expressões de raiva, desespero ou brincadeira — o que, como disseram os dois principais historiadores espanhóis do tema, Juan Antonio Alejandre e María Jesús Torquemada, "colocava na beira do abismo quem aventurasse alguma opinião própria ou discordante".[6] Isso ficava claro com a perseguição formal de tais ideias por obra do Santo Ofício da Inquisição, que, com o apoio do Estado, servia para corrigir e eliminar qualquer desvio da ortodoxia religiosa. Seus grandes autos-de-fé públicos, acompanhados de toda a panóplia da autoridade monárquica e eclesiástica, serviam como instrumentos de edificação e representação de poder. E mesmo assim ainda havia quem falasse, por descuido ou convicção.

O crime de proposição e o delito intimamente relacionado da blasfêmia abrangiam um amplo leque de atos de fala. A Inquisição e os tribunais eclesiásticos processaram literalmente dezenas de milhares de pessoas por tais declarações. Como a proposição era uma categoria mista mal definida, ela sempre era problemática. Teoricamente, a Inquisição dispunha de jurisdição apenas em matérias que envolvessem heresia formal, e os tribunais civis e episcopais contestavam o controle e a repressão cada vez maior da Inquisição em questões como a blasfêmia ou opiniões sobre atos sexuais variados. No século XVI, a Inquisição, muitas vezes com o apoio da Coroa, começou a se arrogar o papel de disciplinadora social. Como era possível encontrar elementos de conteúdo herético em qualquer declaração ou ideia que contestasse os dogmas, mesmo quando expressas por raiva, ignorância ou brincadeira, a Inquisição passou a estender seu controle sobre todos os que manifestassem tais opiniões. Ela entendia a fala como a expressão do pensamento e a apresentação de convicções internas, e queria saber exatamente qual tinha sido a declaração e em que condições fora feita, porque em seu quadro conceitual "a fala garantia a realidade do pensamento".[7]

As proposições podem ser agrupadas basicamente em quatro ou cinco categorias.[8] A blasfêmia ficava um pouco à parte, pois em geral era tratada como uma categoria específica de delito, mas como um ato de fala que indicava desvio da fé estava intimamente relacionada com as proposições. As críticas à Igreja como instituição ou os ataques a seus membros e integrantes também entravam na categoria das proposições. Podiam ser questionamentos da autoridade papal ou da validade das indulgências, críticas aos costumes morais ou à honestidade de padres e bispos, reclamações contra o dízimo ou outros aspectos do relacionamento do indivíduo com a Igreja. As reclamações às vezes apareciam em ditos populares como "o frade que pede por Deus recebe por dois". O maior número de acusações sob a rubrica de proposições dizia respeito a dúvidas heréticas sobre os sacramentos, preceitos ou aspectos litúrgicos da Igreja e a declarações sobre a moral sexual que iam de encontro aos dogmas. Por fim, havia mais uma categoria de atos de fala que não se enquadravam formalmente na definição das proposições, mas às vezes guardavam alguma relação com elas. Eram as ofensas contra a Inquisição, uma miscelânea de crimes que iam desde fingir ser funcionário do Santo Ofício e prestar falso testemunho até violar as regras de sigilo dos tribunais. Essa categoria também incluía críticas verbais aos princípios, à missão e às atividades da Inquisição. Não era raro, por exemplo, que as pessoas dissessem que a Inquisição era injusta, estava mal orientada ou era movida mais pela cobiça do que pela religião. Como a maioria das instituições espanholas e portuguesas do começo da Idade Moderna, a Inquisição tinha poderes de censurar e processar seus críticos e adversários.

Embora todas essas ideias pudessem ser consideradas suspeitas por se desviarem implicitamente dos dogmas ou por serem um desafio potencial à autoridade da Igreja e da Inquisição, os inquisidores costumavam lhes dar tratamentos diferenciados. A blasfêmia era particularmente comum. Um azar na hora de lançar os dados, uma mão ruim de cartas, uma seca prolongada, um namoro desmanchado, muitas vezes bastavam para a pessoa soltar uma blasfêmia. Às vezes era de gozação, em piadas sobre os pecadilhos sexuais da Virgem Maria, dos santos ou até de Cristo. Era um humor que não mostrava necessariamente uma descrença, mas apenas uma certa intimidade; humanizava o sagrado, mas também representava uma espécie de resistência à pureza doutrinária e aos ditames da autoridade: "o riso degradava o poder".[9] Mas até os moralistas quinhentistas reconheciam o conteúdo social potencial da blasfêmia, que, como disse frei Luis de Granada, na boca dos camponeses não só mostrava desrespeito por Deus como também revelava um descontentamento com suas condições de vida.[10]

Apesar desse potencial, a blasfêmia era um crime geralmente perseguido entre as classes mais baixas, e a Inquisição a tomava pelo que era: uma demonstração de grosseria, rusticidade ou ignorância; uma prática nascida do hábito, da ironia, do humor, da raiva ou da decepção. Enquanto os teólogos expunham o conteúdo possivelmente herético de tais formulações, em geral os inquisidores limitavam as punições a advertências, multas e penalidades espirituais, como um certo número de orações, a confissão ou o comparecimento à missa. Na Galícia, por exemplo, mais de 90% dos blasfemadores eram simplesmente repreendidos e absolvidos. A criatividade e a variedade de formas de expressão faziam da blasfêmia uma arte popular. Os italianos eram famosos pela sua criatividade nesse quesito, mas os espanhóis não ficavam muito atrás. De certo modo, os blasfemadores pareciam imbuídos de uma profunda fé, e em meio às desilusões da vida essa inversão da crença era uma maneira de expressar o próprio desespero ou a presença do divino em todos os aspectos de suas vidas. A blasfêmia talvez fosse uma das poucas áreas num mundo de controle religioso onde era possível uma fuga para a fantasia.[11]

As declarações contra a Igreja e o clero também costumavam ser tratadas de maneira leniente na maioria dos casos, desde que não houvesse nenhum verdadeiro ataque à autoridade da Igreja. Não era raro questionar se a confissão a um padre que vivia em pecado com alguma mulher, que procurava contato sexual com suas "irmãs de fé" ou que era visto bêbado na taverna local tinha algum valor como sacramento. Todavia, como observou o historiador Jaime Contreras, no período após o Concílio de Trento (1545-63), quando a Igreja estava tentando conquistar dignidade para si e para seus membros dentro da sociedade, ela procurou eliminar os abusos de um clero libidinoso, blasfemo e às vezes ignorante, mas também, ao mesmo tempo, restringir as críticas da população.[12] Sob esse aspecto, as punições a essas críticas eram às vezes mais duras: humilhação pública, açoitamento e multas mais pesadas.

Entre as proposições, as declarações sobre os dogmas ou a moral sexual que contestavam os ensinamentos da Igreja recebiam um tratamento muito mais severo. Era aqui que parecia assomar

Um auto-de-fé em Madri, 1680.
Esta cena de um auto-de-fé pintada por Francisco Rizzi (1614-85), ao qual assistiram o rei e a corte, mostra a ritualidade e a majestade impressionantes dessas cerimónias públicas, durante as quais os acusados se reconciliavam com a Igreja e nas quais estava representado o papel religioso dos diversos grupos da sociedade. Museu do Prado, Madri.

o risco de heresia e que se empregavam os maiores esforços para punir e repreender as ideias que fugiam à norma. Nos casos apreciados pelos vários tribunais da Inquisição, todos os pontos doutrinários e a validade de todos os sacramentos foram em algum momento objeto de questionamento. Apresentavam-se dúvidas sobre a existência da alma, a validade do batismo, a existência do céu e do inferno, a realidade de milagres ou visões. Apesar da grande diversidade das declarações, algumas proposições eram constantemente repetidas: entre elas, dúvidas sobre a eucaristia, a negação de uma possível vida após a morte e da necessidade de confissão, a incredulidade quanto à virgindade de Maria. Esta última proposição era muito corrente e parecia especialmente difundida nas áreas rurais. Muitos diziam acreditar que Maria podia ter tido uma imaculada concepção, mas que ela tivesse continuado *virgo intacta* depois do nascimento de Jesus era mais do que um povo rural, com sua experiência cotidiana dos nascimentos, podia aceitar. Ainda que tais ideias fossem consideradas fruto da ignorância, a Inquisição sentia a necessidade de tomar medidas rigorosas, como condenar os ofensores às galés, para acabar com tais declarações, pois "elas ofendem muito os ouvintes e dificultam os ensinamentos da Igreja segundo o disposto no Concílio [de Trento]".[13]

Nos últimos trinta anos, os vários estudos da Inquisição na Espanha, em Portugal e nas suas colônias têm revelado certos padrões de atividades que mudavam ao longo do tempo e variavam conforme as regiões. Nos tribunais castelhanos, o período anterior a 1570 tem sido visto como uma época de preocupação intensa com as heresias, primeiro as dos judeus convertidos, ou "conversos", e depois as dos muçulmanos convertidos, ou "mouriscos", e mais tarde com a ameaça do protestantismo e de desvios dentro da Igreja. O historiador Henry Kamen argumenta que após o Concílio de Trento, em meados dos anos 1560, a Inquisição transferiu seus esforços dos conversos para os hábitos e práticas dos cristãos-velhos, como parte da Reforma católica. De fato, nos cem anos posteriores a 1560, cerca de ²/₃ de todos os perseguidos pela Inquisição eram cristãos-velhos, "sem ligação com a heresia formal ou com as culturas minoritárias".[14] Ele mostra que na Catalunha, entre 1578 e 1635, cerca de ¹/₃ de todos os interrogados foram processados não pelo que eles fizeram, e sim pelo que disseram, principalmente por proposições e outras ofensas correlatas. Esse padrão também apareceu em outros estudos. Na Galícia, de 1560 a 1600, o crime de proposição respondeu por mais de 56% de todos os casos ouvidos no tribunal de Santiago, e, embora esse número tenha caído para 17% no século seguinte, no período total entre 1560 e 1700 esses casos corresponderam a mais de ¹/₃ das atividades do tribunal. Nas ilhas Canárias cerca de ¹/₃ das pessoas julgadas pela Inquisição foi acusado de proposição ou blasfêmia.[15] Em Toledo, entre 1540 e 1700, as proposições e as blasfêmias responderam, como na Galícia, a mais de ¹/₃ do total dos processos.[16] Após 1570, as proposições somaram um percentual ainda maior da atividade total.[17] Em Toledo, nos primeiros anos da Inquisição (1483-1530), quando a preocupação principal da Inquisição ainda eram os conversos, as proposições faziam parte de apenas 147 processos do total de 2874 audiências, ou seja, 5%, mas no século seguinte (1530-1620) foram examinados mais de 1500 processos, ou seja, pouco menos de 20% das atividades do tribunal. Depois, entre 1621 e 1820, os processos caíram abaixo dos níveis iniciais. No século XVIII, quando a atividade dos tribunais castelhanos diminuiu e o volume dos casos declinou, as proposições e delitos correlatos, como a blasfêmia, continuaram a responder por uma parcela significativa das atividades da Inquisição. Em Valladolid, por exemplo, elas superaram 10% de todos os casos ouvidos.[18] Nos tribunais de Aragão, os julgamentos de proposições correspondiam a cerca de 23% de todos os processos, mas os tribunais aragoneses geralmente estavam atrás de presas maiores, os hereges formais, e nessas regiões os processos contra mouriscos e protestantes ocuparam os inquisidores pelo século XVII adentro.[19] Portugal era outra história. Também lá e nas suas colônias existiam as mesmas proposições e manifestações de dúvida, e de vez em quando as pessoas eram processadas por causa delas, mas devido à preocupação dos tribunais portugueses com os judaizantes, que constituíam cerca de 80% do total dos julgamentos, os processados por proposições correspondiam a uma porcentagem menor do que nos tribunais espanhóis. Pode ser também que em Portugal essas ofensas fossem normalmente tratadas pelos tribunais eclesiásticos ou durante visitações episcopais, e não tanto pela Inquisição, de modo que havia uma divisão de responsabilidades entre dois setores da máquina judicial da Igreja.[20]

Gostaria de fazer três observações sobre esses padrões na perseguição das proposições. Primeiro, ainda que a vasta maioria dos processados por esse crime fossem sem dúvida cristãos-velhos, esse fato não implica que tais dúvidas e ideias fossem nutridas apenas ou mesmo principalmente por eles. Mouriscos e conversos também manifestavam as mesmas dúvidas sobre a validade dos sacramentos, o poder dos santos, a realidade das aparições e vários aspectos doutrinários ou dogmáticos. Mas, quando um converso ou um mourisco dizia essas coisas, as denúncias resultavam quase invariavelmente em acusações de judaização ou de retorno ao islamismo, pecados que acarretavam penalidades muito mais rigorosas do que as denúncias de proposições. As mesmas dúvidas geravam "crimes" diferentes, dependendo principalmente da origem étnica ou religiosa dos acusados e não tanto do conteúdo das declarações feitas. O tratamento relativamente benigno que as inquisições conferiam a essas declarações de cristãos-velhos não encontrava qualquer leniência correspondente quando eram feitas por pessoas das minorias culturais. O mesmo ocorria quando tais coisas eram ditas por estrangeiros, casos nos quais eles seriam provavelmente processados por protestantismo e não por proposições.

Segundo, o ritmo de intensificação dos processos por proposições estava claramente ligado à vontade de aplicar os resultados do Concílio de Trento a partir de 1564, mas também era uma resposta à ameaça luterana e ao crescimento do protestantismo na Espanha.[21] Afinal, muitas dúvidas expressas na forma de proposições, como recusar a autoridade papal ou a validade dos santos, defender o casamento dos padres ou criticar seus abusos, negar a existência do purgatório ou o valor das indulgências, também faziam parte da crítica protestante à Igreja.[22] Os inquisidores não ignoravam as implicações desses paralelos, e amiúde gastavam um bom tempo examinando se a expressão de tais ideias provinha da leitura de livros ou discussões teológicas ou se elas eram simples frutos da ignorância e da rusticidade. Assim, muitos clérigos foram acusados de proposições, e suas condutas foram tratadas com mais rigor do que as manifestações de camponeses ou de citadinos iletrados.

A verdadeira ameaça protestante na Espanha, porém, provinha sobretudo da elite. Nos anos 1520 os escritos de Erasmo tiveram grande divulgação no país, mas com as críticas por eles motivadas surgiu também a hostilidade da Inquisição, e em meados dos anos 1530 os erasmianos espanhóis estavam sendo perseguidos por teologia errônea. Perseguidos também eram os *alumbrados*, seita que buscava uma comunicação espiritual direta com Deus pelo êxtase, por vezes com práticas eróticas.[23] Esses movimentos passaram a ser associados ao luteranismo, em parte devido aos contatos entre os adeptos dessas várias linhas de pensamento, em parte porque todos pareciam heréticos aos olhos da Inquisição. Nos anos 1540, os luteranos começaram a aparecer nos autos-de-fé, sendo alguns deles humanistas e teólogos importantes como Juan de Valdés.[24] Em 1559-60 foram esmagadas duas células de protestantes espanhóis, uma em Sevilha e outra em Valladolid, mas a grande maioria dos perseguidos eram estrangeiros, e não espanhóis.[25] Em 1570, a ameaça concreta do protestantismo na Espanha tinha praticamente desaparecido, e a partir daí a imensa maioria dos acusados de luteranismo eram estrangeiros, pessoas que tinham morado no exterior e queriam "limpar a ficha" com a Inquisição e por isso haviam se apresentado voluntariamente, ou pessoas que não mantinham nenhum contato com qualquer denominação protestante formal, mas haviam simplesmente manifestado ideias que podiam ser interpretadas como tal. Assim, a campanha contra as proposições foi uma espécie de profilaxia contra a possibilidade de um contágio, uma tentativa de extirpar a erva daninha antes que ela florescesse como heresia.

Terceiro, alguns já afirmaram que a campanha contra as proposições nos cem anos entre 1560 e 1660 fazia parte de uma tentativa mais abrangente de introduzir o catolicismo da Contrarreforma na Espanha, a qual, no cômputo geral, teve relativo sucesso. Essa fase da Inquisição dirigiu-se sobretudo à população rural. As grandes heresias tinham se concentrado nas vilas e cidades, e, pelo menos em Castela, após 1560 verificou-se uma mudança de curso, agora visando ao campo. A intensa atividade entre 1560 e 1620 representava um programa voltado sobretudo para os integrantes majoritários dessa sociedade agrária, a saber, os cristãos-velhos rurais. No fim das contas, a diminuição dos processos por proposições nos tribunais pode ser tomada como indicação de que a ortodoxia pretendida pela Igreja estava se implantando entre os fiéis. Há divergências entre os estudiosos quanto à eficácia desse programa de implantação da ortodoxia da Contrarreforma. Estudos da Galícia, de Cuenca e da Catalunha mostram que esse processo apresentava desigualdades regionais, muitas vezes dependendo das características dos bispos, do caráter da população e das condições locais tanto quanto da força da doutrina.[26] Porém, sempre existe a possibilidade de que o resultado dessa campanha não tenha sido tanto ensinar os fiéis a pensar corretamente, mas sim a manter as dúvidas em privado. No final do século XVIII, quando os ventos iluministas começaram a soprar na Espanha, muitas manifestações daquelas velhas dúvidas foram interpretadas como uma "infecção francesa", vistas como heresias importadas e "livre pensamento", mas, em vista da semelhança entre os termos usados para expressá-las e as manifestações do século XVI, deveríamos relutar um pouco antes de atribuir tais ideias apenas a leituras de "Bolter" (Voltaire), como tendiam a fazer os inquisidores.

O caso bastante estranho de Bartolomé Sánchez, ouvido pela Inquisição de Cuenca nos anos 1550, sugere o tipo de relação que podia existir entre essas proposições e ideias dissidentes mais gerais.[27] Sánchez era um homem pobre, diarista rural e cardador de lã que tinha uma grande família. Era o que hoje chamamos de mentalmente instável ou perturbado, e veio a crer que era um personagem messiânico, o profeta Elias. Mas, em sua "loucura", ele também proferia várias críticas e condenações que não eram nada raras nem estranhas. Não confiava nos padres, sobretudo os que tinham violado o voto de castidade, e queria confiar diretamente em Deus. Não pagava o dízimo nem adorava a imagem da cruz ou qualquer outro "ídolo". Sánchez achava que a Inquisição tinha executado pessoas sem motivos. Como disse: "com justa razão lhes dirá Deus e este declarante em seu nome que são amaldiçoados por meu Pai ao fogo do inferno". A teologia de Sánchez era confusa, e suas críticas à Inquisição e à Igreja eram severas. Se fosse um converso, certamente teria sido queimado como apóstata, mas como era um cristão-velho, e não se considerava apropriado que os cristãos-velhos sofressem tais punições por heresia, o inquisidor encarregado do processo foi de uma paciência extrema e tentou convencer Sánchez de que ele estava errado. Afinal, as proposições eram bastante comuns: a heresia consistia em persistir obstinadamente na defesa delas. Sánchez pareceu se arrepender e foi solto, mas sentia uma tal necessidade de falar que seus delírios voltaram, e algumas pessoas acharam que ele era luterano. Preso mais uma vez, finalmente foi internado num manicômio. Talvez fosse louco, mas sua teologia continha várias crenças dissidentes muito difundidas que a Igreja da Contrarreforma achava difícil abafar e ainda mais difícil extirpar.

SEXUALIDADE E PENSAMENTO

Entre todas as atitudes e crenças manifestadas nas proposições, as que pareciam de mais difícil erradicação e de maior persistência diante da campanha da Igreja em garantir a ortodoxia eram as relacionadas com a moral sexual.[28] Nos outros setores da vida e das ideias, o povo comum se dispunha a reconhecer a autoridade dos "doutores", mas nas relações entre os sexos havia um entendimento popular sobre o certo e o errado, sobre a conduta apropriada, e dúvidas consideráveis se o clero, supostamente celibatário, estaria mais bem informado do que os paroquianos a respeito de tais assuntos.[29]

Do ponto de vista da Igreja, a fornicação estava associada a uma série de outras atividades que envolviam a imoralidade e a violação do sexto mandamento. Além da homossexualidade e da bestialidade, a bigamia, o adultério, o concubinato e o assédio dos padres às mulheres eram condenados como atos e pensamentos impuros. A ênfase doutrinária sobre a castidade pré-nupcial, a fidelidade no casamento e as relações sexuais como obrigação conjugal com vistas à reprodução e não ao prazer enfrentava uma resistente permissividade da população, documentada no sexo antes do casamento, no nascimento de filhos ilegítimos, na aceitação de uniões consensuais e na prostituição.

A doutrina da Igreja sobre as práticas sexuais dentro e fora do casamento tinha se desenvolvido ao longo de grandes debates, mas havia sido parcialmente codificada por são Tomás de Aquino no século XIII. No século XVI, sobretudo após o Concílio de Trento, a síntese tomista atingiu o máximo de autoridade e se tornou o guia teológico para a maioria dos assuntos religiosos e morais.[30] Da perspectiva tomista, a "fornicação simples" entre um homem e uma mulher, sem causar dano a terceiros, como no adultério ou na bigamia, ia contra a ordem natural porque a reprodução devia estar restrita à condição matrimonial para a geração de descendentes.[31] Além disso, fazia mal ao corpo buscar o prazer sem peias. Assim, a fornicação simples, embora não fosse o pior dos pecados porque não se opunha diretamente a Deus, mesmo assim constituía um aspecto da luxúria, sendo portanto um pecado mortal que excluía o pecador do reino de Deus.[32] Em meados do século XVI os pecados da carne por atos, palavras ou pensamentos eram considerados mortais.[33] Ao contrário de Dante, que havia manifestado uma certa simpatia pelos pecadores da carne, para os manuais morais, como o famoso *Guía de pecadores* de frei Luis de Granada, a gravidade dos pecados carnais era tal que eles ficavam atrás apenas da blasfêmia e de invocar o nome de Deus em vão.[34] No século XVI a luxúria estava subindo na escala dos sete pecados capitais, preocupando cada vez mais os padres e os teólogos.[35] Mas permaneciam alguns resíduos dos costumes anteriores. Segundo o conceito pré-tridentino, o casamento dependia da vontade de ambas as partes, e assim a prática corrente de manter relações sexuais antes do casamento celebrado por um padre era muito difundida em vários lugares da Europa, inclusive na Espanha.

A campanha moral e teológica contra os pecados da carne se intensificou no decorrer do século. Os teólogos sabiam que controlar a sexualidade era um tremendo desafio. Como Luis de Granada, seguindo são Bernardo, afirmou no *Guía*: "entre todas as batalhas dos cristãos, as mais duras são as da castidade, onde a luta é diária e muito rara a vitória".[36] Apesar da popularidade do *Guía*, suas lições não tinham aceitação universal. A Inquisição, então, vislumbrando um conteúdo herético nas atitudes em relação à sexualidade, deu-se ao trabalho de levar a mensagem à sociedade com uma certa força.

Os autos-de-fé na Espanha, em Portugal e nas colônias latino-americanas geralmente puniam pecadores carnais — bígamos, fornicadores, os que viviam em concubinato, os que sustentavam que o estado de casado era melhor do que o celibato religioso, e outras proposições que se afastavam dos dogmas aceitos — para dar uma espécie de exemplo de escarmento como um prelúdio ao curso principal e muito mais severo das penalidades impostas às heresias formais. As punições por fornicação simples costumavam ser relativamente brandas em comparação às punições por heresia formal: denúncia e humilhação pública, uso de um *sanbenito* (traje de penitente; ver figura), confissão, às vezes o exílio e, em casos mais extremos, o açoitamento público, geralmente cem vergastadas, às vezes duzentas. Embora os fornicadores viessem a receber punições mais leves com o passar do tempo, em comparação a outras proposições a Inquisição era bastante rigorosa com eles.

Todavia, os tribunais inquisitoriais e episcopais estavam mais preocupados com as ideias do que com as ações. Em vez de tentar eliminar a fornicação fora do casamento como ato em si, prefeririam inculcar um senso pecaminoso nessa atividade. Assim, a maioria dos processados por fornicação não eram denunciados pelo ato em si, mas sim por terem feito declarações que indica-

Sanbenito, ou roupa de penitente, usado pelo condenado num auto-de-fé. Os condenados por vezes recebiam a sentença de usar o *sanbenito* durante anos a fio como marca de vergonha. Os *sanbenitos* dos condenados à fogueira depois ficavam pendurados nas igrejas das paróquias como mancha na honra da família e advertência contra a heresia. De Gabriel Dellon, *História da Inquisição tal como é exercida em Goa* (Londres, 1688). Beinecke Rare Book and Manuscript Library, Universidade Yale.

vam crenças ou atitudes a respeito dela que se desviavam dos dogmas e contrariavam a posição da Igreja. A campanha contra a fornicação simples era basicamente ideológica, dirigida mais contra as ideias do que contra as ações. O receio, aliás justificado, da Inquisição era que o livre-pensar em relação ao sexo pudesse estar ligado a outras atitudes heterodoxas ou a heresias. Uma ordem geral da Inquisição em 1573, arrogando a si jurisdição sobre uma área que tradicionalmente não estava sob seu controle, instruiu os tribunais locais a tratar como hereges todos os que acreditassem que a fornicação simples não era pecado mortal.[37]

Os estudos feitos até hoje sobre esses processos por proposições, sobretudo a fornicação, têm mostrado que tais ideias não eram regionais, e sim encontradas em todo o mundo ibérico.[38] Os réus eram, em sua imensa maioria, do sexo masculino, em geral rapazes solteiros, muitos errantes, e em alguns tribunais vários deles eram soldados ou marinheiros.[39] Esses grupos, ao lado dos camponeses e artesãos, eram os mais expostos a tais processos. Como muitos dos acusados eram camponeses de pouca instrução, alguns inquisidores procediam com leniência, argumentando que as atitudes ofensivas se deviam mais à ignorância do que a uma propensão herética.[40] De fato, as alegações de ignorância e de embriaguez eram as melhores defesas apresentadas pelos acusados, o que certamente era fato sabido.

Tal como a investida contra as proposições em geral, a perseguição inquisitorial contra a fornicação simples só começou a sério nos meados do século XVI, embora tenham ocorrido alguns processos em tribunais eclesiásticos, inclusive na Nova Espanha, nos anos 1530.[41] Pessoas com ideias sobre sexo não aprovadas pela Igreja se tornaram personagens constantes em autos-de-fé na segunda metade do século XVI em todo o mundo hispânico. Em Toledo, por exemplo, esse processos variaram de 15% a 34% de todos os casos entre 1566 e 1591, somando 406 pessoas acusadas.[42] Em Lima, os processos por proposições respondiam a 37% do total de ações antes de 1600.[43] As medidas inquisitoriais contra essas proposições se intensificaram após a publicação de um decreto em 1573-4 identificando as ideias divergentes sobre a fornicação simples com a heresia e sugerindo que tais opiniões sobre a fornicação podiam estar associadas ao alumbradismo ou ao luteranismo, pois essas seitas acreditavam que a carnalidade não era um grande pecado.[44] O ritmo dessa intensificação, portanto, coincidiu com a criação dos tribunais latino-americanos de Lima e do México nos anos 1570, de forma que os primeiros autos-de-fé latino-americanos geralmente incluíam os condenados por fornicação simples.

A maneira mais eficiente de examinar as atitudes em relação a essa atividade extremamente popular é citar exemplos de expressão ou defesa de tais posições. Provavelmente não era comum discutir as sutilezas de muitos aspectos do dogma, mas sobre os "assuntos de homens e mulheres" todo mundo tinha opinião. As discussões ocorriam "no vinhedo", "colhendo trigo", "na fonte", "na taverna", "no caminho para Vera Cruz", e envolviam os dois sexos. Homens e mulheres depunham indistintamente, indicando que a fornicação era assunto das conversas e interações do cotidiano. A expressão "falando das coisas de homem e mulher" aparece constantemente nos julgamentos, prova de que era um tema de preocupação e debate constante.

Os acusados em geral adotavam uma de duas posições. Alguns aceitavam que a fornicação simples era de fato pecado, mas um pecado pequeno e não muito grave. Diziam, como Pedro Navarro de Granada, que "ter acesso carnal um homem com uma mulher não era pecado mortal e bastava ser venial, porque os homens deviam ir com as mulheres e as mulheres com os homens". Outros assumiam a posição mais extrema de que não havia nenhum pecado nisso. Apesar dos ensinamentos da Igreja, muita

Conversas de gente simples.
Durante essas conversas surgiam opiniões sobre a vida, a morte, o sexo e a salvação que às vezes levavam a denúncias. Diego Velázquez, *El Desayuno* [*O desjejum*]. Museu do Ermitage (São Petersburgo, Rússia).

gente não acreditava que o sexo fosse um pecado que levava para o inferno, e muitos homens respondiam às críticas a seus comportamentos dizendo que um homem que não faz sexo é um *mariconazo*, ou não é bom cristão.[45] Havia também a noção muito difundida e o refrão popular de que "quem não fornica neste mundo, o diabo o fornicará no outro", ou, em algumas variantes, "o diabo o pegará com um corno no outro".[46]

Outros defendiam as relações não sacramentadas mais estáveis. Juan de Torres de Murcia estava com 84 anos de idade quando comentou com os vizinhos que os vinte anos que viveu amancebado haviam sido os melhores de sua vida, e diante das críticas negou que aquilo fosse pecado. Inés Martin, na casa dos quarenta anos e vivendo fora dos laços do matrimônio, disse aos vizinhos que "ela estando amancebada também servia a Deus como outras casadas", equiparando o concubinato ao casamento.[47] Aparentemente, outra noção difundida era que a coabitação podia ser pecado, mas só era mortal se o relacionamento durasse mais de sete anos. Tais declarações eram críticas correntes à ênfase da Igreja nas uniões monogâmicas permanentes como único contexto para a atividade sexual. Predominava a ideia de que a carne era fraca, que "os homens foram criados para as mulheres e as mulheres para os homens", que "não havia nada de mais" em rapazes frequentarem bordéis e que Deus estaria muito inclinado a perdoar os pecados da carne.[48]

ATITUDES POPULARES E REAÇÃO DA IGREJA

Concentrei-me na proposição de fornicação simples por uma série de razões. Primeiro, no discurso dos acusados, com um tom por vezes rabelaisiano, vemos um senso de racionalidade prática do povo comum em relação à teologia. Como afirmou o historiador Ricardo García Cárcel: "o pitoresco de suas declarações não contradiz uma certa maturidade de suas ideias".[49] Segundo, os estudos das proposições e da fornicação simples mostram que a perseguição inquisitorial do crime começou em meados do século XVI e atingiu seu pico antes de 1600. Depois disso, os processos na Espanha, em Portugal e nas colônias latino-americanas foram relativamente raros. Esse padrão pode fundamentar a ideia de que a campanha eclesiástica para transmitir a mensagem tridentina nesse e em outros aspectos teve algum êxito, e logrou, em certo grau, converter as populações do mundo luso-hispânico em fiéis conformes às determinações do Concílio de Trento.[50] De fato, os julgamentos estão repletos de referências a pessoas que foram advertidas pelos vizinhos a refrear a língua, alertando-as do seu erro e avisando que a Inquisição queimava ou punia as pessoas por tais coisas. Como ouviu Alonso de Cigales, alfaiate analfabeto de Toledo, de seus colegas: se não era um pecado mortal por que "levavam ao tablado por aquilo?", numa referência aos autos-de-fé.[51] Mas é igualmente provável que as pessoas estivessem aprendendo a ser discretas e não a pensar corretamente.[52]

As outras proposições, como ações verbais, deixaram poucos vestígios capazes de comprovar os resultados das tentativas eclesiásticas de incutir a ortodoxia, ao passo que as atitudes em relação às práticas sexuais podem ser medidas de outras maneiras. Se considerarmos a sexualidade ao lado de outras ideias heterodoxas ou heréticas, poderemos abordar um aparente beco sem saída epistemológico. A questão é saber se o declínio ou o fim dos processos por proposições, em especial a ideia da possível validade de todos os credos, representou uma vitória da ortodoxia e uma realização do programa da Inquisição ou se foi um simples reflexo da diminuição nas atividades inquisitoriais, um indicador da mudança de ênfase e interesse, ou talvez até uma prova de maior cautela do povo simples. As ideias sobre a fornicação simples representam uma proposição paralela, mas geralmente resultavam em ações que deixaram resíduos humanos que nos permitem medir o nível de atividade da Inquisição contra tal prática. A campanha contra a fornicação simples seguiu em paralelo cronológico ao ataque a todas as proposições, mas existem poucos indícios de que a fornicação fora do casamento tenha diminuído na Espanha.[53] Com efeito, os índices de nascimentos ilegítimos na Espanha no começo da modernidade variavam entre 3% e 7% dos batismos, embora em cidades como Valladolid chegassem a 20%, e à medida que a idade à época do casamento foi aumentando, aumentou também o índice de filhos ilegítimos. Esses níveis eram mais elevados do que na Europa Ocidental de modo geral.[54] Ainda mais significativo, os índices de filhos ilegítimos nas colônias hispano-americanas eram de ordem totalmente diversa, muitas vezes o dobro dos índices na metrópole, fato verificado tanto no século XVIII, após a implantação colonial da Inquisição, quanto no século XVI. Claro, a Inquisição não estava tentando eliminar a fornicação: era pragmática demais para isso. Seu objetivo era garantir que o fiel soubesse que fornicar era pecado. As estatísticas sobre os nascimentos ilegítimos podem nos dar uma certa ideia da prática, mas não do que as pessoas pensavam sobre o que estavam fazendo. Mas, se a ortodoxia pós-tridentina estava se impondo, é de se esperar que também tivesse algum reflexo na prática. Embora a fornicação e a tolerância fossem atividades muito distintas, as provas de continuidade da fornicação devem pelo menos nos acautelar na hora de interpretar os registros documentais incompletos sobre a tolerância como indícios de ausência em vez de ausência de indícios ou como prova de fé ortodoxa. Por fim, o que os inquéritos inquisitoriais revelam é que as atitudes dissidentes sobre a tolerância e a fornicação muitas vezes caminhavam juntas, e que as pessoas presas por proposições sexuais muitas vezes expunham, sob interrogatório, uma série de outras dúvidas sobre os dogmas.

Qual era o grau de difusão das atitudes expressas nas proposições, e entre quais segmentos da população? Aqui os processos inquisitoriais não são necessariamente guias muito precisos. Alguns estudiosos têm ressaltado que tais atitudes eram adotadas sobretudo por pessoas ignorantes e desinformadas pertencentes às classes baixas, como artesãos, arrieiros, empregados rurais e sobretudo soldados e marinheiros. Os processos de fornicação simples contra comerciantes ou fidalgos eram extremamente raros, mas isso não significa que eles não fornicassem ou não abraçassem aquelas ideias, mas apenas que as denúncias contra eles eram raras ou que eles eram espertos o suficiente e não alardeavam o que faziam.[55]

Os acusados geralmente eram artesãos, trabalhadores rurais e pessoas das classes baixas, *la gente vil*. Mais do que dar provas de ignorância e rusticidade, porém, o discurso dos que defendiam a fornicação simples costumava demonstrar bom senso e por vezes uma certa familiaridade e até um sutil entendimento dos dogmas e da hierarquia dos pecados. Existem vários casos defendendo a fornicação a partir da prescrição bíblica para que o homem cresça e se multiplique. De fato, uma causa de denúncia era uma piada velha e batida que corria toda a Espanha: Cristo e são Pedro, ou Cristo e Pôncio Pilatos, chegam a um bordel, e Cristo entra; depois de esperar um pouco, o companheiro fica impaciente e chama por ele; e Cristo responde: "Espere um pouco, estou multiplicando o mundo". Era comum que os acusados de fornicação simples se defendessem invocando o *crescite et multiplicamini terram*.

Por um lado, é verdade que as denúncias constantes indicam que muitas pessoas aceitavam a posição da Igreja a tal respeito; por outro, a sociologia das acusações indica padrões complexos que refletem fatores que ultrapassam o conflito entre a aceitação ou rejeição popular do conceito de fornicação simples como pecado mortal. Muitas denúncias recaíam sobre forasteiros, pessoas estranhas ao local, sem a proteção dos laços de dependência e reciprocidade, sujeitas a cerrado escrutínio da sociedade local. As acusações contra essas atitudes eram muito menos frequentes no caso das mulheres, mas isso não significa necessariamente que elas não tivessem tais opiniões. Em primeiro lugar, os processos inquisitoriais contra mulheres eram mais raros. Elas eram consideradas inferiores, irresponsáveis ou inimputáveis, não só por acusação de pecados relacionados ao sexo mas por qualquer outro tipo de crime (exceto a feitiçaria ou o falso visionarismo). Assim, não há razão para crer que a menor quantidade de processos contra mulheres indique que a defesa da fornicação simples era uma atitude puramente masculina.[56]

SALVAÇÃO: DO CORPO À ALMA

Se a defesa da fornicação simples era uma das proposições contra os dogmas que mais sofriam processo, a ideia da possibilidade de salvação fora da Igreja era muito menos divulgada. O erro doutrinário na defesa do sexo por mútuo consentimento fora do matrimônio ou com outros impedimentos não era claro ao espírito de muita gente, mesmo dentro de uma parte do clero. Já a salvação era um assunto totalmente diferente. Desde o século IX, a arte cristã tinha como tema central as representações do juízo final, a possibilidade da salvação individual em Cristo e a imagem de são Miguel Arcanjo pesando as almas. Mesmo o mais humilde paroquiano entendia que questionar essas verdades religiosas constituía uma afronta à pretensão de validade exclusiva da Igreja. Mas, tal como ocorreu na polêmica sobre a fornicação, a posição da Igreja havia mudado com o passar do tempo, e os longos debates da Igreja primitiva e medieval talvez tenham deixado alguns resíduos de dúvida nas ideias comuns sobre a questão.

O uso constante do refrão "Cada um pode se salvar em sua lei", frase usada por Diego Hurtado, à primeira vista parece indicar que essa era uma interpretação corrente, uma maneira popular de compreender a variedade de credos no mundo. De fato, essa tinha sido uma questão central no início do cristianismo, e com a qual os teólogos da Igreja se defrontaram durante toda a Idade Média.[57] Se Deus era onipotente e Sua misericórdia podia redimir toda a humanidade, por mais pecaminosa que fosse, como se sustentaria o conceito de salvação apenas por meio da Igreja? Uma divindade onipotente não podia salvar quem quisesse? Se a salvação só pudesse vir por Cristo e por sua Igreja, por outro lado, Deus estaria condenando deliberadamente muitas almas boas à danação eterna. E as crianças que morriam antes de serem batizadas, ou os homens e mulheres admiráveis da Antiguidade, ou os que viviam em terras distantes e nunca tinham ouvido falar em Cristo? Os cristãos muitas vezes eram desafiados a explicar por que Deus demorara tanto para enviar seu Filho, assim condenando tantas gerações à danação eterna. Por que Deus criara tanta gente fora da Igreja? E a pergunta talvez mais inquietante: por que um Deus justo condenaria pessoas que mesmo vivendo fora da Igreja haviam levado uma vida boa e virtuosa segundo a lei natural que Ele concedeu a toda a humanidade? Como disse um mourisco na Espanha: "Deus não fez bem seu serviço fazendo uns mouros, outros judeus e outros cristãos".

O Antigo e o Novo Testamentos não eram claros a esse respeito. Havia aquelas figuras — Abel, Noé, Daniel, Jó — que tinham vivido antes ou fora da aliança com Abraão, mas que foram justas e levaram uma vida que agradava a Deus. A retidão de Noé e a paciência de Jó também aparecem nas alusões do Novo Testamento como prefigurações da vida de Cristo. São Paulo, ao condenar os pecados dos pagãos em Romanos, 2:13-16, ainda reconhecia a possibilidade da graça divina às pessoas que viviam segundo a lei natural. O problema da salvação havia preocupado os primeiros pais da Igreja.[58] Baseando-se no universalismo do Novo Testamento e em elementos como o Evangelho de São Mateus, que frisava a "espera das nações", mas também reconhecendo a ênfase de são Paulo na salvação de todos em Cristo, as linhas de discussão e divergência eram claras. Já no século II, o pensador cristão são Justino Mártir tinha defendido a possibilidade de salvação para os que viveram antes da Igreja ou viviam fora dela, desde que se conduzissem de acordo com a razão (*logos*) ou com a lei natural, que Cristo e a Igreja tinham vindo a representar mais tarde. De fato, tais pessoas eram cristãs na essência, se não na prática, e assim podiam ser consideradas dentro da Igreja como conceito, e não como instituição, e capazes portanto de se salvar através dela. Era um tema que seria posteriormente desenvolvido pelos teólogos com a distinção entre fazer parte da Igreja *in re*, de fato, ou *in voto*, na vontade tal como se expressava na intenção e na prática. Muitos dos primeiros pais da Igreja tinham feito declarações semelhantes. Mas havia também uma posição contrária e mais restritiva, apresentada, por exemplo, por são Cipriano, bispo de Cartago do século III que se tornou mártir. Cipriano argumentava que "como existe apenas uma casa de Deus [...] não pode existir salvação para ninguém fora da Igreja". Nem mesmo o martírio podia salvar os que estivessem separados da Igreja. Francis A. Sullivan, autor jesuíta moderno que discorreu sobre o tema, assinalou que muitas das primeiras declarações a tal respeito eram dirigidas contra os cismáticos cristãos, e não se destinavam a contradizer ou explicar a posição dos pagãos ou judeus, e que a posição anterior mais abrangente foi substituída por uma posição teológica mais rígida depois que o cristianismo se tornou a religião oficial do estado no século IV.[59] Tendo o cristianismo se transformado em religião oficial, o pressuposto era que todos podiam conhecer sua mensagem, e portanto os que permaneciam fora da Igreja não eram desinformados nem ignorantes e sim teimosos e recalcitrantes. Cristo tinha morrido também por eles, tinha cumprido sua parte no acordo, mas ao continuar fora da Igreja eles estavam rejeitando Seu sacrifício. Autores como Santo Ambrósio e especialmente São João Crisóstomo adotaram posições muito duras contra os que, diante da verdade, faziam ouvidos moucos à palavra da Igreja. Segundo eles, judeus e pagãos eram responsáveis pela própria ignorância e erro e, portanto, pela própria danação.

O imperativo da salvação.
Os temas da salvação e do inevitável juízo final eram constantemente representados e repetidos nos livros de devoção popular e em grandes pinturas nas igrejas. Aqui, num retábulo do mosteiro cartuxo de Portacoeli, em Serra (Valencia), datado entre 1470 e 1490, são Miguel Arcanjo seleciona os que serão salvos enquanto os demônios vigiam a multidão dos condenados. Museu de Belas Artes de Valencia.

Como em tantos outros pontos de doutrina, foi Santo Agostinho quem codificou as ideias existentes e, com sua análise, refinou a posição da Igreja. Ele aceitava a ideia de que alguns indivíduos particulares que viveram antes da mensagem de Cristo podiam encontrar a salvação, mas também concordava que, após Sua vinda, a salvação só se daria dentro da Igreja. Agostinho argumentava que os povos que não conheciam a doutrina verdadeira estavam na ignorância porque Deus havia previsto que rejeitariam a verdade, mesmo se a conhecessem.[60] Para Agostinho e intérpretes posteriores que o seguiam de perto a grande senha passou a ser *extra ecclesia nulla salus*, fora da Igreja não há salvação, fórmula que não existe no Novo Testamento mas que se tornou um conceito essencial do catolicismo.[61]

Agostinho sustentava que a salvação era obtida pela graça de Deus, portanto concedida por Deus e não conquistada pelas ações dos homens. A salvação não era um prêmio que se ganhava pelas ações praticadas, e sim um benefício outorgado por uma divindade onipotente. Grande parte do que Agostinho escreveu a esse respeito se dirigia contra Pelágio, professor e asceta que havia se estabelecido em Roma no final do século IV.[62] Pelágio e seus seguidores defendiam que a humanidade era dotada de uma natureza essencialmente boa. Deus oferecia ao homem a escolha de praticar o bem ou o mal, e este mereceria a salvação apenas por meio das suas boas ações.[63] Essa posição punha em questão o problema da graça divina e gerava uma controvérsia sobre o pecado original, a condenação das crianças não batizadas e uma série de outros assuntos de grande importância teológica. Pelágio e seguidores acabaram sendo denunciados por heresia, e na luta contra o pelagismo Agostinho aprofundou seus argumentos sobre a graça divina, a predestinação e o livre arbítrio.[64] A doutrina agostiniana se tornou a posição "oficial" da Igreja, mas na verdade alguns problemas e incoerências continuaram sem solução. Se a única coisa necessária para a salvação era a graça, qual era o papel da Igreja? Poder-se-ia imaginar que o poder salvífico de Deus se aplicaria a qualquer pessoa.[65] Houve diversas tentativas, às vezes paradoxais, para explicar a posição de Agostinho. Além disso, a tendência mais antiga de reconhecer a validade de quem vivia de acordo com a lei natural ou, segundo o pelagismo, de quem praticasse o bem para ganhar a salvação nunca chegou a desaparecer realmente, nem entre os teólogos nem nas interpretações populares desse ponto da doutrina. Muitos réus nos tribunais da Inquisição hispânica apresentavam vestígios dessa ênfase sobre o papel da ação humana e da prática do bem no processo de salvação. Essas pessoas raramente se referiam aos debates teológicos medievais sobre o problema, e assim ficamos a imaginar qual terá sido a influência das discussões doutas sobre o pensamento popular.

A bula *Unam Sanctam* (1302), do papa Bonifácio VIII, frisava a unidade da fé e a impossibilidade de salvação ou redenção dos pecados fora da Igreja, comparada à arca de Noé como embarcação que possuía um só piloto. Assim devia ser nas matérias espirituais. A posição da Igreja se consolidou nos séculos XIII e XIV. Foi exposta num decreto do Concílio de Florença (1442), deixando claro que pagãos, judeus, hereges e cismáticos estavam condenados a arder nas chamas eternas do inferno. Como os integrantes do concílio acreditavam na justiça de Deus, tal resultado só poderia ser entendido como culpa dos condenados. Eles eram culpados porque rejeitavam ou se apartavam da verdade. A caridade, as boas ações e mesmo o martírio eram totalmente inúteis como passos no caminho da salvação para quem não pertencesse ao corpo da Igreja. Tal posição representava a ortodoxia defendida pela Inquisição, mas dentro de cinquenta anos passaria a ser diretamente desafiada pela descoberta dos inúmeros povos que existiam no Novo Mundo, cuja culpa por ignorar a Igreja parecia muito duvidosa a vários teólogos e juristas, alguns dos quais, como Juan de Palacios Rubios, argumentariam que os povos recém-descobertos que viviam de acordo com a lei natural podiam ser salvos pelo Evangelho, mesmo antes de virem a conhecê-lo.[66] De qualquer forma, a descoberta europeia do Novo Mundo abriu uma nova dimensão para a teologia da salvação, levantando um desafio às interpretações religiosas e morais do mundo.

A questão da salvação e o tema relacionado da justificação, o perdão dos pecados e a aceitação na comunhão com Cristo, possível graças a Seu sacrifício, tornaram-se, naturalmente, problemas centrais para Lutero, Calvino e os outros reformadores protestantes. Sua estrita adesão à doutrina da graça deixava pouco espaço ao papel da Igreja como intermediária e absolutamente nenhum espaço a conceitos como as indulgências papais.[67] Comentadores católicos como Juan de Valdés e frei Luis de León procuraram reconciliar a ideia de salvação pela graça com a ideia de livre-arbítrio, que poderia conduzir o indivíduo ao rumo da graça. Entre 1580 e 1607 desencadeou-se entre os teólogos espanhóis a "controvérsia de Auxiliis", com uma série de discussões acaloradas que muitas vezes lançavam dominicanos contra jesuítas, estes acusados de pelagianos, e aqueles de luteranos. Foi somente em 1607 que uma ordem papal proibindo tais discussões veio a arrefecer os ânimos por algum tempo.

Esses debates, dentro e entre as várias comunidades confessionais cristãs europeias, sobre as verdades centrais da doutrina apresentavam um teor característico na Península Ibérica, com suas tradições plurirreligiosas. Aqui, a questão da salvação e da possibilidade de alcançá-la pela lei natural ou pelo mérito era ainda mais complexa devido à longa ligação dos luso-hispânicos com povos de outros credos. O teólogo Alonso Fernández de Madrigal, conhecido como "El Tostado", tentara explicar que antes da divulgação do Evangelho judeus e pagãos podiam ser salvos ou pelo menos ir para o purgatório, os judeus em sua lei e os pagãos pela lei natural; mas depois muçulmanos, judeus e pagãos iriam todos para o inferno porque morriam no pecado original.[68] Na Espanha e em Portugal os descobrimentos ultramarinos do final do século XV e começo do século XVI recolocaram a questão em outros termos, desafiando os teólogos a explicar os desígnios de Deus para os povos não cristãos do mundo, não só judeus e muçulmanos, que já dispunham de um considerável corpus teológico, e sim para sociedades e civilizações como a China, quase desconhecidas, e as das Américas, totalmente novas para os europeus.

O desafio soteriológico foi enfrentado sobretudo na Universidade de Salamanca, na metade do século XVI, por teólogos dominicanos como Francisco de Vitoria, Melchor Cano e Domingo de Soto, debatendo-se com as implicações da existência de continentes inteiros povoados por gente que não conhecia nada a respeito do cristianismo, e portanto sem culpa por seu paganismo. Em especial De Soto, na época da publicação de sua obra *De natura et gratia* (1549), passou a crer que se os povos das Américas não tinham sido levados à verdadeira fé não era por causa de nenhuma falha intrínseca e que os que viveram antes do aparecimento dos cristãos, a exemplo dos gentios anteriores ao Seu advento, haviam chegado a uma fé implícita em Cristo que lhes bastaria para a salvação. Essas ideias foram colocadas em prática por Bartolomé de Las Casas, outro dominicano formado na tradição de Salamanca, que julgava da máxima importância a defesa dos direitos e da humanidade dos índios e, portanto, do potencial da salvação indígena dentro da comunidade cristã.[69]

Os dominicanos da escola de Salamanca tinham aberto um canal que procurava reconciliar os conflitos da posição agostiniana estrita, que defendia a impossibilidade de salvação fora da Igreja, com a ideia de um Deus justo e misericordioso. O conceito de "ignorância invencível", a saber, que os que não conheciam a palavra de Cristo ainda podiam ser salvos por uma fé implícita em

Deus, o que também implicava o desejo de batismo e, por conseguinte, de pertencimento à Igreja, acenava com possibilidades consideráveis de inclusão. O teólogo flamengo Albert Pighi (1490-1542) chegou ao ponto de incluir os muçulmanos nessa tese. Deus não os condenava porque "a fé errônea não condena, desde que o erro tenha uma justificativa razoável e que eles sejam invencivelmente ignorantes da fé verdadeira". Era uma linha de pensamento que viria a ser explorada por teólogos e missionários jesuítas nos séculos seguintes. Os grandes missionários no Japão, Francisco Xavier (1506-52), Francisco Suárez (1548-1619), espanhol que ensinou em Portugal e na Itália, e o espanhol Juan de Lugo (1583-1660), que se tornou cardeal, passaram a adotar em graus variados a posição de que o indivíduo podia ser levado a Deus pela Sua graça ou pela observância da lei natural, e assim implicitamente ao batismo e, por meio da Igreja, à salvação. Os textos de De Lugo, em particular, pareciam contrariar os ensinamentos anteriores do Concílio de Florença, porque ele chegava ao extremo de acreditar que mesmo os muçulmanos, os judeus e os hereges podiam ser salvos pela fé sincera em Deus e pela contrição por seus pecados, e até que podiam ser salvos mesmo em sua própria religião.[70]

Naturalmente, essa interpretação liberal enfrentou uma considerável oposição teológica. Frei Alfonso de Castro, teólogo que foi confessor de Carlos v e Filipe II, homem que intensificou seus ataques à heresia durante a repressão dos protestantes em Flandres, incluiu em *Adversus omnes haereses* (Paris, 1534), sua lista das quatrocentas principais heresias, a declaração de que era possível a salvação fora da Igreja. A obra gozava de grande popularidade, e teve dez edições na Espanha, na França, na Itália e em Flandres.[71] Mas a questão continuou em aberto. A controvérsia sobre a possibilidade de salvação fora da Igreja e, ainda mais, sobre o possível papel dos indivíduos em sua salvação vieram a constituir o cerne da reação jansenista no século XVII e de seus conflitos com os jesuítas. Prendendo-se a uma estrita interpretação agostiniana, os jansenistas franceses acusavam os jesuítas de serem semipelagistas, e negavam qualquer possibilidade de salvação a quem não tinha fé explícita em Cristo ou que nunca recebera a luz do Evangelho.[72] A controvérsia teve a mediação do papado, mas os debates prosseguiram pelo século XVIII adentro, e eles às vezes ecoam nos registros dos tribunais da Inquisição. Francisco Martínez, franciscano de Sevilha, disse aos colegas em 1604 "que qualquer infiel negativo ou contrário à fé, como o mouro ou o japonês, guardando a lei natural, se salvaria bastando dizer a Deus: Senhor, se eu souber de outro melhor estado ou lei, eu a seguirei".[73] Mas esses ecos geralmente se limitavam a padres que, em suas leituras ou discussões teológicas, haviam tido algum contato com os debates sobre a salvação. É muito mais difícil estabelecer uma arqueologia mental dos leigos, muitos deles iletrados ou apenas com rudimentos de leitura, ou determinar as origens das proposições que eles defendiam. Juan Domínguez, tecelão de seda de Sevilha, em 1630 simplesmente afirmou que o inferno não existia e que, se existisse, apenas a alma de Caim estaria lá, provavelmente nem a de Judas, e que ele sabia disso pelas Sagradas Escrituras.[74] De vez em quando aparecia um caso como o de Stefano Mendache de Alcamo, que em 1575 declarou à Inquisição da Sicília que "um mouro ou turco, se viver bem em sua seita ou lei, sua alma não irá para o inferno, mas apenas para o limbo". Quando lhe indagaram sobre as origens dessa ideia, ele disse aos inquisidores que a tinha lido no poeta Dante.[75] Mendache tinha lido e entendido. De fato, Dante, em *A divina comédia*, embora seja ortodoxo o suficiente para colocar os filósofos pagãos no inferno, mostra uma preocupação evidente com os infiéis sem culpa condenados à danação eterna, não conseguindo dar nenhuma explicação satisfatória para o castigo. No Canto XIX do *Paraíso*, o poeta florentino expôs o dilema que a Europa cristã iria enfrentar repetidamente nos séculos vindouros:

Junto ao Indo — tua mente assim dizia —
Um varão vem à luz: de Cristo o nome
Nem por voz, nem por letras conhecia.

Os feitos e desejos são desse homem
Bons no quanto julgar à razão cabe;
Em pecar ditos e atos não consome.

Quando sem fé e sem justiça acabe,
Há justiça em ser ele condenado?
Pode ter culpa quem não crê, não sabe?*

Dante reconhecia que alguns indivíduos fora da Igreja deviam ter merecido o favor de Deus e, portanto, colocou na entrada do purgatório alguns pagãos virtuosos, como o romano Catão. Mas aquela referência no final do século XVI ao poema trecentista de Dante como fonte de interpretação para o dilema mostra que a questão ainda não tinha sido resolvida.[76] No entanto, existia uma corrente de pensamento relativista em vários lugares. Nos anos 1580, o moleiro friulano Menocchio havia dito aos inquisidores que os virtuosos de qualquer religião seriam salvos. Disse que havia lido a tal respeito na famosa parábola dos três anéis, publicada numa edição sem censura do *Decamerão* de Giovanni Boccaccio. O conto dos três anéis idênticos que o pai fez para os três filhos era uma parábola sobre as três religiões monoteístas, significando que apenas o Deus Pai sabia realmente qual era a verdadeira. O conto teve grande circulação na Itália medieval e foi incluído

---

* Tradução de José Pedro Xavier Pinheiro. (N. T.)

em *Novellino*, uma coletânea de contos do final do século XIII, a primeira do gênero a ser composta na Itália. Era uma ideia que não se restringia à Península Ibérica e possuía profundas raízes medievais.[77]

Para muitos, no entanto, o que gerava as ideias sobre o tema não era a leitura e sim o mero bom senso, e de fato tais ideias eram muito difundidas e frequentemente repetidas apesar das implicações heréticas. Um registro da fase inicial da Inquisição nas ilhas Canárias mostra uma série de pessoas que acreditavam que "cada um pode se salvar em sua lei", ou que "todos os bons vão para o céu" ou até que "existem duas Casas Santas, uma na Meca e a outra em Jerusalém".[78] De modo geral, a proposição de que a salvação era possível fora da Igreja, o que supunha uma tolerância fundamental, tal como a ideia de que o sexo consentido entre as partes não era pecado mortal, parecia ter suas origens não só na teologia mas em igual medida na observação e experiência práticas. Se muitas proposições heréticas eram defendidas ao mesmo tempo pelas mesmas pessoas, e se essas duas proposições específicas sobre o corpo e a alma muitas vezes vinham juntas, isso sugere uma atitude de ceticismo diante da autoridade. O contexto específico da herança multicultural da Península Ibérica criava muitas oportunidades de interação e observação e favorecia o surgimento de ideias dissidentes. Ao mesmo tempo, a presença de um mecanismo religioso como a Inquisição, destinada a eliminar o erro doutrinal, permite recapturar as expressões dessa dissidência e passar da teologia douta para a prática popular.

Quaisquer que fossem as origens das ideias dissidentes ou das disputas teológicas sobre o problema, no século XV a posição de que não existia salvação fora da Igreja de Roma já fazia parte do dogma em relação a judeus, muçulmanos e pagãos, e talvez em menor medida aos cristãos da Igreja de Bizâncio. Com o desafio da Reforma no século XVI e as decorrentes ramificações políticas, a questão adquiriu uma nova importância. Na Península Ibérica, como em grande parte da Europa Ocidental, a questão da liberdade de consciência e da diversidade religiosa sempre teve implicações políticas. A imposição de uma unidade religiosa parecia contrariar a defesa eclesiástica da liberdade de consciência, mas por várias razões doutrinárias e práticas a política da intolerância ganhou o apoio da Igreja e da Coroa. A posição teológica sobre a validade exclusiva da Igreja, imposta pela Inquisição, era defendida por teóricos políticos que consideravam a unidade religiosa como a melhor garantia de segurança para a integridade e a paz do reino. Religiões alternativas pareciam promover a dissidência e a discórdia, e mesmo que sempre houvesse em outros lugares da Europa alguns autores e cortesãos, os chamados *politiques*, que defendiam que soluções de compromisso eram a melhor maneira de lidar com as diferenças religiosas e que a lealdade não derivava necessariamente da unidade religiosa, tais pensadores exerciam pouca influência na Espanha e em Portugal. Pelo contrário, homens como Diego Saavedra Fajardo, o teórico político mais importante da época, sustentavam que era impossível a paz interna sem a unidade religiosa.[79] A Igreja e a Coroa usaram todos os seus poderes para impor essa política, mas muita gente continuou em dúvida, sem se convencer plenamente, e alguns se mostraram dispostos a arriscar uma visão alternativa de salvação e sociedade.

2. Conversos e mouriscos

Guardei a lei santa de Moisés, guardei a lei de Jesus Cristo e se agora surgisse ou viesse um santo Maomé, por Deus!, faria dela a terceira, e se tudo se acabasse não teria medo de Deus, pois a todas as leis segui.
Simón de Santa Clara (Calatayud, 1489)

Todos têm direito à redenção, cada um em virtude da sua própria religião — o judeu, o muçulmano e o cristão têm direito à felicidade eterna porque as três religiões têm objetivos políticos cuja fonte jaz na lei natural.
Juan del Prado (Alcalá, c. 1635)

Desde a conquista árabe da Península Ibérica no século VIII e durante toda a Idade Média, as três religiões monoteístas — o judaísmo, o islamismo e o cristianismo — conviveram lado a lado. Mas falar delas apenas como religiões é desatender à maneira fundamental como realmente representavam o modo de vida de três comunidades em toda a complexidade de suas práticas sociais, políticas e jurídicas.[1] Ao longo dos séculos, as populações cristãs algumas vezes ficaram sob o domínio de governos muçulmanos, várias outras vezes foram os muçulmanos que ficaram sob governo cristão e, dependendo do lugar, os judeus eram súditos de governantes cristãos e muçulmanos. Em geral conseguia-se um *modus vivendi* entre os governantes e os súditos multiétnicos graças ao reconhecimento de direitos comunais, motivado normalmente por uma questão de bom senso político e econômico. Esse convívio promoveu um considerável intercâmbio cultural quando os estudiosos cristãos tiveram acesso a autores clássicos através de textos árabes, versando sobre assuntos diversos, da medicina à astrologia. Ainda em decorrência desse contato continuado, as línguas latinas da Península Ibérica incorporaram uma enorme quantidade de palavras árabes; muçulmanos e judeus adotaram as línguas românicas, e os muçulmanos acabaram desenvolvendo sua versão própria, o *aljamiado*, como linguagem do cotidiano. Mas, para que ninguém pense que tudo eram flores nesse contato, cabe lembrar que a interação entre as comunidades era amiúde restrita e controlada, e que havia leis proibindo casamentos, contatos sexuais e conversões (às religiões politicamente dominadas) ou impondo diferentes roupas e tributos para marcar a separação entre os grupos.

Assim, o convívio costumava ser conflituoso, e a intensidade das animosidades e da cooperação variou muito no tempo e no espaço. Todavia, a relação duradoura entre as três culturas conferiu traços bastante característicos à natureza do desenvolvimento social, cultural e político na Espanha e em Portugal. Essa situação característica, por vezes chamada de *convivencia*, se tornou objeto de discussões acaloradas entre estudiosos da cultura e da história da Espanha. Cerca de cinquenta anos atrás, esse grande debate dividiu dois estudiosos espanhóis de grande erudição, ambos exilados da Espanha franquista, e prosseguiu nas escolas que se formaram em torno deles. Claudio Sánchez-Albornoz, medievalista e principalmente historiador das instituições, adotou do seu exílio na Argentina a posição de que o caráter espanhol era eterno e fora forjado no conflito político e cultural da Espanha católica com seus adversários tradicionais, os judeus e os muçulmanos. Para Américo Castro, estudioso da literatura na Universidade de Princeton, as origens da cultura espanhola moderna se situavam na inter-relação dinâmica dessas três castas, como ele as chamava.[2] A dupla influência de árabes e judeus se encontrava por toda a Espanha. Castro chegou a sustentar que certos traços, como a preocupação com a pureza do sangue (*limpieza de sangre*) e a própria Inquisição, eram elementos da cultura judaica adotados pela Espanha cristã.[3] As duas abordagens eram diametralmente opostas em muitos aspectos, mas também se assemelhavam na tendência de essencializar a cultura judaica e a muçulmana e de descartar ou subestimar os efeitos de elementos de ordem econômica e de classe nas relações entre os grupos.[4]

A despeito das diferenças entre essas duas escolas de pensamento, ambas consideravam o convívio ou o conflito entre as três culturas na península como o tema central da Idade Média ibérica. Posteriormente, alguns estudiosos se mostraram propensos a ver esse período de coexistência como uma idade de ouro de intercâmbio cultural e relativa harmonia, que se desfez aos poucos nos séculos XIV e XV. Os episódios finais dessa história se deram com a queda de Granada, o último reino muçulmano, em 1492, e a expulsão ou conversão obrigatória dos judeus no mesmo ano. Esse movimento para a unificação política e religiosa foi inicialmente apoiado por uma política de proselitismo e conversão, antes e depois de 1492, e por um programa de discriminação, repressão e desconfiança crescente em relação aos judeus e muçulmanos convertidos ao cristianismo. Em Castela, os mudéjares (muçulmanos vivendo sob governo cristão) foram intimados em 1502 a se converter ou abandonar o reino — após a conversão, passavam a ser chamados de mouriscos. Foram aumentadas as restrições impostas a seus trajes, línguas e costumes. Nos anos 1520, muitos muçulmanos em Valencia foram batizados à força durante as revoltas populares locais, ou *germanías* ("confrarias", designando aqueles que se sublevaram contra Carlos v), que lançaram campo e cidade num turbilhão, e em 1526 Aragão determinou a conversão dos muçulmanos ao cristianismo. Por algumas décadas a Inquisição procedeu com vagar contra os recém-convertidos, mas nos anos 1550 havia uma forte pressão para impor a ortodoxia cristã entre a população mourisca. Medidas duras e pressões civis e religiosas despertaram a resistência mourisca a essas imposições culturais, religiosas e políticas, resultando em diversas revoltas, sobretudo nas montanhas de Granada entre 1568 e 1570. Quando terminou a chamada Guerra das Alpujarras, a população mourisca foi transferida de Granada para vilas e cidades castelhanas. Em Castela, os rebeldes, muitos deles ainda procurando manter suas tradições islâmicas, se somaram aos velhos mouriscos locais, um pouco mais aculturados. O alegado problema mourisco continuou a preocupar a Igreja, enquanto a Coroa observava com cautela a tradição profética mourisca, que falava numa libertação por obra de um rei mouro. A ameaça mais imediata, porém, vinha dos piratas da Barbária que atacavam o litoral espanhol, e sempre havia a possibilidade de que os mouriscos se tornassem inimigos internos em caso de ataque dos otomanos à Espanha.[5] Havia até mesmo o receio de que os mouriscos se aliassem aos huguenotes franceses contra o inimigo comum, a Espanha católica. Alguns reformadores, como o bispo de Valencia Juan de Ribera, começaram a considerá-los incapazes de assimilação.[6] Desde 1582 discutiam-se planos de expulsar os mouriscos, mas várias partes interessadas, inclusive governos municipais que seriam financeiramente prejudicados pela saída deles, bem como poderosos aristocratas latifundiários de Valencia que dependiam do campesinato mourisco, recorreram aos tribunais. Finalmente, em 1609, Filipe III ordenou a expulsão dos mouriscos, e embora muitos tenham permanecido na Espanha após essa data, encravados dentro da população cristã, calcula-se que mais de 300 mil mouriscos tinham partido para a África do Norte, a Turquia, a França e outros destinos.[7] Depois de 1492, os convertidos e os batizados à força ficaram submetidos à autoridade da Inquisição. Entre 1560 e 1615, cerca de 9300 mouriscos foram presos pelos vários tribunais, e os processos contra práticas e costumes islâmicos se prolongaram até o século XVIII.[8]

Muitos historiadores veem aí uma triste história de intolerância que, com a expulsão de alguns dos habitantes mais industriosos da Espanha e de Portugal, gerou as condições para o declínio posterior desses países. Outros historiadores, geralmente de perfil mais conservador, consideram a criação da homogeneidade religiosa e da unidade política na Espanha e em Portugal como elemento fundamental para a sobrevivência desses países e como fator central para o sucesso português no século XVI e o sucesso espanhol até o final do século XVII.[9]

Embora no século XVI historiadores cristãos da Espanha e de Portugal já estivessem criando uma imagem dos séculos anteriores como uma cruzada contra o islamismo, houve na verdade longos períodos de relações, se não amistosas, pelo menos pacíficas entre as duas coletividades. Mantiveram-se as relações comerciais e políticas entre os estados cristãos e muçulmanos, e em todos eles habitavam comunidades de outros credos. A legislação islâmica reconhecia a existência de *dhimmis*, minorias religiosas que abraçavam uma das religiões monoteístas que o Corão reconhecia como revelação legítima da palavra de Deus. Essas comunidades, pagando um determinado tributo, tinham liberdade religiosa e uma certa autonomia. Os reinos cristãos, por meio de acordos e concessões, muitas vezes estendiam essas proteções e direitos aos povos muçulmanos conquistados. Essas *capitulaciones* admitiam especificamente a continuidade dos costumes, da religião e das leis dos novos súditos, e as alusões à "lei" dos mudéjares constituíam um reconhecimento de suas crenças e costumes.[10] Os judeus em estados cristãos também estavam diretamente sob a proteção do governante: tinham uma legislação diferente, ou um modo próprio de vida e religião. Como declarou a rainha Isabel de Castela em 1477: "todos os judeus de meus reinos são meus e estão sob minha proteção e amparo e a mim cabe defendê-los, ampará-los e mantê-los em justiça".[11] Mas o que o governante podia garantir ele também podia limitar ou retirar, e os judeus e muçulmanos, por estarem sob a proteção dos monarcas, tornavam-se alvo nas lutas entre o poder monárquico, as facções da nobreza e as comunidades locais. Como observou o historiador Mark Meyerson, o tolerantismo às minorias religiosas era contratual e institucional, e não garantia de maneira alguma o "entrelaçamento harmonioso dos grupos religiosos".[12]

Não é preciso romantizar a relação entre as três Leis e seus fiéis para aceitar o impacto recíproco que exerceram, não só por meio dos livros, mas do contato diário. Isso valia especialmente para as questões religiosas, em que todos sabiam e frequentemente discutiam o que era pregado nas sinagogas, igrejas e mesquitas, e onde o trilinguismo encontrava um paralelo na existência das três religiões. Além disso, os teólogos dos três credos conheciam os escritos dos demais e por vezes até procuravam traduzi-los ou incorporá-los. Foi o que Melquiades Andrés Martín, historiador espanhol de teologia, chamou de "o intercâmbio de um triplo e difícil contraste religioso", e sempre existiu uma possibilidade concreta de influências espirituais entre os três credos.[13] O contato tinha sido uma realidade da vida medieval, mas o conflito também. A animosidade e a desconfiança geradas durante e pelas hostilidades abertas não desapareceram com o fim das lutas. Podia haver um contato contínuo e próximo entre os grupos, mas as hostilidades geralmente se ocultavam logo abaixo da superfície.

Qualquer que tenha sido o papel dessa convivência no desenvolvimento geral da Península Ibérica, os registros históricos mostram que ela costumava ser uma relação violenta e cheia de confrontos, em que cada grupo procurava proteger e favorecer seus interesses e estabelecer fronteiras entre si e os vizinhos que lhe garantissem o predomínio ou a sobrevivência.[14] Muitas vezes isso se dava por meio de uma violência quase ritualizada, como o apedrejamento ou morte de judeus durante a Semana Santa e as penas severas que todas as comunidades exigiam contra os membros que tivessem relações sexuais com forasteiros, e em outras vezes era aleatório, como nas revoltas urbanas de 1391 contra os judeus que se alastraram por grande parte de Castela.[15]

Hoje em dia tornou-se hábito na Espanha e em Portugal enfatizar a herança muçulmana e judaica, em parte como reconhecimento de uma abordagem supostamente mais multicultural do passado, em parte porque isso é bom para a indústria do turismo. Mas é um tanto irônico que o *bairro típico* de Sevilha ou Évora seja o velho bairro judeu ou mouro, ou que as sinagogas restauradas de Tomar ou Toledo, transformadas em igrejas ou depósitos quando da expulsão dos judeus, sejam agora enaltecidas como exemplos de um pluralismo ibérico. A rememoração se tornou dolorosamente seletiva e pragmática.

Os historiadores da Espanha e, em menor medida, de Portugal geralmente pendem mais para um dos lados ao examinar essa questão, ressaltando ora os aspectos cooperativos, ora os aspectos conflituosos de tais relações. Existem inúmeras provas de ambos os lados, e uma evidente história de conflito e separação pelo menos a partir do século XV, quando se deu a grande redução das áreas sob controle muçulmano e surgiu um impulso rumo à unidade política e religiosa nos principais reinos cristãos. Em 1480, por exemplo, as Cortes de Toledo, que representavam a nobreza, o clero e a plebe de Castela, determinaram que os municípios criassem *juderías* — guetos separados e cercados de muros para os habitantes judeus — para prevenir sua influência perniciosa sobre os cristãos e os convertidos ao cristianismo. Estava ocorrendo uma transformação nas condições e relações sociais, e um elemento importante nesse processo era o rápido aumento no número de convertidos muçulmanos e sobretudo judeus ao cristianismo, em decorrência da conquista, da persuasão, do proselitismo e da coerção.

Meu objetivo não é abordar esse tema fundamental e fascinante da Idade Média ibérica e sim examinar a situação depois de 1492, ou de 1502, ou de 1526, quando, pelo menos em teoria, não existiam mais judeus e restava apenas um pequeno número de mudéjares na península. Quais os resquícios da convivência e dos conflitos do passado? Como se manifestavam? Um século intenso de guerras, conquistas, conversões e resistência, muitas vezes pontilhado por episódios sangrentos de fanatismo e um discurso concomitante de condenação das religiões minoritárias, havia preparado o terreno para uma nova sociedade que se alicerçaria na unidade religiosa e no intolerantismo em relação a outros credos e ideias heterodoxas. Mas o edifício mental e espiritual que se ergueu sobre essas bases trazia fissuras, revelando a permanência de outras maneiras de pensar. Meu objetivo é examinar essa tendência contrária e apresentar provas de tolerância e compreensão cultural. Mas, para isso, preciso antes estabelecer os parâmetros do conflito que percorria as divisões de credo e classe.

TRATAMENTO ÍNTIMO E BELIGERANTE

Viver em grande e muitas vezes hostil proximidade levou a uma familiaridade e intimidade beligerante que gerava sentimentos de superioridade e distinção e uma linguagem de epítetos quase contínuos entre as diversas comunidades religiosas da Península Ibérica. O orgulho do status e da ortodoxia, bem retratado na famosa autodefesa de Sancho Pança como cristão-velho, por vezes levava a formulações bizarras.[16] A Inquisição raramente processava fidalgos por proposições heréticas ou escandalosas, mas houve um deles, Bartolomé Vizcaino, que se perdeu no orgulho exagerado da sua posição social e em sua aversão aos judeus. Ele disse "que era melhor do que Deus porque Deus era da Judeia e judeu, e ele era cristão-velho e cavaleiro".[17] Ideias desse tipo contrariavam os ensinamentos da Igreja sobre a igualdade de todos diante de Deus no juízo final, mas a crença na hierarquia estava profundamente incrustada na prática social. Tais noções hierárquicas também permeavam as relações entre os três credos.

Durante a Idade Média estabeleceu-se a superioridade da fé cristã na legislação, na teologia e na prática cotidiana, com a depreciação das outras religiões. Cada comunidade criou fronteiras para distinguir, separar e proteger sua identidade e integridade. Isso se via na definição dos espaços de moradia, com a formação de bairros separados; nas proibições do contato sexual entre pessoas de religiões diferentes, mesmo com prostitutas; no uso obrigatório de distintivos ou roupas próprias para os judeus e muçulmanos; nas proibições de certos cargos ou profissões; e em mil aspectos da vida diária.

Uma das formas mais comuns de expressar a hostilidade era a linguagem cotidiana. Os epítetos eram frequentes. Quase todo mundo soltava um *cão* na hora da raiva ou da disputa. O uso de *cão* para se referir aos impuros encontrava referência nas metáforas bíblicas. Existia uma longa tradição medieval de bestializar a heresia e de usar metáforas animais para descrever defeitos humanos.[18] O *Refranero* de Correas, coletânea de ditos populares, trazia: "cães se chamam aos mouros, porque não têm quem lhes salve a alma e morrem como cães".[19] Os cristãos dificilmente se referiam aos mouriscos sem dizer "cão mouro", e geralmente se retribuía o elogio. Leonor de Torres, uma jovem de Jaén, entrou numa discussão com uma vizinha cristã-velha que a chamou de cadela moura. "Mais vale ser moura do que cristã", foi a resposta. Os dois lados, mouriscos e cristãos-velhos, muitas vezes reforçavam o insulto chamando o adversário de cão judeu.

A agressão verbal constante às vezes podia ser uma armadilha. Jerónimo Fernandez, lavrador cristão-velho de 28 anos, morador de Villanueva de los Ynfantes, teve problemas com a Inquisição quando foi denunciado por ter chamado Cristo e a Virgem de cães. O problema dele não era teológico, e sim gramatical. Estava recitando alguns versos para ridicularizar os mouros. Uma estrofe era assim:

> *Celebraban los cristianos una fiesta en Argel un día*
> *Y llebaban em procesión a Cristo y Santa María*
> *Y dijieron los morillos que bultillos son aquellos?*
> *Respondieron los cristianos — Cristo y su madre son [,] perros.**

A posposição do verbo e a falta de uma vírgula levaram à denúncia do rapaz como blasfemador, enquanto sua intenção tinha sido apenas humilhar os mouros uma vez mais.[20]

A questão da fala cotidiana levanta o problema metodológico da relação entre cultura popular e cultura de elite. A troca de impropérios expressava noções populares muito enraizadas. Sem dúvida os realmente devotos consideravam as outras religiões

---

* Celebravam os cristãos uma festa em Argel um dia,
e levavam em procissão Cristo e Santa Maria;
e disseram os mouros, aqueles volumes o que são?
Cristo e sua mãe são [,] cães — responderam os cristãos. (N. T.)

falsas e enganosas, mas essas manifestações populares não se dissociam totalmente das políticas religiosas das instituições dominantes. Com o surgimento da Inquisição, a campanha cada vez maior pela unificação religiosa e a expulsão dos judeus e muçulmanos iniciou-se um movimento intenso contra os conversos e *confesos* (outro sinônimo para os convertidos), mediante acusações de conversão insincera, apostasia e fraude. Quaisquer que fossem as origens religiosas dessa campanha, ela logo foi transposta em termos basicamente raciais, em que as falhas e os defeitos dos conversos e mouriscos apareciam como traços inerentes dos grupos étnicos a que pertenciam. A reação natural foi responder na mesma altura. Muçulmanos e judeus encontravam ocasiões de demonstrar que desprezavam as crenças e práticas cristãs. A raiva era profunda. Desenvolveu-se toda uma literatura condenando ou ridicularizando a outra religião. Nisso os muçulmanos parecem ter sido mais ativos do que os judeus. Os autores cristãos, naturalmente, tinham a vantagem de contar com um aparato oficial e religioso que apoiava a publicação e divulgação de suas obras. As reações mouriscas circulavam em manuscritos ou oralmente.[21] O confronto e a hostilidade nunca se limitavam às palavras e assumiam milhares de formas. Os prisioneiros cristãos e mouriscos da Inquisição de Cuenca se empenhavam na humilhação mútua dentro do cárcere, os mouriscos fazendo cruzes com a palha da enxerga para pisoteá-las e os cristãos cozinhando carne de porco só para escarnecer dos mouriscos.[22] Em Granada era ainda pior: certa vez houve uma revolta na prisão, e o povo da cidade se juntou aos prisioneiros cristãos contra os mouriscos, resultando na morte de mais de cem pessoas.[23] Mas esses episódios sangrentos eram apenas a culminância de uma animosidade constante. Era um confronto que se reproduzia constantemente na vida cotidiana.

As atitudes dos cristãos em relação aos judeus eram em alguns aspectos ainda mais negativas. As campanhas quatrocentistas de conversão e o temor de que as profissões de fé dos convertidos fossem insinceras começaram a gerar uma literatura de desconfiança e opróbrio e um discurso de injúrias contra os judeus e, por extensão, contra os judeus convertidos. Uma figura como são Vicente Ferrer (1350-1419), pregador de um raro talento no púlpito, tornou-se uma espécie de para-raios da intolerância. Onde quer que pregasse, havia um enorme potencial para tumultos antijudaicos. Da mesma forma, o famoso Alonso de Espina, por muito tempo tido como um converso devido a seu profundo conhecimento da prática judaica, mas que em data recente teve comprovada sua condição de cristão-velho, usava seu *Fortalitium fidei* (1511) para vomitar ofensas e opróbrios contra judeus e conversos, tratando-os como deicidas obstinados e gananciosos.[24] Autores espanhóis e portugueses, geralmente clérigos, escreveram inúmeros ensaios nessa linha, tendo como principais objetivos denegrir os judeus e, por extensão, os conversos, ou defender políticas discriminatórias como as leis sobre a *limpieza de sangre*.[25] Algumas dessas obras chegavam a ser indecentes, com um racismo essencializante que mal se ocultava sob a superfície.[26] Desenvolveu-se uma bibliografia parecida sobre os muçulmanos espanhóis, embora geralmente enquadrada na discussão sobre a justeza e a utilidade de expulsá-los após as guerras civis em Granada ou, mais tarde, de expulsá-los de toda a península. A quantidade e o nível de intensidade desses escritos variavam em relação direta com o poder e a vitalidade da Igreja e a percepção dos riscos apresentados por conversos e mouriscos.

Em vista desse ataque teológico e institucional às minorias e do poder eclesiástico e oficial para impelir e mobilizar a população para tais objetivos, não se admira que a plebe pudesse ser instigada por pregadores fanáticos ou que milhares de pessoas comparecessem aos autos-de-fé para olhar, apupar e ridicularizar os condenados, enquanto a sociedade era purificada e a ordem restaurada com retratações, açoitamentos públicos e fogueiras. Mas o que chama a atenção é que, em meio a esse programa e em face das tremendas pressões sociais, políticas e religiosas para atingir seus objetivos, muita gente continuou duvidando que a coerção fosse o meio mais adequado para a conversão, que conversos e mouriscos sempre dessem motivos de suspeita ou que a salvação só fosse possível pela Igreja.

Na Península Ibérica reconquistada, eram comuns as referências às três Leis: a de Cristo, a de Moisés e a de Maomé. Era uma maneira resumida de se referir às três religiões e seus respectivos sistemas sociais e jurídicos. À medida que a reconquista cristã se ampliava, muitas vezes procedia-se ao reconhecimento dos direitos das comunidades muçulmanas e judaicas recém-submetidas em continuar a seguir suas leis, usando-se as *capitulaciones* ou tratados para consolidar os novos arranjos de poder. A ideia das três leis sobreviveu por muito tempo após o triunfo dos reinos cristãos e a posterior conversão ou expulsão de judeus e muçulmanos, e também entre os fiéis dos três credos. Os mouriscos amiúde manifestavam a crença de que a lei de Maomé era boa e ainda válida. Não lhe dariam facilmente as costas. O ferreiro mourisco Diego de Mendoza, quando um vizinho lhe disse que ele não era um bom cristão, replicou: "Se o forçassem a virar mouro, você seria um bom mouro?". Quando o vizinho respondeu na negativa, Mendoza retomou: "Então como você quer que eu seja um bom cristão?".[27] Era frequente que os conversos do judaísmo se referissem à antiga lei, designando o judaísmo, e no recolhimento do lar ou no aceso da discussão com cristãos-velhos às vezes declaravam que a lei mosaica era melhor ou pelo menos igual à lei em que agora viviam. Com a vitória da cruz, o discurso da Igreja consistia em frisar que a lei de Moisés era uma *ley muerta*, superada e substituída pela lei de Cristo, e não oferecia salvação possível. Na disputa pelas almas representada por esses discursos, os conversos reagiam em vários níveis. Uma das maneiras era se aferrar à lei antiga, pelo menos intimamente, e tentar transmiti-la. As mulheres podem ter desempenhado um papel especial nesse sentido. Com a eliminação das sinagogas, dos rabinos e dos aspectos institucionais do judaísmo, surgiu o criptojudaísmo, que por força da necessidade se tornou uma religião doméstica, e quem talvez estivesse na melhor situação para conduzi-la eram as mulheres.[28] Antonio Correa Nuñez, julgado por judaização em 1663-7, explicou que, quando fizera 13 anos de idade, a avó conversara com ele em particular e dissera que, "por causa do seu grande amor por ele, ela queria que ele garantisse a salvação da alma dele e a felicidade dele nessa vida. Ele atingiria essas metas se acreditasse na lei judaica, observando seus preceitos e se distanciando da cristandade, que não lhe salvaria".[29] Esse cuidado com a salvação e o respeito pela lei antiga percorre o depoimento de muitos conversos que, mesmo quando era impossível dar mostras exteriores de sua fé, continuavam a "abraçar a lei de Moisés em seus corações".

Para os conversos, quer continuassem ou não ligados à lei antiga, os discursos e as políticas antijudaicas representavam um risco à sua situação e subsistência dentro da sociedade cristã. Tais políticas estavam expressas nas leis e regulamentos sobre a pureza do sangue, que excluíam os descendentes dos não cristãos de muitos aspectos da vida, entre eles a carreira eclesiástica ou no funcionalismo público, o acesso às universidades, o ingresso nas ordens militares e um amplo leque de elementos da vida social. No século XVII, o programa de exclusão em sua formulação lusitana designava os descendentes de "judeus, mouros, mulatos e outras raças infectas". É possível que naquela época o termo "raça" não tivesse o pleno significado moderno que tem agora, mas a intenção e o sentido pejorativo eram evidentes. Tais pessoas careciam intrinsecamente de honra, não possuíam sentimentos elevados nem nobreza de linhagem: portanto, não mereciam confiança; e esses eram defeitos de nascença, inerentes ao caráter.

Embora dentro da própria Inquisição houvesse quem discordasse dos critérios de exclusão por pureza de sangue e achasse que os conversos nunca conseguiriam se integrar à Igreja enquanto perdurassem tais distinções, a reação de alguns autores conversos dos séculos xv e xvi é interessante.[30] Eles argumentavam que, como eram aparentados da Virgem e de Cristo, na verdade tinham sangue e linhagem nobres. O converso Pedro de Cartagena disse a seus críticos que "ele descendia de uma linhagem de reis, e os ancestrais deles não eram ninguém". Diego de Valera, autor de muitas obras sobre a natureza da nobreza, sustentou em *Espejo de verdadera nobleza* (1441) que os mouros e judeus que tinham levado uma vida de retidão em suas leis e continuavam sendo retos após a conversão não perdiam nada de suas qualidades. Outros, como Juan de Torquemada, ergueram-se em defesa dos conversos e condenaram quem não os aceitasse plenamente na Igreja.[31] Entre eles havia linhagens nobres. Quem duvidaria da nobreza dos mouros com seus muitos "reis e príncipes e grandes homens", e quanto aos judeus: "em qual nação pode-se encontrar tantos nobres quanto na dos judeus, em que existiram todos os profetas, todos os patriarcas e santos pais, todos os apóstolos e finalmente nossa bem-aventurada senhora Santa Maria e seu bendito filho Deus e homem verdadeiro, nosso redentor, o qual escolheu para si essa linhagem por ser a mais nobre"?[32] Essas defesas doutas da validade das antigas leis encontravam paralelo nas declarações de gente simples e iletrada que dizia que as leis de Moisés e de Maomé tinham valido no passado e continuavam a valer para muitos; e alguns, como veremos, achavam que o mesmo Deus tinha criado todas elas. O que impressiona não é que conversos e mouriscos adotassem essas concepções, e sim que cristãos-velhos também compartilhassem delas.

Séculos de interação, de contato diário, de encontros nos mercados e nas ruas tinham criado um terreno comum de entendimento e aceitação, o que corresponde ao outro lado da moeda do conflito e violência entre as comunidades. Podemos ter uma certa ideia dessas atitudes examinando um conjunto muito estudado de documentos da região de Soria e Osma, no nordeste de Castela. São depoimentos de quase 450 pessoas falando sobre si mesmas, os vizinhos e os conhecidos durante visitas da Inquisição entre 1490 e 1502.[33] Muitos interrogados e acusados eram conversos, mas nem todos, e em alguns casos as dúvidas ou opiniões apresentadas por eles foram consideradas típicas de recém-convertidos.[34] De fato, alguns se mostraram saudosos da antiga fé e um tanto hostis contra o novo credo, mas não foram apenas os convertidos a mostrar dúvidas quanto a certos aspectos da doutrina e prática cristã e aos excessos ou injustiças da própria Inquisição: os cristãos-velhos também. Dúvidas sobre o poder dos sacramentos, a vida após a morte, o uso de expressões blasfemas, e uma falta de conhecimento ou compreensão do que era exigido do fiel cristão eram comuns nessa população. Entre tais crenças e opiniões pouco ortodoxas estava a manifestação de simpatia para com os seguidores de outra lei. Um episódio ocorrido nos anos 1480 deixa isso claro. Na vila de Ausejo de la Sierra, na região de Soria, o agricultor Gil Recio entrou numa discussão com o moleiro local, chamado Diego de San Martín. Era a época das campanhas militares contra os mouros em Granada, e quando o moleiro reclamou da grande seca que atingia a região, Gil Recio comentou: "Como você quer que chova, pois se vai o rei tirar os mouros de sua casa não tendo lhe feito mal nenhum?". O moleiro retrucou que a guerra era necessária para difundir a fé verdadeira, ao que Recio respondeu: "E sabe alguém qual das três Deus prefere?".[35]

Essa manifestação de universalismo religioso era uma ideia expressa tanto por convertidos quanto por cristãos-velhos. Em

1488, a camponesa Juana Pérez, de Aranda, declarou que "o bom judeu se salvaria e o bom mouro em sua lei e para isso os havia feito Deus".[36] A mesma dúvida sobre qual seria a melhor lei foi levantada por La Rabanera, uma camponesa cristã-velha que em 1480 estava rezando na casa de uma vizinha judia que tinha acabado de morrer. Quando outra cristã lhe passou uma reprimenda e disse que ela estava pecando, La Rabanera respondeu: "que Deus a perdoe, pois está errada. O bom judeu e o bom mouro se salvarão em suas leis, senão por que Deus os teria feito?".[37] Essa era, parece bem claro, uma expressão corrente. O caso de La Rabanera é instrutivo não só pelas suas ideias relativistas por ela expressas sobre a salvação, mas também por revelar uma intimidade cotidiana entre cristãos-velhos, cristãos-novos e judeus, a qual lhe permitia ir rezar na casa da judia morta e por essa razão ser admoestada por outra cristã-velha.

Não admira que outras pessoas de origens judaicas exprimissem a mesma ideia nos inquéritos de Soria. O padre converso Juan Rodríguez, cuja paróquia ficava na vila de Tajahuerce, perto de Soria, foi acusado de repetir várias vezes que não sabia qual era a melhor entre as três religiões. Ele negou a acusação, mas não negou ter dito que cada qual podia encontrar salvação em sua lei.[38]

As investigações de Soria e Osma revelam um amplo espectro de dúvidas sobre a doutrina e a prática católica ortodoxa no período logo antes e logo depois da tomada de Granada e da expulsão ou conversão dos judeus. Elas dão um relance da vida e das crenças espanholas num momento fundamental, quando se iniciou a ascensão da Espanha ao poder; e embora se possa suspeitar de um certo viés regionalista em tais crenças, elas também se repetiam em outras áreas da península, o que sugere que eram amplamente adotadas. As investigações de Soria sugerem que a longa intimidade da convivência medieval, apesar de confrontos e conflitos e em face de uma campanha ideológica ativa da Igreja, tinha gerado sentimentos de universalismo religioso e uma atitude de mútua aceitação.[39] Mas conseguiriam tais ideias, consideradas heréticas ou pelo menos heterodoxas por pressupor que as outras fés também podiam ter elementos de verdade e também podiam ser caminhos até Deus, persistir após o fim do pluralismo religioso na Península Ibérica no começo do século XVI, com a expulsão dos judeus da Espanha em 1492, a conversão forçada dos judeus em Portugal em 1498 e a dos muçulmanos restantes em Castela em 1502?

JUDEUS E CONVERSOS

Começo examinando as declarações de universalismo religioso feitas por integrantes das duas principais minorias nas sociedades da Espanha e de Portugal. É de se esperar que, por várias razões, os convertidos guardassem uma certa simpatia pela validade de suas crenças e modos de vida anteriores. Chegou-se a sugerir que tais ideias de "tolerância" constituiriam, na verdade, uma maneira de pensar tipicamente cristã-nova.[40] Assim, quero examinar todos os principais grupos culturais que formavam a sociedade espanhola no tocante a essas declarações de universalismo religioso.

O judaísmo tradicional não enfatizava muito a salvação em sentido pessoal, mas era bastante usual a ideia de algum tipo de castigo para os maus e de recompensa para os bons.[41] Essa ideia também estava presente na crença num Messias e na libertação, crença esta que, após 1492, floresceu entre aqueles cristãos-novos que mantinham alguma ligação com o judaísmo. Em termos gerais, os cristãos-novos vieram a adotar a ideia de salvação individual e com isso se aproximaram mais do credo cristão, mas ao mesmo tempo também costumavam manifestar, talvez com maior intensidade do que outros, ideias a esse respeito que poderiam ser consideradas heréticas do ponto de vista católico ortodoxo. Ainda assim, como David Gitlitz definiu a situação, "essa fusão entre a ideia judaica de retidão por meio da obediência à Lei e a ideia cristã da salvação pela fé é o exemplo mais vigoroso de sincretismo na religião criptojudaica".[42]

Cumpre fazer uma certa distinção entre os convertidos da primeira geração — os que haviam sofrido a forte pressão estatal e da Inquisição a partir de 1480 e aqueles que tinham decidido ficar após a expulsão de 1492 — e os conversos, que eram seus descendentes. Com o passar das gerações, esses cristãos-novos ficaram cada vez mais distantes de suas origens judaicas, e para eles o cristianismo era o ponto de referência que lhes permitia avaliar o grau de filiação que ainda mantinham com o judaísmo. Não eram judaizantes por serem diferentes dos cristãos, e sim "eram judaizantes na medida em que difeririam dos cristãos".[43] Apesar de um considerável sincretismo entre as gerações posteriores de cristãos-novos, persistiam alguns preceitos básicos como elementos de sua judaicidade, certamente com raízes mais profundas e ligação mais ardorosa entre as pessoas mais apegadas ao antigo credo. Aqueles cristãos-novos que ainda se consideravam judeus mantinham, sob uma ou outra forma, as ideias de um Deus único, da futura vinda do Messias, da Lei de Moisés como o caminho da salvação, da dupla necessidade da fé e da observância.[44] Muitas vezes era a afirmação dessas ideias ou, por extensão, a ridicularização de conceitos contrários que levavam à denúncia dos cristãos-novos como judeus dissimulados.

Aqui entravam em jogo o conceito de salvação e a validade das "leis" de Moisés e de Cristo. Muitos conversos adotavam o conceito cristão de salvação e paraíso, e até imaginavam que iriam se unir a Moisés nos céus.[45] Alguns continuavam a sustentar que a lei mosaica era o único caminho para a salvação, mas muitos achavam que talvez o judaísmo e o cristianismo pudessem ser ambos válidos ou aceitáveis aos olhos de Deus. Era uma posição que reconhecia a verdade universal do judaísmo, mas também que essa verdade não era necessariamente exclusiva. Como seria de se esperar, alguns vieram a acreditar, devido à situação social e às práticas dos cristãos-novos, que uma mistura dos dois credos também poderia ser válida. As declarações de que a lei antiga ou de Moisés era melhor eram comuns entre membros da primeira geração de judeus convertidos, mas essas ideias teimaram em persistir. Os cristãos-novos repetiam tais declarações, às vezes em tom de brincadeira, às vezes com total seriedade teológica.

Não havia uma grande distância entre essa posição de certeza e eventual arrogância e uma noção mais flexível e abrangente da validade das diversas leis. O converso Gonzalo de Torrijos, ao declarar em 1538 que "Deus era verdade e os mouros diziam a verdade que também se salvavam em sua lei como os cristãos na sua", estava exprimindo um relativismo baseado na fé, mas esse relativismo de vez em quando também se fundava numa espécie de ceticismo pragmático. Dois cônjuges conversos dos anos 1480 recomendaram suas almas às três leis, esperando assim cobrir todas as possibilidades: "Tenho um Deus feito de madeira; guardei a lei santa de Moisés, guardei a lei de Jesus Cristo e se agora surgisse ou viesse um santo Maomé, por Deus!, faria dela a terceira, e se tudo se acabasse não teria medo de Deus, pois a todas as leis segui".[46] Visto que as pessoas procuravam se reconciliar com suas consciências e suas posições dentro da sociedade, não surpreende encontrar declarações como as de María de Zárate diante dos inquisidores mexicanos em 1650: "que Deus pai não se zangava que os homens servissem a Deus filho, nem tampouco Deus filho se zangava que servissem ao Pai e que, em caso de dúvida, o mais seguro era servir ao pai sem fazer menção a Deus Espírito Santo".[47]

E assim os cristãos-novos procuravam também entender a redenção e a salvação, o que era apropriado para eles e para os outros. Aqui a antiga crença judaica e a tradição cristã divergiam. Para a Igreja, a salvação era pessoal e individual, e a redenção era pessoal e interior. No judaísmo, a redenção se dava "no palco da história e dentro da comunidade".[48] A tradição judaica tendia a considerar que o caminho da retidão consistia na adesão à lei de Deus, particularmente a de Moisés, na obediência a seus preceitos, na prática de boas ações e do mitzvá. A teologia cristã tinha passado muito tempo discutindo e debatendo o peso relativo das ações humanas, da graça divina e do poder salvífico de Deus, e no século XVI foi adotada pela Igreja espanhola a posição de que o fator determinante era acima de tudo a graça e que, de qualquer maneira, sem a intervenção do Messias a salvação da humanidade era problemática, se não impossível. De fato, o judaísmo tradicional não dava muita atenção à ideia de salvação pessoal nem ao conceito de um paraíso após a morte. A retidão era sua própria recompensa.

Todavia, os conversos logo adotaram a ideia de salvação, aplicando-a à sua própria situação. Passaram a acreditar que somente a obediência à lei mosaica lhe traria a salvação, e ensinaram os filhos que a esperança deles estava na lei de Moisés, e não na lei de Cristo. Mesmo os conversos que aceitavam o novo credo e se consideravam cristãos não queriam crer que a salvação eterna fora negada a seus entes queridos, o que não é de se admirar, e portanto sustentavam que os antepassados, ao seguir a lei de Moisés, também tinham sido salvos.

Antes da expulsão e da conversão à força nos anos 1490, muitas vezes os judeus ibéricos tinham usado a retórica das leis ou religiões rivais. Eram frequentes as declarações de que a lei mosaica era a lei verdadeira ou melhor do que a lei cristã.[49] Como os muçulmanos convertidos ao cristianismo, os conversos judeus relutavam em crer que seus pais e antepassados estivessem sofrendo a danação eterna e preferiam acreditar que, como eles tinham vivido segundo a lei de Deus, suas almas tinham sido salvas. Essas ideias geralmente ficavam restritas ao âmbito familiar, e os cristãos-novos confrontavam os cristãos com tais afirmativas menos frequentemente do que os mouriscos. Os judeus eram minoria, fosse na Espanha cristã ou na Espanha muçulmana. À diferença dos mouriscos, os judeus não dispunham de nenhum grande império de correligionários que lhes desse apoio ou proteção, nem algo equivalente à escravização de cristãos pelos piratas da Barbária para refrear as ações cristãs. Os cristãos-novos podem ter alimentado as citadas ideias, mas de modo geral elas ficavam restritas à comunidade, exceto quando eram arrancadas nos interrogatórios da Inquisição ou em circunstâncias especiais.

Os mouriscos, sobretudo os de Granada, costumavam agir de maneira muito diferente. Afinal, em muitos lugares os muçulmanos tinham sido maioria por longo tempo e haviam exercido controle político e religioso. Eles tendiam a adotar uma postura mais agressiva, fazendo comparações abertas entre as três leis. Às vezes manifestavam esses sentimentos de maneira totalmente explícita, mesmo quando já não possuíam poder político. Alguns mouriscos e conversos adotavam a posição relativista de que as três leis eram válidas, todas elas criadas por Deus. Outros simplesmente tinham dúvidas. Gregório Laínez confessou em 1500 que sinceramente não sabia qual lei era a melhor.[50]

UM INTERLÚDIO EM AMSTERDAM

É provável que a relativa liberdade de Amsterdam seja um ambiente mais propício do que a atmosfera cerceada do mundo ibérico, onde era perigoso expressar a fé, para examinar essa variedade da fé cristã-nova e sua complexidade em relação ao cristianismo, ao judaísmo e aos conceitos universalistas de religião. A partir dos anos 1580, muitos conversos espanhóis e portugueses tinham ido para lá fugindo da Inquisição, e em meados do século XVI a cidade contava com uma próspera comunidade de cerca de 2 mil conversos e descendentes, vários tendo reabraçado o judaísmo, e um número equivalente de judeus do norte da Europa. Vigorava uma política estatal de tolerantismo em relação a eles, e nos anos 1640 havia duas sinagogas na cidade. As autoridades religiosas judaicas, ou *Mahamad*, que gozavam de uma certa autonomia concedida pelo governo municipal, procuravam controlar os escritos e as declarações públicas da comunidade para diminuir possíveis problemas com a população cristã e para manter a ortodoxia entre os judeus.[51]

Mas era difícil controlar essa ortodoxia entre uma população sefardita culta e variada, que trazia a influência das experiências ibéricas, da dissimulação e de contatos anteriores com o catolicismo. Além disso, havia integrantes da comunidade em contato pessoal ou intelectual com membros de diversas seitas protestantes, além de deístas, céticos cristãos e pensadores críticos. O caso de Uriel da Costa (morto em 1647) é um bom exemplo. Costa era um converso português da cidade do Porto que havia estudado teologia em Coimbra e fugira com a família para Amsterdam. Com espírito inquieto e interesses teológicos amplos, foi impelido por seu autoquestionamento a empreender uma odisseia espiritual desde o catolicismo até o deísmo, com paradas no marranismo criptojudaico e no judaísmo mais ortodoxo pelo meio do caminho.[52] Não tinha grande formação no direito ou na exegese bíblica judaica, mas mesmo assim escreveu um tratado em 1616 contestando a autoridade rabínica, o que levou à sua excomunhão da comunidade. Continuou publicando ideias cada vez mais heterodoxas e prosseguiu nos ataques à autoridade rabínica. A separação da comunidade lhe desgraçou tanto a vida que ele buscou e obteve a reconciliação, apenas para ser excomungado outra vez. No final acabou se suicidando.[53] Em seu estudo da teologia judaica e cristã, Uriel da Costa levantou dúvidas sobre as pretensões de ambas, sobretudo como autoridades institucionais, e a origem divina da Torá. Também questionou a imortalidade da alma, e nisso compartilhava as ideias não só dos céticos cultos da época como também do povo simples perseguido pela Inquisição em sua terra natal.[54]

Uriel da Costa é às vezes tido como predecessor de outro cético muito mais famoso de Amsterdam, também com origens cristãs-novas portuguesas: Baruch Spinoza; e bem como do grupo de pensadores heterodoxos vagamente associados a ele na comunidade sefardita.[55] O *Tractatus Theologo-Politicus* de Spinoza defendia a liberdade do indivíduo para julgar e pensar da forma como quisesse e ser "por direito natural absoluto o senhor de seus pensamentos". Ao frisar a liberdade do pensamento individual e não o tolerantismo da expressão ou da fé religiosa com base em princípios religiosos, Spinoza deu um grande passo na história do tolerantismo. Sua preocupação não era a religião em si, mas sim a relação da liberdade de pensamento e expressão em sentido amplo com o indivíduo e a jurisdição estatal, e o necessário reconhecimento dessa liberdade por parte do Estado.[56] Por trás da posição spinozista de que cada qual deve poder pensar, falar e escrever livremente sobre questões de filosofia, política e religião estava a dúvida em relação à verdade exclusiva de qualquer religião em particular. Era uma guerra contra a superstição e contra a religião como fonte de discórdia pública. Nesse sentido, seu ceticismo era revolucionário, e seu universalismo perante a religião era totalmente diferente do da maioria dos espanhóis e portugueses — cristãos, judeus e muçulmanos — que venho examinando. O estudioso israelense Yirmiyahu Yovel definiu Spinoza como um marrano da razão que buscava a salvação não na lei de Moisés ou de Cristo, e sim no pensamento racional.[57]

A crítica religiosa de Spinoza levou à sua excomunhão da comunidade judaica, mas havia outros sefarditas em torno dele com ideias religiosas heterodoxas cujas raízes pareciam provir mais diretamente da tradição ou da experiência ibérica. Havia algumas figuras estranhas — homens como Daniel de Ribera, que não era cristão-novo e sim um frade espanhol que tinha ido à Itália e ao Brasil e se convertera ao judaísmo em Amsterdam, mas acabou sendo afastado da comunidade, abraçou o anglicanismo e depois voltou à Igreja católica; ou o poeta e autor andaluz Miguel (Daniel Levi) de Barrios, de família conversa, que se mudou para a Itália, adotou o judaísmo e percorreu rapidamente as Índias espanholas antes de chegar a Amsterdam. Barrios serviu como capitão espanhol em Flandres e até aparentava manter boas relações com nobres e autoridades locais, apesar de seu judaísmo professo. As autoridades judaicas proibiram a publicação de seus escritos na Holanda devido ao seu conteúdo lascivo, mas há neles uma curiosa mescla de enaltecimento da Espanha e de alguns dos dirigentes espanhóis que mais haviam perseguido os judeus, e o orgulho pessoal de Barrios por seu próprio judaísmo. Essa dicotomia apontava a ambivalência do autor.[58]

A vida e a carreira de Juan (Daniel) de Prado, muito conhecido como cético e deísta de origem cristã-nova e participante do grupo de Spinoza, são muito interessantes. É um caso típico entre os conversos ibéricos. Sua família morava perto de Jaén, na Andaluzia, e lá nasceu Prado. Ele entrou na universidade de Alcalá em 1627 e cursou medicina em 1630-5 na mesma instituição.[59] Nessa época conheceu Baltasar Alvares de Orobio (Isaac Orobio de Castro, 1617-87), outro estudante cristão-novo que também cursava medicina e, preso mais tarde pela Inquisição, fugiu da Espanha. Como defensor da ortodoxia judaica na comunidade de Amsterdam, Orobio mais tarde publicaria sua obra na Holanda e travaria um debate público com Prado sobre questões de fé e teologia. Quando os dois se conheceram na Espanha em 1635, ambos estudavam teologia e ficaram muito amigos. Depois seus caminhos se separaram, e por vias diversas os dois acabaram abraçando o judaísmo. A Inquisição prendeu Orobio em 1654 e sob tortura extorquiu-lhe informações sobre amigos e parentes. Em seu depoimento, Orobio declarou que numa reunião em 1643 com Prado e seu cunhado, muito antes de saírem da Espanha ou professarem publicamente o judaísmo, Prado lhe dissera que seus estudos teológicos o haviam levado à conclusão de que todas as religiões em harmonia com a lei natural podiam conduzir o indivíduo à salvação. Orobio informou que Prado havia dito: "todos os homens têm direito à redenção, cada um em virtude de sua própria religião — judeus, mouros e cristãos têm direito à felicidade eterna — porque todas essas religiões têm objetivos políticos cuja fonte procede da lei natural, que na filosofia de Aristóteles se denomina a *causa causarum*".[60]

Dois dias depois, em outro encontro, Prado dissera a Orobio que todas as ditas religiões eram capazes de conduzir seus adeptos à salvação, todas tendo o mesmo objetivo, a saber, levar o fiel a encontrar Deus.[61] O cunhado de Prado concordou com essas afirmações. O raciocínio parecia derivado da interpretação de Prado sobre as consequências da lei natural, mas o argumento principal era apresentado não só dentro de uma estrutura escolástica mas também sob a forma da tradicional proposição espanhola de que cada qual pode se salvar em sua lei. Mais tarde, Prado e Orobio se tornaram ferozes adversários na doutrina.[62]

Havia claras diferenças entre Spinoza, Prado e outros pensadores heterodoxos na comunidade sefardita, mas I. S. Révah sustenta que todos partilhavam um ceticismo que vinha aumentando entre os conversos ibéricos desde 1492, se não antes, e que, apesar das diferenças entre eles, todos acreditavam que a ordem divina era imutável, rejeitavam as interpretações convencionais da revelação divina e adotavam a ideia de uma lei natural comum à humanidade com um caráter mais moral do que religioso. Tais posições se adequavam às raízes de um deísmo comum a eles. As defesas judaicas do judaísmo e as críticas judaicas ao cristianismo são tidas como fatores que muito contribuíram para o surgimento do ceticismo cristão, mas os debates, as perseguições e a imposição forçada da fé também levaram ao desenvolvimento de dúvidas sobre o judaísmo dentro da própria comunidade judaica. Há quem afirme que a alegada tendência dos conversos à dissimulação, à ênfase sobre a fé interior em lugar de uma profissão de fé exterior e ao constante mascaramento das ideias formou o contexto para o nascimento de muitas coisas, desde a novela picaresca na Espanha até a filosofia secular de Spinoza na Holanda.[63] Mas tem sido contestada a ideia de que o deísmo e o ceticismo sejam fenômenos especificamente cristãos-novos, nascidos da experiência da dúvida, do debate, da dissimulação e das pressões sobre seus sistemas de fé. A dissimulação religiosa entre cristãos, o chamado nicodemismo, era corrente na Europa no começo da modernidade, quando católicos na Inglaterra e protestantes na Itália foram obrigados a desenvolver estratégias de sobrevivência que geraram divisões similares entre a afirmação pública e a crença privada.[64] Mesmo um estudioso da comunidade sefardita na Holanda como Yosef Kaplan observa que essas ideias também tinham grande circulação entre a população cristã seiscentista. Curiosamente, a vontade de encontrar raízes especificamente judaicas ou cristãs-novas para o ceticismo faz lembrar as críticas da época aos conversos como gente sem fé e sem religião, ancestrais do "judeu ateu".

Evidentemente, essas tendências ao ceticismo ou ao "ateísmo" tinham mais probabilidade de aflorar num meio como a Holanda, com seu relativo tolerantismo, do que na Espanha ou em Portugal, onde a crença na superioridade ou pelo menos igual qualidade da antiga lei havia dado aos conversos uma base intelectual para manter a observância da prática judaica, mesmo depois de adotada a ideia cristã de salvação. Havia boas razões para que tal tipo de relativismo predominasse entre eles, mas na verdade, como vimos, tais declarações também eram correntes entre as comunidades de cristãos-velhos. Essas atitudes não nasciam apenas nem principalmente por causa de uma antipatia entre judaísmo e cristianismo, e tampouco eram crenças especificamente cristãs-novas. Pode ser que os cristãos-novos tivessem uma especial propensão para a dúvida e o ceticismo em relação a alguns aspectos da fé e da observância católica. Faria muito sentido. Mas eles certamente não eram os únicos. Nos arquivos inquisitoriais da Espanha, de Portugal e da Itália há literalmente milhares de casos de cristãos-velhos que também faziam essas proposições e alimentavam ideias semelhantes. Eles pareciam pensar dessa maneira não só porque tinham se contaminado com influências judaicas, muçulmanas ou luteranas, mas porque suas próprias dúvidas e questionamentos os haviam levado a tais conclusões.

Finalmente, há um elemento que tem sido subestimado nos estudos que pretendem identificar as pessoas, os fatos e os contextos que influenciaram a revolução filosófica de Spinoza, sua expulsão da comunidade judaica e o nascimento de seu deísmo e tolerantismo. Qualquer que tenha sido a influência direta de Uriel da Costa, Isaac La Peyrère, Juan de Prado e outros pensadores cristãos-novos heterodoxos, muitos tinham vivido na Espanha e em Portugal, onde havia uma longa tradição popular de relativismo religioso, além de uma antiga discussão teológica sobre as implicações da lei natural quanto à possibilidade de salvação. Prado pode ter exercido uma influência direta para o afastamento de Spinoza da comunidade sefardita, mas quando rapaz expressara a velha ideia de que todos os credos podiam levar à salvação. Era uma concepção familiar a todos os cristãos-novos, ortodoxos e heterodoxos, em qualquer fé que realmente abraçassem, e na verdade era familiar a espanhóis e portugueses de qualquer formação. A distância entre o universalismo, defendendo a validade possível de todos os credos, e o ateísmo do texto clandestino *Traité des Trois Imposteurs*, que se baseava no ceticismo de Spinoza e questionava a validade de todas as religiões, não era grande, e os teólogos e inquisidores católicos sempre tiveram consciência desse risco.[65] Mas na Espanha, curiosamente, a proposição específica quanto à validade relativa de todas as religiões não se associava exclusivamente, e nem mesmo particularmente, aos conversos, os judeus convertidos, e sim aos mouriscos, os muçulmanos convertidos, que também viveram o preconceito, a conversão forçada e a dissimulação, numa experiência paralela à dos cristãos-novos.

MOURISCOS

Mesmo quando a guerra contra Granada, o último reino muçulmano, ingressou em seus estágios finais após 1485, havia comunidades muçulmanas em muitas outras partes da península, especialmente em Aragão, Castela e Valencia. Esses enclaves mudéjares estavam sofrendo uma pressão cultural e econômica cada vez maior, que se intensificou profundamente, sobretudo quanto à conversão, após a queda de Granada. O resultado foi uma série de conversões maciças ao cristianismo, em condições que muitas vezes beiravam o uso da força. Assim, não admira que amiúde os convertidos resultantes não fossem propriamente muito ardorosos em sua nova fé.[66]

No final do século XVI talvez houvesse apenas cerca de 300 mil mouriscos entre os 8 milhões de habitantes na Espanha, e eles estavam concentrados em Murcia, Valencia e Granada, correspon-

Convertendo mouros em mouriscos.
"O batismo dos mouriscos." Madeira policroma na Capela Real da Catedral de Granada, por Vignary Felipe (1470-1543) (Arquivo Oronoz).

dendo nas duas primeiras regiões a cerca de 25% da população e em Granada a talvez metade dos habitantes.[67] Muitos tinham nascido e crescido em condições em que predominava sua antiga fé e não duvidavam muito da validade do islamismo. Esses sentimentos perduraram por muito tempo depois da queda de Granada em 1492, e para alguns tais convicções ressurgiram ou até se fortaleceram nas revoltas mouriscas, as chamadas Guerras das Alpujarras, em 1499 e 1569-70.[68] Os contatos contínuos com os muçulmanos na África do Norte e a esperança de apoio do poder otomano em Constantinopla davam aos mouriscos um suporte espiritual e psicológico para resistir às pressões da conversão forçada e às ameaças, depois concretizadas, de expulsão, que finalmente se materializaram em 1609.

Havia, é claro, variações regionais. Em Valencia, onde a população moura formava um grande campesinato controlado pelos principais nobres, até o final dos anos 1610 ela gozou de uma certa proteção e tolerantismo. Obrigados a escolher entre a conversão ou a morte durante as revoltas populares da *Germanía*, alguns muçulmanos continuaram em revolta aberta até o final dos anos 1520. Em Aragão também existia uma população rural considerável que tinha permanecido após a reconquista e continuava a trabalhar na terra, cuidar dos rebanhos e desempenhar seus ofícios nas vilas. Aqui também a nobreza aragonesa os usava como empregados e dependentes, razão pela qual, além da religião, eles eram detestados, temidos e por vezes invejados pelos vizinhos cristãos-velhos. Em Valencia e Aragão sempre houve o receio de que os mouros constituíssem uma potencial ameaça interna, dispostos a colaborar, respectivamente, com os piratas argelinos ou marroquinos e com os huguenotes, vistos nas duas regiões como uma potencial quinta-coluna para um ataque turco contra a Espanha.[69] Mesmo após a conversão voluntária ou forçada, esses temores e a persistência dos mouros em manter seus idioma, trajes e costumes colocavam sob suspeita o compromisso mourisco com a Igreja, e na verdade muitos convertidos continuaram a se aferrar obstinadamente ao credo anterior.[70] Em Castela, após a queda de Granada, impôs-se a conversão forçada, uma revolta efêmera brotou em 1499 e em 1502 foi editado um decreto oferecendo a alternativa entre conversão ou expulsão do reino. Em Murcia e outras áreas da Andaluzia ainda havia comunidades mudéjares espalhadas vivendo sob o domínio cristão, remanescentes da reconquista, mas em Granada a história era completamente diferente. Lá, em grandes áreas do reino, ainda predominavam os mouros com seus padrões de vida, estruturas associativas, elites e autoridades locais ainda intactas. Eles ainda formavam uma comunidade depois da conversão de 1502, e resistiram às pressões econômicas impostas pelo "colonialismo interno" da ocupação cristã, bem como às políticas lenientes ou repressoras destinadas a firmá-los na nova fé. Nisso eles tiveram uma certa ajuda das divisões e rivalidades entre as autoridades civis e a Igreja, além das disputas entre facções da nobreza — uma das quais, a família Mondéjar, era a dos capitães-generais hereditários de Granada e defendia os mouriscos.

A suspeita constante de uma colaboração mourisca com os inimigos externos se intensificou quando a expansão e as vitórias otomanas aumentaram nos anos 1560, e em 1567 Filipe II e seus servidores civis e eclesiásticos, no intuito de introduzir as reformas tridentinas em Granada, tentaram impor uma série de leis que constituíam uma campanha aberta para destruir qualquer resquício da cultura árabe, como forma de impor a adoção da doutrina e da observância cristãs. Entre elas incluía-se a proibição do uso da língua árabe, a queima de livros em árabe e a vedação de roupas mouras e de nomes, cerimônias e costumes mouros. Todas essas restrições já tinham sido impostas antes, mas dessa vez havia uma séria intenção de fazê-las cumprir. A comunidade tentou o suborno como via de escape, tal qual havia feito no passado, mas a intransigência religiosa e o cenário internacional agora impossibilitavam essa saída. Acuados contra a parede, os mouros reagiram com violência. O resultado foi uma rebelião de dois anos nas montanhas das Alpujarras (1569-70), na verdade uma horrível guerra civil. Os mouriscos se mostraram guerrilheiros eficientes, mas suas chances de vitória eram ínfimas, sobretudo porque Filipe II viu esse movimento como uma ameaça ao próprio coração do reino. Brutalmente esmagada, a revolta terminou em 1570. Embora milhares de mouriscos tenham conseguido ficar em Granada, muitos outros, algo entre 75 mil e 150 mil, foram expulsos da região e redistribuídos por outras áreas de Castela, numa tentativa de diminuir seu impacto e ameaça espalhando-os por um amplo território. Essa política gerou novos problemas. Agora os mouriscos viviam em muitos lugares, como minoria; esses desterrados chegavam a seus novos lares com um compreensível rancor e uma fé fortalecida pela adversidade que era transmitida aos pequenos grupos de mudéjares que já existiam em Castela.[71] Sob vigilância, perseguição e desconfiança, eles eram especialmente sensíveis a afrontas à sua honra e cultura. Ainda enfrentando suspeitas quanto à fé e à lealdade política que alimentavam, de um lado odiados por sua diligência e êxito econômico e por outro lado denegridos como mendigos ou bandoleiros, os mouriscos finalmente foram expulsos em 1609, época em que não somavam nem 100 mil na Espanha.

Em vista desses acontecimentos e das dificuldades em abraçar abertamente a nova fé, muitos mouriscos procuraram uma maneira de reconciliar ou acomodar as duas religiões e de se situar entre elas. Era frequente manifestarem a opinião de que "cada qual pode se salvar em sua lei" e que a antiga lei, isto é, o islamismo, era válida.[72] De fato, existiam passagens corânicas e interpretações da tradição profética que pareciam indicar o tolerantismo em matéria de fé. "Você com sua religião, eu com a minha" (Corão, 105.6) sugeria que a crença era uma questão de decisão própria, e em 5.59 o Corão parece retomar o conhecido argumento de que Deus tinha dado a cada pessoa um caminho a seguir, e que fazia parte do desígnio divino que cada qual seguisse seu caminho.[73] "A cada um de vós temos ditado uma lei e uma norma; e se Deus quisesse, teria feito de vós uma só nação; porém, fez-vos como sois, para testar-vos quanto àquilo que vos concedeu. Emulai-vos, pois, na benevolência, porque todos vós retornareis a Deus, o Qual vos inteirará das vossas divergências."

O conceito islâmico de *fitra*, a religiosidade inata da humanidade, era fundamental. O Profeta disse que todos nascem com *fitra*, e são os pais que criam judeus, cristãos ou zoroastristas. Os teólogos islâmicos debatiam o significado dessa afirmação, mas pelo menos alguns livre-pensadores achavam que ela podia sugerir que existia mais de um caminho para se chegar a Deus.[74] Sob a influência desses elementos corânicos e também sofrendo uma pressão considerável, os mouriscos se tornaram expoentes do relativismo diante da coerção. Por fim, o conceito de *taqiyya* autorizava a falsa aceitação de outra religião em circunstâncias inevitáveis, estratégia islâmica equivalente ao nicodemismo dos protestantes ou à dissimulação dos cristãos-novos criptojudaicos.

Em 1560, um relatório valenciano a Filipe II informava que os mouriscos tinham o costume de declarar que cada qual podia se salvar em sua lei.[75] Alguns que haviam passado a vida toda como cristãos revelavam na hora da morte suas dúvidas e o respeito que haviam mantido pela fé dos antepassados.[76] Obrigados ou persuadidos a aceitar o novo credo, muitos mouriscos relutavam em admitir a validade exclusiva do cristianismo e, como foi dito, achavam tremendamente difícil aceitar que seus parentes e antepassados, que tinham vivido segundo a lei de Maomé, haviam sido condenados ao inferno por essa razão, conforme rezavam os preceitos de sua nova religião. Frequentemente procuravam semelhanças entre os dois credos. Em 1525, um grupo estava discutindo e algumas pessoas disseram que um certo cristão, que tinha morrido combatendo os muçulmanos, estava com seu lugar assegurado no paraíso, e María de Oro de Deza respondeu que os muçulmanos que haviam combatido os cristãos também haviam encontrado a salvação pelo mesmo motivo.[77] A Inquisição de Granada condenou a idosa Leonor Tuniscia em 1577 por ter dito que sua terra natal na África do Norte era boa, pois lá os mouros viviam em sua lei, e os judeus e os cristãos nas deles. Afinal, todas tinham sido criadas por Deus.[78]

Apanhados entre duas fés, os mouriscos tentaram encontrar soluções pessoais e criativas. Luis Borico Gajo, lavrador de Almansa e muçulmano convertido, pôs a culpa em Deus: "disse que Deus pecou e que Deus não fez bem seu serviço ao fazer que uns fossem cristãos e outros mouros e outros judeus, mas que todos deviam ser um só". Essas blasfêmias "perniciosas" lhe valeram duzentas chicotadas em 1567. No mesmo ano, outro mourisco, Gaspar Vayazan, trabalhador rural em Elche, adotou uma posição mais abrangente e pragmática, dizendo que acreditava nas três leis ao mesmo tempo, pois "se uma lhe faltasse não lhe faltaria a outra".[79]

O fato de que os mouriscos traziam arraigada dentro de si a ideia da equivalência entre as três leis e da possibilidade de salvação em qualquer uma delas é em certa medida confirmado pela própria Inquisição. Essa proposição era generalizada o suficiente para merecer ser incluída em vários éditos da fé, catálogos de desvios religiosos que a Inquisição lançava para instruir os fiéis sobre os sinais que indicavam erros e heterodoxias. Curiosamente, vários éditos recomendam na seção de alerta sobre as práticas islâmicas que se preste atenção se alguém diz "que o muçulmano pode se salvar em sua seita e o judeu em sua lei".[80] Essa advertência aparece em diversos éditos publicados em Castela, mas também num édito publicado em Lima no começo do século XVII.[81] A inclusão da proposição indica que, originalmente, os inquisidores a entendiam como apostasia dos mouriscos tentando defender suas crenças anteriores ou a crença de seus antepassados, mas no final do século XVI essa associação já não era tão evidente, como sugere a grande quantidade de casos de não mouriscos perseguidos por tais ideias.

Ainda assim, fica evidente nos tratados contra o islamismo e a manutenção da fé islâmica entre os mouriscos a ideia de que o clero católico entendia aquela proposição como um argumento de defesa especificamente muçulmano. Por exemplo, o humanista Bernardo Pérez de Chinchón tinha formação cristã-nova. Ele superou as origens religiosas da família e teve o apoio do duque de Gandía em parte por ter escrito dois textos de críticas ao Corão e ao Islamismo, com a finalidade de converter os muçulmanos à verdadeira fé. Em seus *Diálogos cristianos* (1535), montado como uma discussão amistosa entre o cristão Bernardo e seu ex-professor Joseph Arabigo, que representa os mouriscos, a certa altura Joseph afirma: "Alguns dos homens doutos entre os mouros dizem que cada um pode se salvar em sua lei: o judeu na dele, o cristão na dele, o mouro na dele; e pode ser verdade o que eles dizem, pois cada um é feliz na sua lei e acredita que ela é a verdadeira".[82] Bernardo então tenta provar a Joseph que o argumento é "falso, louco e estúpido", pois mesmo que possam existir muitas leis diferentes feitas pelos homens, algumas boas e outras ruins, porque os homens são homens e sujeitos ao erro por ingenuidade ou má-fé, a lei de Deus nunca é injusta, falsa ou enganosa. Deus é um só, logo existe apenas uma lei de Deus. O texto prossegue explicando em termos lógicos e metafísicos que duas religiões com opiniões contraditórias não podem ser ambas corretas, e Bernardo tenta apontar os diversos erros dos seguidores do Islã. A questão da pretensão de verdade do cristianismo é tratada num tom de persuasão amigável, e o muçulmano é repreendido por evitar a discussão desses temas ou por insistir em que pode existir mais do que um caminho para Deus.

Muitos ex-muçulmanos, porém, às vezes reagiam a essa argumentação mais na base do confronto do que da comparação. Os muçulmanos espanhóis e seus descendentes tinham desenvolvido uma série de críticas e dúvidas sobre o catolicismo e as práticas católicas. A cruz não passava de dois pedaços de pau, os santos eram apenas madeira, e venerar os santos e a cruz era idolatria, pois um Deus verdadeiro não poderia morrer.[83] Esse tratamento depreciativo não era incomum.

Tais afrontas e confrontos diretos, principalmente depois da redistribuição dos mouriscos de Granada por todo o reino de Castela após a rebelião, apontam para o entrelaçamento entre cristãos-velhos e mouriscos, numa relação conflitante, contínua, muitas vezes íntima. Canções parecem ter servido tanto para lembrar e afirmar a própria identidade quanto para provocar e espicaçar. Quando Martín de Murcia de La Roda ouviu alguns cristãos cantando versos sobre os rebeldes mouriscos de Valencia, gritou que vivia melhor em sua lei do que eles na deles. Em 1575, o escravo mourisco Lope de Almería bradou: "Maomé é melhor do que você", e puxou uma faca contra um cristão que estava cantando versos sobre a derrota dos rebeldes mouriscos.[84] O caso de Francisco Bocacho, um jovem mourisco de Alicante preso pela Inquisição de Murcia em 1597, é sintomático. Ele estava com um grupo de cristãos-velhos cantando a romança de El Cid, e lamentou que El Cid tivesse tomado Valencia porque "Valencia era então só de mouros".[85] Disseram-lhe que não havia salvação a não ser para os cristãos, ao que ele deu a resposta usual de que a fé dos antepassados lhe bastava e argumentou com o interlocutor cristão-velho: "Sua mãe e seu pai eram cristãos e então você segue essa lei". Não lhe importava a teologia: "meu pai mouro, minha mãe moura, eu também mouro". Os inquisidores foram lenientes, considerando-o um rústico de pouco entendimento, "criado no campo", que alegava ter dito "nunca um mouro é bom cristão nem um cristão é bom mouro", numa aparente inversão da frase também muito comum e mais relativista: "melhor bom mouro do que mau cristão".[86]

O caso de Bocacho sugere a imagem de uma sociedade em que mouriscos e cristãos-velhos mantinham contato constante, conheciam-se pelo nome, viam-se na igreja e até se reuniam para cantar os versos de El Cid, aquele herói tradicional da Espanha cristã que na verdade passou boa parte da vida a serviço de príncipes muçulmanos. A intimidade e as ligações na vida cotidiana levavam a provocações, réplicas e discussões quando se manifestavam tais opiniões, e depois a denúncias perante a Inquisição. Essa intimidade e proximidade gerava o duplo resultado do desdém e da aceitação. Como o tema do sexo, a questão da validade das três leis era um assunto de interesse comum, preocupação constante e discussão contínua.

Devido à história dos mouriscos e sua relação difícil, às vezes de confronto, com a sociedade cristã, a natureza e a diversidade de suas reações ao problema da salvação pessoal, da verdadeira fé e do tolerantismo são plenamente compreensíveis. Vez por outra, seus argumentos e posições, mesmo sem instrução ou conhecimento, reproduziam os velhos debates teológicos e argumentos humanistas sobre a natureza e as possibilidades da salvação. Por exemplo, Isabel de Torres, uma mourisca de Granada com cinquenta anos de idade, tinha dito que os turcos não eram tão maus e praticavam muitos atos de caridade (*limosnas*, esmolas). Quando lhe disseram que eles não iriam para o céu porque não eram batizados, ela adotou a antiga posição pelagista de que "o céu está aberto para quem pratica boas obras". A salvação dependia da volição e da ação, e não apenas da graça.[87] Os inquisidores quiseram explorar mais a questão, pois ela atingia o próprio cerne da pretensão de validade exclusiva da Igreja. Isabel foi torturada, mas mesmo sob coerção, provavelmente percebendo a importância central daquele ponto, declarou que não tinha dito que o batismo era desnecessário.

O argumento de Isabel de Torres parece denunciar um certo pelagianismo, mas na verdade era uma posição mais próxima à do humanista valenciano Fadrique Furió Ceriol, que sustentava que o mundo se dividia simplesmente entre os bons e os maus, independente do credo, e defendia essencialmente a igualdade entre todos os seres humanos. Não existem indicações de que Isabel conhecesse a obra de Furió Ceriol e nem mesmo as discussões teológicas anteriores sobre a possibilidade de salvação fora da Igreja. Ela parece ter chegado a tal posição não por questões de autoridade e sim pelo exercício da razão. Na verdade, podemos formular melhor o problema: não se trata de saber se os escritos de Furió Ceriol ou outras ideias semelhantes da cultura de elite influenciaram gente como Isabel, e sim como essa sabedoria ou racionalidade popular criou o contexto e o pensamento que surgiu nos escritos de alguns humanistas.

A convivência e a conversão forçada geravam por vezes outros resultados. As múltiplas pretensões rivais de verdade religiosa podiam levar não ao fervor do convertido ou à dissimulação do adepto coagido, e sim ao ceticismo e à dúvida em relação a qualquer religião. Alguns estudiosos sustentam que essas dúvidas eram inerentes à condição do converso e explicam o surgimento do ceticismo de Spinoza e o nascimento das filosofias racionalistas. Talvez a melhor definição seja a do bispo de Segorbe, que reclamava que os mouriscos de sua diocese eram uma "plebe ignorante que não sabem ser nem mouros nem cristãos".[88] Em segundo lugar, a transição de uma fé a outra não se dava da noite para o dia. Persistiam costumes e práticas tão entrelaçados no tecido da vida cotidiana que seu conteúdo religioso já não era mais evidente. Alguns teólogos reconheciam esse fato e defendiam a leniência na aplicação de penas por apostasia. Foi a postura do arcebispo Hernando de Talavera (1428-1507), em Granada, e quando seu sucessor, o arcebispo Cisneros, trocou a brandura pela intransigência, houve uma resistência acirrada. Em Portugal, após a conversão forçada dos judeus em 1497, a Inquisição foi proibida de perseguir cristãos-novos até 1540, para dar tempo à nova geração de se adaptar ao novo credo. Em terceiro lugar, com tantas pretensões de verdade rivais, uma saída possível era o relativismo, beirando a incredulidade ou dela nascido. O converso que dizia: "Nesta terra eles não vivem como muçulmanos, judeus nem cristãos, e para viver aqui é melhor viver como cristão para estar a salvo [da Inquisição], como a velhinha que vai se confessar e confessa um pecadilho e mais nada", falava com um pragmático senso de autopreservação.[89] E ele não era o único.

A religião significava muito nessa sociedade, mas talvez não tudo e certamente não para todos. Na Andaluzia, o escravo africano Alonso, que aparentava ser cristão, admitiu que queria fugir para a África do Norte para ver a família e morrer entre seus entes queridos. Quando os inquisidores lhe perguntaram se também esperava se salvar na leis dos mouros, respondeu com sinceridade: "não sabia nada de leis e onde o tratavam bem tinha aquela como boa lei, e que se na Barbária os mouros o tratassem bem e lhe desse o que precisava, seria mouro como eles, e quanto a ir ao céu, que não sabe nada, que não entende a não ser de comer e beber".[90] Baseando-se num raciocínio parecido, o mourisco que estava indo vender dois coelhos em Gandía, quando lhe perguntaram sobre a lei que seguia, respondeu que "não tem nenhuma lei em seu coração porque é demasiado pobre para se permitir tais luxos", e isso deve servir de alerta contra as tendências de se enxergar o mundo no início da modernidade apenas em termos de religião e salvação.

3. Tolerância cristã

Se se servisse a Deus fazendo boas obras e guardando a lei de Deus, poderiam se salvar, e não era possível que se condenasse uma tal quantidade de pagãos.
Juan Sánchez de Escalonilla (Toledo, 1608)

[É] *errado tirar a cada um o livre-arbítrio de acreditar no que [quer] e obrigar os cristãos a crer por força na lei de Jesus Cristo, [...] e contra o que nos ensina a doutrina cristã.*
Juan de Anguieta (Cuenca, 1662)

Devido à história de convivência e contato entre as três comunidades religiosas na Espanha medieval e às condições de conversão que levaram muitos judeus e muçulmanos à Igreja no começo do século XVI, é possível entender por que os convertidos podiam acreditar que as outras religiões eram válidas e que a Igreja não tinha direito exclusivo à verdade. Os cristãos-velhos também comungavam essas ideias, mas é preciso traçar algumas distinções entre eles, dependendo da posição social, da nacionalidade ou naturalidade e das experiências de vida, elementos que influíam nas atitudes e na ortodoxia. Talvez a maneira mais fácil de passar das minorias mouriscas e cristãs-novas para a maioria cristã seja examinar os cristãos que ocupavam uma posição limítrofe, que tinham vivido além de suas fronteiras culturais e religiosas. Muitos deles parecem ter desenvolvido uma certa permissividade e por vezes até uma certa sensibilidade em relação a outros povos e crenças: eram os *renegados*, como diziam os espanhóis, ou elches, como diziam os portugueses, ou seja, cristãos que tinham se convertido ao islamismo.

Na Espanha medieval o serviço militar provocava muitos cruzamentos culturais. No século XIII o contato íntimo havia levado a uma legislação que pretendia restringir as conversões. Durante toda a Idade Média, o contato contínuo entre cristãos e muçulmanos na Península Ibérica, na África do Norte e no Mediterrâneo criou as condições para esses cruzamentos culturais, e as hostilidades recorrentes, mesmo que inconstantes, geraram prisioneiros e convertidos voluntários dos dois lados.[1] Com a expansão do poderio otomano na África do Norte no final do século XV, intensificou-se o problema dos cristãos prisioneiros dos muçulmanos. A conversão dos cativos era frequente, às vezes por convicção e persuasão, às vezes para evitar maus-tratos ou ganhar maior liberdade, e assim (diziam eles) arranjar meios de fugir. Esse processo se prolongou até o início da Idade Moderna.

RENEGADOS

Não foi pequeno o número de prisioneiros cristãos que se converteram ao islamismo. Nos cem anos anteriores a 1640, mais de seiscentos renegados compareceram diante do tribunal da Inquisição na Sicília; nas ilhas Canárias, foram julgados 232 renegados entre 1579 e 1698. Centenas de outros compareceram e procuraram se reconciliar com as inquisições de Lisboa e Évora, Barcelona e Mallorca.[2] É preciso ter cautela ao abordar os renegados, como qualquer outro grupo visto pelo prisma dos documentos inquisitoriais. Existem ótimos estudos modernos sobre os renegados ibéricos anteriores a 1700 que, apesar de alguns casos repetidos, apresentam de seiscentos a setecentos relatos de vidas e experiências interculturais.[3] A amostra, naturalmente, está longe de ser representativa. Compareceram diante da Inquisição apenas os que queriam ou tiveram a oportunidade de voltar ou sofreram o revés de serem apanhados. Isso significa que eram raras as mulheres, devido às limitações que lhes eram impostas no mundo islâmico daquela época e ao menor interesse que de modo geral despertavam entre os inquisidores. Além disso, os retornados que compareciam diante dos inquisidores entendiam que havia regras naquele jogo de reconciliação. Muitas vezes, para ter alguma esperança de serem aceitos de novo dentro da sociedade cristã, não podiam expor o que sinceramente sentiam nem o que realmente pensavam. Em cada inquérito inquisitorial desfiava-se um relato inteiro de cativeiro, miséria, fuga e redenção. Todo renegado sabia que, para ser acolhido de volta, não podia dizer que abandonara a verdadeira fé em seu coração, ou, se dera a entender tal coisa, tinha de dizer que fora um lapso momentâneo provocado pelo amor, pela perda de esperança de ser resgatado ou por desespero devido a alguma outra razão. Muitos declaravam que haviam se convertido para evitar punições, torturas ou maus--tratos, ou para se casar. Vários renegados tinham participado ativamente nos ataques constantes dos corsários e outras piratarias no Mediterrâneo e no litoral ibérico, mas em geral relutavam muito em admitir sua participação voluntária nas hostilidades contra os cristãos. Os renegados diziam aos inquisidores mais ou menos o que estes queriam ouvir: histórias de prisioneiros que tiveram de fazer a contragosto certas concessões em matéria de fé por uma questão de sobrevivência, mas que agora se sentiam aliviados por estarem de novo em solo cristão, com a esperança de se reintegrar à Igreja.[4] As centenas de casos estão repletas de detalhes e vislumbres fascinantes da vida nas fronteiras e zonas de interação cultural e religiosa, mas devido às circunstâncias em que foram dados tais depoimentos os relatos são bastante previsíveis, pois seu objetivo era quase sempre o mesmo.

A despeito da natureza dessas fontes, porém, os julgamentos inquisitoriais dos renegados nos permitem examinar a crença e o comportamento de pessoas em ocasiões nas quais a autoridade e o poder do seu próprio Estado e Igreja haviam evaporado. Muitos diziam ter chegado a crer que havia salvação na "lei dos mouros" e que a lei de Maomé era válida. É difícil saber até que ponto as experiências e atitudes anteriores ao cativeiro facilitavam tais conclusões, mas, como vimos, essas ideias existiam também na sociedade cristã.

A força, a convicção e a conveniência podem ter desempenhado um papel na conversão dos renegados ao islamismo, mas a antiga crença de que "cada qual pode se salvar em sua lei" talvez tenha facilitado muitas decisões nesse sentido. Essa frase aparecia com frequência nos depoimentos aos inquisidores. Catalães, maiorquinos, gregos, franceses, castelhanos, todos eles incluíam em seus relatos alguma versão do velho provérbio como maneira de explicar suas conversões.[5] Num mundo preocupado com a salvação, a ideia de existirem vários caminhos levando a ela exercia apelo nas pessoas submetidas às dores do cativeiro e que procuravam alguma justificativa para melhorar suas condições materiais sem colocar a alma em risco. Joan Caules, um rapaz na casa dos vinte anos vindo de Mahón, na Minorca, ficou detido quase quatro anos em Argel. Aparentava gosto pela teologia e ouvia as discussões entre os padres cristãos e os doutos muçulmanos. Voltando à cristandade, apesar das advertências dos amigos, começou a falar citando as proposições usuais: como Maria podia continuar virgem depois de dar à luz? Era errado pintar imagens de Deus. Se Deus é um espírito imortal, Cristo não poderia morrer. E, acima de tudo, Joan tinha passado a acreditar que a lei dos mouros e a lei dos cristãos eram iguais. Só as orações eram diferentes, mas o conteúdo era o mesmo.[6] Acreditassem no que fosse, os renegados constituíam um número considerável de cristãos postos em situações de interação cultural e religiosa.

Muitos renegados, como seria de se esperar, narravam os abusos e maus-tratos que haviam sofrido no cativeiro, mas muitos também tinham alargado sua visão de mundo e aumentado sua bagagem de experiências. Vez por outra, ex-renegados chegavam a fazer uma defesa cultural dos captores, citando vários gestos de bondade, falando de amor e ocasionalmente comentando a religiosidade dos mouros, pois "eles também acreditam em Deus", "rezam quatro vezes por dia" e "são mais caridosos entre eles do que nós cristãos entre nós".

Os relatos dos renegados, apesar do esforço unânime de demonstrar uma rejeição da alteridade islâmica, evidenciam a permeabilidade das fronteiras culturais. Tanto no oceano Índico quanto no Mediterrâneo, as culturas não cristãs ofereciam muitos aspectos e oportunidades que atraíam os europeus. Tome-se o exemplo de Francisco Rodrigues, um cristão-velho de origem rural que tinha ido a cavalo e com armas para o posto avançado de Tânger em 1582. Desalentado pela traição da sua mulher com um parente seu, foi para Alcácer na intenção de se converter ao islamismo. Os mouros o receberam de braços abertos. Depois Rodrigues disse aos inquisidores que tinha mudado de opinião e não chegara a se converter. Talvez seja verdade, mas muitos se puseram como voluntários ao serviço de estados e dirigentes não cristãos, e pareciam não ter sentido grande dificuldade em fazer essa transição cultural.[7] Dizia-se que havia cerca de 20 mil renegados portugueses operando no oceano Índico, fora do controle cristão. Tornaram-se intermediários culturais, levando ideias e tecnologias europeias para as sociedades que os acolhiam. Mas a influência deles também funcionava no sentido oposto, e eles se tornaram agentes e intérpretes de outras culturas em suas sociedades de origem. Os renegados ofereciam um ponto de contato com os que ainda eram cristãos. Pedro Fernández de Pastor, por exemplo, um rapaz de Cartagena investigado pela Inquisição de Murcia em meados dos anos 1580, estava com alguns amigos quando encontraram um grupo de renegados que tinha chegado à costa durante um ataque pirata. Pastor e seus amigos perguntaram aos renegados por que não voltavam à sua fé em Cristo, ao que eles responderam: "Também podiam se salvar naquela lei [muçulmana]". Quando um de seus amigos objetou, Pastor lhe disse: "Fique quieto. O que você sabe disso?". Seguiu-se uma discussão. O amigo respondeu que os doutos discordavam. Pastor retrucou que sabia mais do que todos eles juntos. O amigo insistiu que os mouros iam para o inferno e os cristãos no máximo para o purgatório, mas Pastor continuou inflexível. A fé dos mouros não era uma seita, e sim uma lei, disse ele. Também tinham um purgatório, e ele não acreditava que os religiosos mouros que iam para as montanhas para levar uma existência santa e rigorosa não seriam salvos pela vida virtuosa. Quando o amigo disse que estavam condenados, Pastor respondeu que duvidava porque "eles também acreditam em Deus". Os inquisidores o processaram. Ele negou as acusações durante algum tempo, mas acabou sendo torturado. Então declarou que os muçulmanos podiam se salvar se levassem uma vida reta, mas negou ter afirmado que poderiam se salvar em sua lei. Apesar de uma tentativa de fuga, que lhe valeu cem chibatadas, sua punição foi relativamente branda porque "parece ser homem de pouco entendimento e é muito falastrão".[8]

A TOLERÂNCIA CRISTÃ-VELHA

Os renegados, em sua posição limítrofe e com sua ampla bagagem cultural, eram elementos que se diferenciavam da população cristã-velha. Renegados, conversos e mouriscos haviam passado por experiências e nutriam crenças que tornavam atraente o relativismo ou o universalismo, mas, como mostram as investigações de Soria e Osma apresentadas no capítulo 2, essas ideias não se restringiam a tais grupos marginais ou minoritários. Outros cristãos-velhos também delas comungavam.

Há alguns casos instrutivos no período 1570-1600 que ocorreram em locais da península muito distantes entre si. Em Portugal, uma visita da Inquisição na área do Porto revelou que existiam muitas pessoas que acreditavam no velho adágio "cada qual em sua lei". O pescador António Eanes se denunciou ao dizer que ser muçulmano ou cristão era a mesma coisa.[9] Em Mallorca, no lado mediterrânico da península, Angela Ferrera, nascida em Moncada, em Valencia, e viúva de um alfaiate, disse que os mouros viviam bem em sua lei. Admoestada de que só existia a lei de Deus, e todas as outras religiões não passavam de seitas, ela respondeu que Deus tinha feito quatro leis, pelo visto incluindo o protestantismo ao lado dos três credos tradicionais. Em 1591 foi punida por essas ideias, consideradas "claramente suspeitas de heresia", sendo desterrada de Mallorca por dois anos. O alfaiate catalão Hierónimo Querols também se enredou em dificuldades com o tribunal maiorquino. Sustentou várias proposições que o colocaram em apuros, e não tinha simpatia pela Inquisição nem por seus funcionários. Uma de suas declarações foi que "há mais caridade entre muçulmanos e luteranos do que entre cristãos" e que "os mouros tinham melhor lei do que os maiorquinos". Suas opiniões heterodoxas lhe valeram cinco anos de galé e açoitamento público com cem chibatadas.[10]

Em muitos casos, as manifestações de relativismo religioso faziam parte de um conjunto maior de ideias dissidentes que afastavam os cristãos-velhos do dogma da Igreja. Sabemos dessas proposições porque sua manifestação pública frequentemente resultava em denúncias e prisão pela Inquisição, ou porque o sentimento de culpa levava as pessoas a confessar suas dúvidas e denunciar a si mesmas. Pelos arquivos da Inquisição fica evidente que pelo menos alguns depoentes exprimiam uma descrença absoluta: as pessoas simplesmente nasciam e morriam, e todo o resto — o céu, o inferno e o purgatório — era invencionice dos padres para manter o povo na linha. Um converso que afirmou que o céu era ter dinheiro para dar esmolas e o inferno era precisar aceitar esmolas chegou perto de um nível de descrença pragmática que o definiria como ímpio. Esses céticos adotavam o tipo de ateísmo ou dúvida que Lucien Febvre, em seu clássico *O problema da incredulidade no século XVI*, alegou que não poderia existir naquela época, e que alguns autores espanhóis afirmam nunca ter existido na Espanha. A confusão é, em parte, semântica. O termo *ateu* foi criado no século XVI. Tinha um sentido mais amplo do que o atual, incluindo não só os que não acreditavam em Deus mas qualquer pessoa que considerasse supérflua a questão da existência de Deus e que, assim, podia duvidar do céu e do inferno ou da imortalidade da alma. Mas é difícil avaliar a existência da descrença, pois ela era severamente punida em inúmeras sociedades, o que levou muitas pessoas a simular a crença.

Parece certo, no entanto, que a possibilidade do ateísmo já estava se tornando um tema de preocupação entre os teólogos no final daquele século. Um édito da fé determinava que as pessoas denunciassem quem dissesse que "não existe paraíso nem glória para os bons, nem inferno para os maus. E que não existe nada além do nascimento e da morte".[11] Tanto o teólogo francês Jean Bodin quanto seu contemporâneo espanhol frei Luís de Granada (em 1582) definiam essas pessoas como *ateias*. Jerónimo Graciano, em *Diez lamentaciones del miserable estado de los ateistas de nuestro tiempo*, deplorava o aumento dos incréus, principalmente nos Países Baixos.[12] Na verdade, porém, os sete tipos de ateístas de Graciano não eram propriamente incréus, e sim pessoas que tinham violado em ato ou pensamento a fé ou a observância cristã. Eram blasfemos, libertinos, hipócritas, perfeccionistas espirituais (que criavam suas religiões próprias), ateus políticos (que seguiam Maquiavel e colocavam a *raison d'état* acima da fé) e ateus cristãos (que professavam a religião, mas intimamente não tinham fé). Apenas estes últimos e os que Graciano chamava de epicuristas, que viviam somente para os apetites sensuais e acreditavam apenas no nascimento e na morte, parecem se aproximar do nível de descrença em Deus que os tornaria ateus pelos padrões modernos. Nos séculos XVI e XVII, autores como o francês Michel de Montaigne, o italiano Giulio Cesar Vanini e o inglês John Toland expuseram ideias que pretendiam atacar a religião, ao passo que a Ciência Nova e as correntes filosóficas pós-Descartes favoreciam o questionamento racional da crença religiosa. No entanto, mesmo no século XVI havia muitos que nutriam profundas dúvidas sobre aspectos da doutrina católica: a eficácia dos santos, a natureza da eucaristia, o conceito de um Deus mortal e a ideia da Trindade.[13]

Poderíamos classificar alguns desses contestadores como céticos ou mesmo agnósticos, enquanto outros eram simplesmente críticos dos procedimentos e atividades da Inquisição ou do clero em geral, e outros ainda se sentiam atraídos por outros credos por várias razões. Alguns chegaram a suas conclusões pelo contato com "más leituras", porém outros, amiúde analfabetos, atingiram o mesmo ponto através de suas experiências de vida, levados à dúvida e à descrença por exasperação, decepção ou inspiração racional. É importante incluir esses casos como um pano de fundo na discussão, pois as ideias tolerantistas, embora geralmente não negassem a existência de Deus e por vezes até afirmassem de certa maneira um Deus cujo poder ultrapassava as restrições impostas por qualquer religião, acompanhavam muitas vezes outras proposições heréticas que indicavam alguma forma de ceticismo. Tome-se o caso de Juan de Val, pastor de cinquenta anos de idade na região de Córdoba, mas natural de Raya (Burgos). Várias testemunhas disseram que ele questionava a existência de Deus e afirmara que não se confessava porque a confissão era apenas uma maneira de os monges e abades ficarem a par de seus pecados, para depois *chocarrear* com as mulheres. Para ele, Deus não tinha criado as religiões nem mandado edificar igreja nenhuma; essas coisas os homens é que tinham feito, e ele não acreditava em Jesus Cristo. E acrescentou que a lei dos mouros era boa e que "cada um podia viver na lei que quisesse". Interrogado sobre essas questões, ele alegou que o que queria dizer era que cada um devia viver de acordo com seu *estado* — frade, padre ou homem casado — e que seu estado era de *soltero*. Como defesa alegou ignorância: nunca tinha dito que a lei dos cristãos era melhor ou pior do que a dos mouros, pois afinal "não era artista para saber e entender qual das ditas leis era melhor".[14] A alegação de pobreza, ignorância, desinformação ou pouca leitura era uma defesa bastante comum. "São os *letrados* ou os 'doutores' ou os 'doutores de Salamanca' que podem responder isso": tal saída parece ter sido uma estratégia usada pelos que se viam presos nesse diálogo desigual entre a cultura popular e a cultura erudita, em que tantas vezes consistiam os inquéritos. Quem adotava essa estratégia decerto achava que ela funcionaria como um apelo aos inquisidores, e de fato ela era bastante eficiente. As penas relativamente leves aplicadas a muitos réus derivavam da leniência do inquisidor porque eles eram "rústicos e de pouco entendimento".

Mas não podemos restringir a análise dessas defesas apenas aos incultos. O problema da salvação preocupava os clérigos, e não raro eles mesmos tinham de comparecer diante da Inquisição devido às tradições e misturas de posições teológicas aparentemente conflitantes sobre o significado relativo da lei natural, da graça e da ação humana. Eles também alegavam ignorância. Uma das defesas usuais dos clérigos era dizer "não sou teólogo" e "acredito no que a Igreja me manda acreditar". Os casos deles indicam que as dúvidas sobre essa questão central da fé cristã eram largamente partilhadas por leigos e clérigos, e que sob esse aspecto não há por que distinguir entre cultura popular e cultura erudita. O que continua sem resposta é se os percursos mentais levando a tais dúvidas seguiam rotas parecidas ou se os itinerários de letrados e iletrados divergiam, e como a experiência prática e a teologia podem ter fortalecido mutuamente o desenvolvimento da dúvida religiosa.

Vemos alguns detalhes num outro caso de cristão-velho em Córdoba. O inquérito se referia a Bartolomé de Jabalera, tecelão de Andújar com cerca de quarenta anos de idade na época em que foi preso pela Inquisição. Tinha sido denunciado em 1573 por falar com excessiva liberdade sobre vários assuntos relacionados ao sexo e à religião. Ele havia dito a um conhecido que ninguém precisava ir para o inferno por nenhum pecado, nem mesmo por deitar com a própria mãe. E também disse ao conhecido: "Guarde meu segredo e eu lhe contarei da lei dos luteranos. Eles não pagam o dízimo nem as primícias, e quem tem riquezas dá a quem não tem nada. Você não acha isso bom?". Numa outra conversa, alguém fez algum comentário sobre as almas que iam para o inferno, onde havia tantos mouros e turcos. Jabalera manifestou dúvidas e disse que nem todos os mouros iam para o inferno. Outras testemunhas declararam que ele era um mau católico, pois comia carne nos dias de abstinência, não ia à missa e até impedia que a esposa fosse. Seu interrogatório foi revelador. Jabalera admitiu que um rapaz francês tinha morado na casa do pai dele e lhe explicara a crença luterana. Esse pensionista ria das mulheres que beijavam a bula papal e tinha ridicularizado um certo sermão sobre a Paixão. Jabalera não era tolo. Desviou a investigação ao "quase" admitir pecados teológicos menores. Disse que umas duas vezes tinha sentido vontade de fazer sexo com um burrico, mas, percebendo que era pecado, parou. Também quis fornicar com a madrasta, deu-lhe beijos e carícias, mas por falta de lugar para praticar o ato tinha desistido. Quanto a comentar com as pessoas sobre as ideias luteranas, Jabalera alegou que tinha feito isso para mostrar como aquele rapaz francês estava errado, e não porque acreditasse naquelas coisas. Sobre a questão dos judeus e mouros indo para o céu, ele alegou ter dito que eles e os hereges podiam ir para o céu se voltassem para a lei de Cristo, recebessem o batismo e praticassem ações cristãs. Foi uma defesa esperta e fluente, mas os inquisidores não se convenceram. Jabalera foi torturado, mas se manteve firme. Como conseguiu demonstrar que uma das testemunhas era um inimigo pessoal e como não foi possível comprovar a denúncia de que ele impedia a esposa de ir à missa, o castigo foi relativamente brando: um auto-de-fé e cem chibatadas.[15]

É provável que ideias parecidas com as de Jabalera tivessem grande circulação e fossem discutidas entre amigos e conhecidos sem resultar em denúncias. O risco de denúncia era muito maior para os estranhos e estrangeiros expressando as mesmas opiniões, e eles eram objeto de especial preocupação para a Inquisição.[16]

ATITUDES EM RELAÇÃO A OUTRAS RELIGIÕES

A melhor maneira de abordar as ideias relativistas ou universalistas entre a população cristã-velha é examiná-las nos grupos tidos e descritos como contrários à verdadeira fé. Uma preocupação constante da Igreja e do Estado durante grande parte desse período foi definir os não católicos ou os falsos católicos como indivíduos não só condenados teologicamente mas também politicamente perigosos. O efeito disso foi criar uma larga base de suspeita, rejeição e por vezes aversão fanática a esses grupos. Tais ódios duraram por muito tempo. Os *refraneros*, coletâneas de máximas e adágios, trazem inúmeros provérbios pejorativos sobre judeus, muçulmanos, ciganos e, em certa medida, protestantes. Quando o autor James Michener perguntou a um lavrador andaluz nos anos 1960 por que as valas de irrigação não funcionavam, a resposta foi que os judeus as tinham estragado, e isso num lugar onde não havia nenhum judeu praticante desde 1492. Contra judeus e muçulmanos o Estado havia decretado ordens de expulsão, política aplicada mais tarde aos mouriscos. Havia a proposta de estender a mesma determinação aos ciganos, mas ela nunca entrou em vigor, a despeito de considerável repressão judicial contra eles em várias épocas. Mesmo diante desse empenho tão eficaz da Igreja e do Estado, não faltam provas da existência de pessoas que não aceitavam tais definições e tinham a coragem ou falta de juízo de manifestar suas discordâncias. No País Basco, María de Guniz, mulher de um marinheiro, perdeu um parente que tinha ido negociar armas na África do Norte e foi morto pelos piratas. Correu então um boato local de que ele tinha morrido em pecado, ao que María reagiu respondendo que não havia pecado algum em vender armas aos mouros, independente do que dissesse o papa: afinal, as pessoas precisavam viver. Além disso, os mouros respeitavam o livro santo deles, e eram melhores do que muitos maus cristãos, disse ela aos vizinhos — os quais então a denunciaram.[17] As palavras de María mostravam uma mescla de interesse próprio e *fair play*. Não admira que tenha sido denunciada. A pressão social e religiosa pintava mouros e mouriscos com as cores mais negativas, mas nas palavras benevolentes de María em 1580 ressoavam os sentimentos de cem anos antes, quando aquele lavrador de Soria disse, em 1480, que era errado o rei tirar aos mouros o lar quando não lhe haviam feito nenhum mal.[18] Eram expressões de um senso de justiça e imparcialidade que ia contra a política de Estado e a doutrina religiosa. A existência de tais pessoas e tais declarações ocupa o próprio cerne da questão sobre o indivíduo e o poder das instituições.

As tendências contraditórias de condenação e admiração, ou de medo e atração, permeavam de longa data as relações entre os seguidores das três leis. Séculos de contato também haviam gerado fusões arquitetônicas, linguísticas, poéticas e culturais em geral, com traduções, incorporações e emulações mútuas.[19] Contudo, com a intensificação dos conflitos políticos e religiosos entre as três culturas após o século xiv, intensificou-se também a imagem negativa dos povos e culturas dos outros credos.

Nesse ponto a literatura pode iluminar a análise. Enquanto a imagem dos judeus na literatura hispânica cristã após 1492 era, com raras exceções, quase sempre negativa, a visão dos muçulmanos era mais complexa e variada. O reino mouro de Granada e a herança dos estudos, dos ofícios e sobretudo da arquitetura associada à Espanha muçulmana vieram a representar um passado cultural exótico e por vezes romântico, com o apelo de um alto nível estético e cultural. As guerras de Granada tinham formado um contexto para o desenvolvimento de tradições literárias de cavalaria e heroísmo que apenas se intensificavam ainda mais ao apresentar o inimigo como figura valorosa e trágica. As batalhas entre mouros e cristãos eram exaltadas e rememoradas em apresentações públicas folclóricas que ainda hoje se repetem em muitas cidades na Espanha e na América Latina. Nesses festejos, a imagem do chefe ou herói mouro, que geralmente se converte ao cristianismo no clímax da peça, é positiva. Na literatura espanhola mais formal, os muçulmanos de Granada, sobretudo sob os últimos governantes da dinastia Nasrid, representavam uma civilização brilhante à beira do declínio, com realizações admiráveis mas prejudicada por sua falsa religião e por isso fadada a decair. A própria Granada assumia a imagem de um luxo exótico, e a queda da dinastia reinante era apresentada nos moldes da tragédia.[20]

Os temas da admiração pelo mouro e da incansável oposição a seu falso credo se tornaram aspectos centrais da literatura espanhola. Apesar das proibições medievais contra os contatos sexuais e da longa história de hostilidades e conflitos políticos e religiosos, os muçulmanos às vezes eram apresentados como personagens atraentes e admiráveis na literatura quinhentista e seiscentista. O texto clássico (e mais antigo) dessa tradição é *El Abencerraje* (c. 1561), um romance de cavalaria militar e amor romântico da região de fronteira. *Guerras civiles de Granada*, de Ginés Pérez de Hita (vol. I, 1595), é uma obra em prosa que também aborda temas relacionados com as guerras de Granada e a posterior revolta mourisca nas Alpujarras, nos anos 1560.

No Século de Ouro da literatura espanhola (c. 1550-1660), muitos dos principais autores tomaram esses temas do contato muçulmano ou incluíram personagens *moros* em suas obras. O dramaturgo Félix Lope de Vega Carpio fez largo uso deles, geralmente como personagens secundários em obras de pura ficção ou com fundo histórico, baseadas em acontecimentos relacionados às guerras de Granada ou aos confrontos com os turcos no Mediterrâneo. O dialeto e os trajes mouriscos se tornaram elementos correntes no teatro do Século de Ouro, com a finalidade de divertir e oferecer uma sensação ao mesmo tempo familiar e exótica.[21]

Mas a relação entre a imagem literária e a realidade e atitudes práticas da vida cotidiana era complexa. Para muitos autores, era mais fácil representar sob uma luz positiva piratas turcos ou nobres mouros de uma Granada fadada à derrota do que mouriscos rebeldes e inquietos. Lope de Vega, intimamente ligado à corte, era ambivalente em relação aos mouriscos e apoiou a expulsão e as leis de *limpieza de sangre*, mas ainda assim apresentava personagens muçulmanos individuais sob traços favoráveis. Numa peça histórica de Lope, o herói responde a uma proposta moura de casamento com a frase: "Com mouros não se deve misturar, porque no fim das contas são todos cães". A "mourofilia" literária tinha seus limites.[22]

Sob esse aspecto e talvez mais relacionados com meu tema são os escritos de Miguel de Cervantes, autor de *Dom Quixote*. Cervantes conhecia o mundo islâmico: passou cerca de cinco anos como prisioneiro em Argel, e entendia árabe e turco.[23] Ele escreveu quatro peças sobre o tema do cativeiro cristão e incorporou dentro da estrutura de *Dom Quixote* o caso do cativeiro e retorno de um renegado ao cristianismo. Como outros autores espanhóis da época, não fazia concessões favoráveis ao islamismo, mas escrevia de modo positivo sobre os muçulmanos como indivíduos. De fato, chegou a apontar como suposta fonte das façanhas do cavaleiro de La Mancha um velho manuscrito árabe, onde teria descoberto o relato original de suas aventuras.[24]

Talvez mais importante seja o tratamento que Cervantes dá à história de Ricote em *Dom Quixote*.[25] Ricote era um pequeno comerciante mourisco que tinha sido expulso da Espanha com seus pares mas que voltou disfarçado de peregrino. Quando é reconhecido por seu antigo vizinho Sancho Pança, o típico plebeu cristão-velho, o reencontro é o de dois velhos amigos. Cervantes teve o cuidado de apresentar Ricote como autêntico convertido à Igreja, e o personagem justifica a expulsão dos mouriscos como passo necessário contra potenciais inimigos internos, mas a dor do exílio mourisco também é mostrada de maneira compassiva: "Onde quer que estejamos, choramos pela Espanha; pois enfim nela nascemos e é nossa pátria natural". A expulsão tinha dividido a família de Ricote. A esposa e a filha haviam se exilado na Argel muçulmana, mas Ricote fora para a Alemanha, onde disse "cada um vive como quer, porque na maior parte dela vive-se com liberdade de consciência". Ricote voltou à Espanha para recuperar um tesouro que havia enterrado antes do desterro — outro tropo cristão sobre os mouriscos — e oferece uma parte a Sancho, mas este se recusa a lhe dar auxílio. Ele não pode colaborar com os inimigos mouriscos de seu rei, mas tampouco irá trair o velho amigo. Mais adiante, porém, Sancho ajuda Ricote a reencontrar sua bela e virtuosa filha.[26] A ambivalência de Sancho e a história de Ricote são usadas por Cervantes, dentro dos limites impostos por sua sociedade, para expor as vias conflitantes nas relações entre muçulmanos, mouriscos e a Espanha cristã, e a imagem deles naquela sociedade. Todavia, uma questão que continua em aberto é até que ponto as simpatias e ambivalências de Cervantes refletiam seu meio social.

Extrair a realidade social das imagens literárias é sempre complicado, mesmo quando as fontes são ricas, como no caso dos mouros na Espanha. Penso ser importante examinar outros tipos de fonte, para ver as atitudes em relação a dois grupos tidos como inimigos no século XVI: um mais antigo, os judeus, e outro mais recente, os chamados luteranos. A campanha de opróbrio e denegrimento empreendida contra o judaísmo, e por extensão contra os cristãos-novos, se tornou um motivo central na vida cultural espanhola e portuguesa no século XVI.[27] Apesar do risco considerável que qualquer coisa que não fosse a absoluta rejeição do judaísmo ou da prática judaica poderia acarretar para quem demonstrasse alguma simpatia pelos judeus ou seus descendentes, ainda assim alguns cristãos velhos insistiam nesse ponto. Qual era o motivo para tanto?

Dom Diego Sarmiento, natural de Murcia e membro da guilda municipal, tinha interesse pelo misticismo e pelo esoterismo, ou ao menos conhecia o suficiente do assunto para utilizá-lo como justificativa perante a Inquisição. Sarmiento tinha ido até Orã, na África do Norte, e lá manteve contato com judeus. O posto avançado espanhol de Orã, ocupado em 1509, desempenhava um papel especial como lugar onde as três religiões podiam ser praticadas legalmente muito depois de 1492, e assim continuou até a expulsão dos judeus em 1669.[28] Com a ocupação, os espanhóis haviam imposto uma política de controle rigoroso sobre os habitantes judeus, tomando suas sinagogas e implantando diversas restrições. Mas a comunidade continuou a existir, e seus integrantes muitas vezes serviam de intermediários e tradutores entre os administradores espanhóis e a população muçulmana local. Apesar dos seus vínculos comerciais estreitos com Murcia e da presença de um funcionário permanente da Inquisição, Orã era um dos poucos lugares onde os espanhóis ainda podiam se relacionar com judeus praticantes.[29]

Em Orã, Sarmiento foi ao bairro judeu e conversou com judeus sobre o *Zohar*, o texto judaico medieval tido como o melhor compêndio de conhecimento cabalístico. Os judeus o levaram a crer que o *Zohar* trazia ensinamentos poderosos e era uma chave para entender o mundo. Sarmiento também indagou sobre a Cabala e seu conteúdo misterioso, e pediu para aprender os nomes de Deus e outros segredos. Foi com eles visitar a sinagoga e perguntou sobre outros aspectos da lei de Moisés. Partilhou o pão com os judeus de Orã e parece ter sido bem acolhido em seus lares. Por que Sarmiento tinha se comportado dessa maneira, e por que alardeou esses contatos? Ele se sentia visivelmente fascinado pela possibilidade de um saber esotérico e proibido e pela oportunidade de conhecer um "outro" exótico, mas perante os inquisidores Sarmiento se defendeu dizendo que tinha agido "por curiosidade".[30]

Esse tema da curiosidade ressurge numa série de casos contados por cristãos-velhos acusados de se relacionar com judeus e de estarem possivelmente "infectados" por suas ideias. Pintados em cores negativas, judeus e cristãos-novos apareciam como um "outro" desprezado, mas essa política também os transformava num "outro" exótico, com práticas e culturas que despertavam uma certa atração e fascínio. A propósito, o caso de Juan Pablo, julgado em Murcia em 1584, é digno de nota. Pablo era um tecelão de seda cristão-novo, nascido em Rego, no ducado de Ferrara. Tinha chegado à Espanha como soldado das galés e de Cartagena foi a Orã. Lá esteve no bairro judeu, onde ficou por quatro dias, comendo com os judeus locais e indo à sinagoga. Testemunhas disseram tê-lo visto na *judería* ensinando alguns meninos judeus a ler o hebraico. Pablo se explicou dizendo que era um estratagema para extrair dinheiro dos judeus. Declarou que lhes dissera ser escravo das galés e pediu dinheiro para comprar a liberdade. No inquérito, os inquisidores descobriram que Pablo conhecia bem as orações cristãs, e registraram o fato de ter ido ao bairro judeu acompanhado por um cristão. O castigo foi brando: Pablo foi liberado com uma advertência. Quais seriam os verdadeiros motivos de Pablo e como ele se identificava pessoalmente são perguntas que ultrapassam nossa capacidade de resposta, mas o caso levanta uma outra questão. Como explicar as quatro testemunhas que o viram na *judería*? O que estavam fazendo lá? Eram cristãos-velhos, respeitáveis o suficiente para serem tidos como testemunhas legítimas pelos inquisidores. Por que eles tinham ido ver os judeus? A explicação das testemunhas foi simples: foram movidas "pela curiosidade".[31]

O que significava a palavra *curiosidade* nesse contexto e nesse momento histórico? As pessoas queriam ver as ideias e usos de outras crenças e culturas, e apresentavam a *curiosidade* como justificativa para o contato com os infiéis. Foi exatamente esse o caso de Baltasar André, um português que morava no Brasil, capturado no mar pelos ingleses e levado a Southampton. Ele admitiu em

1592 que, quando morava na Inglaterra, tinha ido algumas vezes com seus companheiros visitar as igrejas luteranas por curiosidade. A curiosidade era tida como responsável pelas ações das pessoas envolvidas nesses contatos. Na verdade, a curiosidade surgia no final do século XVI como característica humana neutra ou por vezes positiva, mas nem sempre tinha sido assim, e existia uma longa tradição teológica clássica e medieval que condenava o desejo irrefreado da humanidade de conhecer as coisas e interrogar o mundo como lhe era dado. Santo Agostinho tinha associado a curiosidade a uma distração do dever primário do cristão de buscar a salvação, e uma linha similar de argumentação foi adotada por outros moralistas patrísticos e, mais tarde, monásticos. A curiosidade era tida como uma forma de cupidez ou ambição que devia ser evitada ou refreada. A curiosidade era transgressora, e desafiava normas e padrões de crença e comportamento.

Essas críticas à curiosidade muitas vezes tinham como alvo as pessoas que queriam conhecer os segredos do mundo viajando ou pretendiam explorar os mistérios do mundo natural.[32] Os críticos viam a curiosidade como "a tentação e pecado original", nas palavras de Francis Bacon, mas, dizia ele, o conhecimento poderia revelar melhor o desígnio divino e, quando somado à contemplação, poderia aprimorar a moral.[33] Esse novo impulso de curiosidade vinha amiúde ligado às viagens e explorações, e podia se justificar como vontade de conhecer os desígnios divinos, mas as viagens também supunham o conhecimento de outros povos e culturas e, portanto, o contato com outras religiões. Esse risco potencial era contrabalançado pela possibilidade de difusão da mensagem cristã. Uma mudança semântica valorizando a curiosidade ocorreu à medida que surgia um novo objetivo e fervor missionário no século XVI. O próprio conceito de curiosidade passou por uma transformação em termos de uso e adquiriu nova importância. Na metade do século XVI a palavra aparecia no título de menos de cinquenta livros por década, ao passo que nos anos 1690 ela aparecia em quase 350 títulos nas principais línguas europeias.[34]

Era uma curiosidade cultural que vinha crescendo, e no século XVII, estimulada por considerações econômicas, motivações políticas da *raison d'état* e posições religiosas do pensamento reformista e apocalíptico cristão, ela gerou um movimento filossemita entre as elites europeias. O que é notável nos documentos aqui apresentados é a existência de um fascínio e curiosidade popular pelos judeus anterior à posição frequentemente mais pragmática ou interessada dos filossemitas seiscentistas sobre a aproximação dos judeus e da cultura judaica. Figuras como a rainha Cristina da Suécia, o pregador e autor jesuíta português padre António Vieira e pragmatistas como o conde-duque de Olivares e o ministro francês Colbert, que viam vantagens econômicas ou políticas numa atitude mais tolerante em relação aos judeus, representavam o pragmatismo dos *politiques* mesclado, pelo menos em alguns deles, a uma atitude de curiosidade e tolerância. Essa mescla, porém, não se limitava a governantes e homens de Estado.

Os judeus praticantes, afinal, eram estranhos e exóticos na Península Ibérica do começo da modernidade; já os conversos não. Os conversos eram parte da vida cotidiana e objeto de opróbrio coletivo, mas às vezes também causavam impressão positiva nos cristãos-velhos. Uma das razões disso era a perseverança deles em manter a velha lei e a recusa em abandonar a fé mesmo diante da morte. Por volta de 1595, Fernando de Ludena, escrivão público de 36 anos de idade na cidade de Mahón, discutiu as atividades da Inquisição de Toledo. Ele disse aos colegas: "que o bom mouro morra como mouro e o judeu como judeu, o cristão como cristão". Ludena ainda comentou que os que não tinham abandonado a fé no último instante, isto é, que não aceitaram a cruz e o benefício de serem garroteados antes de serem queimados, em lugar de arderem vivos na fogueira, "morreram como bons soldados, sem nunca recuar".[35] Essas atitudes não eram raras. A beata Catalina Crespo, de Baeza, na Andaluzia, tinha fama de ser amiga dos conversos e se recusava a falar mal deles. Ela alertou os vizinhos sobre o possível custo apocalíptico da injustiça e que "muitos foram punidos ou morreram sem culpa e virá o dia em que tudo será revelado".[36] A ideia de que os que ardiam nas chamas da Inquisição eram mártires de sua fé e morriam injustamente era enunciada não só por conversos mas também por cristãos-velhos, gente como Jerónima de Campos, mulher de um cardador de lã de Ubeda denunciada nos anos 1570 por ter dito que um determinado cristão-novo tinha morrido "mártir e sem culpa".[37]

Se as atitudes em relação aos judeus e seus descendentes derivavam da antiga inimizade e convivência na Península Ibérica medieval, os sentimentos em relação ao protestantismo eram, por definição, muito mais recentes. A Reforma teve algumas incursões na Espanha no começo do século XVI, e, apesar da famosa resposta de Erasmo a um convite para ir à Espanha — *Hispania non placet*, a Espanha não me agrada —, as ideias erasmianas e outras mais radicais de fato penetraram a península. Quer brotassem do pietismo setentrional, do apocalipticismo italiano, do misticismo espanhol autóctone, do fervor mendicante ou do alumbradismo, várias doutrinas divergentes das eclesiásticas floresceram em alguns círculos espanhóis. Esse fato, somado à crescente movimentação e revolta nos Países Baixos, em parte alimentadas pelas dissidências religiosas, constituía um incômodo para a Coroa e a Igreja. Nos anos 1520, um grupo de alumbrados, praticantes de uma espécie de misticismo interior passivo, foi processado em Toledo. A Inquisição também processou os seguidores da reforma espiritual de tipo erasmiano. Como afirmou o historiador John Elliott, a Espanha mais aberta do Renascimento estava cedendo lugar à Espanha fechada da Reforma católica, com a eliminação do humanismo tolerante dos erasmianos.[38]

As denúncias de opiniões relativistas ou universalistas apresentadas contra supostos luteranos recaíam sobre duas categorias de pessoas: espanhóis cristãos-velhos e estrangeiros. Os estrangeiros incluíam artesãos alemães, mercadores e marinheiros ingleses, outros europeus e sobretudo os numerosos franceses que se encontravam na Catalunha, em Aragão, em províncias bascas e nos principais portos e cidades. O simples fato das origens estrangeiras ou principalmente do nascimento ou nacionalidade francesa era razão suficiente de suspeita, e as declarações de viajantes e residentes franceses na Espanha eram cuidadosamente examinadas para avaliar seu potencial conteúdo herético. Muitas vezes eram comentários como os de Juan Falcó, nascido em Narbonne (Languedoc), que entrou numa conversa sobre religião quando estava em Mallorca. Ao lhe perguntarem quantos tipos de pessoas existiam no mundo, Falcó respondeu: "cristãos, huguenotes, luteranos e judeus, e que todos acreditavam num só Deus". Quando lhe disseram que os não batizados e os que não acreditavam na Santa Madre Igreja não se salvariam, ele afirmou: "Nem vocês nem eu podemos dizer isso". Sua argumentação se baseava no bom senso, na decência e nos fundamentos bíblicos. Primeiro, ele declarou que se toda aquela gente fosse para o inferno os demônios teriam trabalho demais.[39] Quanto ao fato de que os judeus haviam flagelado e crucificado Cristo, Falcó invocou as palavras do próprio martirizado: "Pai, perdoai-os pois não sabem o que fazem", o que ele entendia como sinal de que eles poderiam ser salvos. As palavras de Cristo, disse ele, sempre eram muito poderosas. Falcó foi condenado a penitência pública, reclusão e instrução religiosa, e seu discurso foi julgado "suspeito de heresia", mas ao mencionar as palavras e o exemplo de Cristo ele conseguiu reverter a suspeita, e os inquisidores se mostraram propensos à leniência.[40]

As declarações de vários franceses detidos pelos tribunais espanhóis frequentemente mostravam um forte sentimento de orgulho nacional e uma certa disposição de aceitar a validade das ideias protestantes. O francês Louis Trabalon, nascido em St. Martin, era mascate. Tinha apenas 21 anos quando foi preso em 1615. Estava numa taverna de Valencia quando começou a discutir o casamento de um príncipe espanhol com uma princesa francesa. Alguém disse que não era um bom casamento porque os franceses não tinham honra e eram luteranos. Trabalon respondeu à provocação. Falou que os franceses eram tão bons cristãos quanto os espanhóis. Também acreditavam em Deus, e os que eram protestantes seguiam os preceitos de sua seita melhor do que os espanhóis — embora reconhecesse que estavam em erro. Por fim, Pierre Govion, jovem lavrador de Vañol (Bañul) residente em Orihuela, respondeu a um comentário de que a França era uma terra de luteranos que iriam todos para o inferno declarando que "os luteranos iriam para o céu se Deus quisesse", e testemunhas declararam que ele acrescentou que os mouros também podiam ir para o céu com a ajuda de Deus.[41]

É difícil separar o orgulho cultural de serem franceses e de seus sentimentos religiosos, mas muitas dessas manifestações francesas sobre a validade relativa das crenças luteranas parecem refletir um certo contato com o luteranismo e seus praticantes. Juan Viñas, lavrador de 35 anos de idade de Toulouse, simplesmente não conseguia acreditar na danação eterna de tantos franceses de escol. Perguntou: "Como [é] possível que, havendo na França tantos varões [ilustres], duques, condes e doutores e tantas damas luteranos, que todos fossem para o inferno?". E quando lhe disseram que todos os que se afastavam da lei de Cristo estavam condenados, ele respondeu: "Sabem vocês quais se salvam e quais se perdem? Isso só Deus sabe".[42]

No contexto da vida política e religiosa francesa, essas declarações relativistas ou de admiração e simpatia pelos protestantes são até certo ponto compreensíveis, mas na Espanha também existia quem considerasse a perseguição aos protestantes uma política desavisada e acreditasse que os últimos, como os outros seguidores das três leis tradicionais, também podiam se salvar. Francisco de Amores assistiu a um auto-de-fé em Valladolid em que foram executados vários protestantes e em que houve um sermão de condenação. Amores achava que os castigos haviam sido excessivos e que o sermão ia contra os princípios da fé cristã. E declarou que "cada um se salva em sua lei, o mouro na sua, o judeu na sua, o cristão na sua e o luterano na sua".[43] Às vezes a crítica aproveitava ao próprio crítico. William Keith, escocês residente em Madri, disse aos inquisidores que não havia nenhum precedente na Igreja primitiva para queimar os hereges e que eles deviam ser entregues à misericórdia divina. Keith foi tão veemente ao enfrentar os inquisidores que eles o julgaram louco.

Há uma linha de interpretação histórica que entende as manifestações tolerantistas como resultado natural da experiência medieval de convivência e contato entre as três religiões, característica da Península Ibérica. Essa linha, que encontra talvez seu defensor mais vigoroso em Henry Kamen, tende a ver a Espanha como um lugar bastante específico, e o argumento parece bastante razoável em vista da longa experiência multirreligiosa que houve ali, embora também existam muitas provas de hostilidade antes e depois das revoltas antijudaicas de 1391. Mas existem indicações de que outros europeus, quando estavam na Espanha, em Portugal ou nas colônias, também expunham ideias tolerantistas e criticavam a discriminação sofrida pelos descendentes de judeus e muçulmanos. Tal conduta os levava aos bancos da Inquisição. Giraldo de Goz, soldado de Artois, fazia parte dos arqueiros flamengos da guarda real. Em 1585, ele estava com outros guardas em aposentos perto do mosteiro carmelita em Madri quando começou uma discussão sobre o fato de não se admitirem descendentes de judeus e muçulmanos em alguns cargos de determinadas igrejas. Goz disse "que isso não era bom porque a Igreja havia de ser igual para todos".[44] A isso responderam "ser coisa justa que fossem preferidos os filhos e netos e descendentes dos que tinham ganhado a terra e defendido a santa fé católica e derramado seu sangue", mas Goz não se convenceu.[45]

DUVIDANTES

A quantidade de processos pela proposição de que existiam muitos caminhos válidos para chegar a Deus provavelmente nunca foi muito significativa em termos estatísticos, e na verdade parece ter diminuído em meados do século XVII. Essa aparente redução acompanha a diminuição dos processos contra outras proposições e crimes contra a moral, o que levou alguns observadores a afirmar que tal tendência reflete o êxito da Inquisição em impor um tipo de catolicismo mais coerente e ortodoxo entre a população. É claro que o declínio pode ter ocorrido por outras razões: as pessoas podem simplesmente ter adotado uma maior circunspecção na hora de expressar suas opiniões, ou a Inquisição pode simplesmente ter desistido de querer impor uma uniformidade de crença sobre certos tópicos que, passado o grande medo protestante, não lhe pareciam ameaçadores. Mas eu duvido que os inquisidores estivessem fechando os olhos ao relativismo ou ao universalismo, porque tais ideias tinham fortes implicações teológicas.

Por isso quero encerrar esta discussão com três casos que ocorreram bem mais tarde e representam diferentes tipos ou expressões de indiferença, confusão ou tolerantismo religioso. O primeiro caso é o de frei Fernando Ramírez de Arellano, julgado pela Inquisição em 1682.[46] Ramírez, nascido em Orã, era um franciscano que estava então com cerca de quarenta anos. Em 1677 apareceu em Sevilha, onde declarou à Inquisição que aos cinco anos de idade tinha sido levado por uma família (presumivelmente muçulmana) como escravo para Argel e de lá para Constantinopla, onde fora circuncidado. Depois servira em navios corsários turcos, mas conseguira fugir na Sardenha e se dirigiu à Inquisição, onde foi absolvido de sua conversão devido à idade e à ignorância. Acabou indo para Sevilha, onde tomou os votos como franciscano.

Até aqui a história de Ramírez parece bastante típica de um renegado, mas uma investigação mais detalhada trouxe à tona detalhes estranhos e conflitantes. Ramírez admitiu que em Cádiz teve contato com judeus (provavelmente querendo se referir a cristãos-novos), e com eles leu a Bíblia em observância da lei de Moisés. Num interrogatório posterior, confessou que tinha começado a duvidar de sua fé cristã em Cádiz e "desejava muito ser judeu e tratar com judeus e convencer os católicos que o fossem também e acreditassem na lei de Moisés, a qual estudava com grande gosto". Mais tarde, declarou que tinha discutido a cabala entre os judeus de Alicante e que passara a crer que Cristo não era o verdadeiro Messias, "e sim que sendo criado de um profeta e ter se apresentado com o dom de fazer milagres disseram por dizer que era o messias". Os inquisidores foram duros em várias audiências. Ramírez admitiu que havia morado com os pais até os quinze anos, tendo então ido para Argel, onde viveu "sendo turco" por nove anos. Retornando à cristandade, parou por algum tempo na América. Em relatos contraditórios, primeiro Ramírez disse aos inquisidores que tinha fugido para as Índias para escapar à prisão, mas depois declarou que na verdade tinha convencido a Inquisição de Sevilha de que tinha um irmão ainda no cativeiro de Argel, de modo que fora autorizado a partir para levantar fundos e resgatar o irmão. Durante quatro sessões os inquisidores tentaram extrair uma história coerente. Ramírez admitiu que era ateísta "no seu coração", mas na verdade parece ter sido um homem insatisfeito com todas as religiões, procurando desesperadamente alguma satisfação em cada uma delas, ou talvez em todas. Frade franciscano, turco, pretenso judeu, Ramírez buscou viver em cada uma. Mas não estava disposto a morrer por causa dessa busca da verdade. Na segunda sessão retratou-se do erro e disse que agora odiava tanto os judeus que preferia ele mesmo saltar dentro do fogo do que os ver pela frente.[47] Recebeu como castigo um auto-de-fé público, a prisão perpétua e o uso do *sanbenito*. Mas o que pensar do frade cristão-velho? Buscava a verdade? Era descrente de tudo? Era um homem aberto a diversos modos de vida? Ou um salafrário sem escrúpulos? Fosse o que fosse, ele transitou com relativa facilidade e ao que parece sem maiores hesitações entre as três leis, vivendo na prática as ideias relativistas apregoadas por outros.

Há semelhanças admiráveis entre a odisseia de Ramírez de Arellano e a história do português Simeão de Oliveira e Sousa, narrada no estudo da historiadora brasileira Adriana Romeiro.[48] Oliveira e Sousa, nascido em Lisboa em 1678, foi parcialmente educado por jesuítas, e embarcou para o Rio de Janeiro por volta de 1695 para encontrar o pai médico. Então começou a percorrer as províncias do Río de la Plata, viajando a Córdoba, Salta, Potosí e Chuquisaca; nessas andanças foi adotando sucessivamente o hábito de franciscano, de dominicano e de padre secular. Enquanto esteve na universidade em Chuquisaca (provavelmente a de San Francisco Xavier, fundada em 1624), tornou-se franciscano descalço, lá permanecendo por cerca de seis anos antes de fugir para Lima, onde foi preso e depois solto, e então voltou para Portugal, por algum tempo usando o hábito de frade agostiniano, para no final abandonar a vocação e se casar. As viagens continuaram, e quando se dirigia a Cabo Verde ele foi capturado por piratas da Barbária que o levaram para Argel. Lá adotou o islamismo, porém se reconverteu ao catolicismo por instância de um franciscano que conheceu e que o convenceu a retomar o hábito de são Francisco. Mas, ainda espiritualmente inquieto, teve contato com judeus e protestantes ingleses, e flertou com os dois credos. Por fim voltou a Portugal, onde rezou a missa e exerceu outras funções religiosas como franciscano, até ser finalmente denunciado depois de confessar uma relação ilícita que estava mantendo com uma mulher. Usou mais de dezesseis pseudônimos em sua carreira como franciscano, dominicano, agostiniano, padre secular, laico, judeu, muçulmano e protestante.[49]

Os inquisidores de Évora ficaram um pouco atordoados com Oliveira e Sousa, mas o interrogatório mostrou que ele havia adotado a ideia luterana da salvação exclusivamente por meio da graça. Foi condenado a dez anos de exílio na Índia, mas lá logo se viu às voltas com a Inquisição de Goa, devido a uma série de declarações que recendiam a heresia e refletiam sua passagem pelos meios culturais e religiosos dos impérios ibéricos. Uma de tais declarações exprimia a crença na possibilidade de salvação fora da Igreja: "Deus nosso Senhor em sua misericórdia deve salvar aos que viveram boas vidas e aos que viveram más vidas, especialmente gentios, mouros e judeus". Acabou sendo julgado mais uma vez em Lisboa em 1725, e lá permaneceu pelo resto da vida como instrutor de latim, ainda reunindo materiais sobre religião, ainda escrevendo, ainda se mantendo na estreita fronteira da heterodoxia com a heresia. Visto por alguns como mentiroso e vigarista, Oliveira teve uma vida que atestava a possibilidade de cruzamentos culturais e que bem retratava os desafios à fé que eles apresentavam.

Se Ramírez de Arellano e Oliveira são exemplos das linhas permeáveis nas identidades religiosas no começo da modernidade e da maneira como as pessoas podiam se dispor a aceitar a possibilidade de vários caminhos para a salvação, havia outros cuja perspectiva parecia realmente tolerante e que não aparentavam ter qualquer interesse pessoal imediato por trás de suas atitudes.

No final do século XVIII os processos espanhóis contra declarações universalistas ou contra a ideia de que cada um podia se salvar em sua lei aumentaram drasticamente, provavelmente por conta do Iluminismo, mas no final do século XVII o ritmo dessa perseguição havia diminuído consideravelmente. A prisão de Inocencio de Aldama em novembro de 1701 foi, portanto, um caso extraordinário. Ainda mais excepcional é o fato de que o relatório do caso é suficientemente detalhado para se ir além da superfície das declarações e crenças de Aldama.[50] Ele era um rapaz alto, de pele clara, com cabelos castanhos curtos e nariz aquilino, de 28 anos de idade. Tinha linhagem cristã-velha, nascido em Oquendo (Alava), no País Basco. Em novembro de 1701, foi admitido num hospital em Villarobles (Murcia) e lá entabulou conversa com um padre sobre a vida que estava levando. Pelo visto, em algum momento da vida Inocencio quisera ser padre, mas, disse ele, Deus não quis que assim fosse, de modo que ele estava levando uma vida errante, sem residência fixa e sem profissão, embora soubesse ler e escrever. Falou ainda que Deus o destinara a ser vagabundo e a sofrer atribulações. O padre o repreendeu e afirmou que a vontade de Deus era que ele se dedicasse a um ofício honesto "que proporcionasse a sua salvação". A conversa abordou vários pontos teológicos, como o valor do batismo, sobre o qual Aldama tinha ideias dissidentes que irritaram o interlocutor. O diálogo então passou para o tema da salvação, e Aldama declarou "que qualquer um podia se salvar na lei que professasse, guardando-a, fosse mouro, infiel ou herege, e que todos procedemos do mesmo tronco de onde saíam diferentes ramos que davam fruto, e assim eram todas as leis e seitas e que todos se salvam na que queiram professar desde que a guardem devidamente".

O eremita considerou tais ideias cismáticas, e informou a conversa ao comissário local da Inquisição, o que levou à prisão de Aldama. Fez-se um levantamento de informações e os inquisidores decidiram por votação colocá-lo na prisão secreta e apreender seus bens. Detido em 4 de janeiro, ele foi interrogado pela primeira vez em 9 de janeiro de 1702. Foram chamadas a depor testemunhas corroborando os fatos, e os comentários de Aldama foram submetidos à avaliação de três padres. Os três consideraram que suas declarações eram heresias formais.[51] Seguiram-se mais audiências, em que Aldama dizia que, porque ele não prosseguira nos estudos, Deus lhe havia tirado o livre-arbítrio. Sobre a questão da salvação, o máximo que os inquisidores conseguiram foi que Aldama dissesse não saber se quem não era cristão poderia se salvar.

Foi-lhe designado um advogado de defesa, e, seguindo o seu conselho, o réu jurou que acreditava em tudo o que ensinava a Igreja, mas o conteúdo de suas declarações começou a ficar vago e nebuloso. Aldama, por exemplo, disse aos inquisidores que a vida era como a corda de são Francisco, com muitos nós, e que ela dependia do Espírito principal, o qual, se pudesse, se uniria com todos, mas para isso ele tinha instituído o Santo Sacramento. Disse isso, registraram os inquisidores, e "muitas outras tolices". Em fevereiro, o corpo do tribunal começou a achar que Aldama era louco e estava ficando cada vez pior. Um médico chamado ao tribunal chegou à mesma conclusão, e em abril o advogado de defesa pleiteou o encerramento do processo e a soltura de Aldama. Mas o diagnóstico de loucura era controverso. Quando lhe perguntaram se sabia o que era um juramento, Aldama respondeu "que é invocar Deus por testemunha para afirmar ou negar alguma coisa". Ele estava falando "desordenadamente", e as respostas eram retorcidas e confusas, mas havia algumas observações perspicazes. Por mais que tentassem, os inquisidores não conseguiram dissuadi-lo de algumas coisas. Aldama declarou "que cada um tinha seu oriente e que deste argumento não o afastaria nenhum teólogo de Salamanca".

Como lidar com esse caso e como explicar essas ideias estranhas? A investigação continuou. Pelo visto, Aldama tinha morado com a avó materna e um tio padre. Em algum momento ele fora desrespeitoso e, com medo do tio, fugira para Madri, onde fora recrutado como soldado. Fez campanha na Catalunha, na Sicília e em Nápoles, e depois voltou para Madri. Alguns parentes tentaram mandá-lo de volta para a terra natal, mas ele se negou, e passaram a vê-lo mergulhado em melancolia e muitas vezes falando sozinho. Sua discussão com os inquisidores levou a mais confusões e consultas, e o resultado da votação foi colocá-lo em observação num manicômio em Valencia.[52]

Como classificar Aldama? Sua melancolia era hamletiana, fingida e real ao mesmo tempo, estratégia de sobrevivência, máscara? O historiador Juan Blázquez Miguel sustenta que Aldama não era louco, pelo contrário, era um homem de "grande cultura, brilhantíssima inteligência e raciocínio agudo" que tentou convencer os inquisidores de sua posição.[53] Sob muitos aspectos, parecia um homem alquebrado pela vida, que se retirou para dentro de si, mas também uma pessoa muito viajada, tendo morado no exterior. Entrelaçando-se com suas estranhas ideias sobre o Espírito Santo e a crisma havia uma verdade compartilhada por outras pessoas, a saber, que cada um podia se salvar em sua fé, que todas as religiões faziam parte da mesma árvore, todas davam frutos, e cada qual tinha um destino próprio. Desses pontos, dizia ele, nem os doutores de Salamanca o dissuadiriam.

Essas três vidas tomadas como exemplo são, naturalmente, construções, autorrepresentações montadas sob ameaça, resultados criados pelos próprios inquisidores a partir dos testemunhos; mas a despeito da artificialidade e do ofuscamento há padrões que sugerem alguns pontos em comum. Muitos indivíduos parecidos com Aldama, que manifestavam posições de relativismo ou tolerância religiosa, eram pessoas que tinham visto o mundo ou eram abertas a outras ideias através dos livros. Sem dúvida a viagem alargava os horizontes, e é tentador ver essas pessoas como parte de uma subcultura da diferença, gente com profissão ou condição social muitas vezes marginal, propensa a mudanças, com mais mobilidade do que seus pares, mais aberta a outras ideias. Mas essa interpretação é fácil demais e supõe um contraste com uma sociedade rural imóvel na Península Ibérica, conceito este já bastante contestado. Dezenas de milhares de camponeses se deslocavam anualmente pelas estradas e caminhos como parte do ciclo das colheitas, milhares de outros marchavam para a França, a Itália, a Catalunha, Flandres e Portugal nos exércitos do rei, milhares de outros saíam das vilas e aldeias para os portos para servir na marinha real ou na marinha mercante, e um fluxo constante de imigrantes de lugares como Trujillo e Brihuega atravessava o Atlântico para morar em Puebla ou Potosí, muitos mantendo contato com parentes e amigos nas antigas comunidades.[54] O grau do impacto dessa mobilidade sobre a sociedade rural é uma questão aberta ao debate. Ela pode ter permitido a preservação de atitudes e práticas tradicionais ao eliminar as fontes de pressão social e demográfica. Pode ser também que os dissidentes e os inovadores tivessem mais propensão a viajar, mas através da correspondência deles, e do eventual retorno ao lar de alguns, os padrões de migração também podem ter introduzido mudanças no interior das comunidades rurais. Para os que partiam, as viagens e as experiências com certeza tinham o potencial de lhes abrir o espírito a novas ideias, mas não necessariamente. Muitos viajantes foram denunciados por seus colegas de viagem ou embarcação. Parece que não existia nenhum conjunto de características sociais que separasse as pessoas com ideias de tolerância ou relativismo de seus pares mais ortodoxos. Cada indivíduo era um viajante em potencial, cada viajante era um pensador heterodoxo em potencial, mas muitos que tomaram a estrada ou o mar mantiveram total ortodoxia em suas crenças. O caminho da crença de cada um parece ter sido determinado mais por decisões e convicções individuais do que por características sociais.

4. Portugal: cristãos-velhos e cristãos-novos

Se Deus não queria que os cristãos-novos fossem cristãos, por que haviam os senhores inquisidores de querer fazer os ditos cristãos novos por força?

Domingos Gomes (Évora, 1623)

Em 1578, dom Sebastião, o jovem e temerário rei de Portugal, depois de se envolver na política dinástica do Marrocos, comandou uma expedição militar a pretexto de empreender uma cruzada através do estreito de Gibraltar. Os resultados foram catastróficos. As forças expedicionárias foram desbaratadas nas areias de Alcácer-Quibir; a flor da nobreza lusitana foi morta ou aprisionada como refém; no meio da batalha o rei desapareceu e nunca mais foi visto. O trono vacante logo foi reclamado e ocupado por seu tio distante, Filipe II de Castela. Mas mesmo antes da batalha havia em Portugal quem tivesse suas dúvidas não só sobre a necessidade mas também sobre a justeza daquela aventura. Numa visita da Inquisição ao Alentejo em 1578-9, por exemplo, o cristão-velho Manuel Rodrigues questionou as justificativas das campanhas portuguesas no norte da África. Ele alertou que só "Deus sabia se a guerra que se fazia aos mouros era justa ou injusta, porque também eles eram criaturas suas" e, ao comentário de que todos os muçulmanos estavam condenados ao inferno, ele respondeu que "Deus sabia se iam lá ou não". No mesmo inquérito, uma certa cristã-nova chamada Lianor Martins, descendente de judeus convertidos, reclamou que as campanhas de dom Sebastião no Marrocos haviam desfeito muitos casamentos e causado a perda de muitas pessoas, porque o rei não permitia que cada um vivesse em sua lei, os judeus na sua, os muçulmanos na deles e os cristãos-velhos na deles.[1] Era o mesmo estribilho ibérico de sempre, dito com sotaque português por cristãos velhos e novos, defendendo em linguagem simples a antiga ideia de liberdade de consciência.

Nos capítulos anteriores apontei casos que envolviam portugueses, e podemos dizer que a sociedade portuguesa apresentava os mesmos elementos de profunda religiosidade e também de ocasional heterodoxia ou dissidência religiosa que existiam nos vários reinos e províncias que compunham a Espanha e o império espanhol.[2] Os dois países tinham uma identidade católica de raízes profundas, ambos se sentiam ameaçados pelas ideias erasmianas e pela reforma protestante, e ambos procuraram fortalecer a fé e revigorar a Igreja por meio da repressão e da reforma interna. Não se pode ignorar também que Portugal, a partir do século XVI, havia se lançado numa expansão ultramarina para a África, o Brasil, o oceano Índico e além, chegando à China e ao Japão. Essa experiência comercial e expansionista, de contato e conflito, causou um impacto na estrutura mental da sociedade portuguesa. Da literatura e das crônicas da época dos descobrimentos surge um quadro de encontros culturais em que as crenças do catolicismo tardo-medieval se viam diante de outras fés e outros povos. Esses contatos geraram um senso de missão em Portugal que levou a uma visão providencialista do papel do país dentro da história e da ordem divina, como aquele que levaria a cruz a novas terras e gentes, visão que foi apropriada e utilizada pela Coroa e pelas ordens missionárias. Ao mesmo tempo, o impulso imperial da expansão ultramarina criou algumas atitudes inesperadas. Tal como a existência de minorias culturais ou religiosas dentro de Portugal, os contatos culturais no além-mar tinham um potencial de despertar intolerância e confrontos violentos, mas também apontavam para um possível convívio com povos de outros hábitos e costumes, o que pode ter favorecido uma especial propensão de alguns portugueses ao tipo de universalismo ou relativismo religioso que já vimos no mundo hispânico.

Esses sentimentos muitas vezes se misturavam com aquele mesmo leque de proposições heréticas que se encontrava em outros lugares da Península Ibérica: dúvidas sobre a eucaristia, a eficácia dos santos, a virgindade de Maria, o pecado do sexo e a existência do céu, do inferno e do purgatório.[3] Os ensinamentos da Igreja sobre a questão da sexualidade eram muito discutidos.[4] Um exemplo é Francisco Pegado, um solteiro que morava no distrito de Torres Vedras. Ele vivia amancebado com uma mulher, e tinha o hábito de dizer que não era pecado o sexo entre pessoas solteiras. Advertido em 1651 que são Paulo tinha dito que os fornicadores não iam para o céu, Pegado respondeu que se são Paulo estivesse certo então ninguém se salvaria. E acrescentou que muitos inquisidores também mantinham essas relações e que, quando prendiam cristãos-novos, nunca lhes devolviam os bens. Em outras palavras, ele somou à sua heterodoxia sobre o sexo uma crítica ao tratamento que a Inquisição dava aos descendentes dos conversos. Os homens intimados a depor contra ele, o agricultor Francisco Lourenço e o ex-escravo negro Gaspar de Colonia, se recusaram dizendo que não tinham ouvido tais declarações. Mesmo com a advertência de que não escondessem nada, ambos se negaram a testemunhar contra Pegado. O caso foi encerrado.[5] Como ocorria com muitos outros que enunciavam proposições heréticas, o questionamento ou discordância de Pegado ia além dos aspectos mais mundanos e carnais da vida, alcançando um campo mais espiritual e se mostrando como uma dissidência e crítica à autoridade.

AS PREOCUPAÇÕES PORTUGUESAS: CRISTÃOS-NOVOS E SUPERSTIÇÕES

Neste ponto, vale tecer algumas considerações sobre nossa capacidade moderna de penetrar no universo mental sugerido por opiniões como as de Pegado. O que afeta nosso entendimento não é a falta de documentação e sim a natureza e origem do material. A Inquisição portuguesa começou a operar em 1547, com princípios e objetivos muito parecidos com os dos tribunais espanhóis, mas sua estrutura e preferências ou fixações eram bastante diferentes das do Santo Ofício espanhol. Os tribunais hispânicos, após uma preocupação inicial com os judaizantes entre 1480 e 1520, alargaram muito o campo de seus interesses e na segunda metade do século XVI davam atenção considerável a um vasto leque de crimes, da bigamia à blasfêmia, da transgressão sexual às proposições heréticas. Entre 1540 e 1700, os processos contra os judaizantes corresponderam a apenas cerca de 10% da atividade dos tribunais espanhóis.

Os quatro tribunais inquisitoriais portugueses perseguiam os mesmos delitos dos tribunais espanhóis, mas mantiveram um foco muito mais concentrado na questão do criptojudaísmo. Os arquivos do tribunal de Goa se perderam, mas nos cerca de 40 mil outros processos dos três tribunais portugueses no continente, de 70% a 80% dos réus respondiam a processos por judaização, e esse percentual é ainda mais elevado nos casos anteriores aos anos 1770, década em que foi abolida a designação oficial de cristão-novo ou descendente de judeus. Assim, até existe uma vasta documentação inquisitorial, mas a fixação dos inquisidores portugueses no criptojudaísmo gerou uma imagem histórica da sociedade e da variedade e frequência da heterodoxia no seu interior que não pode ser considerada fiel à sua realidade, pois muitos dos crimes ditos menores ficavam a cargo dos tribunais e inquéritos episcopais ou da autoridade secular. Essas cortes costumavam se interessar mais pelos costumes — isto é, questões da vida familiar, da sexualidade, de supostas ofensas públicas como o desacato ao clero ou o absenteísmo na missa e outras transgressões — do que por questões relacionadas à heresia. Os dois sistemas de autoridade religiosa operavam juntos e se sobrepunham (a feitiçaria, por exemplo, era punida por ambos), mas tendiam a enfocar elementos diversos da população: a Inquisição para os cristãos-novos e estrangeiros, as cortes e visitas episcopais para os cristãos-velhos. Se um cristão-novo dissesse uma blasfêmia, muito provavelmente seria processado pela Inquisição sob a acusação de ser judeu em segredo, ao passo que um cristão-velho que dissesse a mesma coisa provavelmente seria simplesmente advertido pela autoridade episcopal. Não era o delito e sim a origem do réu que determinava como e quão severamente ele seria punido. Além disso, a Inquisição confiscava os bens dos cristãos-novos com frequência muito maior do que os de cristãos-velhos.[6] Os crimes por palavras ou pensamentos podiam ser apreciados por qualquer um dos sistemas, mas se houvesse definição ou suspeita de heresia no seu conteúdo, seria a Inquisição o orgão competente a examiná-los. O problema era que a Inquisição portuguesa não tinha grande interesse por esses crimes, a menos que os suspeitos fossem judeus ou protestantes. Isso fica claro em vários estudos quantitativos dos tribunais portugueses. Enquanto as proposições e as blasfêmias responderam por 27% da atividade da Inquisição espanhola entre 1540 e 1700, na Inquisição de Évora elas somaram apenas 3,3% do total até 1668, e em Coimbra apenas 6,7% no século XVI. Nas visitas inquisitoriais à colônia portuguesa do Brasil, em 1591-3 e 1618-9, os processos contra proposições corresponderam a 6,6% do total.[7] Esses números não indicam necessariamente uma atitude mais ortodoxa da população portuguesa, mas antes uma diferença de política institucional entre a autoridade religiosa espanhola e a portuguesa.

Além de uma fervorosa fé ortodoxa e eventual inconformismo, a religiosidade lusitana também incluía uma gama de crenças sobrenaturais que podem ser definidas como superstições, e que ficavam no limite ou extrapolavam o que a Igreja achava aceitável. Como no resto da Europa, essas crenças abrangiam práticas que iam desde a quiromancia e a alquimia até a adivinhação, a astrologia e a medicina simpática, mas também coisas definidas como magia, bruxaria e feitiçaria. Consistiam em tentativas de intervir nos assuntos humanos, curar o corpo ou afetar os sentimentos através de elementos do sobrenatural. Tais crenças e práticas não eram propriamente vistas como uma alternativa à religião organizada, e sim como um sistema paralelo, amiúde complementar, de modo que os praticantes dessas artes ou as pessoas que recorriam a eles não achavam necessariamente que estariam contrariando os preceitos da Igreja.[8] De fato, ainda que a opinião letrada em Portugal refletisse a tendência do começo da modernidade e considerasse tais crenças como obra do demônio, existia também a tendência a enxergar nessas ideias antes a superstição de gente rústica e sem instrução do que uma heresia implícita.[9]

Com efeito, a relação entre o oculto e a Igreja era complexa e variou ao longo do tempo. A Igreja, por exemplo, aceitava a astrologia como meio de recorrer aos movimentos dos corpos celestiais para interpretar o caráter e os eventos humanos, mas a astrologia judicial, ou seja, a capacidade de prever os acontecimentos, supunha poderes que pertenciam apenas a Deus e era motivo de processo.[10] Outro exemplo era a bruxaria. A crença popular na bruxaria era muito difundida e vários teólogos acreditavam em sua existência, mas a Inquisição e os tribunais eclesiásticos costumavam ser céticos em relação a tais denúncias e as penalidades eram relativamente brandas em comparação à Europa setentrional. Os tribunais portugueses receberam mais de 7 mil denúncias de prática de feitiçaria, mas apenas cerca de mil foram a julgamento. O sabá das bruxas e o pacto com o demônio não eram ideias desconhecidas à Inquisição, e de fato alguns inquisidores perseguiram ativamente tais práticas, mas de modo geral as autoridades religiosas portuguesas eram céticas a respeito, pelo menos no próprio país. Nas palavras do historiador José Pedro Paiva: "Portugal foi um país onde não deflagrou nenhum movimento de 'caça de bruxas', no sentido de uma repressão violenta, maciça e por ondas de pânico".[11] No entanto, a ideia de um demônio atuando nos assuntos humanos era bastante concreta, e resultou algumas vezes em confissões que se enquadravam nos moldes clássicos das uniões diabólicas e dos pactos demoníacos. Para muitos, o sobrenatural era uma esfera real e acessível, para o bem e para o mal. As pessoas procuravam maneiras de intervir nas ações dos outros, no fluxo dos acontecimentos ou nos fenômenos naturais fora dos canais normais do catolicismo, em práticas que seguiam de perto e por vezes se entrecruzavam com uma ortodoxia ardorosa que incluía milagres, revelações e intervenções divinas em resposta às orações, procissões e peregrinações.

Para se contrapor às tendências de "superstição", para eliminar os não ortodoxos e os heterodoxos, para se proteger contra a heresia e firmar a autoridade, presença e eficiência da Inquisição, desenvolveu-se no país toda uma rede de agentes e auxiliares do Santo Ofício desde o final do século XVI. Esses "familiares" eram leigos que colaboravam com as atividades da Inquisição, ajudando a prender os acusados e participando dos autos-de-fé, e que em troca recebiam uma série de privilégios, como a isenção de certos tributos e do serviço militar, além do direito de portar armas. Teoricamente, apenas pessoas com origens cristãs-velhas comprovadas podiam colaborar, fato que terminou por aumentar o prestígio da posição. O número de familiares nunca foi muito grande. Até 1690, não passavam de mil pessoas, mas a partir daí essa quantidade aumentou, sobretudo após 1750. Cada vila tinha alguns poucos, e nas cidades eles eram mais numerosos. Geralmente provinham da aristocracia rural ou, nas cidades, da classe mercantil. A Inquisição os usava como suporte à sua autoridade, e eles extraíam do cargo distinção e prestígio social. O trabalho prático do tribunal, qual seja, estigmatizar a heresia e a heterodoxia no nível legal, recaía sobre os comissários e escrivãos. O comissário geralmente era um padre que levava muito a sério seu papel de guardião da ortodoxia: eles é que faziam muitas das denúncias. A exemplo dos familiares, o número de comissários passou a aumentar na segunda metade do século XVII. Os dois cargos traziam prestígio e privilégios, mas principalmente os comissários foram fundamentais para ampliar o alcance e inculcar o medo da Inquisição em todas as comunidades.

Portugal, como os demais reinos ibéricos, havia abrigado comunidades significativas de judeus e muçulmanos na Idade Média, mas aqui também há diferenças importantes em relação à Espanha. Os muçulmanos foram expulsos de Lisboa em 1147, e o controle político muçulmano em Portugal terminou no século XIII. As comunidades muçulmanas continuaram a existir em várias cidades maiores até o fim do século XV, mas quando se deu a ordem final de expulsão, em 1496, eram poucos os muçulmanos restantes. As cortes lusitanas de fato acusaram algumas pessoas de apostasia islâmica, mas a imensa maioria da população muçulmana era composta de árabes e bérberes do norte da África, mouriscos que vinham de Castela e muçulmanos da África Ocidental que tinham chegado a Portugal como escravos. Esses criados, escravos e marinheiros que se viam às voltas com a Inquisição em assuntos de fé ou observância religiosa não representavam nenhuma grande ameaça ao corpo político lusitano.

Já os judeus convertidos eram um outro problema. Ao contrário de Castela e Aragão, que em 1492, após um século de pressão crescente, ofereceram aos judeus remanescentes a opção entre a conversão ou o desterro, Portugal, onde muitos judeus castelhanos tinham se refugiado em 1492, não ofereceu nenhuma escolha. Em 1497 o rei dom Manuel, não querendo perder uma valiosa parcela da população, passou por cima de algumas objeções na corte e impôs o batismo obrigatório a praticamente todos os judeus, restringindo-lhes os meios de sair do país, escravizando os que continuaram judeus e apreendendo os filhos dos não convertidos. Diante de tais alternativas, a vasta maioria aceitou se converter e um grande contingente populacional se tornou cristão-novo de uma vez só. Em vista do caráter e das condições dessa conversão, suspeitava-se que não fossem propriamente muito fervorosos na nova fé. Conversão era uma coisa, aceitação outra. Em 1506 eclodiu em Lisboa uma grande revolta urbana, por insatisfação e descontentamento popular contra os judeus que trabalhavam como coletores de impostos da Coroa, mas também instigada e açulada pelos sermões de alguns padres raivosos, em especial dois frades dominicanos. Em poucos dias, foram mortas cerca de 3 mil pessoas, antes que a Coroa interviesse para deter o massacre e os saques.[12] Os líderes e cerca de quarenta participantes foram executados pela participação no tumulto. Um programa da Coroa concedeu aos convertidos um período de adaptação ao novo credo, poupando-os de um escrutínio religioso muito cerrado, mas, a partir de 1512, também restringindo e impedindo a liberdade dos cristãos-novos de sair do país com seus bens e posses com destino a Flandres ou ao norte da África. Após longas negociações com Roma, em 1531 foi criada a Inquisição em Portugal, que começou a funcionar apenas em 1536 e entrou em plena operação em 1547; mesmo então, em 1548 e em 1558 a Coroa decretou dez anos de isenção do confisco de bens dos cristãos-novos acusados de judaização. Assim, no exato momento em que a campanha da Inquisição espanhola contra os judaizantes atingia seu apogeu, na primeira metade do século XVI, os cristãos-novos portugueses estavam relativamente a salvo desse tipo de perseguição religiosa, devido ao período de graça que lhes fora outorgado. E, é claro, foi precisamente na primeira metade do século XVI que o posto avançado de Portugal nas Américas, a colônia no Brasil, foi estabelecido e sua sociedade tomou forma. Não admira que os cristãos-novos tenham seguido para o Brasil em números significativos, em busca de oportunidades e de refúgio contra o controle e a vigilância crescentes em Portugal. No final do século XVI, os contemporâneos viam a colônia brasileira como um local dominado por cristãos-novos.

Em suas origens, a Inquisição portuguesa foi criada como braço da autoridade e dos interesses monárquicos, mas ela veio a se desenvolver como uma instituição burocrática estável com interesses próprios.[13] No fim das contas, para garantir a ortodoxia dos fiéis, haveria quatro tribunais inquisitoriais operando em Portugal e no império. Eles se localizavam em cidades grandes, para poder contar com o apoio e o conhecimento das numerosas instituições eclesiásticas. A Inquisição de Coimbra, sede da principal universidade do país, cuidava do norte, enquanto Évora atendia casos do sul, nas províncias do Alentejo e do Algarve, e o tribunal de Lisboa, capital e principal porto do país, ouvia casos da própria cidade, do interior e do centro do país, e também os provenientes das ilhas atlânticas, da África Ocidental e do Brasil; finalmente, na cidade portuguesa de Goa, na costa ocidental do subcontinente, um tribunal da Inquisição zelava pela ortodoxia dos habitantes do Estado da Índia, aquela vasta rede de colônias, postos comerciais, fortalezas e rotas que se estendia de Moçambique a Macau.

Os registros do tribunal de Goa se perderam, mas restam mais de 40 mil autos dos outros três tribunais. Embora eles mostrem a preocupação dos inquisidores portugueses com as mesmas questões de heterodoxia, heresia e desvios da fé que preocupavam seus colegas espanhóis, o aspecto mais significativo desses autos é que 70% a 80% dos réus respondiam à acusação de serem judeus em segredo. Tal concentração indicava um opróbrio popular, mas também era uma situação orquestrada e mantida pelas autoridades eclesiásticas e pela própria Inquisição, a qual, a partir de 1568, foi autorizada a confiscar os bens dos acusados. Esse foco específico da Inquisição portuguesa gerou um campo de batalha: os historiadores se digladiam acirradamente quanto ao caráter dos tribunais lusitanos e à veracidade ou falsidade das acusações de judaização entre os cristãos-novos portugueses.[14] Alguns estudiosos reconhecem a validade básica das acusações da Inquisição e a veracidade das confissões voluntárias e forçadas dos cristãos-novos como prova de sua adesão ao judaísmo. Os cristãos-novos, portanto, eram mártires da lei de Moisés, e os inquisidores estavam empenhados numa campanha religiosa, para eles legítima, contra a apostasia. Outros estudiosos consideram essas acusações de judaísmo cristão-novo elementarmente falsas, simples justificativa para uma política de discriminação e exclusão racial sob o disfarce da ortodoxia religiosa ou para o confisco das riquezas cristãs-novas em benefício econômico da Inquisição e de seus aliados na sociedade — uma campanha para destruir o poder econômico de uma classe mercantil em formação. Sem dúvida houve muitos críticos em Portugal e nas colônias, entre os séculos XVI e XVIII, que achavam exageradas as acusações da Inquisição, e pensavam que muita gente era obrigada a admitir crenças e costumes judaicos que nunca tinham praticado. Fernando Morales Penso, degredado para o Brasil em 1683 depois de confessar que era judeu e denunciar outros nomes, escreveu uma carta no navio para se remir. Seu destino já estava selado e a sentença já tinha sido executada, mas mesmo assim Penso quis esclarecer a questão. E escreveu ao Santo Ofício: "desde a hora em que recebi o batismo até o presente tempo, jamais deixei de ser verdadeiro católico, nunca nenhuma imaginação me passou de deixar a Lei de Nosso Senhor Jesus Cristo em que fui muito bem educado, e assim declaro a V. S. que tudo que no Santo Ofício depus nas minhas confissões, de mim e contra meus próximos foi falso, e confessei o que não havia feito com o temor da morte e [para] salvar a vida".[15] Fernando Penso sabia, como os outros, que quem se negava a admitir sua "judaização" sofria as penas mais severas e tinha mais probabilidade de ser condenado à morte. Se insistissem em dizer que eram bons católicos, seriam condenados como recalcitrantes, obstinados e impenitentes. Penso e muitos outros se tornaram mártires de sua fé cristã.

A preocupação portuguesa com os cristãos-novos criou contradições estranhas. Os opróbrios e o ódio expressos principalmente pelas classes populares e estimulados por toda uma bibliografia de sermões e tratados religiosos preconceituosos e antissemitas finalmente foram codificados em proibições e exclusões dos cristãos-novos, vetando-lhes o acesso a cargos oficiais, ordens militares, carreiras eclesiásticas, certas profissões e artes liberais, o ingresso nas universidades e o casamento com pessoas da nobreza. Mas essas restrições eram constantemente contornadas, evitadas ou ignoradas, levando a queixas recorrentes sobre a presença de cristãos-novos em posições dentro da Igreja, em ordens religiosas, como cavaleiros em ordens militares, nas universidades e em cargos do governo.[16] Além disso, havia um grande número de casamentos e ligações entre cristãos velhos e novos, apesar das diversas sanções sociais e oficiais contra essa convivência. Eles estavam de fato intimamente ligados na sociedade portuguesa, apesar da longa campanha para apartar e rebaixar os cristãos-novos, por razões sociais, econômicas, religiosas ou "raciais".

Por fim, o aspecto político da perseguição aos cristãos-novos não pode ser ignorado. Desde as conversões forçadas de 1497 a ação fora não só religiosa como também política e econômica.[17] Questões como a possibilidade de emigração ou o confisco dos bens dos acusados variaram ao longo do tempo, muitas vezes como resultado de negociações, eufemismo para a extorsão que sempre envolvia grandes somas de dinheiro. A proibição de emigração imposta pelo rei dom João III entre 1513 e 1577 foi anulada por dom Sebastião, ansioso por obter financiamento para sua aventura na África do Norte com dinheiro cristão-novo. Depois de sua derrota houve nova alteração em 1580, e a proibição continuou sob o reinado dos Habsburgos espanhóis em Portugal (1581-1640) até 1601, quando mais uma vez uma imensa soma paga ao rei Filipe III trouxe alívio aos cristãos-novos, que então puderam sair do reino em grandes contingentes. Todavia, os interesses do rei não convergiam necessariamente com os da Inquisição. O Santo Ofício e a Coroa viam os cristãos-novos como fonte de renda, e os períodos de negociação entre os monarcas e os cristãos-novos sobre as leis de emigração ou confisco de bens muitas vezes coincidiam com os períodos de maior repressão e atividade do Santo Ofício. O perdão geral concedido em 1605 foi seguido por uma intensificação da atividade inquisitorial, e o fracasso das negociações para um novo perdão nos anos 1610 foi acompanhado por uma série de "visitas" às colônias e pelo aumento de autos-de-fé na própria metrópole. A Inquisição se opôs à restauração bragantina em 1640 e resistiu às articulações políticas que pretendiam entronar o novo monarca dom João IV, que apoiava os cristãos-novos em Portugal e seus parentes na Holanda, na França e na Alemanha. Políticos como o extraordinário missionário, pregador jesuíta e diplomata padre António Vieira, confessor de dom João IV, passaram a considerar a posição da Inquisição muito prejudicial para o reino, em termos tanto sociais quanto econômicos. Vieira era um crítico explícito da Inquisição e de sua política em relação aos cristãos-novos. Protegido na corte até uma revolução palaciana em 1662, tornou-se então alvo frequente. O Santo Ofício reagiu o processando (1663-7) a pretexto de suas profecias (e não por sua posição quanto aos cristãos-novos), mas seu julgamento foi uma advertência para ele e para outros. Vieira se manteve contrário à linha da Inquisição e conseguiu influir na decisão de Roma de suspender a Inquisição portuguesa entre 1674 e 1681. O empenho de Vieira e a capacidade da Inquisição de sobreviver e escapar às pressões da Coroa e do papado mostram as várias divisões, conflitos e interesses envolvidos na questão dos cristãos-novos, um excelente ponto de partida, portanto, para estudar a tolerância na sociedade lusitana.

ALMAS A SALVAR

Os mesmos problemas teológicos da graça *versus* mérito e da salvação e do verdadeiro caminho para o céu, que tanto ocupavam a atenção dos espanhóis, também fascinavam os portugueses.[18] Era um tema que gerava discussões frequentes e opiniões radicais, uma preocupação fundamental da teologia, um assunto de interesse popular. Quando os estrangeiros em Portugal adotavam o catolicismo, geralmente se justificavam dizendo que tinham se convertido para "garantir a salvação" ou para "salvar a alma".[19] Qual era a melhor lei? E qual levaria à salvação? Em Portugal também havia quem respondesse que apenas Deus sabia, ou que podia existir mais de um caminho, apesar das implicações heréticas dessa posição frente ao dogma de ser impossível a salvação fora da Igreja. Naturalmente, os indivíduos pertencentes às minorias étnicas tendiam a pensar de outra maneira. Madanella de Segueira, mourisca de Setúbal, quis ir para a terra dos mouros. Declarou aos inquisidores em 1556 que "dizem os cristãos que a sua lei é melhor e os mouros que a sua lei é melhor, só Deus que sabe". Justificou a permanência de seus laços com o islamismo declarando que nunca tinha entendido realmente sua instrução cristã e que se sentia às vezes cristã, às vezes muçulmana.[20] Os cristãos-novos, ou "a gente da nação hebreia", também eram dados a um certo relativismo na questão da salvação. Em Covilhã, em 1648, durante a Guerra da Restauração, ocorreu uma conversa na casa da viúva Clara Enriques. Antonio Montes, alfaiate que trabalhava na casa dela, lamentou a guerra, visto que portugueses e castelhanos eram católicos. Mais valia, disse ele, lutar contra os muçulmanos. A viúva respondeu categórica: "Por que lutar com eles, cada um pode se salvar na sua lei". Montes replicou que só na lei de Cristo era possível se salvar, ao que Clara disse que "ela cuidava de si". Montes ficou escandalizado e denunciou a viúva, especialmente porque ela era uma cristã-nova, embora a filha, reconhecendo o campo minado teológico em que estavam pisando, tivesse corrigido prontamente a mãe.[21]

As minorias étnicas e religiosas podiam ser dadas a tal relativismo, e por vezes os cristãos-novos eram tidos como especialmente propensos à dissimulação ou à indiferença religiosa, mas o fato é que essa proposição também circulava entre os cristãos-

-velhos. A Igreja insistia em sua validade exclusiva e na necessidade de pertencer à fé cristã como único caminho para a salvação, mas havia muita gente que não estava plenamente convencida. Alguns se ancoravam nos velhos debates teológicos sobre as boas ações, a lei natural e a absoluta ignorância; outros simplesmente se baseavam na crença num Deus misericordioso que não condenaria os inocentes; outros ainda chegavam às suas conclusões a partir da observação ou do que lhes parecia simples bom senso. Antonio Duro, morador de Porto Calvo, no Brasil, provavelmente era uma figura representativa de muitos que somavam a suas opiniões heterodoxas sobre a salvação outras várias proposições que também não observavam estritamente a doutrina.[22] Em 1699, descrito como indivíduo de "má vida e maus hábitos", disse ao representante da Inquisição que não acreditava no inferno e que, se ele existisse, não era para as almas sofrerem por toda a eternidade, pois Deus só queria que todos se salvassem, e que Deus certamente tinha um lugar especial para aquelas almas, de onde Ele as tiraria após um certo período de tempo.[23] Essa ideia de que Deus pretendia salvar a todos tinha ampla circulação.[24] André Fernandes, artesão de uma vila alentejana, depois de ouvir alguns sermões sobre a grandeza de Deus e perceber que havia tantos turcos, mouros e gentios no mundo, simplesmente concluiu que todos se salvariam porque Deus não iria querer tanta gente condenada. Discutiu suas dúvidas com alguns padres conhecidos seus, mas não conseguiu se convencer de que o batismo era indispensável para a salvação. A teologia de Fernandes era simples. Como Deus pôde criar Adão e permitir que pecasse? Deus criou o pecado, e quando criou Adão sabia que o homem iria pecar, mas mesmo assim criou Adão e o mundo. Todos seriam salvos.[25]

Tais dúvidas não se restringiam aos laicos. Mesmo os eclesiásticos apresentavam de vez em quando outras interpretações sobre o caminho da salvação. O problema da salvação certamente era essencial, mas teologicamente complicado, e os padres com responsabilidades religiosas temiam que a questão gerasse confusão entre os fiéis. Em 1689 alguns teólogos da igreja jesuíta de são Roque, em Lisboa, foram consultados sobre a possibilidade de salvação para um luterano ou calvinista batizado em sua fé. A resposta foi afirmativa, desde que a pessoa ignorasse a verdade e não tivesse cometido nenhum pecado mortal, ou tivesse pecado e depois feito um ato de contrição ou declarado amor a Deus. Mas, além da questão em si, o que preocupava os teólogos em quase igual medida era a situação delicada de respondê-la diante de pessoas simples e incultas. Como diziam: "nem a resposta se diga diante de pessoas menos prudentes que possam ter ocasião de algum escândalo ou ruína espiritual" com a discussão.[26] A despeito de tais reticências e cuidados, o tema da salvação continuou a ser assunto de interesse e debate entre o povo.[27]

A conceitualização da luta entre o caminho verdadeiro e os falsos caminhos para a salvação e o desejo da Igreja de salvar as almas com o batismo davam sustentação ao impulso missionário e serviram de justificativa para o avanço imperial de Portugal e Castela. Era uma questão da máxima importância para a Igreja, mas abria a possibilidade de engodo e manipulação. Muitas das pessoas presas pela Inquisição acabavam pedindo aos tribunais a reconciliação com a Igreja para salvar a alma, sabendo que a linguagem da salvação encontrava ressonância nos juízes.

O debate sobre a salvação às vezes levava a direções estranhas. No Portugal seiscentista sob domínio dos Habsburgos da Espanha, o discurso da salvação podia atender a finalidades protonacionalistas. Antonio Manso, da aldeia de Seia, no bispado de Coimbra, mestre-escola de profissão, causou um escândalo numa igreja em Alcázar de Consuegra, em Castelo, ao se ajoelhar diante de um crucifixo e orar em voz alta: "Senhor, haveis de me salvar e perdoar porque morrestes por nós, os portugueses, e não pelos castelhanos, porque somos muito fidalgos". Os que o ouviram retrucaram que os portugueses eram todos judeus, ao que ele replicou que nesse caso eram parentes de Nosso Senhor, que quando quis nascer escolheu como mãe uma judia e não uma castelhana.[28] Aqui se misturavam várias questões: a salvação, a possível validade da antiga lei e o epíteto religioso como insulto. Um viajante inglês em Lisboa, em 1633, ouviu no Hospital de São Bartolomeu que todos podiam se tratar lá, fossem hereges, turcos, mouriscos ou até castelhanos. Disseram-lhe: "Os portugueses gostam mais dos ingleses do que qualquer outro povo, e odeiam os castelhanos mais do que ao diabo".[29]

Embora a salvação fornecesse um discurso para a política, o tema se mantinha como preocupação primária de leigos e padres. Um caso estranho foi o de Andrea Marquies, do condado de Nice, na Saboia. Ele fora para a Espanha com um fidalgo genovês, e depois seguira para Portugal. Em Coimbra, no Colégio de São Pedro da Ordem Terceira de São Francisco, ele assistiu ao batismo de um turco convertido, realizado com grande pompa e circunstância. Marquies viu ali uma oportunidade. Disse ao superior do colégio que também era turco e queria se converter. O superior o interrogou durante três dias e ficou admirado com seus conhecimentos da doutrina cristã. Marquies explicou que estava tão ansioso em se converter que tinha se dedicado a estudá-la por conta própria. Enfeitou a história, dizendo que havia nascido em Jerusalém, e chegou a inventar os nomes dos genitores turcos: o pai era Muley Xeque e a mãe Alimice. O prior da paróquia de santa Justa, António de Cáceres, batizou Marquies no dia de Natal de 1608, e lhe deu o nome de Francisco de Oliveira Castelobranco. O bispo de Coimbra ficou tão satisfeito com a conversão daquele turco que deu a Marquies dez ducados para começar vida nova. Só mais tarde, quando ele foi detido por vagabundagem e charlatanismo, é que a história veio à luz, revelando as invenções, as origens verdadeiras e os dois batismos de Marquies. Ele foi punido "em privado" para evitar maiores constrangimentos para a Igreja.[30]

A questão fundamental na sociedade portuguesa, porém, não era a salvação nem o papel dos pequenos contingentes de mouriscos, e sim a posição dos cristãos-novos como membros da Igreja. Teórica e teologicamente, eles poderiam se salvar por pertencerem à Igreja, mas persistiam dúvidas sobre a ortodoxia e a lealdade dos judeus convertidos, somadas a preconceitos étnicos e sociais. A Igreja e o Estado concentravam forças na eliminação do criptojudaísmo e na construção de uma cultura de discriminação racial e religiosa contra os cristãos-novos. Essa cultura havia penetrado em todos os níveis da sociedade, de modo que os indícios de divergência ou resistência a ela podem ser ótimos exemplos de tolerância ou de relativismo religioso. Havia punições bastante severas a quem abrigasse, protegesse ou ajudasse hereges, ou a quem levantasse críticas ao trabalho da Inquisição ou dos inquisidores. O Santo Ofício empregou todo o seu poder e autoridade para extirpar essa resistência. Mesmo assim, ergueram-se vozes em contrário.

Naturalmente, os cristãos-novos interpretavam à sua maneira a campanha que lhes movia a Inquisição, e muitos achavam que ela derivava não da vontade de lhes salvar a alma, e sim da ganância de confiscar seus bens. Sob considerável pressão social, religiosa e econômica, os cristãos-novos se viram numa situação insustentável. Alguns, como outros integrantes da sociedade, simplesmente sonhavam com a liberdade de decidir sobre a própria fé. Em 1603, Manuel Rodrigues de Oliveira disse ao capitão de um navio que o conduzia ao Brasil que a Inquisição estava tentando cristianizar "a gente da nação" à força, e que ele pretendia viver "na sua lei como quisesse". Afirmou que era um erro acreditar que "quantos tinham nome de cristão-novo eram judeus em Portugal".[31] Manuel Alvares Calcaterra era um cristão-novo, mas se considerava um bom católico. Havia nascido em Vila Viçosa, em Portugal, porém residia em Madri quando foi denunciado aos trinta anos de idade, em 1594. O julgamento revelou uma certa heterodoxia, inclusive a crença de que os muçulmanos iam apenas para o limbo após a morte, porque acreditavam que Deus era grande, mas Calcaterra acabou sendo forçado a confessar e foi condenado a aparecer como judaizante num auto-de-fé em Toledo e a quatro anos nas galés da Coroa. Alvares Calcaterra achava que a Inquisição era uma instituição desonesta, e que até houvera um momento, antes de Filipe ii de Espanha ter assumido a Coroa portuguesa, em que o tribunal deveria ter sido extinto. Mais tarde afirmou que "os inquisidores eram gente baixa e viviam mal e eram amancebados e que os negros [escravos] de seus pais eram melhores do que eles", que tinha sido preso pelos 4 mil ducados de bens que possuía, que os cristãos-novos de Portugal queriam se insurgir por terem sido presos pela Inquisição e que se dom António tivesse se tornado rei não existiria a Inquisição. Depois se arrependeu da confissão, declarando que "ele tinha entrado na Inquisição como bom cristão, e agora era o maior judeu do mundo".[32] Essas duas afirmativas, que a Inquisição era movida pelo lucro e que ela muitas vezes transformava bons cristãos em judeus por obrigá-los a falsas confissões, eram repetidas por muitos críticos da instituição. O cristão-novo Pero Lopes Lucena disse a um grupo de pessoas em Castelbranco, em 1617, que "na Inquisição davam os tormentos conforme cada um tinha o dinheiro e que fazem às vezes confessar o que não tinham feito nem deviam. E que a um homem que tinha 90 mil cruzados com tormentos lhe fizeram confessar o que não devia e lhe evaporou o dinheiro".[33]

O padre que denunciou Lopes Lucena informou que todos os ouvintes ficaram escandalizados, mas existem indicações consideráveis de que os cristãos-velhos também achavam que os inquisidores tinham segundas intenções e que nem todos os acusados eram realmente judeus. Em 1683, o tribunal de Évora condenou Luís Rodrigues, um tecelão simples, por dizer que os inquisidores eram ladrões que obrigavam os cristãos-novos a admitir crimes que não haviam cometido.[34] Um pouco mais complicado talvez tenha sido o caso do padre Luís de Macedo Freire, de Moura, no Alentejo. Ele foi acusado em 1648 de ser próximo demais dos cristãos-novos, e quando lhe disseram que eram todos judeus, ele respondeu que "na Inquisição os faziam confessar o que não fizeram pelo muito que apertavam com eles a duros tratos". Padre Luís era natural de Estremoz, e cristão-velho. Mais tarde ele alegou que os vários padres que haviam deposto contra ele tinham agido por despeito pessoal. Mas ele também foi acusado de proteger os bens de cristãos-novos contra os confiscos e de avisá-los sobre prisões iminentes. O padre costumava dizer, ainda, que a Inquisição agia para se apoderar dos bens dos cristãos-novos, e quando foi repreendido por essas afirmações respondeu que estava falando apenas a verdade.[35] Um exemplo mais humilde é a denúncia de um certo Pero Lopes, cristão-velho de Guarda que não acreditava em milagres nem nas imagens dos santos. Seu ceticismo se traduzia em ação: ele escondia cristãos-novos e os ajudava a atravessar a fronteira para Castela.[36]

O problema da solidariedade com os cristãos-novos ou da discordância com a política da Inquisição foi de importância suficiente para se criar um arquivo separado onde se registravam os nomes das pessoas que os socorriam ou escondiam. Muitos de seus defensores eram clérigos, padres e freis que criticavam a perseguição ou que, como Belchior de Macedo, bispo de São Martinho de Angueira, em Mogadouro, permitiu que famílias inteiras atravessassem clandestinamente as fronteiras para Castela. Eram pessoas que combatiam dentro da Igreja, muitas vezes movidas pela convicção de que os obstáculos impostos aos cristãos-novos e as leis da pureza de sangue que os excluíam de muitos setores da vida apenas prejudicavam a plena integração deles no corpo da Igreja.[37] Todavia, mesmo laicos ocasionalmente ajudavam seus vizinhos cristãos-novos sem levar em conta os preconceitos e as penalidades a que estariam sujeitos. Ana Luís, que nasceu em Castela e morava em Arranhados, foi avisar sua vizinha e amiga cristã-nova Isabel Lopes que a Inquisição ia prender a "gente da nação" naquela noite. Achou que era obrigação sua, e quis se despedir da amiga.[38]

A TOLERÂNCIA CRISTÃ-VELHA EM RELAÇÃO AOS CRISTÃOS-NOVOS

No contexto lusitano, a questão da tolerância ou do relativismo religioso aparece com maior clareza nas ações e atitudes de defesa dos cristãos-novos. O poder e a autoridade da Inquisição, e em geral também do Estado e de vários setores da sociedade, estavam firmemente empenhados em denegrir e exterminar o judaísmo, e por extensão em discriminar e explorar os cristãos-novos. Nos dispositivos de restrição e exclusão pela origem do sangue, nos púlpitos das igrejas e numa literatura crítica e condenatória transmitia-se uma mensagem sistematicamente negativa para a população como um todo. Em vista dessa campanha e apesar dos sérios riscos potenciais de se opor à Inquisição ou de criticar suas práticas e atuação política, havia pessoas de vários níveis da sociedade dispostas a se erguer em defesa e apoio dos cristãos-novos.

Certamente o exemplo mais famoso de tolerância em relação aos cristãos-novos é o do jesuíta António Vieira, mestre da pena e do púlpito cuja longa vida e admirável carreira conectaram os dois lados do mundo atlântico de Portugal. Vieira nasceu em Portugal, mas foi para o Brasil na infância e lá ingressou na ordem jesuíta, tornando-se missionário junto aos índios nativos e aos escravos africanos. Voltou a Portugal durante a restauração bragantina (1640-68) e foi homem de Estado, confessor, diplomata e conselheiro político. Entre as várias dimensões da carreira multifacetada de Vieira, nenhuma parece mais moderna e mais destoante do teor geral de sua época e sociedade do que sua defesa ardorosa dos cristãos-novos, seu ataque à autoridade da Inquisição, sobretudo à política inquisitorial para com os cristãos-novos, e suas atitudes de aparente tolerantismo numa era de intolerância. Costuma-se pintar Vieira como uma voz isolada num deserto de preconceito, mas, como vimos, ele foi apenas a expressão mais pública e marcante de uma opinião sustentada por muitas outras pessoas.[39]

As posições de Vieira desagradavam a muitos contemporâneos e alguns biógrafos posteriores. Na verdade, sua tolerância com os cristãos-novos não era em absoluto um fato único no contexto da política europeia ocidental de meados do século XVII, e fazia parte de uma posição cada vez mais difundida de filossemitismo e tolerância em geral, que se via em outros lugares da Europa em meados do século XVII. As atitudes de Vieira em relação aos judeus se baseavam numa mistura de ideologia mercantilista, conveniência política e expectativa messiânica. Além disso, sua tolerância era na realidade mais limitada e mais instrumental do que a de alguns contemporâneos e predecessores portugueses, pois Vieira sempre teve a esperança de uma integração dos judeus e cristãos-novos no projeto de uma Igreja universal que teria Portugal como ponta-de-lança.

Neste ponto, vale tratar rapidamente da questão do filossemitismo em meados do século XVII.[40] A onda crescente de expulsões judaicas na Europa Ocidental entre 1200 e 1500 havia acompanhado a centralização dos Estados e o crescimento de poderosas classes mercantis nacionais que não toleravam a concorrência judaica. Era o contrário do que ocorria na Europa Oriental, onde os monarcas e os mercadores locais eram mais fracos, e as elites rurais preferiam os comerciantes judeus em vez da burguesia local.[41] No final do século XVI esse processo começou a mudar, e em meados do século XVII diversas figuras políticas, geralmente praticantes da nova *raison d'état*, começaram a dar passos políticos, sociais e religiosos que favoreciam sociedades mais abertas e permissivas, que incluíam a presença de judeus e graus variados de tolerantismo. Embora Amsterdam talvez tenha saído à frente, políticas mais ou menos similares podiam ser identificadas nas ações de homens de Estado como Oliver Cromwell na Inglaterra e Jules Mazarin na França, que protegiam as comunidades judaicas e cristãs-novas residentes no país ou incentivavam a vinda de imigrantes para essas comunidades.[42] Durante a restauração portuguesa, a Coroa, por instância de Vieira, também avançou nessa direção. Em todos esses casos, inclusive no de Vieira, a base da política para a abertura à presença e residência de judeus era dupla. Primeiro, havia as considerações de uma política pragmática que via benefícios consideráveis derivados da rede comercial dos mercadores judeus e cristãos-novos. Segundo, as ideias milenaristas que se ancoravam numa tradição profética judaica viam a conversão dos judeus como passo necessário para o advento de uma nova era.

Nesse contexto, Vieira não parece nada estranho, nem radical. Para sua posição pró-Bragança após a restauração portuguesa, em 1640, era fundamental a proteção e o uso instrumental dos cristãos-novos. Conforme ele disse ao novo rei dom João IV, em sua proposta de 1643: "Se o Castelhano para reduzir Portugal a província e lhe quebrantar as forças tomou por arbítrio retirar-lhes os mercadores e chamar para as praças de Castela os homens de negócio, chame-os Vossa Majestade e restitua-os a Portugal".[43]

Padre António Vieira.
Jesuíta, missionário, profeta, diplomata, pregador e autor de extraordinário talento, Vieira se tornou, por motivos práticos, defensor fervoroso de uma política de tolerância em relação aos cristãos-novos e adversário implacável da Inquisição. De uma gravura de Arnold Westerhout (1651-1725). Biblioteca Nacional de Lisboa.

Sua defesa, em 1647, da Companhia do Brasil, fundada com capital de cristãos-novos que assim não seria confiscado pela Inquisição, e boa parte da sua retórica contra a Inquisição e em defesa dos cristãos-novos nos anos 1660 e 1670 derivavam de um pragmatismo mercantilista não muito diferente daquele expressado pelo conde-duque de Olivares ou, mais tarde, por Colbert.[44] Nesse sentido, Vieira era um *politique*. Ao mesmo tempo, ao seguir a tradição profética do sapateiro e profeta popular quinhentista Gonçalo Annes Bandarra e suas expectativas milenaristas apresentadas em *Clavis prophetarum* e em *História do futuro*, Vieira também se filiava a uma tradição milenarista cristã fortemente filossemita que encontrou expressão em lugares da Europa tão variados quanto a pseudocorte de Cristina da Suécia em Roma e a Inglaterra protestante de Cromwell. Esse interesse messiânico cristão coincidia e se entrecruzava com crenças messiânicas judaicas da mesma época.[45] Os encontros de Vieira com o rabino Menasseh ben Israel em 1647, em Amsterdam, e sua atuação posterior como confessor da rainha Cristina em Roma colocaram-no em contato com figuras que alimentavam concepções milenaristas semelhantes.[46] Por fim, a ideia jesuíta de que as missões entre os pagãos eram uma realização da profecia bíblica, crença posteriormente erradicada pela Igreja, contribuía para o fervor de Vieira.[47] Assim, num contexto europeu, Vieira não parece de forma alguma um estranho à sua época, e mesmo em Portugal, como vimos, não pode ser apresentado como uma anomalia singular. Padre Vieira via o problema da sobrevivência portuguesa basicamente em termos econômicos, e achava que o responsável pela fragilidade de Portugal não eram os cristãos-novos, e sim o principal perseguidor deles, a Inquisição. Para Vieira, a destruição da classe mercantil cristã-nova em Portugal tinha aberto a porta para a exploração do império pelos estrangeiros. O rei, disse ele, "dentro de sua corte sustenta uma citadela tão poderosa e invencível contra si mesma [...] é negócio da monarquia que pela mesma razão, no Reino e nas conquistas se acha tão enfraquecida, empobrecida e exausta, e tão dessubstanciada pelos mercantes estrangeiros, que todos por seu modo são inimigos e, quando menos, ladrões que nos roubam".[48]

Quanto às críticas aos cristãos-novos e à alegação de que eram traiçoeiros, Vieira não tinha muita paciência para com elas.[49] O motivo principal de Vieira era essencialmente pragmático, mas ele repudiava grande parte do preconceito contra os judeus em geral, que tinha se tornado parte de uma mitologia popular patrocinada pela Inquisição e, às vezes, pela Coroa. Por exemplo, após a queda de Salvador, capital do Brasil, nas mãos dos holandeses em 1624, quando vários relatos oficiais sobre os fatos alegaram que a cidade fora tomada devido a uma "facada nas costas" dada por colaboradores judeus ou cristãos-novos (acusação que foi bastante difundida por uma peça insípida de Lope de Vega), Vieira, que foi testemunha ocular dos fatos, não fez nenhuma menção em sua primeira carta ânua, o relato anual das atividades jesuíticas, a qualquer colaboração cristã-nova com os invasores.[50] Em 1671, a profanação de uma igreja em Odivelas, nos arredores de Lisboa, quando houve o roubo de vários objetos, inclusive o cálice da eucaristia, gerou uma onda de tratados e manifestações populares antissemitas da parte de pessoas que achavam que somente um judeu ou um cristão-novo poderia ter cometido tal sacrilégio. Vieira discordou totalmente. Escreveu ao rei insistindo que os cristãos-novos não estavam envolvidos no episódio, não tinham culpa e não deviam ser punidos. Acabou-se revelando que o culpado tinha sido um jovem iletrado de origem cristã-velha que havia roubado os objetos para vendê-los, mas muita gente continuou a insistir que ele era de origem cristã-nova, apesar das provas da própria Inquisição em contrário.[51] Durante o período em que serviu como diplomata na Holanda, Vieira não teve qualquer compunção em visitar uma sinagoga e até debater assuntos bíblicos com o rabino. As profundas crenças messiânicas de Vieira e sua fé nas profecias do remendão cristão-novo Bandarra e numa tradição profética judaica o levavam à aceitação cultural e teológica dos judeus e dos cristãos-novos. E embora fosse mais eloquente do que muitos, não era o único.[52]

O tolerantismo de Vieira, como seria de se esperar de um jesuíta fervoroso, ficava restrito aos limites do dogma católico. Ele não acreditava que cada qual podia se salvar em sua fé. Sua vida de missionário, dedicada à conversão dos índios e dos escravos africanos, era uma demonstração de sua crença na validade exclusiva da fé católica. Assim, sua tolerância não se estendia aos protestantes. Seus sermões de 1638 e dos anos 1640 contra as depredações holandesas no Brasil denunciam as ações de hereges contra um povo católico e sua Igreja, e num sermão admirável ele perguntava diretamente a Deus por que deixara os portugueses derramarem tanto sangue para conquistar essas terras se depois vinham os holandeses hereges tomá-las e expulsar os padres das igrejas, para do púlpito apregoar os erros de Lutero e Calvino.[53]

Mas o que distingue o tratamento que Vieira dá aos holandeses hereges é, como no caso dos judeus, sua capacidade de evitar uma visão essencializante que identificaria os holandeses com seus erros religiosos, fundindo-os numa mesma figura. Foi assim que Vieira, sempre político pragmático, pôde recorrer aos holandeses como modelos e potenciais aliados quando Portugal precisou deles após a separação da Espanha habsbúrgica, em 1640. Em sua defesa diante da Inquisição Vieira apresentou os holandeses como um exemplo a ser seguido, ao observar que "vimos no exemplo dos holandeses que, fundando sua conservação na mercancia e tendo menos comodidades para ela que Portugal não só tiveram cabedal para resistir a todo o poder de Espanha mas se fizeram senhores do mundo".[54]

Fosse com os holandeses ou com os cristãos-novos — e, por extensão, com os judeus — Vieira colocava as razões de Estado e as considerações práticas em primeiro lugar. Algumas declarações suas mostravam que a utilidade prevalecia sobre a admiração ou a tolerância. Isso fica evidente em sua correspondência com o embaixador dom Rodrigo de Meneses, numa carta de 1671 em que Vieira expôs com toda a franqueza sua opinião de que os judeus eram menos perigosos do que os hereges e, quaisquer que fossem seus muitos pecados e desvantagens, era de interesse da Coroa mantê-los em Portugal. E argumentou Vieira: "o esterco (diz Santo Agostinho) fora do seu lugar suja a casa, e posto no seu lugar fertiliza o campo". O mesmo valia para os judeus, disse ele, que no estrangeiro ajudavam os hereges, mas em casa forneceriam o capital para manter o império. E acrescentou: "É certo que a heresia é mais contagiosa que o judaísmo: antes o judaísmo não é contagioso, e a heresia sim e muito, como se experimenta com todas as nações da Europa, onde tantos se fazem hereges, e nenhum judeu".[55] Por que, indagava ele, transformar "vassalos úteis em inimigos poderosos"?[56] Naturalmente, podemos interpretar essas palavras de Vieira como uma tentativa de adoçar seu programa social radical e torná-lo mais aceitável para as autoridades, e os círculos em que ele se movia talvez demandassem esse tipo de estratégia.[57] Durante toda a vida ele demonstrou evitar os estereótipos dos judeus e o denegrimento dos cristãos-novos. Vieira representava a dimensão portuguesa na nova atitude em relação aos judeus que se via em outras partes da Europa daquela época.

Outras correntes, nascidas da experiência e do interesse, mantinham uma posição de tolerância com os cristãos-novos em Portugal, por vezes entre pessoas de importância e condição social muito inferior. Em dezembro de 1623 a Inquisição de Évora prendeu André Lopes, conhecido como "o Harpa". Lopes era um cristão-velho septuagenário, tropeiro e mascate de lã que morava em

Évora e costumava tocar harpa nas festas da Igreja.[58] Era casado com uma cristã-nova que havia sido condenada pela Inquisição (aparentemente por judaização). Lopes às vezes criticava a Inquisição e falava bem dos cristãos-novos. Ele foi denunciado por alguns amigos que consideraram suas atitudes em relação aos cristãos-novos demasiado amistosas. Acharam também que seus comentários sobre a perseguição inquisitorial dos cristãos-novos eram escandalosos, e que de modo geral ele adotava um comportamento calunioso em relação ao Santo Ofício e seus integrantes. Lopes tinha ido visitar um amigo doente, e durante a conversa comentou que a Inquisição estava obrigando as pessoas a confessar coisas que não eram verdade, tornando-as, assim, judias. Assim disse: "algumas pessoas entraram neste Santo Ofício inocentes e saíram de cá judeus".[59] Algum tempo depois, logo após um auto-de-fé, Lopes disse ao amigo que os condenados eram mártires e santos, e quando foi admoestado pelas palavras ofensivas respondeu que "não se [espantava] porque havia já os que nascem para queimar, outros para perdoar".[60] Na verdade, Lopes não foi assistir ao auto-de-fé pois, como acreditou que aquelas pessoas eram mártires, poderia cair algum relâmpago dos céus, a exemplo do ocorrido no martírio de santa Bárbara. De fato deu-se uma tempestade durante o auto, a qual Lopes disse se tratar de um sinal da inocência dos condenados. Tais atitudes levaram a mulher do amigo a dizer que Lopes era "mais judeu do que sua esposa". Qualquer que fosse a razão, Lopes evitava comparecer às execuções públicas realizadas pela Inquisição.[61]

O que parecia incomodar ainda mais seus conhecidos, além das simpatias que ele frequentemente manifestava pelos cristãos-novos, era sua crítica às práticas e procedimentos da Inquisição. Certa vez, o bobo da cidade, Rodrigo, ouvira falar que a Inquisição estava preparando um auto e montando um cadafalso para as punições, e fez um trocadilho: "Cadafalso e bem falso", ao que

Lopes comentou: "Muita vez loucos falam verdades". E disse ao amigo: "Não tem inquisidor que não vá se dar mal e [...] teve um que morreu faz pouco em Madri por querer impedir o perdão geral" dos cristãos-novos, que estava em fase de negociação. "Como antes havia mártires", prosseguiu ele, "agora Deus também quer mártires", referindo-se aos acusados pela Inquisição. Lopes denunciava os motivos dos inquisidores, dizia que eles obrigavam as prisioneiras a depor em "ceroulas e mangas de camisa" e tudo o que a Inquisição fazia era para "comerem e gastarem a fazenda das pessoas presas".

Vemos nas palavras de Lopes uma crítica às ações da Inquisição, tidas como arbitrárias e interesseiras, e também a ideia, mais tarde reforçada por Vieira e, no século XVIII, por muitos outros, de que as confissões forçadas da Inquisição transformavam cristãos em judeus.[62] Essas críticas acompanhavam e precediam algumas denúncias de Vieira, e representam uma linha de contestação que não se restringia aos cristãos-novos nem aos que tinham cônjuges cristãos-novos, como Lopes. Uma testemunha que foi intimada a depor contra Lopes, seu amigo e alfaiate cristão-velho Domingos Gomes, citou a pergunta hipotética de Lopes: se Deus não quis que os cristãos-novos fossem cristãos, "por que haviam os senhores inquisidores de querer fazer os ditos cristãos novos por força?".[63]

Preso, Lopes finalmente admitiu seus erros. Foi condenado a multa em dinheiro, açoitamento público (pena comutada porque seu pai era membro do conselho municipal em Tomar) e degredo.[64] Mas para que não se pense que Lopes era uma figura singular e marginal, movida talvez apenas por amor e solidariedade para com sua esposa cristã-nova, diga-se que ele pertencia a uma sólida família da elite urbana, e que um de seus sobrinhos era o padre confessor no mosteiro de Nossa Senhora da Graça de Lisboa e outro cavaleiro da Ordem de Santiago. Os depoimentos contra ele foram feitos, em larga medida, por amigos e conhecidos cristãos-velhos, na maioria artesãos, e foram sobretudo depoimentos não voluntários, tendo as testemunhas recebido intimação para depor. Esses depoimentos indicam que os comentários de Lopes eram reiterados e que o tema da Inquisição e dos cristãos-novos era objeto comum de discussão. Críticas como as de Lopes podiam ser ofensivas aos ouvidos dos amigos, mas a grande maioria não tomou a iniciativa de denunciá-lo. Quando os inquisidores lhes indagaram por que não o tinham denunciado, eles deram as desculpas costumeiras, alegando problemas de saúde ou falta de oportunidade. Em suma, tem-se a impressão de que o grau de crítica popular à Inquisição era muito mais generalizado do que os estudiosos do período foram levados a crer.

ODISSEIAS CRUZANDO IMPÉRIOS

O questionamento da Inquisição e da política de intolerância floresceria no mundo ultramarino dos impérios ibéricos, onde a autoridade era restrita, o anonimato grande e as identidades e fronteiras imperiais e étnico-religiosas permeáveis. Vicente Gomes Coelho nasceu em Lisboa em 1659, e foi preso em Havana, Cuba, em 1688, porque o ouviram dizer que "o rei Sebastião estava numa ilha e que havia de voltar a Portugal num cavalo branco roubando corações e que havia profetas e santos que assim o afirmavam". Em outras palavras, ele era um sebastianista, acreditando que o rei desaparecido nos areais da África mais de cem anos antes voltaria para restaurar a grandeza de Portugal. Era a lenda da ilha Encoberta, uma terra oculta, de expectativas messiânicas, que circulava amplamente no século XVII.[65] Além disso, Gomes Coelho disse a algumas pessoas que ele mesmo tinha visitado uma ilha onde morara com judeus e frequentara uma sinagoga. O comissário da Inquisição em Havana considerou tais declarações suspeitas o suficiente para determinar a prisão de Gomes Coelho, e ele foi remetido ao tribunal em Cartagena das Índias.

Durante o inquérito começou a tomar forma uma história picaresca. Na primeira sessão diante da corte Gomes declarou que tinha morado em Lisboa com os pais até os vinte e poucos anos, quando embarcara para o Estado português da Índia, onde servira como soldado em Goa e Macau. Voltou a Portugal e, disse aos inquisidores, foi condenado à morte em Lisboa por falsificação, mas a sentença foi comutada para degredo perpétuo em Angola. Na África, porém, ele persuadiu um capitão inglês, provavelmente de um navio negreiro, a levá-lo para a Jamaica, mas o capitão exigiu uma promissória no valor de cinquenta pesos. Então Gomes convenceu alguns judeus portugueses de que também era judeu e conseguiu o auxílio deles.[66] Na Jamaica acabou embarcando para Cuba e lá ficou vivendo como cirurgião, embora não tivesse quase nenhuma experiência e dispusesse apenas de alguns livros sobre o tema, sem jamais ter estudado medicina. Como muitos outros que caíam nas malhas do Santo Ofício, ele sabia ler e escrever, mas não tinha frequentado a universidade. Gomes insistiu que toda a sua família era cristã-velha, mas admitiu que um parente tinha se casado com uma cristã-nova.

Os inquisidores ficaram muito preocupados com seu contato com os judeus na Jamaica e com seu sebastianismo, que consideraram ofensivos e cismáticos. Ele foi interrogado novamente em maio de 1689, agora sob suspeitas consideráveis, e sua história começou a mudar. Um exame demonstrou que Gomes não era circuncidado, e ele negou as acusações, dizendo que tinha vivido como cristão e, para provar seus sentimentos, sempre tinha chamado os judeus de cães, tal qual um bom cristão. Outros interrogatórios se demoraram no alegado judaísmo e no sebastianismo de Gomes, que ele adquirira lendo o padre António Vieira e aceitando sua ideia de um "encoberto", um rei oculto.[67] Além disso, havia mais catorze testemunhas que tinham ouvido suas afirmações. Quanto a ser judeu, ele disse que, se fosse esse o caso, ele nunca teria saído da Jamaica, onde tinha bom crédito, e ido para Cuba, onde podia ser detido.

A história continuou a mudar, e Gomes Coelho admitiu que havia sido aceito pelos judeus e instruído na fé judaica, mas que agira assim apenas com objetivos materiais. Inventou detalhes sobre as crenças judaicas, mas logo mudou o discurso de novo, agora talvez mais próximo da verdade, ao admitir que estivera "na Jamaica portando-se no dito tempo com os judeus judeu, e com os cristãos cristão fingindo ser". Por fim confessou ser judeu em segredo, iniciado na religião por seus primos de Goa, e ter seguido a lei de Moisés em Lisboa e Angola, mas logo depois desmentiu suas declarações. Nem sob tortura a história ficou mais clara ou coerente. No final ele já estava dizendo que havia praticado o judaísmo na Índia, começara a duvidar na Jamaica e agora só desejava se reintegrar à Igreja. Evidentemente foi punido num auto-de-fé, mas ainda hoje continua praticamente impossível, como na época, distinguir em sua história o que era verdade e o que era invenção. A vida de Gomes Coelho, em termos sociais e geográficos, transcorreu nas margens, entre impérios, fés e lealdades diversas. Quaisquer que fossem seus verdadeiros sentimentos, ele se locomovia facilmente entre as religiões, e sua vida mostra a dificuldade de separar claramente a população entre as categorias facilmente definidas de cristão-velho e cristão-novo.

A última história diz respeito a quase todo o império global construído por Portugal. Para situar a cena, vale examinar a colonização brasileira. No final do século XVI o Brasil tinha se transformado numa próspera colônia de grandes fazendas para onde os colonizadores portugueses, depois de comerciar com e mais tarde escravizar a população indígena, começaram a importar escravos africanos. Com o tempo desenvolveu-se uma sociedade com considerável grau de miscigenação racial e cultural, e forte presença do elemento cristão-novo, visto que a colônia, graças à sua distância das autoridades lusitanas e às oportunidades econômicas que oferecia, tinha atraído um grande fluxo de imigrantes. A Coroa e a Igreja procuraram impor os padrões religiosos portugueses na colônia brasileira, e enviaram duas visitações inquisitoriais para as principais áreas de povoamento, Bahia e Pernambuco, em 1591-3 e mais uma vez em 1618.[68] As visitas trataram de um largo espectro de crimes, desde a blasfêmia a ideias heterodoxas sobre a fornicação com indígenas, mas o grande alvo das investigações foi, de fato, a presença dos cristãos-novos. A visitação de 1618 resultou numa grande quantidade de denúncias, e os prisioneiros foram enviados à Inquisição de Lisboa, para julgamento e punição. Foi no Paço dos Estaus, a prisão do tribunal lisboeta, que ocorreu em 1620 um dos mais estranhos exemplos de tolerância, o qual havia escapado à atenção dos historiadores até agora.

Em 25 de setembro de 1620 o carcereiro da prisão inquisitorial solicitou uma audiência com o tribunal para relatar um estranho acontecimento ocorrido na noite anterior. Ele informou que houvera disparos na cidade durante a noite, que na verdade eram sinais para os prisioneiros avisando que fora assinado o perdão geral dos cristãos-novos em Madri e que um dos inquisidores tivera morte súbita. Em outras palavras, eram mensagens para dar alento aos prisioneiros e fortalecê-los na decisão de não confessar.

A questão de uma nova anistia geral estava muito acesa em Lisboa naquele momento. Em 1605, depois de muita luta e enfrentando oposição violenta de uma parcela da população e da Inquisição lusitana, os cristãos-novos concluíram um acordo com o papa e o rei que lhes concedia um perdão geral, eximindo-os de erros religiosos do passado e permitindo-lhes emigrar e levar os seus bens. A soma total paga por esse perdão ultrapassava os 2 milhões de cruzados, montante enorme que, além do valor oficial, incluía subornos e "contribuições" para várias autoridades, entre elas o duque de Lerma, conselheiro-chefe de Filipe III. No entanto, o descontentamento com a política de anistia foi se exacerbando em Portugal, incentivado em certa medida pela Inquisição, que se via privada de uma fonte de renda, e por alguns padres mais enraivecidos, e quando houve atraso nos pagamentos, em 1610, o perdão foi revogado. A década seguinte foi um período de novas restrições e de condições mais rigorosas para os cristãos-novos, que se empenharam numa outra tentativa de firmar um acordo com a Coroa. Foi também um período de intensa pressão da Inquisição, propondo projetos como a expulsão de todos os cristãos-novos e a criação de colônias de assentamento, cercadas de muralhas, no Marrocos, que seriam pagas do próprio bolso deles. A Coroa não autorizou a expulsão, mas em março de 1619 foram revogadas as últimas isenções da anistia de 1605.[69]

Os prisioneiros capturados na visita inquisitorial ao Brasil em 1618, portanto, chegaram a Lisboa num momento de grande tensão. Não admira que circulassem dentro da comunidade boatos sobre um novo perdão. Mas o que o guarda da prisão disse aos inquisidores foi ainda mais inquietante: O homem que estava interpretando os sinais e organizando a resistência dos cristãos-novos presos diante do tribunal era um padre católico, Fernando Pereira de Castro.

Pereira de Castro já havia granjeado fama negativa na prisão por falar em favor dos cristãos-novos, argumentando que o encarceramento deles era injusto e que os inquisidores tinham se excedido em sua autoridade. E prometia que, se os cristãos-novos se mantivessem firmes, todos seriam libertados com "grande honra". Tais palavras foram de especial importância para uma prisioneira, cuja mãe e irmã já tinham confessado.[70] O padre lhe aconselhou força, pois Deus a libertaria. O vigia declarou que Pereira de Castro, ao denegrir o tribunal e os juízes, tinha difamado a Inquisição e convencido os prisioneiros brasileiros a resistir. Para isso contou com a ajuda de um prisioneiro cristão-novo que tinha o apelido de Fleur de Lys. Seria de se esperar que o próprio padre fosse um cristão-novo, mas não era o caso. Ele havia sido preso em 1613 por conduta sexual imprópria com rapazes, mas talvez a história não se resumisse a um simples caso de sodomia.

Fernando Pereira de Castro era nascido em Goa, e pela aparência e modo de falar foi identificado como mestiço, isto é, filho de português com indiana. A descrição judicial o citava como mulato ou "cabra", isto é, de cor parda e com mistura de origens. O pai era do Porto, e Pereira de Castro declarou que ele era um fidalgo, insinuando que o avô teria sido um vice-rei da Índia, mas os inquisidores não acreditaram nisso. Pereira de Castro cresceu no Estado da Índia e, como muitos rapazes da colônia portuguesa, tornou-se soldado. Participou do famoso cerco de Chaul, em 1571, mas gostava de ler e acabou ingressando no sacerdócio, caso um tanto excepcional, visto que os padres mestiços eram relativamente raros. Pereira de Castro acabou indo para Lisboa, estudou em Coimbra, e depois foi ao Brasil, à Espanha, a Milão e a Roma. Voltou ao Brasil provavelmente no séquito de Francisco de Sousa, em 1608, quando este fidalgo foi enviado como governador das minas do sul da colônia, mas lá Pereira de Castro se meteu em problemas e foi preso pelo administrador eclesiástico no Rio de Janeiro, supostamente por manter relações sexuais com rapazes.[71]

Todavia, seu caso apresenta algumas anomalias. Preso em 1613, ainda estava no cárcere em 1620 quando houve o informe de que ele estava incitando os cristãos-novos brasileiros a resistir à Inquisição. No julgamento por sodomia Pereira de Castro tinha sido torturado, mas continuou "negativo", isto é, negou todas as acusações. O que ele dizia era que tinha sido preso "porque ele sabia das tiranias feitas aqui contra os cristãos novos e prisioneiros, e que ele havia sido preso não por ser um judeu ou sodomita, mas porque ele sabia a verdade sobre o negócio dos cristãos novos". Por fim, apesar de alegar inocência e embora a denúncia de sodomia contra ele fosse vaga e indefinida, Pereira de Castro foi afastado do sacerdócio e desterrado por seis anos para o canto mais remoto do império português, um rochedo no Atlântico, a ilha do Príncipe.

Se Pereira de Castro era homossexual ou não é impossível saber, mas ele assumiu a causa dos cristãos-novos e achava que era esse o motivo de seus problemas. Soldado e padre, como muitos tolerantes que examinamos, ele morou em outras plagas e conhecia outras culturas. Era muito viajado, tinha visitado a corte espanhola em Madri e o Vaticano, percorrera as costas e vilas do Brasil meridional, e talvez fosse mais instruído do que muitos contemporâneos seus. Sua atitude em relação aos cristãos-novos floresceu num momento inoportuno, em meio à luta pela anistia. Mas ele considerava injusta a situação dos cristãos-novos e se dispôs não só a falar contra ela, senão também a incentivar e organizar a resistência na prisão. Não houve um novo perdão em 1620. Foi inútil, ainda que nobre, seu esforço contra o regime de intolerância.

PARTE II
Liberdades americanas

5. Proposições americanas: corpo e alma nas Índias

E que, depois que se descobriram as Índias Orientais e Ocidentais e a Guiné, as nações haviam se mesclado e não se soldaram nem se conformaram umas às outras, como diz [o profeta] Daniel, o que se via porque a uns chamam de cão índio, cão mulato, cão mestiço, e assim via-se que tinham discórdia entre si e que estávamos como que à espera do que havia de vir.

Juan Plata (Puebla, 1601)

Em 1511, no quarto domingo do Advento, o último antes do Natal, na igreja matriz da ilha de Española, capital da colônia mais importante da Espanha no Novo Mundo naquela época, um frei dominicano, Antonio de Montesinos, pregou um sermão admirável aos conquistadores, colonizadores e funcionários da Coroa. Trovejando do alto do púlpito, Montesinos advertiu que os maus-tratos às populações indígenas e a expropriação de suas terras e posses eram pecados mortais, e que todos os espanhóis que se entregavam a essas práticas indignas estavam condenados à danação eterna. Ele e os demais frades dominicanos lhes negariam os sacramentos enquanto persistissem naquela conduta. Seguiu-se um tumulto. Os chefes da ilha ficaram escandalizados. O governador prontamente pediu e obteve a retratação do frei, os dominicanos foram admoestados para que fossem menos intransigentes, e as coisas praticamente voltaram ao normal. Mesmo assim, o incidente mostra que a abertura do Novo Mundo e a criação das Índias espanholas levantavam uma série de problemas políticos, teológicos e morais que demandavam solução. Qual era a base da soberania espanhola? Qual devia ser o papel do cristianismo nas novas terras, e qual era o tipo de vínculo entre a autoridade espanhola e os deveres dos missionários? Qual era a natureza dos povos das novas terras, e como convertê-los e integrá-los ao sistema político e social da Espanha?

Essas perguntas têm gerado muitos estudos desde o século XVI, quando foram levantadas pela primeira vez, e não é necessário rever detalhadamente as discussões por trás das movimentações políticas, da Coroa e da Igreja, que resultavam de tais perguntas.[1] Em vez disso, meu objetivo é examinar as opiniões dissidentes ou heterodoxas que se originaram do mesmo embate entre as ideias e postulados anteriores e as novas percepções e realidades no Novo Mundo. Foram opiniões transferidas de um continente a outro no processo de conquista e colonização, mas não contavam com o apoio da Coroa nem com a bênção da Igreja. Quero examinar como as Índias e seus povos, ao apresentar uma geografia humana e política totalmente diferente da existente na Península Ibérica, podem ter transformado e alargado tais opiniões. Espanhóis e portugueses vinham de sociedades que haviam sido multirreligiosas durante séculos, e que na época da abertura das Índias, após 1492, estavam adotando medidas de exclusão religiosa. O contexto político da fé religiosa vinha se transformando na própria Europa, e várias reformas associadas a Erasmo ou a Lutero e Calvino estavam modificando os conceitos de um universalismo cristão. A Europa ingressava na grande era das guerras religiosas. Nesse meio-tempo, a viagem de Colombo havia descoberto continentes inteiros cheios de povos com outras crenças e costumes, cuja simples existência já desafiava certos postulados teológicos a respeito da universalidade da mensagem cristã, mas também oferecia uma imensa oportunidade para o missionarismo da Igreja. Não admira que alguns contemporâneos vissem o rumo dos acontecimentos como parte de um plano apocalíptico. Missionários franciscanos na Nova Espanha gostavam de ressaltar que Hernán Cortés, o conquistador do México, e Martinho Lutero tinham nascido no mesmo ano de 1485.[2] Não era coincidência. O que o demônio havia tirado da Igreja na Europa Deus certamente devolveria do outro lado do Atlântico.

A história da imposição do domínio espanhol e da conversão dos indígenas nas Américas já foi contada muitas vezes. Aqui basta um resumo geral. Fernando e Isabel procuraram o apoio do papa para a exploração e a soberania da Espanha nas Índias logo após o retorno de Colombo, mas também negociaram diplomaticamente com Portugal em 1494 para garantir e definir as esferas de interesse. Por cerca de uma década a ocupação das novas terras prosseguiu sem grandes preocupações com os aspectos legais e teológicos, mas depois do sermão de Montesinos a questão da soberania e da legitimidade das ações espanholas à vista dos direitos e reivindicações dos indígenas se tornou inescapável.[3] Teólogos e canonistas assumiram a tarefa de explicar e justificar tais políticas. Uma linha de interpretação, defendida por Juan de Palacios Rubios, sustentava que o papa tinha domínio universal como vigário de Cristo em termos espirituais e temporais e, assim, podia atribuir as novas terras à Espanha. Segundo ele, os índios viviam de acordo com a lei natural e se salvariam dentro dela até o momento da pregação cristã, mas a partir daí só encontrariam a salvação dentro da Igreja, e era dever do rei patrocinar a conversão dos gentios. Embora Palacios Rubios fosse contrário à conversão forçada, à escravização e à despossessão indevida dos índios, sua linha argumentativa atribuía um poder absoluto ao papa e, através dele, ao rei da Espanha. Outros teólogos e canonistas expandiram a mesma linha de raciocínio, defendendo a necessidade de se usar a força e a violência física para facilitar o bem maior da conversão e da salvação espiritual. Alguns, como o humanista Juan Ginés de Sepúlveda, chegavam a recorrer às categorias aristotélicas e tomavam os costumes e práticas dos índios, vistos como bárbaros e contrários à natureza, e a resistência à doutrina cristã como provas de sua inferioridade natural e justificativa para a submissão.[4] Para Sepúlveda, os índios eram *homunculi* que entravam na categoria aristotélica de escravos naturais, gente inferior nascida para servir aos outros.

Não faltavam os adversários da ideia da autoridade papal no mundo secular. O dominicano Francisco de Vitoria, em *De Indis*, apresentou uma argumentação que limitava a autoridade papal a terras cristãs, assim invalidando as pretensões espanholas sobre as Índias e o direito de empreender "guerras justas" contra os infiéis com base nas bulas papais.[5] Vitoria estabeleceu uma comparação entre os pagãos do Novo Mundo e os infiéis da Europa. A descrença não anulava o direito de propriedade nem a autoridade legítima. Assim como era roubo tomar os bens de judeus, muçulmanos e hereges na Espanha, da mesma forma era errado tomar os bens dos índios. Apenas uma lei que se aplicasse a todas as partes envolvidas, e não apenas a lei espanhola, deveria regulamentar a interação entre elas. Assim, as pretensões de ocupação das Índias deviam se conformar à lei natural, que provinha da graça de Deus e, portanto, era universal, imutável e indispensável. A lei natural conferia a todos os povos de qualquer credo uma capacidade inata de compreender as vontades de Deus. De acordo com ela, evidentemente, todos os povos eram livres, e todos buscavam uma conduta moral apropriada. O *ius gentium*, o direito das nações, era a tentativa racional do homem de entender e aplicar a lei natural. Nesse sentido, Vitoria falava mais em favor do internacionalismo do que do universalismo cristão.[6] Mas o tratado de Vitoria não negava o direito espanhol de estar nas Índias. Embora enfatizando que a conversão devia ser voluntária, ele apresentava razões que proibiam os índios de negar ou limitar a presença dos espanhóis e dos missionários em particular. Além disso, baseado no pouco que conhecia sobre os índios, Vitoria parecia não ter muito respeito pelas capacidades deles, afirmando que eram covardes e simples. Outros usariam essas supostas limitações como justificativa para o domínio.

Com o avanço das conquistas, e quando a descoberta europeia das grandes civilizações do México central, de Yucatán e dos planaltos andinos revelou a existência de várias culturas indígenas, começou a se desenvolver uma outra linha de argumentação que, embora jamais colocando em dúvida a justiça da missão hispânica e a necessidade de pregar a fé católica, ainda assim reconhecia a soberania indígena preexistente e abordava as culturas índias de um ponto de vista, em maior ou menor grau, positivo. Se se pretendia que a conversão e o batismo fossem voluntários, era teologicamente necessário reconhecer em certa medida a liberdade de consciência e o direito dos índios de manter suas antigas religiões. Mas muitas vezes havia uma grande distância entre a teoria e a prática. Teólogos e missionários discutiam quando seria justificado o emprego da força, visto que, mesmo supondo que a conversão devesse ser voluntária, fazia-se necessário o recurso à força para proibir a idolatria ou obrigar os pagãos relutantes a ouvir o Evangelho, e era preciso encontrar argumentos defensáveis para tal. Um dos expoentes mais radicais da conversão pacífica, o dominicano Bartolomé de Las Casas (1474-1566), sustentava que não se podia impor a fé em circunstância alguma e que a conversão só devia ser feita por meios pacíficos. O paganismo ou a fé não cristã dos índios não anulava a lei natural nem o direito das nações.[7] O rei da Espanha podia comandar os príncipes nativos, corrigindo apenas as más leis e exercendo a jurisdição da mesma forma como os reis comandavam duques e condes na Europa medieval. Las Casas nunca negou a existência de práticas como os sacrifícios humanos entre os nativos das Américas, mas sempre deu ênfase às realizações culturais, à religiosidade e às habilidades das populações indígenas, apontando todo o potencial delas como integrantes da Igreja universal. Para difundir o Evangelho era preciso acima de tudo cessar a exploração espanhola, especialmente as *encomiendas* e o abuso geral dos povos nativos. O famoso debate entre Las Casas e Sepúlveda perante um concílio real em Valladolid, no final do verão de 1550, colocou em confronto direto essas duas linhas de interpretação, mas a discussão, embora conduzida em termos teológicos e legalistas, em momento algum deixou de lado o contexto e as considerações de ordem política e econômica. A Coroa, as várias ordens missionárias, o papa, os colonizadores, sobretudo os *encomenderos*, e os próprios povos indígenas tinham interesses em jogo. O debate prosseguiu pelo século XVII adentro, envolvendo juristas, missionários e teólogos, a favor e contra a autoridade papal, incluindo católicos, protestantes e, evidentemente, espanhóis comuns e os próprios índios.

Enquanto esses debates sobre a natureza dos povos das Índias e as pretensões de soberania da Espanha fervilhavam nas salas de aula de Salamanca e nas antecâmaras da corte, ocorria um processo paralelo ou às vezes cruzado, mas de natureza muito diferente, à medida que espanhóis e outros europeus, homens e mulheres, laicos e clérigos, atravessavam o Atlântico e começavam a construir uma nova sociedade por meio da conquista e da colonização. Diante das pressões consideráveis de conformação à doutrina, tais pessoas levavam dentro de si crenças e dúvidas que muitas vezes resultaram em ideias e comportamentos diferentes do que se esperava delas, e assim as realidades americanas criaram um campo peculiar onde as crenças e práticas europeias existentes tiveram de se adaptar, se definir e se apresentar de maneira articulada.[8]

Neste capítulo, trataremos não das instituições vigentes da Igreja e do Estado, nem das ideologias e dogmas predominantes, e sim das ideias heterodoxas, da dissidência popular e das dúvidas que contestavam aquelas ideias universalistas e potencialmente hegemônicas.[9] O processo de formação da monarquia espanhola e do catolicismo pós-tridentino no começo da Idade Moderna foi irregular e complexo, e embora por vezes se aponte a Espanha como exemplo clássico de Estado absolutista, de conformidade barroca e de "sociedade persecutória", vou apresentar provas da existência de uma cultura vibrante que contrariava as ideologias dominantes da Igreja e do Estado.[10] Sob muitos aspectos, como disse o historiador Henry Kamen, ela foi uma "sociedade de dissidência".[11] Para essa tarefa, nosso melhor guia serão os arquivos da Inquisição, fontes certamente tendenciosas mas que pelo menos permitem uma certa aproximação à cultura e às atitudes populares.[12]

INQUISIÇÕES AMERICANAS

No que se referia à implantação da ortodoxia religiosa e de normas morais, as Américas representavam um desafio de proporções enormes para a Espanha. Enquanto na própria metrópole chegaram a existir dezesseis tribunais inquisitoriais em funcionamento simultâneo, para cobrir uma área de 500 mil quilômetros quadrados, no México havia apenas um tribunal para controlar 3 milhões de quilômetros quadrados, sem mencionar sua jurisdição sobre as Filipinas, a América Central e a fronteira do Novo

México.[13] Os outros dois tribunais americanos, em Lima e Cartagena, enfrentavam problemas semelhantes. A Inquisição de Lima ouvia casos de todo o vice-reino do Peru, incluindo as terras distantes do Paraguai, do Chile, do Río de la Plata e, até 1610, do Panamá e da região norte da América do Sul. Após aquele ano, o tribunal criado em Cartagena das Índias, na costa da atual Colômbia, passou a exercer jurisdição sobre a Colômbia, a Venezuela, o Panamá e as ilhas do Caribe. A rede de controle burocrático, portanto, foi estendida ao máximo, seguindo os critérios de extensão geográfica da área abrangida, do tamanho da população e das probabilidades de transgressão, embora as inquisições americanas tenham vindo a reproduzir a infraestrutura metropolitana de comissários ou agentes locais e de familiares, isto é, laicos que colaboravam com os tribunais em várias funções. As estruturas e finalidades eram semelhantes, mas as realidades americanas causaram mudanças. A capacidade de controle estava no limite. Uma petição dos jesuítas do Río de la Plata no século XVIII mencionava a necessidade de um tribunal na região, ou talvez até de dois ou três, tão excessivo era o grau de liberdade. O controle era indispensável, segundo os jesuítas, "a não ser que a Espanha queira que nestes seus domínios cada um viva na lei que bem quiser".[14]

Os reis católicos Fernando e Isabel não implantaram a Inquisição no Novo Mundo de imediato, logo após as primeiras viagens de Colombo. Os primeiros passos para estabelecer poderes inquisitoriais nas Índias foram dados entre 1517 e 1519.[15] De início, os padres ou bispos locais exerciam o controle em matéria de fé nos tribunais episcopais. Na Nova Espanha, após a conquista de Cortés em 1523, por exemplo, as funções inquisitoriais ficaram a cargo dos primeiros missionários franciscanos até o momento em que foram assumidas pelo primeiro bispo da região, Juan de Zumárraga. Entre 1536 e 1543, ano em que Zumárraga partiu, foram julgados cerca de 130 casos, na imensa maioria envolvendo espanhóis. Essa Inquisição apostólica funcionou como precursora do tribunal formal da Inquisição, que foi criado em 1569 mas só entrou em plena atividade em 1571.[16] Os tribunais do México e de Lima foram parte da decisão política de Filipe II de fortalecer o poder monárquico nas Índias, utilizando a Inquisição como instrumento de controle ideológico.[17]

As versões iniciais dos tribunais inquisitoriais nas colônias acusaram, processaram e até chegaram a executar alguns índios que se negavam à conversão ou questionavam matérias de fé. Houve a série de julgamentos e execuções espetaculares de Nahua e outros nobres e chefes indígenas da Nova Espanha, para demonstrar o poder da Igreja e os custos de recusar a mensagem cristã. Era grande o potencial de dissidência, mesmo entre os povos indígenas que tinham recebido catequização intensa. Em 1539, dom Carlos Ometochtzin, cacique de Texcoco, chefe da mais alta linhagem e autoridade, foi julgado por blasfêmia, concubinato e heresia. Aparentemente, seu crime mais grave foi opor uma resistência e manifestar um relativismo cultural semelhantes aos de alguns dissidentes espanhóis. O cacique foi acusado de dizer que os franciscanos, os dominicanos e os agostinianos usavam hábitos diferentes e tinham modos diversos de ensinar, e todos eram bons: então por que o modo índio de viver também não era válido? O bispo e o vice-rei não podiam admitir tal argumento, e dom Carlos foi condenado à fogueira.[18] Mas a execução levantou sérias questões sobre essa política e a possibilidade de que ela afastasse os índios da Igreja. Por fim, os povos nativos, como recém-convertidos à fé, ficaram isentos da jurisdição inquisitorial.[19] Assim, o tribunal mexicano se concentrou nos colonizadores e soldados espanhóis e nos seus descendentes "espanhóis" e mestiços, bem como nos negros e mulatos. O mesmo ocorreu nos tribunais de Lima e Cartagena. Os arquivos dessas cortes são muito elucidativos sobre a ortodoxia e a transgressão nas Índias, mas infelizmente a implantação bastante tardia e a organização frouxa das inquisições americanas antes de 1570 não permitem usá-los para termos uma visão melhor do que sentiam e pensavam os espanhóis em seus primeiros contatos com os indígenas e os mundos diferentes com que se depararam. Além disso, muitas vezes as histórias da religião na América Latina durante o período colonial esquecem que os primeiros contatos e assentamentos foram anteriores ao Concílio de Trento e que foi necessário um esforço tremendo não só para converter os índios mas também para impor as decisões tridentinas aos fiéis europeus. Na verdade, nenhum bispo americano foi convidado a participar do Concílio de Trento.[20] É fato que a Coroa e a Igreja procuraram isolar a América do contágio de grupos e ideias tidas como perigosas, mas a tarefa se demonstrou impossível.

Embora as origens religiosas de Colombo e de alguns de seus marinheiros ainda sejam objeto de discussão, a Coroa se apressou em garantir a ortodoxia religiosa entre os que partiam para as Índias. As primeiras leis proibindo a imigração de estrangeiros e conversos para o Novo Mundo datam de 1510, e se seguiram as proibições contra os escravos de determinados grupos sabidamente muçulmanos da África ocidental.[21] Frequentemente os imigrantes encontravam maneiras de contornar a legislação, e a própria Coroa às vezes descumpria suas determinações. Por exemplo, o reino enviou mouriscos artesãos de seda para a Nova Espanha para dar início à fabricação desse tecido na colônia apesar das restrições contra a presença mourisca nas Índias. O que colocava em risco a ortodoxia das colônias hispano-americanas era a presença dos grupos tradicionalmente suspeitos, os conversos e os mouriscos, e de estrangeiros que podiam ser protestantes — além do perigo representado pelas ideias dissidentes e a conduta imoral dos próprios colonizadores espanhóis. Foram essas preocupações que levaram frei Las Casas a pedir em 1516 a implantação da Inquisição nas Índias.

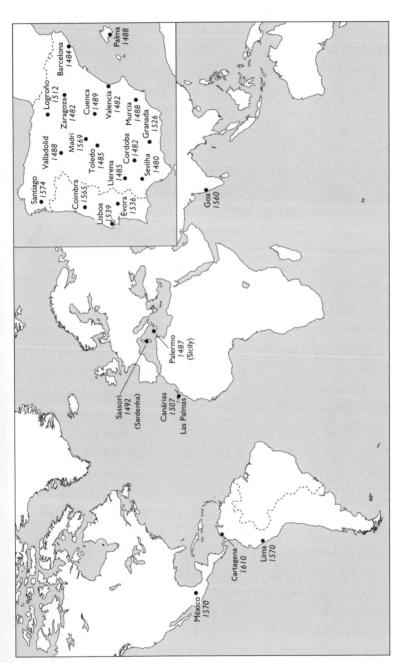

Os tribunais das inquisições de Portugal e da Espanha, com suas respectivas datas de fundação.

A intensidade e a atividade dos tribunais americanos eram diferentes das dos tribunais ibéricos. Até 1700 os três tribunais americanos atenderam menos de 3 mil casos, e embora os processos incluíssem todos os crimes de lei, como nas cortes da península, o percentual de acusações formais de heresia era pequeno, ao contrário do que acontecia na Espanha. Desde a metade do século XVI, os tribunais americanos julgavam piratas e flibusteiros estrangeiros por protestantismo. Então, em meados do século XVII, houve um frenesi contra conversos supostamente judaizantes, sobretudo os de origem portuguesa. Esse frenesi diminuiu quando a combinação de fatores religiosos, políticos e econômicos responsável por ele arrefeceu no final do século, mas os processos individuais contra judaizantes continuaram. Os processos contra práticas islâmicas eram relativamente raros devido às proibições, desde cedo, contra a emigração mourisca, e assim essas acusações se restringiam a eventuais escravos da África ocidental de origem muçulmana ou a renegados cristãos. Muito mais importantes eram as questões de heterodoxia e controle social, donde as porcentagens mais elevadas de acusados de blasfêmia, proposições e impropriedades sexuais. As Índias, com suas populações mistas, grandes distâncias, a presença de crenças alegadamente supersticiosas dos africanos e indígenas e uma estrutura relativamente frouxa de controle inquisitorial, ofereciam imensas oportunidades de liberdade de expressão, de um apetite sexual desenfreado de laicos e padres e de liberdade de pensamento. Por exemplo, as transgressões sexuais dos laicos na Espanha respondiam por cerca de 6% dos casos ouvidos, ao passo que na Nova Espanha essa proporção era próxima de 25%. O mesmo se pode dizer sobre as impropriedades sexuais que os padres cometiam com suas "irmãs de confissão". A incidência desse abuso na Nova Espanha era cerca de três vezes maior do que nos tribunais espanhóis.[22] As proposições em geral correspondiam a ¼ dos casos ouvidos nos tribunais americanos entre 1540 e 1700. Pelo visto, a heterodoxia e a dissidência floresciam no Novo Mundo. O trabalho dos inquisidores era enorme, mas cabe lembrar que a maioria das denúncias, mesmo na própria Espanha, provinha de outros integrantes da comunidade e não dos comissários ou agentes do Santo Ofício.[23] Evidentemente, no mundo hierárquico e multiétnico das Índias as pessoas podiam usar as denúncias como parte de uma luta de classes ou um acerto de contas pessoal. Os vários casos de negros ou mulatos acusados de bruxaria e feitiçaria e as diversas denúncias dos donos ou patrões contra eles mostram que instituições como a Inquisição podiam ser usadas como armas em outras batalhas. Em vez de ser a atividade inquisitorial uma maneira de regulamentação crescente da sociedade contra a qual os indivíduos e os grupos de interesse eram praticamente impotentes, como sugerem as obras de Michel Foucault, as pessoas no mundo hispânico encontravam inúmeras maneiras de utilizar a tendência de regulamentação em favor de seus próprios objetivos, subvertendo os projetos de controle institucional do Estado.

Em todo esse processo e a despeito de seu número relativamente pequeno, os espanhóis e outros europeus estrangeiros eram, de longe, o alvo mais frequente das acusações. Em Lima, no século XVI, por exemplo, os espanhóis e seus descendentes correspondiam a quase 80% de todos os acusados pelo tribunal, ao passo que negros, mestiços e mulatos não chegavam a 5% do total.[24] O conteúdo das proposições nas Índias era bastante similar ao da Espanha. Mas aqui, como na Espanha, vou me concentrar nas proposições e atitudes que contestavam a posição da Igreja quanto aos pecados carnais e à salvação espiritual, ao corpo e à alma, sobretudo quando tais atitudes vinham acompanhadas de opiniões sobre pessoas com outras religiões e modos de vida.

AS ÍNDIAS: UMA REVOLUÇÃO SEXUAL

No mundo da alegada convivência entre muçulmanos, cristãos e judeus na Espanha do fim da Idade Média, uma das fronteiras mais importantes estabelecendo os limites entre os credos era o contato sexual. As proibições contra as relações sexuais entre pessoas de fés diferentes eram rigorosas e às vezes se faziam valer com brutalidade. As *Siete Partidas*, principal código legal da Idade Média, proibiam até que os cristãos comessem ou bebessem com muçulmanos e judeus. No século XV, uma das acusações mais comuns passou a ser a transgressão das fronteiras religiosas nas relações sexuais, pois era o tipo de delito que acionava a máquina judiciária com muita eficácia.[25] Mesmo o contato com prostitutas de outras religiões era proibido. O sexo entre pessoas de religiões ou etnias distintas se tornou uma zona de risco e um campo onde se definiam as diferenças.

Nas Américas essas proibições eram desobedecidas de forma contínua e num nível que ultrapassava o que era até então conhecido na Península Ibérica. O contato sexual por meio de estupros e concubinatos era algo comum em todas as conquistas, como mostravam claramente muitos cronistas, mas também era verdade que na conquista de novas regiões os líderes às vezes incentivavam casamentos com mulheres locais, geralmente de alta linhagem, como maneira de estabilizar a área e se apropriar da terra e da autoridade. Assim, a conversão funcionava como pré-requisito para o prazer sexual e para atingir fins políticos e materiais. Mas o assunto confundia conquistadores e colonizadores. A tradição hispânica proibia relações sexuais com incréus, de modo que havia um certo questionamento nas Américas sobre qual seria o pior delito, dormir com uma gentia batizada ou não batizada.[26] Francisco de Aguirre, poderoso comandante na fronteira do Chile e conquistador de Tucumán, se viu às voltas com as autoridades religiosas por uma série de proposições escandalosas, entre elas sua declaração de que manter relações sexuais com índias e fazer filhos mestiços que se tornariam cristãos era mais um serviço prestado à Igreja do que um pecado. E os serviços dele tinham sido consideráveis: Aguirre admitiu ter gerado cerca de cinquenta filhos ilegítimos. Usando a defesa de muitos réus acusados de fornicação simples, ele invocou as palavras de Deus para crescer e se multiplicar.[27]

Estamos diante, portanto, de crenças e práticas profundamente arraigadas que contrariavam os ensinamentos da Igreja. Na realidade da América essas ideias encontraram um novo campo onde podiam florescer à sombra dos conceitos ibéricos de família, sexualidade e decoro entre homens e mulheres, além das ideias sobre hierarquias sociais e raciais. Tais noções prosperaram no Novo Mundo por diversas razões. Primeiro, a Igreja e a Inquisição na Espanha ainda não haviam começado a processar sistematicamente a defesa da fornicação simples na primeira metade do século XVI, que foi justamente o período do primeiro contato, colonização e ocupação dos continentes. Tais atitudes ainda se mantinham relativamente intocadas no exato momento em que se dava a conquista. É preciso ter em mente, no que diz respeito não só às atitudes sexuais mas também à observância religiosa em geral, que grande parte da conquista ocorreu antes do Concílio de Trento. Além disso, num contexto de desigualdade e exploração, a velha crença de que o sexo pago ou consentido não era pecado foi adaptada a situações de contato cultural em que era fácil reformular os conceitos de retribuição e consentimento para servir aos interesses e à libido dos europeus. Embora a Igreja parecesse ter uma especial preocupação com a conduta sexual dos laicos, ela também enfrentava o problema constante de controlar a libido do próprio clero. Isso já era um problema na Espanha, mas as oportunidades de exploração sexual nas Índias pareciam ser ilimitadas.[28]

Por fim, o próprio contexto americano criava condições que reforçavam tais práticas e opiniões. As grandes distâncias e as dificuldades de comunicação faziam da bigamia um delito frequente, e a mancebia era uma prática comum devido à facilidade de se conseguir índias pela força, por escambo ou por aliança.[29] Se o concubinato acabou sendo controlado na Espanha, nas Índias ele florescia. Os "pecados públicos" eram um problema do governo local, que encontrava constante resistência ou desdém ao tentar controlá-los. Para se ter ideia da diferença entre a Espanha e as Índias, os índices de filhos ilegítimos no sul da Espanha eram um pouco mais elevados do que os do noroeste europeu, mas os índices coloniais estavam numa escala totalmente diferente, em alguns locais chegando a 40% do total dos nascimentos.[30]

Não era dada muita consideração aos casamentos índios (não cristãos) como fator limitante capaz de excluir as mulheres casadas ou de colocá-las numa categoria à parte.[31] Não era pecado fazer sexo com índias ou escravas.[32] As oportunidades de prazer sexual pareciam infinitas. Tome-se Pedro de Herrera, setenta anos, natural de Castela. Ele tinha vivido em concubinato com uma índia durante vinte anos, "tão justo como os anjos", dizia ele, e aconselhou o filho a fazer o mesmo. "Por que andar com um rosário, sendo rapaz, e não com uma manceba ou outra?" Repreendido, ele alegou ignorância e disse que "é coisa tão comum".[33] Essas atitudes de liberdade sexual não se restringiam aos espanhóis. Muitos mestiços eram processados pelas mesmas ideias e frequentemente exploravam as índias da mesma maneira.

O nível de repressão era baixo. Apesar do empenho dos primeiros missionários, sobretudo contra o concubinato, as ideias sexuais correntes raramente eram contestadas ou controladas. No contexto do poder colonial, não surpreende que a exploração sexual acompanhasse outras formas de controle ou que os índios, como bárbaros ou pagãos, fossem considerados seres inferiores; mas esse comportamento não resultava apenas de ideias de superioridade racial ou cultural. Ele refletia um velho conjunto de crenças e tradições sobre as relações sexuais entre homens e mulheres que em certa medida justificava o livre acesso masculino às mulheres, mas também incluía restrições quanto ao estado civil, aos laços de consanguinidade e a relações rituais. Essas atitudes também reconheciam a legitimidade, com algumas reservas, de relações sexuais duradouras no concubinato e no sexo pago. As índias, sem vínculos matrimoniais ou proteção reconhecidos pelos europeus, facilmente entravam na categoria de mulheres disponíveis, sobretudo quando a equação de força também favorecia os europeus.

As ideias populares sobre o sexo ilícito e antes do casamento contrastavam diretamente com o dogma da Igreja.[34] Os processos por fornicação simples nas colônias e na Espanha diminuíram no século XVIII, mas essa redução não significa necessariamente uma mudança de comportamento nem indica uma vitória dos teólogos tridentinos. Os altos índices de nascimentos ilegítimos comprovam a sólida continuidade da prática, pelo menos entre as classes baixas, mas o que a Inquisição procurara controlar nunca fora a fornicação em si, mas a ideia de que o sexo não era pecado. Talvez seja correto dizer que a Igreja foi bem-sucedida em inculcar nos fiéis um sentimento de culpa que, por sua vez, gerava as denúncias de conduta imoral.[35] Com o tempo foi diminuindo a quantidade de processos contra tais ideias porque diminuiu a quantidade de gente disposta a expô-las em público e talvez também porque a Inquisição tenha se sentido menos ameaçada pelas heresias a que vinha associada a fornicação simples no século XVI.

Para Henry Charles Lea, o grande historiador americano da Inquisição espanhola, esta cometia um evidente abuso de autoridade ao alegar que tais ideias sobre o sexo sugeriam alguma heresia e por isso pertenciam à sua alçada.[36] Isso é inegável, mas o que os inquisidores talvez percebessem melhor do que Lea era a propensão das pessoas que defendiam essas proposições sexuais heterodoxas a ter também outras dúvidas sobre matérias de fé, inclusive num aspecto tão essencial quanto a validade exclusiva da Igreja ou o melhor caminho para a salvação da alma. Inúmeras vezes um inquérito que começava por causa de pecadilhos sexuais ou de dúvidas sobre a pecaminosidade do sexo acabava por revelar que o réu tinha várias outras crenças que questionavam o dogma e que amiúde indicavam heresias mais sérias, entre elas a tolerância ou aceitação de outras crenças e maneiras de pensar.

TOLERÂNCIA RELIGIOSA E CULTURAL

Em 1594, um jovem lavrador espanhol chamado Juan Fernández de Las Heras caiu nas malhas da Inquisição de Lima, no Peru. Por meio de algumas declarações, Los Heras mostrara claramente que não achava que o sexo entre solteiros fosse pecado. A prisão não foi surpresa, pois, como vimos, desde os anos 1560 a Inquisição vinha processando muita gente por tal opinião, que ela considerava uma negação do sexto mandamento. Prosseguindo a investigação, com interrogatórios mais intensivos, ficou claro que, como em muitos outros casos, as atitudes de Las Heras em relação ao sexo não constituíam uma aberração isolada, mas na verdade faziam parte de uma ideologia dissidente mais ampla. Las Heras tinha muitas outras ideias heréticas e escandalosas, desde dúvidas sobre a eucaristia a elogios a Henrique VIII da Inglaterra, que havia enfrentado a Igreja de Roma. Entre essas proposições havia uma outra, muito menos comum mas também de grande aceitação: "que cada um sendo bom em sua lei se salva". Para Las Heras, a posição da Igreja de que apenas seus membros se salvariam era mera arrogância, pois certamente Deus salvaria todas as pessoas boas do mundo em suas próprias leis. A dissidência e a heterodoxia de Las Heras iam além. O mundo não estava certo, dizia ele, criticando como eram as coisas, e quando os inquisidores o interrogaram sobre as relações entre a Igreja e os protestantes ele respondeu: "ambos estão errados porque mantinham a fé aos pedaços, e não inteira, e que na Ásia há partes em que se conhece a Deus melhor do que na Igreja". Onde tinha aprendido tais heresias? Os inquisidores suspeitavam de influências estrangeiras, mas Las Heras era de linhagem cristã-velha, nascido em Castela, e nunca saíra da Espanha, exceto para ir até o Peru. Durante o inquérito ele se manteve obstinado, sem cooperar. Negou-se a jurar pela cruz. Recusou assistência legal. Tido por alguns inquisidores como louco, por outros como obstinado, insistiu em não se retratar daquelas "verdades". Ele não acreditava na bondade de um Deus capaz de condenar as pessoas à danação eterna só por serem fracas e imperfeitas. Por tais ideias, e ainda mais pela obstinação em não abjurar delas, ele foi queimado vivo.[37]

A proposição de que cada um podia se salvar em sua lei atravessou o Atlântico com outras opiniões dissidentes. As características das pessoas que a manifestavam e as ocasiões em que o faziam não variavam muito dos padrões que observamos na península. Muitos processos contra essa proposição datam dos últimos trinta anos do século XVI, quando os tribunais do México e de Lima estavam começando a funcionar e, à sombra da ameaça protestante, a grande campanha contra desvios da fé entre a população em geral atingia seu auge, mas a perseguição prosseguiu no século xvii e mesmo depois. Como na Espanha, essas declarações de deísmo ou relativismo religioso se encontravam em várias categorias da população, entre plebeus cristãos-velhos, eclesiásticos (principalmente franciscanos), conversos, ex-renegados, prisioneiros da Barbária e estrangeiros. A incidência desses casos ao longo do tempo parece refletir mais a atividade geral dos tribunais do que uma mudança na frequência ou penetração dessas ideias.[38]

Pessoas de todas as extrações e de todas as categorias sociais e étnico-religiosas manifestavam essa posição relativista ao mesmo tempo em que procuravam escapar das coerções da doutrina medieval que condenava tantas almas.[39] Como a salvação continuava a ser a principal preocupação religiosa, as pessoas sabiam que a Igreja via as implicações da proposição da possível validade dos outros credos como heréticas. No entanto, havia contradições suficientes na doutrina católica para permitir algumas dúvidas. Os laicos sem formação teológica tinham, evidentemente, a tendência de cair em erro quanto a essa questão, mas os eruditos também se sentiam confusos. Em 1558, o bispo do México, exercendo autoridade inquisitorial, acusou o comerciante português Simão Falcão de sustentar que o caminho da salvação oferecido pelo islamismo e pelo judaísmo tinha a mesma validade do caminho oferecido pela Igreja. Falcão era um cristão-velho e alegou que as acusações haviam sido feitas por inimigos e devedores seus, e portanto recebeu uma sentença relativamente branda, mas, se essa sua defesa era verdade, isso mostra que as pessoas entendiam muito bem a gravidade da acusação.[40]

Outros dois episódios na Nova Espanha mostram essa realidade e indicam o grau de preocupação social com o problema. Em 1569, o flamengo Juan de Aramua discutiu com Luis de Castro, que o denunciou ao padre local. Castro disse que tinha capturado muitas mulheres e crianças huachichiles (índios da região de San Luis Potosí) numa expedição militar, e Aramua comentou que elas eram inocentes e que as crianças também se salvariam "por não ter feito mal em sua lei como os cristãos na nossa". Castro disse que seria impossível porque só havia salvação com o batismo, e Aramua o mandou calar a boca. Aramua admitiu ter dito que as crianças huachichiles podiam se salvar em sua lei, mas alegou que foi por ignorância e não por heresia.[41] Todavia, tais atitudes não se limitavam aos desinformados.

Os primeiros cronistas do México, especialmente os franciscanos, no afã de demonstrar o potencial cristão dos povos indígenas, tentaram provar que havia índios iluminados pela luz da lei natural antes da chegada dos espanhóis. Frei Toribio de Benavente, "Motolinía", acreditava que Quetzalcoatl, o legislador do México antigo que os índios depois vieram a endeusar, havia realmente pregado a lei natural. Frei Toribio também contou a história de um homem simples que tinha vivido sem ofender a Deus e aos semelhantes e que estava prestes a ser sacrificado no bairro de Tlatelolco. Invocando Deus no coração, o homem foi visitado por um mensageiro divino que lhe disse que logo terminaria a carnificina e novos senhores viriam assumir o controle da terra. Ele transmitiu a mensagem ao povo. Motolinía o considerava salvo na lei natural.[42] O cronista Mendieta apresentava um argumento semelhante, afirmando que um Deus misericordioso havia iluminado alguns índios para enxergar além dos "erros de sua gentilidade e cegueira de seus vícios" e antever a salvação que viria com os missionários. Ele observou que Nezahualpilli, rei de Texcoco, duvidava de suas divindades e abominava e punia o pecado de sodomia, e que Nezahualcoyotl, rei-poeta da mesma cidade, e outros foram inspirados a "viver conforme a lei de natureza e o ditame da razão".[43] Os franciscanos pareciam especialmente propensos a enfatizar a possibilidade de salvação na lei natural para os mansos e humildes, e a inocência e simplicidade do povo comum, que obedecia às ordens e não prejudicava ninguém.

Cinquenta anos após a queda do domínio asteca, essa ainda era uma questão em aberto. Na quinta-feira da Semana Santa de 1573, o frei franciscano Pedro de Azuaga, formado em teologia em Salamanca, estava pregando na catedral de Guadalajara. Todas as pessoas importantes estavam presentes à solenidade, inclusive os juízes da *audiencia*, o bispo e várias autoridades da Igreja e do governo.[44] Frei Pedro tinha origens humildes, mas era de formação sólida e, tendo servido na Andaluzia e em outros locais do México, possuía vasta experiência. Também tinha um certo pendor teórico e havia escrito um tratado defendendo o direito espanhol de recorrer à força para garantir a paz e punir o mal, posição aplaudida pelo conselho municipal da Cidade do México, ansioso por encontrar um defensor intelectual que justificasse a exploração dos índios pelos colonizadores espanhóis.[45] Mais tarde ele se tornaria o bispo de Santiago do Chile.

O sermão causou um escândalo na igreja. Frei Pedro declarou no púlpito que "cada um pode se salvar em sua lei, o mouro na sua, o judeu na sua". Franciscanos presentes na ocasião relataram que foi imediato o tumulto na igreja. Dois *oidores*, juízes do supremo tribunal, que assistiam à cerimônia chamaram imediatamente um dos superiores franciscanos, para que ele fosse ao púlpito e mandasse Azuaga se corrigir. O colega frei Pedro de Zamora puxou a sotaina de Azuaga para lhe chamar a atenção, mas no calor e entusiasmo do sermão foi difícil detê-lo. Ele não mudou suas palavras, declarou que eram corretas e que futuramente pregaria outro sermão explicando por quê. A explicação foi considerada insatisfatória, e Azuaga foi denunciado à Inquisição. A questão da salvação fora da Igreja tinha sido posta durante a missa, para o assombro dos membros mais poderosos da elite colonial.

Mas Pedro de Azuaga entendeu o que estava em jogo em sua afirmação e, após a denúncia, montou uma hábil defesa. Em primeiro lugar, alegou que a declaração tinha sido um simples "lapso de língua", *lapsus linguae*, e que seu argumento era que os infiéis podiam se salvar não em suas leis mas apenas na lei natural, que é a razão; e assim era possível explicar como alguns indivíduos criados como infiéis tinham se tornado santos, citando Jó e Gregório. Por fim, reconheceu que a fé católica era necessária para a salvação. Azuaga se defendeu com o velho escudo protetor da lei natural, e essa proteção, aliada a seu ato de contrição, falou em seu favor. Os inquisidores o obrigaram a abjurar, proibiram que pregasse e lhe tiraram qualquer voz nas atividades de sua ordem por dois anos. Exigiram também que frei Pedro se retratasse formalmente das palavras proferidas, e na retratação podemos ver claramente a posição consagrada da Igreja. Ele confessou: "convém saber guardar a lei natural afastando-se dos males ensinados e permitidos naquela lei, e desta maneira Deus iluminará para que se tenha conhecimento da fé católica de Nosso Senhor Jesus Cristo, para que nela se salve, de maneira que ninguém pode alcançar a salvação a não ser na fé de Nosso Senhor Jesus Cristo e que o que eu disse absolutamente que os homens podem se salvar em todas as leis é falso e herético e como tal o abomino e abjuro por ordem dos Senhores Inquisidores destas províncias".[46] Azuaga voltou atrás e salvou sua carreira, mas as questões teológicas permaneceram, e a ideia de que nem só os cristãos católicos encontrariam a salvação continuou a ser divulgada.

Existiam também desvios mais radicais da ortodoxia. Em 1601, Juan Plata, capelão do convento de Santa Catalina de Sena em Pueblo, México, foi denunciado por várias irregularidades de natureza carnal e espiritual. Plata, de fato, fazia parte de um grupo de alumbrados, uma seita mística que buscava uma inspiração religiosa mais pura fora das estruturas convencionais da religião. Esses grupos tinham sido erradicados na Espanha nos anos 1520 porque pareciam misturar heterodoxias erasmianas e outras crenças não ortodoxas, inclusive em alguns casos posteriores a crença na natureza divina da carne e, portanto, uma tendência de "erotização da religiosidade".[47] Plata tinha aconselhado as famílias a não colocar as filhas em conventos e, apesar de seus conhecimentos teológicos, negava que fosse pecado violar o sexto mandamento. Mas, em sua defesa perante a Inquisição mexicana, Plata também revelou uma concepção utópica de um mundo mais amplo e uma crítica à sociedade da Nova Espanha. O apelo bíblico à unidade e ao amor ao próximo tinha sido ignorado, e Plata alertava sobre o futuro apocalíptico: "E que depois que se descobriram as Índias Orientais e Ocidentais e a Guiné, as nações haviam se mesclado e não se soldaram nem se conformaram umas às outras, como diz [o Profeta] Daniel, o que se via porque a uns chamam de cão índio, cão mulato, cão mestiço, e assim via que tinham discórdia entre si e que estávamos como que à espera do que havia de vir".[48]

O Concílio de Trento havia reconhecido a importância da graça e do livre arbítrio, mas se esquivara a esclarecer a mútua relação entre eles. A velha controvérsia que tinha levado Agostinho a denunciar como heresia a ênfase de Pelágio sobre o livre arbítrio no século v, que contaminara o conflito com os protestantes no século XVI e que ressurgiria dentro da Igreja no século XVII sob a forma do jansenismo, com a relevância que atribuía à graça, continuava em aberto, sujeita a amplas interpretações.[49] Ao se ressaltar a capacidade humana de praticar o bem e, assim, a possibilidade individual de influir na própria salvação, criava-se um espaço para que mesmo os não cristãos pudessem se beneficiar com os poderes salvíficos do Senhor.

O tema persistia latente nos mosteiros, em especial mas não exclusivamente entre os franciscanos. Frei Francisco Martínez, que pregava no convento franciscano de Sevilha, foi denunciado por nove irmãos da ordem em 1604 por ter dito que nem todos os infiéis estavam condenados, e se estavam era por causa do pecado original e não por não aceitar a verdadeira fé. Os *calificadores* ou teólogos chamados para avaliar suas proposições consideraram que seu problema era um "erro de entendimento" e falta de familiaridade com os termos da teologia. Na Cidade do México, em 1616, alguns pedreiros denunciaram um homem que vivia entre as pedras que estavam sendo usadas para construir a catedral, e que parecia louco. Entre outras coisas, ele dizia que "dos mouros e das demais nações que não tinham a fé de Cristo, alguns se salvavam".[50] No Alto Peru (Bolívia), Hernando Palacios Alvarado, arcediago da cidade de La Plata, foi denunciado em 1581 por dizer que os que tinham vivido na antiga lei mosaica haviam se salvado, bem como os que viviam na lei natural. Quando indagado o que queria dizer com "lei natural", ele respondeu com uma citação em latim: "*quod tibi non vis alteri ne facias*" ["não faças aos outros o que não queres que façam a ti"], mas os *calificadores* continuaram sem saber se sua declaração era um erro ou uma heresia em relação à salvação.[51] Nesses dois exemplos, porém, o acusado, os acusadores e os *calificadores* partilhavam o mesmo entendimento cultural. As divergências eram de interpretação. Como veremos, havia muita gente para quem as distinções teológicas eram muito menos importantes do que o senso de justiça e moral.

Enquanto as pessoas com formação teológica costumavam justificar suas posições de tolerância e universalismo religioso recorrendo à possibilidade da lei natural como caminho para a salvação, pessoas com menos instrução ou com abordagem mais secular da vida se justificavam de outras maneiras. Primeiro, havia aqueles que só queriam ficar em paz para acreditar no que bem lhes parecesse, posição comum entre pessoas com ideias não ortodoxas. Mariano Gordon, inglês que morava na Guatemala, disse durante uma conversa sobre a validade das indulgências papais: "Pois creia você em sua lei que eu crerei na minha, e no dia do juízo nos veremos".[52] Também havia aqueles que podemos definir como crentes céticos. Achavam que o homem não tinha como conhecer a vontade de Deus, e que só Deus podia saber qual era a melhor religião. Um certo Tomé de Medina, confeiteiro em Potosí, foi denunciado em 1582 por dizer que só Deus sabia se os muçulmanos podiam se salvar. Eram segredos de Deus.[53] Como não podemos saber com certeza qual o caminho a seguir, devemos ser o que somos. Medina disse: "o mouro ou judeu ou luterano, guardando sua lei, se salvaria melhor do que qualquer cristão. Que naquela lei Deus os havia criado e naquela iriam se salvar e ir à Glória e nisso não há dúvida, e se ele tivesse se criado naquela lei, nela se salvaria, porque a considera muito boa". Essa crença de que a vontade divina ultrapassa nosso conhecimento e que todos nós temos um destino que será cumprido de acordo com a vontade de Deus atingia o cerne da questão. A posição de Medina, de fato, era muito parecida com a do moleiro friulano Menocchio, que mais ou menos na mesma época defendeu um argumento semelhante perante os inquisidores de seu país.[54] Era um atestado de fé na benevolência de Deus e na bondade da natureza humana. Mesmo preso, Medina disse aos inquisidores que estava apenas afirmando que os mouros inocentes não seriam condenados. Simplesmente não conseguia imaginar um Deus que agisse assim.

As origens dessas ideias continuam obscuras. Muitos pareciam acreditar na validade de todas as religiões como uma questão de bom senso. Outros aprenderam sobre isso por meio dos livros. Manuel Muñoz de Acuña disse aos inquisidores em Lima que havia lido em algum livro que qualquer pagão podia se salvar sem o batismo.[55] Os inquisidores mexicanos em 1600 queriam saber exatamente de onde o barbeiro holandês Diego Enríquez tinha tirado essa mesma ideia, e tentaram lhe arrancar a informação sob tortura, mas ele não disse mais nada.

Não era estranha a prisão de um barbeiro holandês. Minha amostragem traz uma representação excessiva de estrangeiros pelo simples fato de que, como forasteiros, eles eram automaticamente suspeitos, e as pessoas sem base local ou rede de parentes e amigos tinham mais probabilidade de serem acusadas. Mas a denúncia de estrangeiros também é digna de nota porque tende a desmentir a ideia de que esse tipo de relativismo religioso era um fenômeno especificamente hispânico que brotara durante a *convivencia* da Idade Média e depois continuara a florescer. Na Nova Espanha, saboiardos, flamengos e franceses foram acusados de relativismo religioso. Os casos dos dois flamengos presos na Cidade do México em 1601 nos dão alguma luz. Eram homens humildes. Andrian Sisler era um artesão da Antuérpia que trabalhava em igrejas e morava na Nova Espanha fazia 25 anos quando foi denunciado por dizer que "todas as nações haviam de se salvar guardando a lei que professam sem a água do batismo". Ele era tido como bom cristão e ficara preso por quase um ano, de modo que os inquisidores o condenaram apenas a abjurar numa missa privada. Sisler era tão pobre que o tribunal não impôs multa nem perda de bens.[56] Seu genro, o barbeiro Diego Enríquez, não teve tanta sorte. Também denunciado por relativismo religioso, o inquérito revelou que ele tinha dúvidas sobre as imagens dos santos e o poder da famosa cruz de Burgos, e sustentava outras opiniões heréticas. Dez testemunhas depuseram, e, embora admitindo ter dito que "mouros, turcos e demais infiéis se podiam salvar cada um em sua lei", a confissão de Enríquez trazia muitas contradições. Ele foi torturado, mas não cedeu. Não admitiu mais nada, e foi condenado a abjurar *de vehementi* num auto-de-fé público e pagar uma multa de cem pesos.[57]

Os contatos pessoais com indivíduos de outras religiões também tinham seus efeitos. Tome-se, por exemplo, Antón de Niza, de Nice, que morava e trabalhava na Cidade do México. Ele foi denunciado nos anos 1570 por declarar que "vale mais ser bom luterano que mau cristão". Corria o boato de que tinha estado entre os protestantes de La Rochelle e Genebra.[58] Quando foi repreendido estalou os dedos e levantou a cabeça para mostrar discordância. Ao ser preso deu vazão a seus sentimentos em relação à Espanha e à Inquisição. Declarou que os espanhóis eram um bando de velhacos por deixar a Inquisição funcionar e que os napolitanos eram muito melhores por tentar manter o tribunal a distância. No país dele não existiam aqueles *bonetes*, referindo-se aos inquisidores, mas apenas gente simples, vivendo "cada um como quer". Não suportava inquisidores e bulas papais, nem achava que tivesse que se desculpar pelo que tinha dito. Os inquisidores o condenaram a duzentas chibatadas, mas poderiam ter sido muito mais rigorosos. Viam-no como um pobre sujeito sem muita capacidade de entendimento, que tinha proferido aquelas ofensas à Igreja sem ter realmente a intenção, mais ou menos como um soldado que blasfema. Na verdade, as palavras de Antón de Niza eram utópicas, sonhando com a liberdade de pensamento e de ação, a recusa de ordem e controle, um mundo de gente simples livre da autoridade dos doutos. Nada de reis filósofos, apenas pessoas comuns. Era a república de Platão virada do avesso.

Os conversos no Novo Mundo, tal como na Europa, oscilando entre duas fés e constantemente solicitados a acreditar em uma, ou questionar ambas, ou não crer em nenhuma, sempre tinham uma tendência de se tornarem relativistas, mesmo que tivessem fé sólida. O historiador Nathan Wachtel apresentou detalhadamente vários casos reveladores, como o de Francisco Botello, que morreu na fogueira, no México, em 1659, como judeu impenitente, mas que disse: "já que o são, morrem como são, e com quem venho, venho; e como sou, sou". Botello tinha senso de identidade e lealdade à sua herança, e vontade de honrá-la e mantê-la, mas acreditava que todas as leis eram válidas. Sua esposa Maria de Zárate, afinal, era cristã-velha, e Botello lamentava que ela não o seguisse em sua lei, mas achava que ela levava uma vida virtuosa. Com amor e uma certa confusão religiosa, ele disse: "e o que ela faz em sua lei, se fizesse na nossa, seria uma santa e estaria canonizada".[59] Botello e sua esposa tinham feito um acordo para viverem juntos, cada qual seguindo a lei da comunidade em que haviam nascido.

O relativismo ou universalismo dos conversos ou dos que viviam com eles era bastante compreensível, dada a ambivalência da sua posição na sociedade, mas outras pessoas também tinham as mesmas atitudes de apreço ou tolerância em relação a eles. Apesar das tentativas de denegrir judeus e conversos, são constantes as provas de que algumas pessoas insistiam em interpretar o tema à sua maneira. Em 1575, em Santiago do Chile, Pedro de Morales estava conversando com um amigo que criticou o rei português dom Manuel por permitir a presença de judeus castelhanos no país e depois convertê-los, ao que Morales respondeu, defendendo o rei e os judeus: "Ora, senhor, toda a melhor fé está nos confessos".[60]

De vez em quando as manifestações de tolerância e relativismo religioso vinham de lados inesperados. Tome-se, por exemplo, o caso de Diego de Mesa, um *vecino* ou cidadão da vila de Tolú, em Nova Granada. Mesa tinha vinte e poucos anos mas já tinha uma certa importância como *encomendero* e dono de cabeças de gado em seus *hatos* ou fazendas. Num dia de 1608, conversando com alguns homens, Mesa disse "que no tempo em que se guardava a lei de Moisés, ela era tão boa como a lei que guardamos e que os homens se salvavam nela". As três testemunhas divergiram um pouco sobre o que fora dito e se a intenção de Mesa era dizer que a velha lei era tão boa quanto a nova, mas quando eles argumentaram em contrário Mesa sustentou sua posição e afirmou que "ele o diria por escrito".[61]

Aparentemente Mesa havia refletido sobre o assunto. Ele declarou que muitas das cerimônias praticadas pela Igreja provinham da lei mosaica e insinuou que muitos aspectos da antiga lei ainda eram válidos. Tais comentários eram suficientes para gerar boatos. Uma testemunha declarou que tinha ouvido dizer que o pai de Mesa era judeu. Receando denúncias, Mesa se apresentou voluntariamente à Inquisição, insistindo que tinha dito apenas que a lei de Moisés foi boa em sua época e que as pessoas tinham se salvado nela. Ele achava que quem dissesse que ela era ruim devia ser punido.

Mesa foi preso, seus bens confiscados, e teve início uma investigação, mas na verdade ele havia levantado um problema espinhoso, visto que a posição da Igreja era que a antiga lei tinha sido válida antes de ser suplantada pela lei evangélica. Muito dependia dos termos exatos e do tom que ele usou para falar. Foram convocados cinco teólogos para avaliar sua declaração, e eles concordaram que dizer que a lei mosaica era tão boa na sua época quanto a religião presente (católica) constituía uma heresia.

Mesa então se pôs na defensiva, e nos interrogatórios tentou dissipar o erro. Disse que não lembrava se tinha usado o pretérito perfeito (*fue*) ou imperfeito (*era*) ao defender a validade da antiga lei, sendo que o *fue* supunha uma ação concluída no passado e o *era* uma ação em continuidade. Mais importante, Mesa declarou que tinha ouvido essa ideia de doutos como o frei dominicano Andrés de San Pedro e que havia discutido o assunto com outros homens importantes, um agostiniano, um franciscano, um certo capitão Ceballos e com frei Esteban del Valle. Durante o processo Mesa percebeu onde residia o perigo de suas declarações. Ele insistiu que nunca tinha dito que a antiga lei era tão boa quanto a lei de Cristo, e reconheceu que aquela fora suplantada. Mas havia muita coisa em jogo, e suas declarações tinham exposto as contradições na posição da Igreja sobre a validade do código mosaico. Sua punição foi severa: auto-de-fé público, cem chibatadas, três anos nas galés e depois desterro perpétuo das Índias. Nem mesmo a elite colonial, nesse caso um *encomendero*, estava livre do erro doutrinário e da perseguição. Não se descobriu nada sobre as supostas origens judaicas de Mesa, do contrário ele certamente teria sido acusado de judaizante. Por fim, o caso também é interessante do ponto de vista da relação entre cultura erudita e cultura popular. Mesa deu provas de ter ouvido a ideia de pessoas com formação teológica e citou seus nomes como autoridade para suas declarações. Era visível que tinha interpretado a ideia de uma maneira que lhe parecia lógica, mas não conseguia ver as nuances teológicas que o tinham levado à beira da heresia.

Tal como na Espanha, nas Américas os judaizantes perseguidos que mantinham firmemente a fé diante de castigos cruéis às vezes também despertavam admiração, e não a aversão pretendida pelos inquisidores. Em Lima, Francisco Maldonado da Silva, um português com origens parcialmente cristãs-novas mas nascido em Tucumán e residente em Concepción, no Chile, viveu um drama parecido. Ele tinha se convertido ao judaísmo ao ler e interpretar de forma contrária à mensagem pretendida um livro de um apóstata judeu escrito para convencer os judeus da verdade do catolicismo. Ele então circuncidou a si mesmo. Denunciado por uma irmã e preso em 1626, esse cirurgião de 35 anos de idade alegou que abraçava a religião paterna, mas acabou desafiando e levando os inquisidores a discutir com ele ao se mostrar disposto a querer ser dissuadido de seu erro.[62] Ocorreram cerca de quinze audiências até que eles perceberam que os talentos escolásticos de Maldonado estavam sendo usados para minar os argumentos da

Inquisição, e não para ajudá-lo a ver a luz. Sua breve fuga, a pregação a outros prisioneiros e a tentativa de contatar os judeus de Roma contribuíram para que ele fosse condenado à fogueira em 1639 e para sua fama nas comunidades judaicas na Europa. A atitude desafiadora de vítimas como Diego Díaz chamava a atenção das pessoas: no momento da sua execução, no México, em 1659, foi instado a beijar uma cruz como "instrumento de sua salvação", ato esse que teria lhe poupado do horror de ser queimado vivo; mas ele retorquiu: "Afaste isso, Padre, um pedaço de madeira não vai salvar ninguém".[63] Tal firmeza impressionava os ouvintes ou espectadores. Não surpreende que os judeus em Amsterdam e na Itália comemorassem tais martírios, mas mesmo os observadores cristãos se sentiam impressionados.[64] Na Nova Espanha, por exemplo, a morte exemplar do comerciante converso Tomas Treviño de Sobremonte num auto-de-fé na Cidade do México, em 1649, em que ele se manteve firme em seu judaísmo até o final, deixou marcas indeléveis. Um escravo mulato que assistiu à execução costumava dizer em tom de desafio, quando bebia: "Não sou cristão, sou Treviño".[65]

Encontram-se outros casos no Peru. Antonio Leal era um confeiteiro humilde em Lima que manifestou sua admiração por um rapaz que ardera na fogueira em Lisboa e nunca renegou sua fé no Deus de Israel. Esse comentário lhe valeu a prisão sob suspeita de judaísmo, acusação bastante duvidosa. Em 1618 ele foi punido com um ano de prisão e perda dos bens. Um exemplo peruano ainda mais notável se refere à execução de uma matrona conhecida e respeitada em Lima, Maria Francisca Ana de Castro, conhecida como "a madama Castro", última pessoa a ser queimada pelo tribunal limenho, em 1736.[66] Acusada de judaizante, ela foi para a fogueira com peculiar serenidade, chegando a ajeitar o cabelo e a colocar o garrote no próprio pescoço. Juan Ferrera, soldado idoso que conhecia bastante o mundo e estivera no Brasil, em Buenos Aires e no Chile, ficou profundamente impressionado. "Vejam que terra esta! Que Cristo, nem Cristo! Cristo não foi judeu? As bruxas andam soltas e Mariana de Castro queimada..." Esse comentário lhe custou os bens e duzentas chibatadas, mas ele não foi o único a sentir a injustiça. O padre Nicholas Flores, na *doctrina* de San Pedro, perto de Lima, também considerou a execução injusta e proferiu sua opinião, ao lado de outras críticas à Inquisição. Foi condenado a pagar uma multa e a declarar publicamente que "todos estavam obrigados a crer e confessar que as determinações do santo tribunal são conformes e justas".[67]

PROTESTANTES, LUTERANOS E HEREGES

As atitudes em relação aos protestantes nas Índias tinham uma sólida base religiosa, mas não se distinguiam facilmente de interesses e sentimentos nacionais ou políticos. Os julgamentos de corsários ingleses, franceses e holandeses como hereges constantemente mostravam o perigo político e religioso que esses intrusos representavam para a segurança religiosa da sociedade, quando na verdade o perigo também era político e comercial. Mas corsários eram uma coisa, imigrantes eram outra. Apesar das proibições, milhares de estrangeiros iam morar nas Índias, muitos provenientes de terras atingidas pelas heresias protestantes. Além disso, muitos espanhóis residentes nas Índias tinham visto terras estrangeiras ou entrado em contato com protestantes em suas vidas de soldados, comerciantes, peregrinos e viajantes. Enfim, as pessoas liam, debatiam e discutiam constantemente a geografia política e religiosa do mundo.

Ocorria com frequência nas conversas que, quando alguém mencionava os luteranos ou os protestantes de forma negativa, outra pessoa respondia que talvez não fossem tão maus assim. Genaro Monte, mercador milanês, tinha falado nesses termos em 1580, quando se encontrava em Soconusco, na Guatemala. Foi denunciado como defensor dos hereges durante um processo civil. As acusações foram retiradas por falta de provas, mas dez anos depois, quando estava morando nas minas de San Andrés, na Nueva Galicia, no México, Monte se viu com problemas novamente por falar da mesma maneira.[68] Na América do Sul, em 1581 ou 1582, Domingos Hernández estava conversando com amigos sobre os apetites sexuais das mulheres de Valdivia, no Chile, quando alguém se referiu com desprezo aos luteranos. Hernández disse que tinha navegado com eles e que entre eles havia bons cristãos que praticavam obras cristãs. Luis Criceño de Araya, governador do Panamá em 1591, tinha lutado em Flandres e se casou com uma flamenga. Dizia que os luteranos eram caridosos e que levavam a vida como apóstolos. "Em coisas de fé", disse Briceño, eles "fazem calar os católicos, que diante dos outros parecem negros boçais."[69] A opinião positiva de Briceño em relação aos luteranos se mesclava a atitudes antipapais espanholas. Quando um padre lhe disse que devia rezar pelo papa ele revidou dizendo que só tinha de rezar para o rei: "que aqui não conhecemos o Papa, que é um estrangeiro maricas que está sempre contra nós e nos quer mal".

Havia muitas razões para temer e odiar os protestantes, mas algumas de suas críticas ao papado e à prática católica encontravam ressonância nas pessoas, e havia quem desejasse saber mais sobre eles ou julgasse que a guerra talvez não fosse a melhor maneira de lidar com a dissidência religiosa. Essas ideias penetraram até o cerne das Índias. Juan de Salas, cordoeiro parisiense de 44 anos, estava viajando em 1600 com alguns companheiros de Tucumán para as minas de prata de Potosí. Salas era um bom católico e tinha se casado com uma espanhola antes de ir para a guerra contra os ingleses em San Sebastián e em Portugal, e depois a serviço do rei em Flandres. Levava consigo um livro sobre o rei

Henrique IV da França, impresso em francês, que tomara emprestado de um jovem basco, e a pedido dos companheiros lia trechos em voz alta, traduzindo o francês para o espanhol. O livro trazia o texto do Édito de Nantes de 1598, que tinha estabelecido a liberdade de culto e a paz entre protestantes e católicos na França, e abordava a liberdade de consciência, com o que Salas concordava. Interrogado pela Inquisição de Lima a esse respeito, a defesa de Salas foi maleável. Alegou que não tinha aprovado a liberdade de consciência, apenas que, dadas as circunstâncias e a necessidade em que se via o rei da França, a única coisa que ele podia decretar era a paz. Como o rei era católico, Salas alegou que o livro também devia ser católico. O caso foi encerrado. Considerou-se que o livro e as palavras de Salas não iam contra a fé. Podemos somente imaginar o que seus companheiros tinham pensado a respeito do conteúdo do livro, mas o fato de lhe pedirem que lesse sobre o édito indica que tinham curiosidade sobre as possibilidades de paz religiosa.[70]

LIVROS E LEITORES

Os livros e as leituras eram um problema dos dois lados do Atlântico. Qualquer que fosse a intenção dos autores, os livros sempre eram lidos de maneira criativa, e os leitores entendiam o conteúdo à sua maneira e o interpretavam dentro de suas realidades pessoais. Como mostra o caso de Salas, os leitores sempre podiam extrair suas próprias conclusões, e quem sabia ler partilhava a leitura com os iletrados. Como enfatizam os novos estudos sobre a leitura, a cultural oral e a cultura escrita do começo da época moderna não eram realmente separadas, e o conteúdo dos livros circulava amplamente de várias formas.[71] A revolução da imprensa tinha tornado as ideias amplamente acessíveis a setores crescentes da população. Como afirma o escritor político espanhol Diego Saavedra Fajardo, as dúvidas e os questionamentos estavam aumentando, "e boa parte da responsabilidade cabe à imprensa, cuja forma clara e agradável convida à leitura, à diferença dos manuscritos anteriores, que eram mais difíceis e menos numerosos".[72] Evidentemente, o analfabetismo na Espanha e em Portugal era corrente entre a população rural, mas não tão generalizado quanto se poderia pensar. Quase todos os nobres, clérigos, universitários e comerciantes sabiam ler e escrever, bem como muitos artesãos e lojistas. As pessoas recebiam as primeiras letras, isto é, os rudimentos da alfabetização, de parentes, padres locais e, sobretudo, professores em escolas informais. Embora seja fato que as áreas urbanas eram mais alfabetizadas do que as rurais e que os índices masculinos de alfabetização eram bem superiores aos femininos, vários estudos em diversos locais da Espanha e de Portugal mostram que em meados do século XVII mais de 50% da população masculina tinha pelo menos rudimentos de escrita e leitura.[73] Nas Américas, devido às grandes populações indígenas e escravas, o percentual era muito mais baixo, mas pode ter sido aproximadamente o mesmo para os habitantes de origens europeias. Em todo caso, a capacidade de ler e a vontade de saber criavam oportunidades e riscos para a autoridade e a ortodoxia. A Igreja preparava *cartillas*, manuais baratos de leitura e catecismos, às dezenas de milhares de exemplares. Além disso, só no século XVI foram publicados 232 catecismos na Espanha e 137 nas Américas, sem mencionar a tradução de catecismos estrangeiros. Mas ao mesmo tempo a leitura abria as portas à curiosidade. No Século de Ouro espanhol, os artistas muitas vezes colocavam imagens de livros perto dos símbolos da morte para alertar sobre a vaidade e o caráter efêmero da vida, e Cervantes alertava que "os livros levam os homens à fogueira".[74] A palavra escrita era perigosa, e tanto a Igreja quanto o Estado procuravam controlar a ameaça à ordem e à ortodoxia que vinha embutida nela. Como disse o grande poeta e dramaturgo espanhol Francisco de Quevedo, geralmente defensor da ortodoxia: "Príncipes [...] temei quem não tem outra coisa a fazer senão imaginar e escrever".[75] A partir de 1520, os governos instauraram a censura por toda a Europa Ocidental como parte das guerras religiosas, e na Espanha foram implantadas várias técnicas de controle. A Coroa, por meio do Concílio de Castela, determinou a necessidade de que os livros passassem pela censura e obtivessem uma licença antes da publicação, ao passo que a Inquisição exercia o controle sobre os livros já publicados por meio da proibição ou do expurgo. Entre 1559 e 1805 o Santo Ofício publicou onze catálogos de livros proibidos, sendo os principais alvos os textos de religião e astrologia, embora no século XVIII os censores também tenham se concentrado em temas como o liberalismo, o igualitarismo, a pornografia e o anticlericalismo. Os historiadores da leitura discutem a eficácia e as consequências de tais proibições. Muitos intelectuais espanhóis e portugueses enfrentaram a censura e a perseguição em algumas ocasiões, mas esse período foi também o Século de Ouro das letras hispânicas, de modo que variam as opiniões sobre a força e o êxito da censura. O que me interessa, porém, é como o controle da leitura e da escrita era visto pelos consumidores da palavra impressa e como eles se sentiam a respeito do alfabetismo e da liberdade de pensamento que ela representava. Pessoas que nutriam dúvidas sobre o dogma muitas vezes achavam que a leitura era um caminho para a verdade, e eram ciosos do acesso aos livros. Silvestre Pinelo foi preso em Murcia em 1585 por soteriologia. Ele sustentava que todos se salvariam, pois Cristo tinha morrido para trazer a salvação da humanidade. Os interrogatórios mostraram que ele lia muito; para os inquisidores, lia até demais e as coisas erradas, mas Pinelo lhes disse que não achava que seria condenado pela leitura de livros sobre magia e, quanto aos livros de cavalaria que tanto apreciava, eles apenas confirmavam a palavra de Deus.[76]

Um livro que tinha grande demanda era a Bíblia. Na Espanha, já em 1554 a Inquisição se mobilizou contra a publicação da Bíblia e de todas as escrituras sagradas em vernáculo. Era uma medida visando a eliminar as interpretações errôneas de rústicos, místicos, profetas de rua e desinformados: "mulherzinhas e idiotas", como dizia o teólogo dominicano Melchor Cano de Salamanca.[77] Mas o controle exclusivo das Sagradas Escrituras pelos inquisidores era contestado pelos humanistas e filólogos, que agora viam sua liberdade intelectual restringida e por vezes punida. Ainda mais notável foi a reação daqueles que simplesmente queriam ter acesso pessoal à palavra de Deus e desejavam contatá-la diretamente mesmo que não soubessem latim.

A legislação proibia a publicação da Bíblia em vernáculo, e também interpretações dos evangelhos e até resumos das escrituras. Os "livros de horas" da nobreza medieval, decorados com belas iluminuras, tinham resultado, no século XVI, em volumes de impressão barata para o público mais geral, muitas vezes ilustrados com xilogravuras simples. Esses e outros livros devocionais eram muito populares mesmo entre os iletrados, que os usavam como talismãs ou objetos de poder mágico cujas imagens e textos, pressionados num ferimento ou no ventre de uma mulher em trabalho de parto, podiam proteger e curar. As autoridades eclesiásticas buscaram retirar esses livros dos particulares e terminar com esses usos "supersticiosos", mas não sem resistência. Em Toledo, em 1581, um lavrador chamado Alonso de Cubas, quando foi aconselhado pelos amigos a se livrar de seu livro de horas em espanhol porque tais obras tinham sido proibidas, respondeu que o livro lhe custara catorze *reales* e que não iria queimar o livro mesmo que o papa mandasse. Alegou que aquelas proibições tinham sido feitas no passado e que os livros ainda estavam em circulação. Os inquisidores o preveniram a obedecer aos decretos, mas a relutância de Cubas mostrava um profundo apego a livros desse tipo.[78] As listas de embarque indicam que esse tipo de literatura era bastante popular nas Índias, apesar das proibições. Em 1621 foi preso no México um mascate cego que vendia os evangelhos para que as páginas fossem usadas como talismãs, e das oito testemunhas de suas atividades nenhuma achava que havia algo de errado nessas vendas.[79] Os livros de horas se tornaram pontos de referência e de discussão. Francisco Gómez de Triguillos, no México, era materialista sob muitos aspectos. Dizia preferir viver sob um rei mouro que alimentasse os súditos e que a Eucaristia não era consolo. Disse também que havia lido num livro de horas que santo Agostinho afirmava que quem frequentasse a missa não perderia a alma, mas como seu inimigo, o prefeito da cidade, comparecia regularmente à missa, e como Judas tinha recebido a comunhão, Santo Agostinho devia ser um mentiroso. Os inquisidores não conseguiram achar graça em sua referência irônica à leitura.[80] Fosse para intelectuais humanistas, mascates ou lavradores, os livros e a capacidade de lê-los, usá-los e pensar sobre eles estavam intimamente associados à ideia de liberdade de consciência.

Nos espaços físicos e mentais das Américas os riscos representados pelos livros talvez tenham se exacerbado. Já em 1531 e novamente em 1543 a Coroa proibiu a importação de romances de cavalaria devido a seu possível efeito negativo sobre os povos indígenas, mas a repetição das leis indica que elas deviam ser ineficientes. Não só era difícil colocá-las em vigor como também a Inquisição não estava muito interessada em vários tipos de literatura. Além disso, muitas pessoas continuavam a ler, a despeito das proibições. Havia um próspero setor de importação de livros nas Américas, e os documentos de embarque e os inventários de livreiros mostram que os colonizadores tinham muito gosto por textos religiosos e obras de ficção.[81] *El libro de oración y meditación*, de frei Luis de Granada, e *Dom Quixote*, de Cervantes, ocupavam o topo das importações de livros nas Índias.[82] Como mostram os novos estudos sobre a história dos livros e da leitura, não era uma questão do que se lia, e sim de como se lia. Como os leitores interpretavam a palavra escrita, selecionando, editando e incorporando o conteúdo dos livros à maneira como entendiam o mundo? Era essa a preocupação das autoridades, que começaram a impor restrições à importação de livros no Novo Mundo e implantaram a censura.

Os alfabetizados tinham grande paixão por ler e escrever. Os livros, ou os relatos que faziam os letrados para os iletrados, traziam alívio, inspiração e satisfação espiritual. Eles encontravam maneiras de ler "contra a maré". Um bom exemplo são os conversos. A Igreja ensinava que a antiga lei mosaica tinha sido suplantada e substituída pelo Novo Testamento. Os livros da tradição judaica eram estritamente controlados, mas o Antigo Testamento circulava de várias formas. Há muitos exemplos de conversos como Duarte Enríquez, um jovem português preso no Peru como judaizante, que conhecia o Antigo Testamento bem o bastante para acreditar que o texto demonstrava que Deus fora muitas vezes misericordioso com os judeus, ou Manuel de Fonseca, cirurgião preso em 1608 em Cartagena das Índias, que sabia de cor todos os salmos de Davi e que mesmo na prisão encontrou uma maneira de copiar um tratado médico, interrompendo a transcrição apenas aos sábados para não violar o sabá.[83] Num caso famoso da Nova Espanha, Luis de Carvajal, de origens conversas mas relativamente ignorante quanto ao judaísmo, foi condenado como judaizante a cumprir trabalho de penitência numa escola em 1589. Aproveitou o acesso à biblioteca de obras religiosas da escola para aprender sobre o judaísmo e, em essência, converter-se. "Deus me encheu as mãos de tesouros", explicou mais tarde.[84] Mas a prática de interpretar os textos contra a maré não se limitava aos conversos, e podia levar qualquer pessoa à independência mental mesmo em questões tão claramente definidas como os merecedores de salvação.

A paixão pela palavra escrita às vezes se refletia em histórias pessoais. Juan de Castillo era um mascate e trovador que conhecia um pouco do mundo.[85] Cantava e tocava violão e às vezes lia salmos como ganha-pão, mas também gostava de ler e sentia apreço pela teologia católica. Não hesitava em discutir suas ideias com quem o ouvisse. Alguém lhe disse que não existiam mais santos no mundo, e Castillo discordou. Respondeu que "quem é bom é santo" e chegou a dizer que o filósofo romano Sêneca era um homem santo. O companheiro discordou. Sêneca era pagão e não era batizado, mas Castillo foi inflexível. Em matéria de fé, disse ele, os pilares da Igreja, Jerônimo, Agostinho, Gregório e Ambrósio tinham a mesma validade das Escrituras, e São Jerônimo havia incluído Sêneca entre os santos. Isso levou a uma discussão em que o interlocutor disse a Castillo para "se calar e não se meter no que não sabia". Castillo continuou irredutível. Disse que sabia isso de boa fonte, porque o tinha lido no livro de frei Domingo de Valtanás.

A referência era importante. O frei dominicano Domingo de Valtanás (1488-1565), de Jaén, foi um dos religiosos reformistas espanhóis que escreveram durante o Concílio de Trento. Embora não tão ilustre quanto seus contemporâneos Juan de Avila e Luis de León, ele era muito lido como autor de obras de orientação moral e espiritual destinadas sobretudo aos laicos.[86] Geralmente eram volumes in-octavo, pequenos e baratos, que cabiam bem na mão e no bolso. Eram muito populares e, como costumavam ser publicados em Sevilha, talvez fossem levados na bagagem dos passageiros para as Índias como leitura de bordo. Em todo caso, aparecem regularmente nos despachos de livros para o Novo Mundo. Talvez Castillo tenha confundido Sêneca com Sócrates. Ele pode ter lido *Compendio de sentencias morales*, de Valtanás (Sevilha, 1555), que enaltecia as virtudes de Sócrates e insistia que o filósofo tinha se salvado. Ou talvez Castillo se referisse a *Concordancias* (1555), um pequeno livro destinado a esclarecer aparentes incongruências ou contradições nas escrituras e obras dos pais da Igreja, que trazia na página de rosto a imagem dos quatro pilares santos da doutrina.[87] O livro trazia várias mensagens apontando para um conceito de salvação aberto a todos. Valtanás afirmava que "são as obras que fazem ou desfazem o homem" (CLXXXIX) e que "na casa de meu pai há muitas moradias" (XXX verso). Também assinalava que muitos estudiosos sérios acreditavam que quem vivia na lei natural ou na lei antiga (a mosaica), bem como as crianças que morriam antes do batismo, recebiam a salvação por seu "voto e fé", e assim era impensável que Deus fosse tratar com menos simpatia quem vivesse em graça dentro da Igreja.

Castillo visivelmente pensara sobre a questão e tentara seguir os ensinamentos da Igreja. Sua referência ao autor dominicano mostra o diálogo entre a cultura erudita e a cultura popular, entre autor e leitores, que tornava a circulação de ideias tão importante. Talvez Valtanás não fosse o melhor guia para a ortodoxia. O dominicano fora um daqueles teólogos que se opuseram à injustiça das restrições da pureza de sangue impostas aos cristãos-novos e acabou sendo julgado e condenado pela Inquisição por ideias erasmianas.[88] Suas obras traziam um humanismo cristão, e Valtanás elogiava os pagãos que haviam praticado ações cristãs e criticava os cristãos cuja fé não resultava em ações positivas.

A discussão de Castillo lhe fez pensar, ou pelo menos o deixou preocupado em ser denunciado, e ele decidiu agir por conta própria. Ele tinha alguns outros livros e mantinha um caderno onde anotava coplas, e então achou que talvez devesse pedir autorização para tê-los. Levou-os à Inquisição de Lima e pediu que fossem examinados e que seu conteúdo fosse aprovado. O resultado não poderia ter sido pior. Os inquisidores não foram receptivos a um plebeu com queda pela teologia e gosto por poesia. Consideraram profana uma grande parte de seus escritos, e "havia muitas ignorâncias e torpezas de homem de pouco saber" ("como de fato é o dito Castillo, homem que anda cantando e tocando um violão"). Os inquisidores simplesmente rasgaram muitas páginas ofensivas e lhe devolveram o caderno com uma admoestação e uma séria advertência.

A reação de Castillo revela o profundo valor que o povo simples atribuía à própria leitura e criatividade. Ele saiu furioso do edifício da Inquisição e atirou o caderno ao chão na frente de várias pessoas reunidas na rua. Erguendo os olhos ao céu, gritou várias vezes: "dane-se quem me pariu e renego a quem me pariu e que não existe tão grande agravo e cruelade em ninguém no mundo". Tinham destruído seus escritos. A multidão tentou silenciá-lo, dizendo que o inquisidor não tinha ofendido ninguém, mas Castillo continuou. Se houvesse um navio indo para Castela, ele iria para relatar a injustiça do Inquisidor, porque no Peru, disse ele, nenhum juiz faria nada. Claro que foi preso e numa medida excepcional, sem julgamento, foi desterrado para Nova Granada por seis anos.[89]

6. Ajustes americanos

A fé é coisa morta sem a caridade, e as duas virtudes são a mesma coisa.

Pedro Ramírez, Chiloé, Chile (1573)

A adoração e a obediência a Deus consistem apenas na justiça e na caridade para com o semelhante.

Baruch Spinoza, Tractatus Theologico-Politicus (1670)

Os antigos conflitos com os muçulmanos e judeus e os conflitos mais recentes com os protestantes despertaram preocupação e interesse teológico e político nas Índias, mas em termos de organização social e dos problemas da vida cotidiana, salvo por curtos períodos, eles eram relativamente secundários frente à realidade colonial da imensa população indígena subjugada. Enquanto os estudiosos de teologia e direito canônico debatiam a soberania das Índias, a natureza e direitos dos habitantes autóctones e a melhor maneira de conduzi-los à Igreja, os espanhóis comuns que tinham cruzado o Atlântico agiam com base numa mescla de preconceitos, percepções práticas, interesses próprios e interpretações pessoais do dogma. Não foi fácil a passagem de uma tradição que reconhecia a possibilidade de salvação dentro das religiões monoteístas do mundo mediterrâneo ou dentro das seitas protestantes para a avaliação dessa mesma possibilidade entre os povos do Novo Mundo. Razões de Estado, de interesse pessoal e de teologia militavam contra essa passagem, mas existem indicações suficientes de que ela se deu, de várias maneiras, em vários níveis e a vários graus. Os espanhóis podem ter manifestado sentimentos de relativismo cultural ou religioso com maior frequência quando em contato com os povos dos antigos impérios ameríndios do Peru e do México, que, fossem quais fossem seus defeitos, viviam em *policía*, isto é, numa sociedade organizada, ao contrário dos povos das florestas e planícies.[1] No entanto, como a documentação dos primeiros cinquenta anos da conquista é muito irregular, é difícil pintar um quadro claro dos processos e atitudes, sobretudo por parte dos laicos. O reconhecimento das leis autônomas dos não cristãos estendeu-se da Península Ibérica medieval ao Novo Mundo. Antes da conversão, os ameríndios que depusessem perante tribunais espanhóis podiam jurar por sua própria "lei", e ainda no começo do século XIX os escravos africanos depondo em tribunais cubanos podiam jurar em sua lei.[2] Mas os procedimentos jurídicos não mostram toda a variedade de reações às diferenças culturais e religiosas.

SALVAÇÃO INDÍGENA

As ordens missionárias levaram a mensagem da salvação para o Novo Mundo. Cenas do juízo final decoravam os primeiros conventos e igrejas no México e no Peru, mas mesmo após 1630, quando a representação europeia desse momento escatológico entrou em declínio e pouco se pintavam cenas do juízo, essas imagens continuaram a se multiplicar nas Américas.[3] Elas eram difundidas especialmente em áreas com grandes populações autóctones. O cronista índio Felipe Guaman Poma de Ayala achava que todas as igrejas deviam ter cenas mostrando claramente "o céu, o mundo e as penas do inferno". Fosse nas igrejas principais, como a catedral de Lima, ou em templos mais humildes, como a igreja em Carabuco às margens do lago Titicaca, os artistas pintavam versões do juízo final, às vezes integrando figuras ou elementos indígenas, que podiam ser entendidas com facilidade, sempre apresentando Cristo, os apóstolos, são Miguel Arcanjo e a separação entre os salvos e os condenados. A inclusão ocasional de autoridades civis e eclesiásticas entre os condenados servia para mostrar a natureza igualitária do pecado e da salvação. Nos Andes, essas cenas, apesar de seu conteúdo conceitual medieval, continuaram a ser pintadas em anos muito entrados do século XIX.[4] Tais imagens destacavam a importância da salvação, mas nem todos se convenciam de que a Igreja era o único caminho para ela.

Se todos podiam se salvar em sua lei, era lógico perguntar por que os ameríndios não haveriam também de se salvar. Ysabel de Porras era uma espanhola nascida em Cuzco, antiga capital do império inca, cidade onde havia uma interação constante com os índios. Em 1572, aos cinquenta anos, viúva e morando em Lima, Ysabel comentou com amigos que, "antes que os espanhóis viessem a este reino, os índios que morriam iam para o céu". Seu argumento parecia se basear num entendimento da lei natural e na convicção de que os andinos nativos podiam ter uma vida reta conduzindo-se de acordo com ela. Os amigos discordaram e disseram que ela devia informar a Inquisição sobre seu erro. Ysabel de Porras pareceu entender que sua posição contrariava o dogma, e tentou tirar vantagem do limbo ou do purgatório. Pressionada pelos amigos e, mais tarde, pelos inquisidores, ela declarou que ti-

Juízo final, José López de los Ríos (1684). Encontravam-se cenas como esta em todas as Américas, amiúde incorporando elementos locais e indígenas, visando às populações autóctones. Cortesia de Carlos Rua Landa, Diretor do Património Cultural do Vice-Ministério da Cultura, Bolívia.

nha dito apenas que eles iam para "um bom lugar". Alguns teólogos da Inquisição consideraram essas declarações heréticas, e outros apenas erradas e supersticiosas, mas era claro que Ysabel expressava um tipo de relativismo cultural e religioso que entrava em conflito com a missão e a posição da Igreja.[5] Além dessas ideias, Ysabel conhecia um sortilégio popular, a chamada "reza das estrelas", e praticava outras superstições; em vista disso, foi punida pelo tribunal de Lima. A associação entre a ideia da possível salvação dos pagãos e a prática da magia ou de outras supostas superstições sugere que estamos lidando aqui com um universo de crenças em que a religião não se limitava à ortodoxia da Igreja, e que nele se fundiam forças naturais e sobrenaturais. A religião local na Península Ibérica certamente possuía alguns elementos ocultistas, mas as possibilidades de ampliação deles no meio cultural das Índias eram infinitas.

Não conhecemos as relações de Ysabel de Porras com os índios andinos, mas certamente sua ideia de salvação possível para quem tinha vivido antes da chegada dos espanhóis deve ter encontrado repercussão favorável entre os indígenas. Em sociedades que atribuem um papel importante aos ancestrais, como a andina, um dos principais obstáculos à conversão era a insistência dos missionários na danação dos antepassados dos potenciais convertidos. No México, na China e no Japão, como antes ocorrera na própria Europa, os missionários descobriram que as pessoas preferiam se unir aos ancestrais no inferno do que encontrar a salvação com o Deus cristão.[6] O purgatório, em certo sentido, era uma solução teológica para o problema, e a crença de Ysabel de Porras, sem nenhum argumento teológico claro, parece ser um equivalente prático e sensato capaz de aplacar uma forte objeção andina ao novo credo. Mas também era muito próxima de um dos paradoxos teológicos sobre a salvação dos que viveram antes da vinda de Cristo ou que não conheciam sua mensagem. O teólogo quatrocentista

Alonso Fernández de Madrigal, "El Tostado", havia tentado resolver o problema explicando que antes do sacrifício de Cristo os judeus tinham se salvado em sua lei e os pagãos apenas na lei natural. Se morressem no arrependimento dos pecados, mas sem a respectiva expiação, iriam para o purgatório. Com a mensagem de Cristo nos evangelhos, porém, mouros, judeus e pagãos não iriam para o purgatório, e sim necessariamente para o inferno, "pois todos eles morrem em pecado original e em pecado mortal atual, os pequenos não tomando o batismo, os maiores não querendo tomá-lo".[7] Essa posição parecia contrariar um entendimento mais generoso da mensagem cristã tal como a interpretavam pessoas como Ysabel de Porras.

Para outros, o que determinava as relações com a cultura autóctone não era a teologia e sim considerações culturais de ordem prática. Tome-se, por exemplo, o caso curioso de um padre renegado no Alto Peru.[8] Sebastián de Herrera era natural de Toledo, e foi preso em 1579 quando era padre numa *doctrina*, isto é, uma paróquia índia. Porém, sua história, contada e recontada várias vezes para os ouvintes, era a de um típico *renegado*. Tinha morado na juventude na África do Norte como mercenário, a soldo dos chefes muçulmanos contra os cristãos e também contra muçulmanos inimigos. Feito prisioneiro, apaixonara-se por uma moura que o persuadira a se converter. Ele também contou que tinha se apaixonado por uma judia que o amara muito. Algumas testemunhas achavam que ele próprio podia ser filho de conversos, e que seu pai teria sido chamado o Judeu de Ganso, mas aparentemente não era o caso. Ele provinha de uma linhagem de cristãos-velhos pelos dois lados da família.

Mas o que chamou a atenção da Inquisição foi a maneira como ele cumpria seus deveres religiosos entre os índios de sua *doctrina*. Celebrava a missa com eles, abençoava os "índios incas, seus antepassados defuntos infiéis" e consta que cobrava dos índios para dar essa bênção póstuma. Preso, o padre alegou que tinha sido uma falsa acusação do deão da catedral em La Plata, que Herrera havia denunciado em público, mas de fato admitiu que tinha morado na África do Norte, onde fora escravo de um judeu que o tratava muito bem. Talvez Herrera estivesse simplesmente explorando seus paroquianos, mas é de se imaginar se sua experiência com outras religiões e culturas, como prisioneiro e convertido na África do Norte, não o dispusera a levar em conta a preocupação dos índios com os antepassados, ou a perceber que o fato de abençoar os ancestrais facilitava a fidelidade dos paroquianos à Igreja.

Como Herrera, outros imigrantes europeus também se baseavam em seus entendimentos anteriores e os ampliavam para incorporar as realidades americanas. Nos anos 1580, no Panamá, a Inquisição processou um certo mestre Andrea, carpinteiro napolitano. Andrea teria dito que "os turcos e mouros creem em Deus e se salvam em sua lei e que cada um se salvava em sua fé e os mouros sem a água do batismo".[9] Os interlocutores discordaram e insistiram que mouros, judeus e luteranos não se salvavam, ao que ele respondeu com o velho refrão: "cada um pode se salvar em sua fé". O incidente foi grave o bastante para levar mestre Andrea a se entregar em 1583 ao representante local da Inquisição, tentando expor suas declarações de forma positiva e negando qualquer intenção de contrariar a posição da Igreja no assunto. Seu depoimento mostrou que suas opiniões derivavam da experiência. Ele tinha sido prisioneiro de turcos e muçulmanos por muitos anos, provavelmente na África do Norte, e conhecia a religiosidade deles. Tentou alegar que o que tinha dito na verdade era que se os mouros aceitassem o batismo poderiam se salvar, mas foi contradito pelo depoimento das testemunhas. Os consultores teológicos qualificaram seus comentários como ímpios, e não heréticos, mas mesmo assim mestre Andrea foi preso.

Sob muitos aspectos, sua história, tal como a de Herrera, parece ser a de um típico renegado que, vivendo entre os muçulmanos, tinha passado a crer que eles eram religiosos e podiam encontrar a salvação em sua fé. Curiosamente, porém, mestre Andrea alargou, em sua defesa, a categoria de não cristãos. Disse aos inquisidores que "não lhe parece bem a lei que os ditos turcos e mouros e índios têm, mas que este confessante tem para si que, se os ditos turcos, mouros e índios creem em Nosso Senhor Jesus Cristo e que ele nasceu de mãe virgem, em sua lei se salvariam". Em outras palavras, ele tentou convencer os inquisidores que afirmara que as outras fés eram válidas, mas apenas se aceitassem Cristo. Os inquisidores se mantiveram irremovíveis. Mestre Andrea foi preso, teve os bens confiscados e finalmente foi punido em 1587, condenado a renunciar publicamente a seus pecados e a sofrer seis anos de desterro.

As ideias de mestre Andrea parecem derivar de suas origens mediterrâneas, e sua história não apresenta muitas indicações de que ele mantivesse um contato direto com os povos indígenas, mas houve outros casos em que esse contato era claro. Francisco de Escobar era um mestiço peruano da primeira geração após a conquista.[10] Nascido em Lima por volta de 1543, aparentemente reconhecido pelo pai conquistador, ele cresceu no vale de Acari (Arequipa), na fazenda de cana do pai, cercado por índios e escravos negros. Aprendeu a ler e escrever em espanhol (mas não em latim) e se dizia que de vez em quando subia num carro de bois e pregava para os trabalhadores reunidos. A cena faz lembrar um famoso capítulo do clássico de Cervantes em que dom Quixote e Sancho Pança encontram numa estalagem uma coleção de livros de cavalaria que o estalajadeiro diz possuir para ler e entreter os trabalhadores na época da colheita.[11] Essa passagem, com suas implicações para a história da leitura, é muito discutida pelos estudiosos, mas o caso de Escobar parece resolver o assunto de uma vez por todas. Os depoimentos mostraram que ele subia no carro de bois e lia para os escravos "as coisas de Amadis e livros de cavalaria", numa cena que parece extraída diretamente de *Dom Quixote*. Mas sua relação com os trabalhadores índios e africanos não se limitava às leituras. Escobar também possuía terras e dependentes indígenas. Parecia ainda ter apetite sexual irrefreado. Dançava e bebia com os índios, viveu amancebado por muitos anos, fazia sexo com muitas índias, inclusive mães e filhas, e foi acusado de dizer a outros mestiços e índios que pegassem as mulheres que quisessem. Escobar usava a passagem bíblica tantas vezes empregada para justificar a fornicação: Deus havia dito "*crescite e multiplicamini et replete terram*".

Mas o que despertou a atenção da Inquisição não foi a leitura nem a libido de Escobar, e sim uma conversa com os vizinhos. Estes reclamaram que os índios de Escobar não iam à missa e que, se ele cuidasse um pouco mais da salvação de seu pessoal, seus campos seriam mais férteis. Ele respondeu ao vizinho "que se calasse e deixasse os índios, pois havia muitos em Lima na frente dos altares que tinham o Diabo no coração, e outros estavam nos montes e tinham o coração em Deus. Pensa que tudo se resume a ter um rosário no pescoço e ficar rezando, são hipocrisias".[12]

Finalmente, por causa de seus excessos, outras proposições suas duvidando, por exemplo, da virgindade de Maria e alguns crimes violentos ele foi preso e condenado à morte por um tribunal civil antes de ser transferido para as prisões do Santo Ofício.

O depoimento de Escobar mostra que as dúvidas sobre o corpo e a alma, o sexo e a salvação, floresciam no contexto americano. Suas opiniões pareciam derivar não de considerações teológicas ou morais, e sim da experiência, do interesse pessoal e de um libertinismo cético que lhe permita redefinir conceitos culturais e religiosos básicos. Sua defesa certamente era em causa própria, mas mesmo assim ele sustentou que os índios eram capazes de encontrar Deus segundo seus próprios caminhos.

Todavia, o problema da salvação dos índios também era uma preocupação da maior importância em termos teológicos e portanto políticos, visto que a base legal da presença espanhola nas Índias consistia na concessão papal referente às atividades missionárias de Castela. No Peru, esse amálgama gerou uma situação estranha e potencialmente perigosa quando a Inquisição prendeu, nos anos 1570, uma mulher chamada María Pizarro que se dizia profetisa e estava conquistando seguidores, entre eles alguns clérigos. A Inquisição convocou um teólogo dominicano culto, formado em Salamanca, de nome Francisco de la Cruz, para avaliar o conteúdo herético das palavras de María, mas ele se convenceu de que ela era realmente uma verdadeira profetisa.[13] Ele passou a defendê-la e começou a desenvolver uma estranha teologia. Influenciado pelas ideias de Las Casas e talvez de Erasmo, preocupado com a perseguição ao arcebispo Carranza de Toledo e outros "luteranos" na Espanha e impelido pela ideia de que a Espanha seria castigada por destruir as Índias, ele afirmava que surgiria uma nova Igreja no Peru e que Lima suplantaria Roma como a Nova Jerusalém. Era um homem, diziam seus críticos, que se entregava frequentemente ao "que a carne pede". Teve um filho ilegítimo e achava que esse filho, chamado Gabrielico, seria o novo Messias. Não é surpreendente que em sua utopia o clero pudesse se casar e, na verdade, a poligamia era permitida. A conquista do Peru lhe parecia justa, e portanto a posição e as reivindicações dos conquistadores eram legítimas. No contexto político peruano do final do século xvi, com quatro guerras civis e os conquistadores e seus herdeiros se sentindo pouco recompensados, os prognósticos de La Cruz eram muito perigosos, e o vice--rei temia que suas ideias fomentassem uma revolta ainda maior. Como outros dos primeiros clérigos nas Índias, de La Cruz tinha chegado à conclusão de que os povos indígenas descendiam das tribos perdidas de Israel e que o hebraico e o quéchua eram línguas da mesma família, mesmo que não falasse nenhuma das duas. A seu ver, os índios tinham caído na idolatria mas eram como crianças, portanto seu pecado não era mortal. A extirpação brutal da idolatria que os clérigos estavam tentando no Peru nunca daria certo. O que era necessário, dizia ele, era a integração dos conceitos cristãos e dos ritos nativos, um lento processo de conversão e sincretismo. O mais chocante para os outros padres talvez fosse a ideia de que ele pregara no púlpito da igreja de Pomata, perto do lago Titicaca, onde era padre residente desde sua chegada em 1561, que bastava aos índios ter "fé implícita na verdade cristã" para alcançar a salvação. Era uma posição herética na época, embora no século xx ela se aproxime de algumas interpretações da posição da Igreja no concílio Vaticano II.

A história de Francisco de la Cruz e María Pizarro, com sua utopia cristã no Novo Mundo, é extraordinária, mas a ideia que conceberam da salvação dos índios mostrava como era fácil passar do universalismo de Las Casas e de seu argumento de que "toda a humanidade era uma", e portanto aceitável dentro da Igreja, para a ideia de que a salvação dos índios na Igreja era algo já implícito, que nem sequer dependia de uma plena catequização. Alguns, como Escobar e Ysabel de Porras, tinham ido ainda mais além, sugerindo que nem era necessária qualquer catequização.

A mescla de ideias sexuais e soteriológicas de Francisco de la Cruz não era um fato excepcional. É curioso ver como as opiniões heterodoxas sobre a sexualidade e a salvação continuavam amalgamadas na mentalidade dos europeus que migravam para as Índias e como elas afetavam seu entendimento e relacionamento com os povos indígenas. Aqui transferiremos nossa atenção do Peru para a Nova Espanha, onde é instrutivo o caso do padre Miguel de Bolonia. Ele já se aproximava dos oitenta anos quando o de Suchipilla, em Michoacán, onde Bolonia morava e trabalhava no mosteiro franciscano, o denunciou à Inquisição. Nascido perto de Bolonha, na Itália, nos anos 1490, frei Miguel tomou o hábito franciscano nos anos 1530, formando suas opiniões sobre a doutrina e a prática cristã nos anos anteriores ao Concílio de Trento. Ao que parece, foi para o México na segunda leva de missionários, que estavam chegando no final dos anos 1530. Suas atividades lhe conquistaram o respeito dos chefes indígenas locais, ao menos a ponto de eles escreverem uma carta em náuatle aos inquisidores dizendo: "choramos diante de ti por nosso muito querido padre Frei Miguel de Bolonia".[14] Num depoimento escrito, o *alcalde mayor* Cristóbal de Barrios acusou Bolonia de uma série de proposições, refletindo uma certa leniência do religioso em relação aos hábitos sexuais de seus paroquianos índios. Aparentemente, o magistrado tinha tentado prender um índio que vivia com uma mulher tida como sua sobrinha. O índio fugiu para o mosteiro franciscano e Bolonia se recusou a entregá-lo às autoridades civis. Negou que o casal tivesse laços de parentesco ou que o crime fosse muito sério. Frei Miguel teria dito em várias ocasiões que a fornicação simples não era pecado e que, entre todos os pecados da carne, a fornicação era o mais leve. Chegou a sugerir que um casal de índios vivendo juntos, na intenção de casamento, pecava apenas na primeira relação sexual, mas que depois a fornicação não era pecado, e algumas testemunhas disseram que ele havia insinuado que as relações sexuais de um espanhol com uma índia eram menos pecaminosas do que com uma europeia.

Frei Miguel alegou que todo o problema se devia às más intenções de Barrios e seu irmão, que exploravam os índios, e que quando ele, Bolonia, interveio, inventaram a acusação para conseguir sua substituição por um padre mais submisso. Na defesa, ele afirmou que não tinha "muita notícia do tridentino", e também que tinha sido mal entendido porque seu espanhol não era bom.[15] Outros, em apoio, argumentaram que frei Miguel era um homem simples e idoso. Mesmo assim ele foi obrigado a abjurar de seus erros e recebeu uma suspensão de alguns meses de seus deveres paroquiais.

As coisas poderiam ter terminado por aí, mas o caso se complicou com a abertura do inquérito, porque as proposições de Bolonia sobre a sexualidade indígena estavam claramente ligadas a outras ideias heterodoxas. Uma das queixas era que ele relutava em ouvir a confissão de espanhóis. Um homem lhe pediu para se confessar, e Bolonia se escusou. Era um problema sério. O norte do México ainda era uma zona de guerra por causa da resistência das tribos nômades dos chichimecas, e a morte pesava como uma ameaça constante. O espanhol insistiu com Bolonia que fazia anos que não se confessava e que sua alma estava em perigo, mas o padre lhe disse para ir a Guadalajara, e que se houvesse alguma emergência ele sempre podia se confessar diretamente a Deus, como faziam os luteranos. Com o prosseguimento da investigação, os inquisidores descobriram, por denúncias de outros franciscanos, que frei Miguel e alguns outros frades do mosteiro também haviam afirmado que "todos podem se salvar pelo poder absoluto de Deus". Era uma interpretação do poder divino que minava a necessidade do batismo e da própria Igreja. Mas cumpre lembrar, como o próprio frei Miguel apontou, que sua formação teológica era anterior ao Concílio que determinara ser heresia a doutrina da salvação apenas pela fé. Em certos aspectos, os conceitos teológicos e as esperanças universalistas de frei Miguel pareciam coincidir com os dos evangélicos reformistas italianos cujo movimento foi erradicado após Trento.[16]

Aquela acusação era mais séria do que os comentários sobre fornicação simples: o promotor da Inquisição declarou que era uma heresia, que frei Miguel seria torturado para confessar a verdade e seria entregue às autoridades seculares para ir à fogueira. Mas frei Miguel não era tão tolo nem tão simplório quanto alguns pensavam. Ao fazer a declaração original e quando foi contestado por alguns interlocutores franciscanos devido ao conteúdo herético de suas palavras, ele tinha acrescentado "pelo poder absoluto de Deus".

Isso complicava a questão. Três *calificadores*, um dominicano, um franciscano e um jesuíta, foram convocados pela Inquisição para avaliar o conteúdo da proposição. Eles foram obrigados a admitir que a glosa era irrefutável e que, mesmo que houvesse uma contradição entre a necessidade da Igreja para a salvação e o poder absoluto de Deus, frei Miguel tinha neutralizado as implicações de heresia. Como defensor dos índios de formação pré-tridentina, com uma interpretação heterodoxa da sexualidade e a crença no poder absoluto de Deus para salvar todos os que vivessem de acordo com seus mandamentos, frei Miguel representava a um só tempo a continuidade com o passado e sua transformação nas Índias.

Por fim, nem todos os casos de aceitação das práticas ou conceitos indígenas vinham acompanhados de declarações perigosas, capazes de despertar a atenção e a repressão das autoridades religiosas. Em todas as Índias Ocidentais houve muitos espanhóis, mestiços e outros integrantes do mundo cultural hispânico que adotavam ou aceitavam práticas e até mesmo crenças dos povos indígenas com os quais viviam e que frequentemente dominavam.[17] Nas fronteiras distantes ou em regiões isoladas, como as encostas orientais dos Andes equatorianos ou o extremo setentrional do Novo México, havia bolsões de europeus e descendentes de europeus que "viravam nativos" ou aceitavam os costumes indígenas.[18] E havia também regiões, como o pampa argentino e a fronteira chilena, com inúmeros prisioneiros espanhóis e mestiços, sendo que muitos deles preferiam continuar com os captores e outros às vezes retornavam do cativeiro sentindo compreensão e simpatia pela cultura índia, a exemplo daqueles renegados mediterrâneos que voltavam das terras islâmicas sentindo respeito e dando valor ao modo de vida dos captores.[19] Os que realmente transpunham as fronteiras de identidade e cultura e passavam da civilização para a barbárie, da salvação dentro da Igreja para a perdição fora dela, representavam um problema não só cultural mas também político.[20]

Menos colorido e dramático do que esses casos, mas muito mais comum na sociedade colonial, era o vasto sincretismo de crenças e costumes europeus e indígenas em vários níveis. Ervas ameríndias eram adotadas pela medicina europeia tradicional e curandeiros índios eram procurados não só por índios mas também por europeus, mestiços e africanos, num processo que sugeria uma crença muito difundida na eficácia de seus tratamentos. Essa crença não se limitava às camadas mais baixas da sociedade colonial. O governador do Chile, Martin Ruíz de Gamboa, capturou um cacique importante na fronteira. Ele permitiu que uma índia tratasse do chefe enfermo com remédios tradicionais e, como disseram algumas testemunhas, com a conjuração de forças demoníacas. O governador justificou suas providências "por ser a vida daquele cacique muito importante para a pacificação da terra".[21] As considerações políticas prevaleceram sobre suas preferências culturais.

AFRICANOS, COMÉRCIO ESCRAVO E TOLERÂNCIA POPULAR

As atitudes de relativismo religioso que se alargaram no Novo Mundo para abranger os povos e religiões indígenas podiam se ampliar ainda mais. A instituição escravista existia na Península Ibérica desde os tempos romanos, e tinha sido reforçada com a tradição escravista na Espanha muçulmana, além do costume de cristãos e muçulmanos de escravizar os prisioneiros das guerras de reconquista. A escravidão como instituição desapareceu em grande parte da Europa setentrional durante a Idade Média, mas continuou a florescer no Mediterrâneo, sobretudo nas áreas que correspondiam a fronteiras culturais e militares em disputa, como os Bálcãs e a Península Ibérica. Os prisioneiros cristãos em Argel ou Fez e escravos muçulmanos ou mouriscos em Córdoba ou Sevilha faziam parte constante da paisagem humana dessas cidades. Os escravos negros também já eram conhecidos de longa data na península e no final do século xv estavam se tornando bastante numerosos. Em 1565 Sevilha contava em sua população com mais de 5 mil escravos, na maioria africanos. Lisboa, principal terminal do comércio afro-lusitano, tinha em 1630 cerca de 15 mil escravos e 2 mil libertos de origem africana.[22]

No começo do século XVI, com a diminuição da população indígena nas principais ilhas do Caribe, começaram a chegar escravos africanos nas Américas. Alguns vinham como escravos domésticos, e inclusive alguns negros livres que moravam na Espanha ou nas Canárias, mas a maioria eram africanos destinados ao trabalho nos campos e minas. A escravidão negra acompanhou o movimento europeu de penetração colonial, conforme os espanhóis conquistaram o México e depois a América do Sul. Enquanto isso, os portugueses, principal fonte europeia de escravos africanos desde o século xv, seguiam um curso semelhante na colônia brasileira, onde o desenvolvimento de uma economia açucareira e a morte ou resistência da população indígena criaram uma demanda por mão de obra rural. Tornou-se mais fácil atender a essa demanda no período 1580-1640, quando os Habsburgos que governavam a Espanha também governaram Portugal, assim favorecendo muito o comércio entre os dois impérios. No final daquele período, os traficantes portugueses de escravos entregavam de 5 mil a 8 mil africanos por ano nas Américas, descarregando-os nos principais portos escravistas americanos, Vera Cruz no México e Cartagena das Índias na costa da atual Colômbia. É difícil estabelecer os números daqueles primeiros anos, mas em 1650 havia provavelmente cerca de 40 mil escravos negros apenas no vice-reino do Peru, cerca de metade em Lima e os outros espalhados pelas cidades, minas e zonas agrícolas. Em meados do século XVII, o Brasil talvez contasse com 8 mil a 10 mil escravos negros.

A escravização africana apresentava um problema moral e teológico para os europeus. Como justificá-la? E como incorporar os africanos à comunidade da Igreja? Ao mesmo tempo, a presença de milhares de africanos, falando diversas línguas e adotando crenças e práticas religiosas muito distantes das normas cristãs, era um desafio aos limites da teologia e da tolerância. Já em 1462 o papa Pio II, na bula *Pastor bonus*, havia proibido a escravização dos nativos das Canárias e da África Ocidental que fossem batizados, mas a questão geral da escravidão não estava resolvida.[23] A compra de cativos nas costas africanas e o batismo desses escravos logo antes ou depois da viagem levantavam uma série de problemas teóricos. Para os compradores, importava que os escravos tivessem sido capturados em guerras justas? Os batismos eram válidos mesmo com pouca doutrinação? Qual a melhor maneira de integrar os africanos à Igreja? Durante três séculos essas e outras questões foram levantadas sobretudo por teólogos, e as respostas dadas ofereciam uma plataforma intelectual que sustentava a instituição escravista e a continuação do tráfico negreiro.[24] O raciocínio por trás da escravização africana, embora elaborado por teólogos, também era adotado pelas autoridades monárquicas. Um exemplo é Francisco de Auncibay, juiz do supremo tribunal em Quito, que em 1592 defendeu o uso de escravos africanos visto que "os negros não são prejudicados porque lhes será muito útil tirá-los da Guiné, daquele fogo e tirania e barbárie e brutalidade onde sem lei nem Deus vivem como brutos selvagens, levados a terra melhor, mais saudável para eles, abundante, alegre, para que melhor se conservem e vivam em sociedade e religião, com o que conseguirão muitos bens temporais e, o que mais prezo, espirituais".[25]

Tais argumentos formavam a espinha dorsal de uma defesa ideológica da escravidão que encontrava aceitação geral, pelo menos entre os não escravos.[26] Baseavam-se na teoria aristotélica de que alguns nascem para serem senhores e outros para serem servos na ordem natural do mundo, e na reelaboração tomista desses conceitos, justificando a primazia das necessidades sociais sobre os direitos individuais. De vez em quando alguns observadores, geralmente religiosos, defendiam o bom tratamento aos escravos, mas a Igreja apoiava plenamente o tráfico negreiro e a instituição da escravatura. A escravidão era benéfica para a Coroa e os colonizadores espanhóis, e portanto para a sociedade, e além disso podia se justificar porque colocava os pagãos em contato com o cristianismo e através da conversão poderia levá-los à salvação.

Vez por outra erguiam-se protestos, como os do dominicano Tomás de Mercado, cujo tratado sobre o comércio defendia o fim do tráfico negreiro, e os de Bartolomé Frias de Albornoz, professor na Universidade do México, cujo livro *Arte de los contratos* (1556) atacava a legalidade do tráfico negreiro e questionava também a ideia de guerra justa na África e o caráter moral da salvação de almas por meio da escravização. Mesmo Bartolomé de Las Casas, o grande defensor dos índios, acabou abraçando a causa dos africanos, e em 1547 escreveu em prol da liberdade deles e contra a injustiça do tráfico negreiro. Mas essas vozes contrárias eram poucas. Uma das mais notáveis e curiosas foi a do clérigo e humanista português Fernão Oliveira. Homem de considerável talento e cultura, Oliveira foi o autor da primeira gramática da língua portuguesa (1536) e também um espírito inquieto e investigativo. Frade dominicano, foi por algum tempo tutor do famoso cronista português João de Barros. Conhecia o mundo, tendo servido na corte de Henrique VIII na Inglaterra e de Francisco I na França, além de um período como prisioneiro na África do Norte muçulmana. Erudito e cosmopolita, desenvolveu uma série de ideias não ortodoxas que o levaram a se enredar com a Inquisição, entre elas uma posição extremamente crítica contra a expansão militar e qualquer justificativa cristã da conversão à força. Em seu livro sobre temas marítimos, *Arte da guerra no mar* (1555), ele adotava a posição de que os não cristãos, "mouros, judeus e gentios", não estavam sob a alçada do papa e que, portanto, a guerra contra eles era injustificada.[27] "Tomar as terras, impedir a franqueza delas, cativar as pessoas daqueles que não blasfemam de Jesus Cristo, nem resistem à pregação de sua fé, quando com modéstia lha pregam, é manifesta tirania." Oliveira denunciou a compra e venda de pessoas como animais. Também não aceitava o argumento de que era justo exigir os serviços dos africanos em troca de lhes dar a salvação eterna. Oliveira assinalou que, sem lucro, os cristãos nunca iriam às costas africanas. Quanto aos donos de escravos, como não tratavam os escravos bem nem lhes permitiam acesso aos sacramentos, demonstravam que não tinham qualquer direito de reivindicar retribuição pelo benefício que supostamente traziam aos escravos. Levar a salvação a alguém por meio da injustiça não era uma doutrina apostólica, e seria uma blasfêmia afirmar o contrário. Ele fez uma advertência profética e apocalíptica: "Os que foram seus senhores se tornam escravos. Em pessoa dos quais, diz Jeremias, os escravos nos senhorearam e não havia quem nos resgatasse de seu poder".[28]

A denúncia que Oliveira fez da escravidão era uma rara exceção entre os doutos. Muito mais usual era a literatura que não condenava a escravidão como instituição — havia demasiados precedentes bíblicos e clássicos para ela — mas defendia o bom tratamento físico dos escravos e a atenção a suas necessidades morais e espirituais. O exemplo mais importante é, com certeza, a obra *De Instauranda Aethiopium Salute* (1627), do jesuíta Alonso de Sandoval. Ele nasceu na Espanha em 1573, mas foi criado na América, ingressou na ordem jesuíta quando jovem, foi missionário entre os índios e depois passou a se dedicar aos escravos que chegavam a Cartagena das Índias, o principal terminal do tráfico negreiro da Espanha para as Américas. Sandoval estava em Cartagena no auge do tráfico negreiro, na primeira década do século XVII, quando os negreiros portugueses estavam entregando milhares de cativos, na maioria angolanos. Sandoval solicitou informações etnográficas a colegas jesuítas em Angola, recorreu a autoridades clássicas e fez longas entrevistas em Cartagena com pessoas envolvidas no tráfico negreiro. Seu principal objetivo era determinar o preparo dos escravos para o batismo e, assim, a qualidade do batismo recebido, a justiça da sua captura de acordo com o direito canônico e as formas mais adequadas de melhorar suas condições e conduzi-los à Igreja. Para isso, além de coletar uma quantidade enorme de dados etnográficos sobre as origens e culturas dos escravos africanos, ele também investigou as condições e a justeza da escravização.[29]

Sandoval deixa claro de que lado está ao condenar o tráfico negreiro e seus abusos e ao comentar a injustiça da guerras africanas para obter prisioneiros, mas seu livro é interessante também de outros dois pontos de vista. Primeiro, sua posição sobre a religião e a cultura dos vários povos da África, do sul e sudeste asiático e do Pacífico era estritamente ortodoxa, com poucos laivos de relativismo. Esses povos viviam nas trevas da ignorância que apenas a verdadeira fé poderia dissipar. Ao mesmo tempo, ele também levantava sérias dúvidas sobre a justeza da escravidão, e em seu método de investigação mostrou que alguns de seus contemporâneos partilhavam desses mesmos conceitos. Na pesquisa para o livro Sandoval entrevistou muitas pessoas em Cartagena sobre aspectos da escravidão diretamente relacionados a elas. Ele registrou que vários capitães de navio duvidavam da legalidade e da humanidade do tráfico negreiro. Um capitão formulou a questão nestes termos: "Padre, eu vou buscar negros em Angola, passo no caminho por grandes trabalhos, gastos e muitos perigos; no fim saio com minha carga, sejam os negros bem ou mal obtidos. Pergunto: satisfaço eu a justificação deste cativeiro com o trabalho, as despesas e o perigo que tive em ir, vir, até chegar a poder vendê-los em terra de cristãos, onde vêm a sê-los, enquanto lá continuam gentios durante toda a sua vida?".

Eram dúvidas levantadas não por canonistas e moralistas interessados em questões abstratas de religião e política de Estado, e sim por pessoas que estavam diretamente envolvidas na empresa escravista. É de se perguntar se Sandoval não pôs deliberadamente essas perguntas na boca de pessoas comuns como um recurso literário, para expor as questões jurídicas e morais da escravidão e do tráfico negreiro geralmente formuladas por canonistas, teólogos e missionários. Sem dúvida é uma possibilidade, mas uma outra indicação, do próprio porto de Cartagena, sugere que não eram apenas os religiosos que se preocupavam com tais problemas.

Entre as proposições de vários dissidentes que compareceram diante dos tribunais americanos da Inquisição por vezes surgia a questão da escravidão e de seu caráter moral. O caso mais interessante sob esse aspecto talvez venha de Cartagena das Índias, o centro do tráfico negreiro na América hispânica. Lá, em 1628, a Inquisição prendeu Andrés de Cuevas, homem de espírito ferozmente independente. Não era o primeiro atrito de Cuevas com as autoridades religiosas. Ele tinha sido punido num auto-

-de-fé público em 1614 por proposições heréticas de que não se retratou nem sob tortura.[30] Cuevas era artesão, um carpinteiro de Jaén, na Andaluzia, que tinha se estabelecido em Cartagena, onde teve muito sucesso e acumulou uma fortuna considerável de mais de 30 mil pesos. Seu caso é de especial interesse porque suas atitudes em relação à escravidão faziam parte de uma concepção de mundo que contrariava as normas políticas e religiosas de sua sociedade, como era o caso de tantos outros dissidentes perseguidos pela Inquisição.

De início, Cuevas foi denunciado por uma série de blasfêmias e proposições heréticas que tinham escandalizado os vizinhos, mas diante dos inquisidores ele negou tudo. Torturado, continuou a negar, sem se arrepender, e foi condenado a aparecer num auto-de-fé, a duzentas chibatadas, ao desterro perpétuo das Índias e a dois anos de cárcere em Sevilha. Foi-lhe imposta também uma multa de 3 mil pesos. Na revisão, porém, a Suprema Corte da Inquisição em Madri achou que a tortura, o confisco de bens e o degredo tinham sido excessivos, e Cuevas foi perdoado e lhe devolveram os bens. As razões desse perdão não são claras. Talvez ele tivesse contatos nos lugares certos, mas, seja como for, a sentença não foi executada. Talvez confiante demais na libertação, a essa altura ele começou a denunciar a Inquisição e os inquisidores, repetindo algumas de suas proposições mais ofensivas. Uma delas era que pensar alguma coisa e dar guarida a qualquer ideia não era pecado se não se convertesse em ação. Em outras palavras, ele defendia a liberdade de pensar como quisesse.[31]

Por fim, mais de quarenta testemunhas foram intimadas a depor contra Cuevas, homem que visivelmente não hesitava em expor suas opiniões. Ele reclamava constantemente que Deus não tinha feito nada por ele, e que tudo o que ele conseguira tinha sido com o suor da testa. Aos que lhe repetiam o estribilho "Deus lhe pague", Cuevas costumava responder que ainda estava esperando e que o anjo com o pagamento devia ter errado de casa. Quando alguns amigos lhe disseram que se devia agradecer a Deus pelo que se ganhava e se conquistava, ele respondeu que mais valia confiar em 10 mil demônios. Qual a vantagem de acreditar em Deus ou em são José, o padroeiro dos carpinteiros? O que tinham feito por ele? Quando estava se recuperando de uma doença, um amigo lhe desejou que Deus lhe desse saúde. "O que Deus me dá", replicou ele, "é muita merda." Cuevas pouco se importava com os santos (não tinha crucifixo nem imagens de santos em casa) ou com os ensinamentos da Igreja. Várias testemunhas declararam que ele costumava responder com sarcasmo aos pedidos de esmola: "que a desse o rei, a Igreja ou o bispo que tinham obrigação, ou que fossem pedir a Deus". Uma vez ele recusou esmola a um mendigo e disse a um amigo: "Se Deus quer que esse homem seja pobre, assim seja, que se eu lhe mostrar caridade será contra a vontade de Deus: ele vai se livrar da pobreza e passar para mim". Quando lhe pediram esmolas para os franciscanos, respondeu que não daria nada nem que são Francisco em pessoa descesse do céu para pedir. Ele tinha se feito sozinho, em guerra com a vida e qualquer tipo de autoridade, o rei, a Igreja, os inquisidores e o próprio Deus. Cuevas achava que o rei governava mal. A troco de quê dar tantas coisas aos bispos, inquisidores, governadores e aos ricos, que eram um bando de ladrões que só faziam explorar os pobres? Os inquisidores eram uma penca de bêbados, e ele sentia especial aversão pelo inquisidor Juan de Mañozca, que conduzira seu primeiro julgamento. A certa altura, quando alguém defendeu a Inquisição como o tribunal mais sério de todos, Cuevas retrucou que ele, um bom cristão e um Cuevas, tinha sido condenado pelo falso testemunho de quatro salafrários que depois tiveram morte feia, que as multas que pagara tinham sido devolvidas e que os inquisidores tinham sofrido repreendas do arcebispo de Toledo pela injustiça praticada. Ele alardeava o acontecido entre muita gente. Mas suas queixas não se restringiam à Inquisição nem a seus julgamentos em particular. Todos os que ocupavam cargos de autoridade nas Índias, dizia ele, só "tratavam de comer e de beber, fornicar e se divertir". Pouco se importavam em governar as Índias, e os que governavam não eram cristãos, comprando os cargos por 20 mil ou 30 mil ducados e depois roubando a terra. Inquisidores, bispos, cônegos, eram todos da mesma laia: não faziam nada na Igreja de Deus a não ser roubar o mundo e fornicar com a maior quantidade possível de mulheres. "Esta república de cristãos era república de bêbados, e melhor governo era o dos hereges e das demais nações."

A sua amargura, o ceticismo religioso e a atitude dissidente faziam com que Cuevas percebesse as injustiças sociais que o cercavam, o que em Cartagena significava a escravidão. Numa ocasião, quando lhe pediram donativos para o dote de uma órfã, Cuevas recusou. Seu amigo disse que seria um gesto de caridade, ao que Cuevas replicou que, se o amigo queria praticar atos de caridade, que desse de comer a seus escravos. Outra testemunha declarou que Cuevas chegou a dizer a um de seus escravos que melhor estaria como gentio na Guiné, sugerindo que mesmo a atividade missionária era perda de tempo. Deus os criara pagãos e se quisesse levá-los para o céu também os teria feito.

Esse era o ponto central, e é por isso que Cuevas é importante para minha discussão. Em meio a suas opiniões heterodoxas e dissidentes, Cuevas aplicou uma versão moderada do antigo argumento relativista sobre as religiões à situação dos africanos, e também levantou o velho problema da conversão à força. Chegou ao extremo de sugerir que talvez fosse melhor para os africanos viver em suas terras à sua maneira. O tráfico negreiro era errado, e o rei era culpado por permitir que ele continuasse. Cuevas questionou toda a base moral e política da própria escravidão ao afirmar várias vezes que "fazia mal o rei de Espanha ao permitir que se trouxessem negros a seus reinos, e por que havia de fazê-los cristãos por força, em vez de deixá-los viver em sua lei e terras onde tinham sido criados, e que o rei o fazia pelo interesse que tirava daí e não por nenhum outro bom motivo".

Era uma afronta direta à justificativa da Coroa e da Igreja para a escravidão, o tráfico negreiro e todo o edifício teológico que abrigava tal justificativa. Como o douto Sandoval, Cuevas defendia um melhor tratamento físico para os escravos, mas, ao contrário do jesuíta, ele colocava em dúvida todo o projeto de catequização e conversão, que não lhe parecia justificar de maneira alguma a captura e a escravização. Era uma posição muito mais radical do que a de Sandoval, mas brotava do meio social comum a ambos. Ela demonstra que os sentimentos contra a escravidão não se limitavam de forma alguma aos teólogos, e levanta uma vez mais o difícil problema das influências recíprocas entre o pensamento culto e o pensamento popular.

Mas uma coisa era certa: dissidências como a de Cuevas não podiam passar em branco. Novamente preso pela Inquisição, ele fez ato de contrição pelos pecados e alegou que tinha falado num momento de raiva e não tinha se dado conta do que estava dizendo. Não adiantou: foi condenado a aparecer num auto-de-fé público como blasfemo, a sair do bispado por cinco anos e a pagar uma multa de 3 mil pesos. Podia ter sido muito pior, e muita gente na cidade achou que ele recebeu uma punição leve demais. Talvez continuasse a ter alguma influência junto a alguém nas altas esferas.[32]

Pessoas como Cuevas procuravam tirar suas próprias conclusões sobre o certo e o errado, Deus e humanos, homens e mulheres. Suas reflexões muitas vezes levavam ao questionamento de vários aspectos do mundo. Se demasiadamente alardeadas, os vizinhos poderiam considerá-las ofensivas, heréticas ou mesmo insanas.

Termino aqui com o caso paradigmático de Mateo Salado, estrangeiro radicado por muitos anos nas Índias. Salado ou Saladé era um francês de Beauce, entre Paris e Orléans, de 45 anos de idade, e morava perto de Lima quando foi preso em 1571. Era um *huaquero*, um violador de sepulturas que procurava tesouros nos cemitérios indígenas, e trabalhou tanto tempo no mesmo cemitério, entre Lima e a costa, que as pessoas acharam que ele tinha perdido a razão.[33] Salado foi denunciado à Inquisição por adotar atitudes religiosas suspeitas, indagando por que adorar a cruz, que não passava de um simples pedaço de metal feito pelo martelo de um artesão, ou dizendo que havia muitas coisas piores no mundo do que ser luterano. De início os inquisidores relutaram em prendê-lo devido à sua fama de desequilibrado mental, mas as testemunhas começaram a expor um vasto leque de opiniões heréticas, anticlericais, iconoclastas, antipapais, anti-inquisitoriais e pró-luteranas expressas por Salado. Opiniões ofensivas: não deviam existir padres e freiras; os padres consumiam as rendas da Igreja ou as davam a mulheres. Tomavam o suor dos pobres e vendiam Cristo por um peso, diariamente, dando água em vez de vinho na comunhão. Ele sonhava com o mundo da abundância mítica, o reino da Cocanha. Seria como na Alemanha, onde a comunhão era feita com cestos de pães e jarras de vinho. O papa desperdiçava as rendas da Igreja e gastava com as prostitutas de Roma, e era igual a todos nós. Em vinte anos os alemães e os franceses garantiriam o fim do papado, e as guerras na Itália e na Alemanha acabariam com os cardeais e bispos e suas vilezas, e todos seríamos cristãos. Deus tinha iluminado Erasmo e Lutero. O sacrifício da missa era cegueira. Onde existia fé católica verdadeira não existiam ornamentos nem cálices. Ele ridicularizava as dispensas e bulas papais, dizia que as peregrinações eram inúteis e que muitos que haviam ardido na fogueira na Espanha, condenados pela Inquisição, tinham morrido como mártires da fé e da lei de Martinho Lutero. Tinha uma teologia toda própria. A trindade era binária, apenas o Pai e o Filho, pois o Espírito Santo não era uma pessoa, e sim o amor de ambos e o espírito de Deus. Cristo não era Deus, mas apenas o Filho de Deus, e portanto a Virgem era a mãe apenas de Cristo, não de Deus. As almas dos mortos iam diretamente para o céu ou para o inferno. O purgatório não existia. De onde ele tirou essas ideias? Disse aos inquisidores que cerca de vinte anos antes, em Sevilha, um francês tinha lhe dado um "novo testamento", a que recorria várias vezes como fonte de autoridade.

Mas em vários assuntos não era a autoridade, e sim a experiência própria, que levava Salado a alimentar um sentimento de injustiça e uma posição de dissidência. O desapreço pelos ricos e pela vida da hierarquia eclesiástica e a simpatia pelos pobres o faziam amargo e herético. Sobre a escravidão e o tráfico negreiro ele disse que "nenhum homem que vendesse negros e mulatos poderia ir ao céu, mas que ia condenado para o inferno e que o papa que o consentia era um bêbado". Como Cuevas e, supõe-se, outros mais de seu meio, ele não se sentia persuadido pelas justificativas da Igreja e do Estado, e tampouco lhe pareciam aceitáveis os benefícios que muitos extraíam do injusto tráfico negreiro.

Salado foi submetido à tortura, mas não apontou nenhum cúmplice. Era pobre, não tinha bens que pudessem ser confiscados. Ele manteve suas opiniões até o final. Os inquisidores declararam o seguinte: "como ele andava dizendo estas heresias tão claras e manifestas e cavava apenas aquela sepultura, as pessoas que o ouviam o atribuíam à loucura, mas ele não é realmente louco, e sim herege pertinaz". Da mesma forma, muitos dissidentes aqui mencionados — Bartolomé Sánchez em Cuenca, Inocencio de Aldama em Murcia, Juan de las Heras e Mateo Salado em Lima — eram tidos como loucos, e na verdade alguns eram loucos mesmo ou acabaram ficando desequilibrados durante os suplícios e os longos períodos no cárcere, mas há também continuidades e semelhanças notáveis em suas opiniões sobre os fatos do mundo e na vontade de mudá-los para melhor. Era um desafio inadmissível, e a loucura se tornou uma maneira eficiente de definir e desqualificar suas posições; a outra maneira era a repressão.[34] Impenitente até o fim, Salado foi entregue às autoridades seculares num auto-de-fé público e ardeu na fogueira em Lima, em novembro de 1573.

Suas cinzas se dispersaram, mas seu nome não caiu no esquecimento. Ainda hoje, em Lima, permanecem os restos de suas escavações, invadidas pela expansão urbana. A área pré-incaica que ele escavou ou, talvez mais exatamente, saqueou em silêncio durante dez anos, enquanto ruminava sobre os desacertos deste mundo e suas esperanças num futuro melhor, ainda se chama, decorridos mais de quatrocentos anos, a *huaca* de Mateo Salado.[35]

DEVOÇÃO POPULAR, SINCRETISMO E SALVAÇÃO

Não se deve considerar a dissidência e as críticas de homens como Cuevas, Salado e tantos outros aqui mencionados como elementos estranhos aos padrões gerais da prática católica no mundo hispânico. Frequentemente os estudiosos atuais evitam falar em cultura popular, porque é muito difícil definir o significado exato de *popular* e porque muitas vezes as camadas cultas e letradas também expressavam ideias e conceitos mantidos por gente simples.[36] Da mesma forma, se nestas páginas comparecem frades e padres é porque eles estavam convencidos de que a intenção divina era salvar todos os povos, mesmo fora da Igreja. Era uma crença que não era defendida apenas por iletrados, mesmo que os acusados frequentemente usassem sua rusticidade em sua defesa.[37]

O antropólogo William Christian sugere que a religiosidade popular enfatizava especialmente os aspectos práticos e os reveses da vida cotidiana, como a seca, a peste e a guerra, mas prefere abordar o fenômeno a partir de suas variáveis locais ("religiões locais"): uma visão de mundo que ressalta a importância dos santos e santuários regionais, das festas, promessas, capelas e irmandades laicas.[38] Era uma religiosidade intensa desenvolvida e mantida pelos fiéis com a colaboração do clero favorável, e sob o escrutínio constante dos bispos ou de Roma, que procuravam impor um controle central da liturgia, do dogma e da prática. Na verdade, grande parte da história da Reforma católica se concentrou no empenho de inquisidores, missionários e bispos, muitas vezes trabalhando em conjunto, para alinhar as crenças e costumes locais com o dogma e eliminar seus excessos.[39] O êxito do projeto variou muito entre as várias regiões da Europa. Os missionários enviados ao sul da Itália se referiam à região como "as Índias da Europa" devido ao atraso e às supostas superstições das pessoas mais simples, que mal lhes pareciam cristãs, mas tal opinião não se restringia apenas a essa área.[40] "As Índias da Europa" era uma expressão que mais de um clérigo frustrado usou para descrever as dificuldades pastorais enfrentadas.[41]

A intensidade e difusão dessa religiosidade local não impedia o tipo de ceticismo e descrença que vimos nestas páginas. Como reconhece o próprio Christian: "Nem todos os eremitas são santos, nem todos os peregrinos são devotos e nem todos os aldeães são crédulos".[42] A coexistência da crença e da descrença religiosa entre pessoas com as mesmas origens sociais e com as mesmas visões culturais indica a potencial independência de espírito e pensamento que sempre era possível aos indivíduos, mesmo que eles não compreendessem claramente as implicações de suas crenças.

Os sistemas de crença nas forças naturais e sobrenaturais, que existiam simultaneamente e em sobreposição, mostravam um certo paralelismo entre o poder da Igreja e o poder das forças mágicas ou ocultas. A magia de um era a religião de outro. A Igreja, por meio de orações, relíquias, imagens, bênçãos, peregrinações e sobretudo da intervenção dos santos, podia alcançar resultados milagrosos e despertava devoção porque funcionava como um intermediário entre a sociedade e as forças divinas e sobrenaturais; mas ela também procurava desencorajar atitudes que lhe pareciam superstições e excessos por parte dos laicos ou plebeus. Além disso, o catolicismo oferecia uma liturgia, uma doutrina, um sistema e uma bússola moral, enquanto a magia se mantinha no plano pragmático, voltada para os problemas, ligada às dificuldades imediatas da vida.[43] Todavia, nos séculos XVI e XVII o poder católico dos milagres e das missas e o de forças mágicas ou diabólicas frequentemente se fundiam na cabeça de muitos. Como afirma o historiador John Butler, em matéria de religião e ocultismo os laicos eram ecumênicos.[44] Os teólogos da época tomavam isso como superstição e viam o ocultismo e a magia como rivais da ortodoxia e provas da ação do demônio. Os historiadores modernos por vezes objetam que a plebe europeia daquele período mal chegava a ser cristã, visto que boa parte de suas práticas e concepções de mundo se baseavam em crenças pagãs antigas ou pré-cristãs, mas talvez seja mais adequado apontar o cruzamento entre o cristianismo e um mundo que incluía a magia, a bruxaria, a demonologia, a astrologia, a adivinhação e outras formas de influir nas forças sobrenaturais, algumas delas não totalmente desencorajadas pelas autoridades eclesiásticas.

Essa cultura coletiva, com seus fervores, medos, esperanças e dúvidas, atravessou o Atlântico na mentalidade e nos costumes dos imigrantes. A colonização ibérica das Américas mostrou que as fronteiras do universo mágico sempre podiam se expandir. Num processo de fusão e recombinação cultural, as crenças ameríndias, africanas e hispânicas eram revisadas de maneira incessante e totalmente involuntária pelos que esperavam encontrar paralelos de práticas e crenças que pudessem levar os índios e os africanos ao cristianismo.[45] De modo geral os índios escapavam à alçada da Inquisição, mas mesmo assim eles aparecem regularmente nos processos como agentes, mestres e intermediários de curas, feitiçarias e tratamentos mágicos. Os espanhóis não precisavam que os índios lhes ensinassem ocultismo nem maneiras de lidar com forças naturais e sobrenaturais, mas sempre havia a possibilidade de que os espíritos, as rezas e as poções locais fossem mais eficientes. Os índios viviam jurídica e teoricamente separados em suas "repúblicas" próprias, mas sem dúvida houve uma interação social e cultural constante entre espanhóis e indígenas que resultou na pretendida religiosidade católica dos índios, bem como na não pretendida fusão de ideias e práticas relacionadas com o ocultismo ou com crenças heterodoxas, quando não heréticas, entre europeus, índios e descendentes mestiços. Os ameríndios muitas vezes ingressavam nesse mundo vendendo sua farmacopeia, seus saberes e técnicas mágicas, com isso encontrando um nicho na economia mercantil do mundo colonial.[46]

Em termos de eficácia e credibilidade, seria um engano crer que o mundo da magia estava separado do mundo da crença ortodoxa. A antropóloga Laura Lewis discute um caso de Michoacán, de 1624, quando o padre local, depois de castigar um índio da paróquia por concubinato e obrigá-lo a admitir que era um bruxo, logo a seguir adoeceu. Outros índios da paróquia diagnosticaram um caso de embruxamento, e o padre procurou uma índia para desfazer os efeitos. Mais tarde ele se sentiu incomodado com o episódio a ponto de informar a Inquisição, insistindo que não havia de maneira nenhuma um pacto com o demônio; mas o mero fato de ter procurado remédios indígenas para um feitiço indígena mostra o entrelaçamento dos mundos da ortodoxia e da heterodoxia nas Índias.[47] O diabo parecia prosperar nas fronteiras culturais. Os teólogos espanhóis e portugueses costumavam ser céticos em relação à feitiçaria, mas em todos os níveis da sociedade aceitava-se a existência do demônio e das ações demoníacas. Os europeus facilmente transformavam as divindades ameríndias e africanas, que acabavam de conhecer, em manifestações do velho inimigo. Os índios não tinham menos presteza para incorporar o demônio europeu a seu panteão de forças sobrenaturais, e africanos, mulatos, mestiços e outros grupos contribuíam para essa mistura de tradições religiosas, além de utilizá-las para inverter e subverter as relações de poder e autoridade na sociedade colonial.[48]

O cristianismo e a religião ameríndia não eram "alternativas mutuamente excludentes" entre as quais os índios ou os europeus teriam de escolher e sim sistemas de crenças que conviviam em maior ou menor grau na sociedade colonial.[49] As Américas se tornaram o centro de um novo sincretismo em escala gigantesca. Era um processo multidirecional de absorção, adaptação e incorporação, mas sempre em desequilíbrio devido à desigualdade de forças das tradições envolvidas e à capacidade da cultura hispânica de limitar, extirpar, censurar e reprimir, com os instrumentos do Estado e da Igreja, qualquer coisa que contestasse sua cosmografia.

Se a América, com sua vasta extensão e sua miríade de povos antes desconhecidos, abria a possibilidade para projetos utópicos e milenaristas de uma Igreja renovada, além da oportunidade de integração e ampliação de novos elementos no conjunto das crenças populares, ela também oferecia um ambiente fértil para o desenvolvimento de dúvidas e questionamento das certezas do dogma. Como na Espanha e em Portugal, havia no Novo Mundo uma soteriologia dissidente que encontrava exemplos em todo o espectro social. Confeiteiros, sapateiros, *encomenderos* mestiços, governadores e ocasionalmente clérigos davam voz a sentimentos de tolerância e relativismo religioso. Essas expressões por vezes brotavam de uma abertura mental a outros meios de influir no sobrenatural, por vezes se baseavam num puro e simples materialismo e por vezes nasciam do solo de um cristianismo universalista abrangente que enfatizava a caridade e a paz. E por vezes resultavam da descrença e da dúvida em relação a toda e qualquer religião. Mas não advinham exclusivamente de algum ceticismo rural específico, restrito à gente comum. Giordano Bruno, o filósofo herético italiano, disse a seus companheiros de cela em 1593 que não existia inferno, pois ao final todos seriam salvos e a ira de Deus não duraria eternamente.[50]

Esses defensores da salvação de todos (ou de ninguém) podiam ser encontrados na Península Ibérica e nas Índias Ocidentais. Eram de origens variadas: espanhóis, mestiços, flamengos, franceses, napolitanos, portugueses. A maioria eram homens, mas de vez em quando, até onde sabemos, havia mulheres que também expunham essas ideias, e de mais a mais esse predomínio dos homens pode ser consequência da falta de interesse da Inquisição em processar as opiniões femininas. Muitos eram cosmopolitas, isto é, tinham mobilidade e conheciam outras terras e costumes. Todos os nascidos na Europa, evidentemente, tinham viajado quando menos para as Índias, mas vários também tinham viajado antes para outros lugares, e alguns tinham vivido no mundo islâmico como cativos e renegados.

De onde tiraram suas ideias? Os exemplos americanos de indiferença ou relativismo religioso, tal como os casos ibéricos, levantam o problema da interação entre a cultura popular ou local e a cultura erudita ou de elite. São intermináveis as especulações sobre a relação entre a "alta cultura" e a "cultura popular" ou entre a "grande tradição" e a "pequena tradição".[51] Talvez seja mais útil enfocar as unidades culturais que atravessam classes ou grupos sociais e reconhecer que as distinções ocorriam sobretudo na interpretação e às vezes no "desempenho" da cultura. A cultura local ou, nesse caso, a religião local não era tanto um conjunto de traços específicos, consistindo antes numa certa interpretação de elementos compartilhados com a cultura letrada ou de elite. As ideias circulavam de cima para baixo e de baixo para cima, e mesmo que o povo simples não tivesse instrução ou base para escrever uma peça ou um sermão ou para formular um dogma, ele tinha sua própria compreensão do certo e do errado, do bem e do mal. Como consta num prefácio a um sermão publicado em homenagem a um inquisidor do México, em 1686, os laicos sabiam reconhecer um bom sermão mesmo que não entendessem plenamente a teologia.[52]

No debate sobre a relação entre a circulação de ideias e as normas e percepções culturais eruditas e populares, talvez seja conveniente passarmos da teoria à prática e olharmos o papel fundamental das pessoas ocupando posições sociais e culturais intermediárias. Com efeito, muitas das pessoas que expunham conceitos soteriológicos dissidentes não eram do campo nem mão de obra avulsa, e sim gente de ofício ou das classes médias da sociedade. À exceção de alguns frades e clérigos, que pareciam se basear em discussões teológicas anteriores sobre a salvação, a maioria dessas pessoas não tinham frequentado a universidade e não possuíam formação teológica, mas eram alfabetizadas e usavam as letras para ampliar seus horizontes e pensar por conta própria. Eram de gosto eclético, e mesmo que de vez em quando citassem obras religiosas, como as de frei Luis de Granada ou Domingo de Valtanás, geralmente pareciam preferir livros populares como os romances de cavalaria. Acima de tudo, liam para acessar a cultura douta, mas também para interpretar essa cultura à sua maneira. Talvez constituíssem uma subcultura de pessoas mais abertas, mais viajadas, mais lidas, de espírito mais independente do que a maioria dos seus contemporâneos, mas sempre havia entre elas outros indivíduos que não se encaixavam no critério de mobilidade e dúvida, e que mesmo assim acreditavam que cada alma devia encontrar seu próprio caminho.

NEPANTLA: UM NOVO POVO ENTRE DUAS FÉS

Devido à estrutura da autoridade inquisitorial e suas preocupações com a população hispânica, é difícil saber se as ideias religiosas relativistas também surgiram entre a população majoritária, composta pelos povos indígenas geralmente alheios à alçada inquisitorial. Em muitos locais, os índios continuaram sob a autoridade episcopal em matérias de ortodoxia.[53] Na Nova Espanha, o *Provisorato* era um tribunal que funcionava mais ou menos como uma Inquisição para os índios, e no Peru houve grandes campanhas para erradicar as superstições indígenas até bem tarde no século XVII, mas a preocupação desses tribunais sempre foi eliminar a idolatria, isto é, a crença e a prática pré-cristã, e não propriamente outros tipos de opiniões heterodoxas ou heréticas. Mesmo no século XVII, quando padres mais lenientes preferiam definir a prática de ritos e costumes indígenas mais como superstição do que como heresia ou idolatria, raramente houve registro de relativismo religioso entre os povos índios.[54]

No entanto, com a transformação dos credos indígenas no processo de evangelização, os índios se tornaram um povo dividido entre duas fés, uma posição intermediária chamada *nepantla* em náuatle, língua falada pelos habitantes do México central. Seria interessante saber até que ponto o relativismo religioso e as expressões de tolerância se manifestaram entre os ameríndios cristianizados, que viviam divididos entre suas antigas crenças e a nova fé, como ocorreu por vezes entre mouriscos e conversos e ocasionalmente entre africanos e afrodescendentes nas Américas, cujas crenças e tradições, por sua vez, apresentaram novos desafios à ortodoxia e uma oportunidade de sincretismo.[55]

O grande tema da história religiosa do território ibero-americano consiste no contato entre o catolicismo ibérico e as religiões dos ameríndios e dos africanos levados para lá. Diversos autores interpretaram variadamente o processo decorrente desse contato como uma lenta penetração da fé cristã levando à destruição da religião indígena ou, inversamente, como o razoável sucesso dos povos indígenas em manter seu sistema de crenças enquanto aparentavam atender às exigências de conversão e de aceitação da nova fé. Uma terceira alternativa tem sido a ênfase na "absorção, adoção e assimilação", isto é, o destaque dado ao processo de sincretismo, resultando no surgimento de religiosidades híbridas que combinavam crenças e práticas católicas e indígenas.[56] Naturalmente, houve nesse processo uma transformação ao longo do tempo. As primeiras campanhas para eliminar as religiões indígenas encontraram firme resistência em locais como a Península de Yucatán e os Andes, e foi somente na segunda metade do século XVII que começou a surgir aos poucos uma síntese das duas tradições, ou, como preferem alguns historiadores, a tradição indígena submergiu na tradição cristã.[57] Em áreas marginais como os braços centrais do rio Orenoco, povos indígenas com sistemas religiosos menos complexos do que os das civilizações andinas e mesoamericanas se demonstraram igualmente prontos a contestar e se esquivar à doutrina cristã, como demonstram as reclamações dos missionários contra a inconstância e deslealdade de seus neófitos índios.[58] Os povos indígenas dos Andes e do México central, sofrendo fortes pressões, conservaram sua cosmologia num contexto fervorosamente cristão, de modo que os dois sistemas de crenças se entrelaçaram de tal maneira que nem mesmo os fiéis conseguiam separá-los.[59] Nos Andes, por exemplo, o antigo culto dos *huacas*, adorando determinados objetos e luga-

Auto-de-fé na vila de Otzolotepec (México).
Na verdade, esta pintura representa uma cerimônia realizada em 1716 pelo *Provisorato* e não pela Inquisição. Os indígenas condenados estão vestidos com roupas de penitentes e chapéus cônicos, enquanto clérigos e paroquianos indígenas assistem. Museu Nacional de Arte, Cidade do México.

res como coisas sagradas, foi substituído ou encoberto pela veneração aos santos católicos.[60] Na Nova Espanha a conjugação entre as iniciativas dos frades mendicantes para substituir as crenças preexistentes e a imaginação religiosa dos índios convertidos resultou na fervorosa veneração da Virgem de Guadalupe e em outros cultos.[61] Os ensinamentos da Igreja sobre a salvação em Cristo e a representação do inferno e do juízo final eram expostos em murais para convencer os paroquianos indígenas de que sua conduta neste mundo determinaria o destino futuro de suas almas.[62]

Os estudos modernos têm indicado que o velho modelo de um choque entre o catolicismo ortodoxo dos missionários e as pretensas superstições das religiões indígenas antigas não explica adequadamente a natureza do contato religioso nas Américas. Os espanhóis que cruzaram o Atlântico, em especial os que chegaram antes do Concílio de Trento, trouxeram com eles todo o leque de crenças que compunham a religiosidade laica, inclusive as inconformidades, os desvios, as superstições, as práticas locais e as proposições. A primeira geração de frades frequentemente lamentava que a tarefa de conversão dos povos nativos se visse retardada pelo contato com os espanhóis laicos, devido aos abusos que estes praticavam contra os índios mas também porque eles davam um mau exemplo aos neófitos e os contagiavam com suas ideias e crenças. Esse mau exemplo consistia, em parte, nas dúvidas e heterodoxias, além das práticas transgressoras ou supersticiosas.

Os índios certamente compartilhavam com mouriscos e conversos a condição de povo dividido entre duas fés. Alguns dos primeiros argumentos indígenas em favor da antiga religião, como o do cacique dom Carlos de Texcoco, trazem o selo da autojustificativa e da defesa de uma lei anterior perante as pressões, e assim talvez sejam mais explicáveis como estratégias defensivas e não como manifestações de tolerância ou relativismo, tal como havia ocorrido entre vários mouriscos da primeira geração após a conversão.[63] Sem dúvida, havia diversos sistemas religiosos indígenas de tipo panteísta que antes da chegada dos espanhóis tinham possibilitado a preservação de outros cultos ou permitido aos povos submetidos o equivalente a uma liberdade de consciência, de forma que existia uma base pelo menos teórica para o tolerantismo, mas também é preciso levar em conta a questão do poder.

Existia, evidentemente, uma grande diferença entre os ameríndios e os mouriscos e conversos, que como minorias na Península Ibérica nunca estiveram em posição de propugnar ou conceder o tolerantismo religioso, mesmo que quisessem, simplesmente porque não tinham o poder de implantar tal política. Já os ameríndios, inversamente, formavam a imensa maioria da população na América hispânica, mas as políticas coloniais procuravam reduzir constantemente sua cultura e organização social a uma posição minoritária, de modo que a impotência dos índios, a despeito de seu imenso peso demográfico, se equiparava à impotência das minorias étnicas ibéricas.[64] No século XVIII as políticas de promoção do sincretismo, bem como as estratégias indígenas de sobrevivência e dissimulação, produziram um catolicismo fervoroso que geralmente incorporava graus variados de crenças e práticas locais.[65] Esse catolicismo tinha um viés intensamente regionalista ou às vezes entusiasticamente milenarista. De modo geral, a questão da tolerância de outras religiões nem entrava em jogo. Era uma atitude mais de indiferença do que intolerância.[66] As demandas de uma Igreja reformista e um Estado que se tornara ativista no século XVIII tinham criado novas pressões sobre muitas comunidades indígenas. No final do século, a questão de como esses novos cristãos indígenas iriam reagir às pressões pela liberdade de consciência e aos outros programas de reforma e secularização iria se tornar um problema fundamental na criação dos Estados nacionais que estavam surgindo sobre as ruínas do império espanhol.

7. Brasil: salvação numa sociedade escravocrata

> [...] *não aja pecado que nesta terra não aja, também topei com opiniões luteranas e com quem as defendesse. Porque, já que não tínhamos que fazer com o gentio em lhe tirar suas errôneas por argumentos, tivessemos hereges com que disputar e defender a fé catholica.*
>
> Padre Manoel da Nóbrega (1559)

Quando os portugueses começaram a cruzar os oceanos, no século xv, o contato com outras terras e outros povos lhes aumentou a confiança na sua missão e nos seus deveres religiosos e lhes reforçou o senso de superioridade cultural. Mas as viagens ultramarinas também levantaram o problema da natureza dos povos não cristãos e do valor e validade dos outros credos. Em meados do século xvi os portugueses tinham criado um extenso império de portos e postos avançados ao longo das costas da África Ocidental e atravessando o oceano Índico.

No Atlântico, depois de colonizar as ilhas desabitadas dos Açores e da Madeira no século xv, os portugueses aportaram no litoral da América do Sul em 1500, e nos anos seguintes lentamente começou a se formar uma colônia na região. Após décadas de relativo descaso e povoamento esporádico, por vezes utilizando degredados do reino, essa colônia brasileira começou a florescer inicialmente nos anos 1530, quando pequenos nobres lusitanos receberam capitanias onde poderiam desenvolver os territórios; mais tarde, em 1549, uma grande expedição criou a capital em Salvador, com um governador-geral, e a colonização tomou ímpeto especialmente após 1560, com a criação de fazendas de cana-de-açúcar que se expandiram ao longo dos rios que atravessavam as capitanias da Bahia e de Pernambuco e iam desembocar no Atlântico.

A pecha negativa inicial do Brasil como colônia de povoamento de cristãos-novos e réus condenados por tribunais civis e religiosos (centenas na expedição de 1549) começou a diminuir um pouco quando a colônia se demonstrou lucrativa e as origens dos primeiros colonos caíram no esquecimento.[1] A verdadeira chave do progresso da colônia consistiu, porém, na relação entre o crescimento da economia açucareira, a exploração e eliminação dos povos indígenas locais e a introdução de escravos africanos. Esse processo transformou a face populacional da colônia, reunindo elementos de sistemas culturais e religiosos de três continentes e ao mesmo tempo criando uma série de desigualdades sobrepostas que se baseavam na religião, na raça e na origem e favoreciam os europeus, mesmo os de baixa renda.

Na verdade, porém, a distância da colônia em relação às autoridades civis e religiosas, a ausência de controles religiosos ou administrativos rígidos e as oportunidades aparentemente infindáveis de natureza material ou carnal tinham atraído não só pessoas que queriam melhorar de vida como também todas as espécies de dissidentes religiosos e de pessoas vivendo à margem da sociedade portuguesa. Os primeiros relatos sobre o Brasil variam de descrições geográficas paradisíacas e da exaltação das oportunidades de enriquecimento até versões demonizantes dos povos autóctones, apresentados como canibais pagãos que andavam nus, sem qualquer senso de decoro ou moral sexual. Muitos desses atributos também eram atraentes para vários grupos por diversas razões. Além disso, havia poucas restrições religiosas formais. A presença e a influência do clero na primeira metade do século eram mínimas, e apenas em 1551 foi criado um bispado em Salvador. Portanto, aqueles primeiros cinquenta anos de colonização e formação da sociedade, bem como de contato inicial entre colonos e indígenas, ocorreram antes que houvesse uma forte presença eclesiástica e antes também do Concílio de Trento, com sua tentativa de reformar e regulamentar a prática católica e de conferir um papel central ao sacerdócio e aos sacramentos na vida cotidiana dos fiéis.[2]

No Brasil, os principais agentes das reformas tridentinas foram os padres da Companhia de Jesus, ordem religiosa de formação recente intimamente ligada à Reforma católica. Seis jesuítas haviam acompanhado a expedição do primeiro governador-geral em 1549 e prontamente iniciaram um intenso trabalho missionário para catequizar os povos indígenas. Os jesuítas em Portugal entendiam a nova colônia e os habitantes índios como uma área de atuação sua e estavam dispostos a correr riscos e viver no desconforto para converter os pagãos indígenas do Brasil, cuja barbárie e ignorância do Evangelho seriam vencidas pelo zelo missionário. Embora os jesuítas tenham se tornado parte integrante da sociedade portuguesa na colônia, exercendo uma influência fundamental na vida educacional, espiritual e econômica dos colonizadores, sua principal motivação era o trabalho missionário. Eles acreditavam que o maior obstáculo em seu caminho consistia na imoralidade e violência dos povoadores portugueses, que escravizavam os índios, tomavam-lhes as mulheres e viviam em total desconsideração ou ignorância dos preceitos da Igreja.

Essa luta não se resumia a questões morais. Os colonizadores viam as aldeias missionárias como concorrentes no controle dos trabalhadores índios, que se faziam cada vez mais necessários nas fazendas açucareiras em crescimento, principalmente porque as doenças e a resistência dos índios diminuíam ainda mais a disponibilidade de mão de obra indígena. Ao mesmo tempo havia também uma disputa com a autoridade eclesiástica. Os jesuítas protestavam contra o primaz da Bahia, que achava que a principal preocupação da Igreja deveriam ser os portugueses laicos, e não os índios pagãos. A morte do bispo às mãos dos índios encerrou a disputa, e a abordagem jesuíta enfatizando a conversão indígena predominou até os anos 1580, quando outras ordens religiosas começaram a se estabelecer na colônia e a vida religiosa foi regularizada sob controle episcopal.

Como parte desse processo de regularização, ocorreram duas visitas da Inquisição ao Brasil, uma em 1591-3 e outra em 1618. Quase mil pessoas foram denunciadas e muitas foram encarceradas na tentativa de impor a ortodoxia na colônia. O grupo individual que mais sofreu acusações foi o dos cristãos-novos judaizantes, mas a rede do tribunal no Brasil atingiu uma ampla esfera social, e em termos percentuais houve mais interesse nos desvios, erros e blasfêmias dos cristãos-velhos do que costumava ocorrer nos tribunais da metrópole.[3] Os jesuítas colaboraram plenamente com a Inquisição, e de fato as sessões das visitas foram conduzidas nos estabelecimentos jesuítas de Salvador e Olinda. Foi apenas mais tarde, no século XVII, como vimos na discussão sobre o padre António Vieira, que a política e os interesses dos jesuítas e do Santo Ofício passaram a divergir.

Assim, é irônico que os dois grupos mais atraídos para a nova colônia no século XVI tenham sido os cristãos-novos, esperando encontrar oportunidades econômicas e um certo desafogo das dificuldades enfrentadas em Portugal, e os jesuítas, que de início viam a colônia como uma espécie de purgatório mas tinham a esperança de criar no Brasil uma utopia cristã entre os pagãos. O objetivo da ordem era instaurar uma terra de observância católica ortodoxa guiada pelas reformas tridentinas.[4] O comerciante cristão-novo Diogo Lopes Ulhoa, tão poderoso que alguns o chamavam de conde-duque do Brasil, disse em certo momento que "esta terra foi feita para nós e nossos ancestrais". Da mesma maneira, o padre jesuíta Manoel da Nóbrega tinha escrito com igual convicção: "esta terra é a nossa empresa". Mas o programa jesuíta se via ameaçado e frustrado pela avareza, licenciosidade e ignorância dos colonizadores, pela presença de potenciais heresias representadas pelos cristãos-novos, pela recalcitrância e superstição dos laicos e pelas dificuldades no processo de conversão dos índios. Por todas essas razões, de início os jesuítas consideraram a Inquisição como uma aliada para o projeto da ordem missionária.

Inversamente, os cristãos-novos não receberam bem a chegada dos visitadores inquisitoriais, e muitos se referiam aos agentes do tribunal como demônios. Em 1622 o inquisidor-geral de Portugal afirmou que, em vista do crescimento da população e da índole do povo na colônia, o Brasil precisava de um tribunal permanente, mas esse plano nunca se concretizou, talvez devido à oposição dos cristãos-novos.[5] Todavia, não eram só eles que temiam e detestavam o Santo Ofício, e alguns cristãos-velhos no Brasil também antipatizavam com a imposição da ortodoxia e a limitação da liberdade de consciência, inerentes ao tribunal e às reformas de Trento.[6]

OS PRIMEIROS HEREGES

Se o plano dos jesuítas e da Inquisição era isolar o Brasil das correntes heterodoxas e heréticas que estavam surgindo na Europa, suas esperanças estavam fadadas ao fracasso. Os colonos portugueses traziam consigo todo o leque de superstições, crenças, dúvidas, críticas e ironias que tinham aparecido na Europa. Possuíam uma profunda fé católica e uma profunda sensibilidade religiosa, amiúde manifestada nos elementos externos do culto.[7] A população venerava os santos e adotava os ritos da Igreja, mas também se sentia atraída pela alquimia e pela astrologia, pela crença na magia branca e na magia negra, na feitiçaria e no ocultismo. Havia dissidência em relação a vários pontos da doutrina. É fácil encontrar nas ideias e palavras dos colonos todas aquelas proposições geralmente condenadas sobre a Trindade, a virgindade de Maria, a fornicação e as demais. As duas visitas da Inquisição das quais ainda existem registros detalhados revelam todo o espectro de dissidências, irreverências e questionamentos que se encontravam em Portugal. Além disso, como veremos a seguir, a realidade do Brasil, povoado por índios pagãos e convertidos, escravos africanos e os mestiços nascidos do contato entre eles e os europeus, criou novas situações de interação que geraram novos tipos de proposições ou intensificaram a crença nas proposições antigas.[8]

E havia também dissidentes com formação mais culta, em condições de debater num nível intelectual mais ou menos equivalente ao dos homens da Igreja, especialmente os jesuítas, ou que exerciam alguma espécie de autoridade secular que contestava a da Igreja. Esses homens introduziram ideias que divergiam da teologia jesuíta da Reforma católica, e suas blasfêmias e heresias por vezes reproduziam concepções do povo simples em geral e ocasionalmente dos hereges protestantes, ou pelo menos assim afirmavam seus acusadores. Na verdade, porém, muitas dessas ideias ou afirmações tinham as mesmas raízes dissidentes e heterodoxas de onde brotavam as críticas e dúvidas dos colonos e mestiços.

Essas pessoas aparecem relativamente cedo na história brasileira. O caso clássico é o de Pero de Campos Tourinho, o primeiro donatário da capitania de Porto Seguro. Nobre de Viana do Castelo, ele começou a povoar sua capitania em 1535, com um grupo de colonos que trouxe de Portugal. Era um homem de linguajar livre, que não hesitava em criticar com ironia e sarcasmo os padres locais e a instituição eclesiástica, e discutia frequentemente com eles. O clero não gostava. Em junho de 1546 um padre francês liderou um golpe contra ele. Tourinho foi preso, acusado de blasfêmia e enviado de volta a Portugal em ferros. A Inquisição, ainda em sua fase inicial, realizou um inquérito em 1547. Tourinho negou a maioria das acusações, mas elas próprias talvez revelem a natureza de suas ideias, ou pelo menos parecem ser heresias bastante comuns, o que tornaria bastante plausível a denúncia contra ele: a crítica à missa, o desrespeito pelos santos, a crítica ao clero por viver em companhia feminina e sobretudo aos bispos, que ele chamava de velhacos e tiranos, venais e dissolutos.

Em meio a essa irreverência, não admira encontrarmos um relativismo religioso implícito. A primeira acusação levantada contra Campos Tourinho era que ele, quando fazia alguma tarefa, costumava dizer que se Deus não o ajudasse era porque a fé dos mouros era melhor do que a dos cristãos, e ele se tornaria mouro. A possibilidade de admitir o valor de outra religião era uma acusação séria, mas a Inquisição parece tê-lo tratado com leniência. Embora ele nunca tenha voltado ao Brasil, seus descendentes não sofreram nenhuma infâmia em especial. Se era herege, "era apenas intermitente e diletante".[9] A Inquisição em Portugal estava atrás de caça mais grossa.

Por que ele foi acusado? Campos Tourinho dizia que seus inimigos não gostavam de seu comando porque ele os "castigava e prendia quando era necessário pelos males que faziam aos índios, dormindo-lhes com as suas mulheres e filhas e faziam outras coisas que não deviam".[10] Nisso, pelo menos, suas críticas acompanhavam as dos jesuítas. O tratamento a ser dado aos índios e a maneira de conduzi-los à salvação continuavam a ser questões fundamentais.

Outros dissidentes dos primeiros tempos se aproximavam mais das heresias formais. O francês João de Bolés tinha abandonado o posto francês na baía da Guanabara por diferenças religiosas com os comandantes. Chegou a São Paulo em 1559, onde seus talentos oratórios e seu domínio do hebreu e das línguas clássicas impressionaram os colonos e os jesuítas locais. Também os impressionaram suas críticas ao papa, a descrença nos santos, a condenação da venalidade do clero e a defesa da liberdade de sua terra natal, onde, ao contrário de Portugal e das colônias portuguesas, era permitido ler o que se quisesse. Esse humanista francês acabou sendo preso e julgado por despertar as suspeitas de seus adversários jesuítas no Brasil, que achavam que ele estava plantando sementes de heresias protestantes, as quais, em vista de sua eloquência e saber, colocavam em risco a saúde espiritual dos colonos. Ele era uma erva daninha que os jesuítas não permitiriam crescer numa colônia já mergulhada no pecado. Por fim, Bolés foi condenado a se retratar dos erros e se reconciliar com a Igreja.[11]

Os defensores da ortodoxia sentiram uma apreensão semelhante com outro humanista estrangeiro que morava em Ilhéus, capitania esparsamente povoada ao sul da Bahia. A capitania tinha se desenvolvido em consequência da economia açucareira nos anos 1540. A Companhia de Jesus desempenhava um papel ativo na região desde sua chegada ao Brasil em 1549, tendo formado missões entre os povos litorâneos, uma residência em São Jorge e várias fazendas de cana. Outros engenhos foram montados com o financiamento de Lucas Giraldes, banqueiro florentino residente em Lisboa que havia comprado a capitania e pretendia desenvolver a economia açucareira usando outros florentinos para administrar seus negócios no Brasil. Mas Ilhéus, devido à pressão constante dos povos indígenas, encontrou obstáculos para seu desenvolvimento, primeiro os tupiniquins do litoral e depois, nos anos 1560, os indômitos e hostis aimorés, que atacavam constantemente as colônias e fazendas portuguesas da região. Mesmo em 1600, provavelmente não chegava a uma centena o número de famílias em São Jorge, a capital de Ilhéus.[12]

Foi nesse contexto que o humanista florentino Rafael Olivi se estabeleceu na capitania. Talvez ele estivesse inicialmente ligado às atividades açucareiras de Giraldes. Olivi morava na fazenda São João, no distrito de São Jorge. Era bastante conhecido pelos vizinhos jesuítas, que o consideravam educado, bom latinista e conhecedor de Platão. Mas Olivi também era falante e tinha laivos de livre pensador; em vista de suas origens italianas, naturalmente recaíram sobre ele as suspeitas de ser um herege protestante. Ele disse algumas vezes que a religião tinha sido inventada para subjugar as pessoas, pois as armas e os impérios nunca eram suficientes para impor uma submissão completa.[13] Criticava o papa e os pecados do alto clero. Além disso, às vezes se referia ao sultão como "grão-senhor" e ouviram-no dizer que "a vida dos turcos era boa" porque não precisavam ir à missa nem ouvir sermões. Tais declarações lhe valeram denúncia e prisão em 1584, como suspeito de heresia.

O representante da Inquisição prendeu Olivi e lhe confiscou os livros. Na fazenda São João ele tinha montado uma extensa biblioteca em latim e italiano. Seus gostos eram variados. Tinha *A guerra dos judeus* de Josefo e um comentário sobre assuntos da Turquia. Essa obra é mencionada no inventário apenas como "commentari de las cosas de Turquia", provavelmente os comentários de Paolo Giovio, mas é difícil saber exatamente o que ele estava lendo. Podia ser *Viaje a Turquia*, de Andrés de Laguna (1559), obra que circulava em manuscrito com uma descrição da vida e da religião dos turcos como forma de criticar os males da sociedade espanhola, ou talvez fosse *Trattato de' costume et vita de Turchi*, de Giovan Antonio Menavino (Florença, 1549), mas, seja como for, Olivi tinha desenvolvido uma visão favorável de vários aspectos da vida entre os turcos.[14] Também possuía um exemplar dos *Discursos* de Maquiavel, autor condenado na Espanha e em Portugal por defender uma política isenta de considerações morais, mas na verdade mais por *O príncipe* que pelos *Discursos*. Suas ligações florentinas e italianas eram fortes. Ele tinha uma cópia (provavelmente manuscrita) dos "*sonetti di Burchiello*" de Domenico de Giovanni, uma coletânea de poemas cômicos de grande circulação. Possuía também um exemplar da *Nova scientia de Niccolò Tartaglia* (1550), o famoso matemático italiano que também escrevia sobre a matemática da artilharia. Talvez dispusesse também de um exemplar de *A divina comédia*, de Dante, mas a relação de seus livros nem sempre é clara e por vezes fica difícil identificar precisamente os títulos dos livros arrolados. Ele evidentemente gostava de autores clássicos como Aristóteles, e inclusive tinha alguns dos poemas eróticos de Catulo. As acusações contra ele especificavam que conhecia bem Platão. A biblioteca também continha obras sobre nobiliarquia, a arte de cavalgar, moral e religião.[15] Mas, qualquer que fossem seus gostos em matéria de leitura, o humanismo e a biblioteca de Olivi, ao contrário de João de Bolés, não ameaçavam diretamente o clero local. Mesmo que tivesse um certo pendor para o livre pensamento, lendo livros de temas e interpretações suspeitas, as acusações acabaram sendo retiradas, aparentemente porque seus vizinhos jesuítas vieram em sua defesa. Em todo caso, sua presença e sua biblioteca mostram que nem mesmo os remotos confins da colônia estavam fora do alcance de ideias alternativas.

Ao norte, na capitania mais rica e povoada de Pernambuco, surgiu outra famosa ameaça de humanismo e heresia, dessa vez encarnada na pessoa de um poeta cristão-novo chamado Bento Teixeira. Ele nasceu no Porto em torno de 1560, foi para o Brasil na infância e foi educado pelos jesuítas.[16] Deve ter sido um bom aluno, pois recebeu patrocínio de pessoas em alta posição na colônia. Morou durante algum tempo em Ilhéus, lá se casando antes de se mudar para a próspera capitania de Pernambuco, onde passou a ensinar as primeiras letras, aritmética e latim. Mas seu porte intelectual ia muito além do ensino elementar. Bento Teixeira tinha ampla formação e espírito inquisitivo. Conhecia as obras de frei Luis de Granada, Jerónimo de Osorio e outros teólogos. Também escrevia e compôs um poema épico, *Prosopopeia*, sobre a conquista e a colonização de Pernambuco, a primeira obra literária criada no Brasil. Conhecia bem o latim e sempre que podia gostava de debater teologia com os beneditinos. De fato, foi a eles que recorreu quando mais precisou de ajuda. Os adultérios da esposa tinham lhe trazido uma aura de ridículo e a fama de corno; ele a matou num momento de exasperação e procurou refúgio no mosteiro beneditino em 1594. Mas não foi o assassinato que o levou à prisão, e sim uma denúncia à Inquisição. Ele tinha o costume de suspender as aulas aos sábados em vez das usuais quartas-feiras, e isso foi motivo suficiente para despertar suspeitas de judaização. Enviado a Lisboa, ele confessou e se reconciliou com a Igreja. Morreu na obscuridade em 1600, ainda usando roupa de penitente.

Mas qual era o verdadeiro perigo que Teixeira representava para a colônia? As denúncias e os depoimentos mostram que ele era uma figura bastante conhecida, tido por muitas pessoas como o homem mais culto de Pernambuco. Ele lia livros proibidos e às vezes jurava pelas partes íntimas de Nossa Senhora, mas a ameaça real era a sua teologia, que ele parecia gostar de discutir com clérigos e laicos. Ele afirmava que não existia dor no inferno, que a dor era apenas a da nossa própria consciência, e que o inferno e o purgatório não eram lugares de verdade, e sim um estado do ser. Era uma negação direta das interpretações tomistas e de toda uma bibliografia que descrevia em detalhes pavorosos os tormentos que aguardavam os pecadores no inferno, e que tinha convertido o purgatório de uma sala de espera para o céu numa antecâmara para a danação eterna.[17] Era uma posição com ressaibos de Erasmo ou Pico della Mirandola. Ele debateu com os beneditinos o pecado de Adão e sua relação com a morte na terra. Teixeira acreditava que, mesmo sem comer a maçã, a humanidade conheceria a morte. Aí parecia haver uma tendência para o conceito de predestinação. Tal foi a acusação do jesuíta António da Rocha, que informou que Teixeira havia escrito aos jesuítas em Ilhéus sugerindo veladamente que, se Deus decidia o destino de cada um, as boas ações não poderiam alterar o curso das coisas.[18] Como bem apontou a historiadora brasileira Adriana Romeiro, as ideias de Teixeira de que o homem era feito à imagem de Deus e composto dos quatro elementos primordiais remetiam a uma série de problemas teológicos cruciais e também apontavam uma familiaridade com a redescoberta da filosofia antiga, característica do século XVI. Como Teixeira era cristão-novo, viu-se em sua posição uma ameaça de apostasia judaizante, pois foi por esse prisma que os inquisidores entenderam suas ideias. No entanto, como no caso de Bolés e de Olivi, suas questões e interpretações incluíam dúvidas que iam muito além dos limites da origem étnica ou religiosa; e, embora todos esse homens tivessem uma formação humanista, várias de suas concepções e a natureza de seus questionamentos eram compartilhadas por grupos sociais muito mais amplos e muito menos instruídos.

SELVAGENS, SEXO E SALVAÇÃO

O cenário colonial apresentava um contexto para a escolha individual e o livre-arbítrio. Era principalmente isso que fazia do Brasil um lugar de grande risco moral e teológico. Os bispos e a Inquisição lutavam para eliminar ou controlar essa liberdade, ao passo que os colonos ou moradores, mesmo costumando declarar que seguiam os preceitos da Igreja e as práticas de "um bom cristão", procuravam gozar a liberdade que a colônia parecia oferecer. Muitos sustentavam que a possibilidade de viver e pensar — e, para alguns, de ler — como e o que quisessem era uma perspectiva preciosa cujo valor aumentava à medida que se intensificava o controle da vida cotidiana. Em 1606 frei Diogo de Paixão conheceu a bordo de um navio inglês um português do Porto que tinha se casado na Inglaterra e era o segundo-capitão da nau. Parecia um homem honesto. Frei Diogo lhe perguntou por que ele morava numa terra entre hereges, ao que ele simplesmente respondeu: "Lá viviam em liberdade de consciência".[19] Da mesma forma, o Brasil parecia oferecer um espaço ilimitado e oportunidades irrestritas para essa e outras liberdades. Poder enriquecer explorando a mão de obra indígena e viver sem restrições sexuais com acesso livre às índias eram coisas muito atraentes. Os jesuítas trovejavam do alto do púlpito contra tais abusos, condenando a licenciosidade e a liberdade, não só por causa de seus efeitos no programa de catequização mas também pelo perigo que tais pecados acarretavam para as almas dos portugueses. Eles receavam que Deus desencadeasse sua ira sobre toda a colônia. Nos anos 1620 Matheus de Sousa Coelho, vigário de Nossa Senhora da Vera Cruz, em São Luís do Maranhão, a propósito de um caso referente à exploração sexual indígena na região, observou que todo seu empenho se destinava a que "se evitem as ofensas feitas a Deus donde comumente nascem os castigos da America pela liberdade de consciência com que vivem, nesta conquista".[20]

Os colonizadores portugueses trouxeram ao Brasil, durante a maior parte do século XVI, todo o leque de crenças e práticas do catolicismo popular europeu. Misturavam os ensinamentos da teologia e do dogma com ideias de feitiçaria, bruxaria, astrologia e magia e com suas percepções sobre o pecado, a sexualidade e a salvação. Era o caso tanto dos cristãos-novos quanto dos cristãos-velhos.[21] Após 1570 as reformas de Trento começaram a se implantar na colônia e o controle episcopal se estendeu sobre a vida dos colonizadores, mas a transformação foi lenta, dificultada ainda mais pelas oportunidades carnais e desafios espirituais surgidos no processo de colonização e no desenvolvimento de um regime escravista, com suas desigualdades baseadas na origem, na condição cultural e, por fim, na cor.

Em termos de relativismo cultural, os primeiros contatos entre europeus e índios geraram várias opiniões contraditórias e desafiantes. Os jesuítas, mesmo com suas frustrações e ocasionais dúvidas, acreditavam que os índios possuíam alma e poderiam se integrar à comunidade cristã. Já os colonizadores geralmente achavam o contrário. Em Pernambuco, Bernardo Velho disse a amigos que os índios sem batismo não tinham alma. Francisco Luís, referindo-se à crueldade dos potiguares hostis, falou que não tinham "mais alma do que um porco".[22] Os colonizadores às vezes usavam essa ideia em favor de seus prazeres sexuais pessoais. Muitos aplicavam ao contexto colonial a velha proposição de que manter relações sexuais com solteiras ou prostitutas não era pecado, de modo que diziam que deitar com índias não era pecado, pelo menos quando não eram batizadas. Os portugueses ou seus filhos mestiços, os mamelucos, que iam para o interior e viviam com as tribos não catequizadas, admitiam às vezes, como fez Pedro Bastardo em 1594, que agiam assim porque podiam ter quantas mulheres quisessem.[23]

Se o contato com os povos ameríndios podia levar os portugueses a opiniões oportunistas que questionavam a humanidade dos índios e facilitavam a utilização deles como trabalhadores ou parceiros sexuais, ele também podia levar a relações culturais e religiosas menos exploradoras. Muitos colonos portugueses e mestiços iam para o interior e viviam com os índios por longo tempo. Muitas vezes a intenção deles era comerciar ou trazer os indígenas como trabalhadores ou escravos, mas enquanto estavam no sertão eles viviam como índios, falando tupi, tatuando o corpo (o que implicava ter matado inimigos e talvez tê-los comido), vivendo em poligamia e geralmente ignorando os preceitos da Igreja. Como os renegados mediterrâneos, eles sabiam que para se reconciliar com a Igreja teriam de insistir que só haviam se comportado daquela maneira como estratégia de sobrevivência. Assim, seus testemunhos nos dão apenas um vislumbre fugidio das verdadeiras motivações e dos reais sentimentos deles, mas também revelam que alguns de fato lutaram contra os portugueses, venderam armas e cavalos aos índios e os convenceram a não viver com os jesuítas, pois teriam de abandonar seu modo de vida, abrir mão da honra de matar um prisioneiro e adotar um novo nome, desistir do prestígio de ter muitas mulheres. Esses transpositores de fronteiras encontravam na cultura dos gentios uma liberdade que os atraía, não porque as culturas ameríndias não tivessem coerções sociais — naturalmente tinham — mas porque ali encontravam um espaço cultural intermediário onde eram menores as expectativas de obediência às regras.[24] Esse tipo de adoção temporária dos costumes culturais era na verdade uma tradição na expansão portuguesa pelo mundo. O cronista Manuel Faria e Sousa, em *Ásia portuguesa*, escreveu que nas Índias portuguesas era cada um por si, e que para avançar eles "esqueciam a terra natal e mesmo a fé, dispersando-se entre nossos inimigos mesmos, servindo a eles contra sua própria natureza na esperança de enriquecerem".[25] A vida dessas pessoas levanta sérias questões sobre a fixidez das identidades religiosas e abre o problema do hibridismo religioso.

Aqui posso mencionar o estranho movimento sincrético religioso brasileiro da Santidade, que floresceu entre os índios de língua tupi em Jaguaripe, no sul da Bahia, nos anos 1580. As Santidades surgiram entre os povos litorâneos nos anos 1550, e geralmente baseavam-se em tradições tupis da liderança messiânica dos xamãs e na crença numa "terra sem mal". Em Jaguaripe o movimento tinha recebido influências cristãs absorvidas pelos índios aos cuidados de jesuítas, mas o movimento atraiu índios escravos, das missões e gentios ainda não convertidos. Combinava aspectos da prática católica, como o batismo, e elementos indígenas. Os seguidores queimavam fazendas e lavouras de cana, e começaram a empreender uma guerra contra os brancos e o regime colonial. Ataques de surpresa e bolsões de resistência continuaram até o final dos anos 1620.

Não é surpresa que esse tipo de sincretismo religioso tenha se desenvolvido entre uma população indígena que estivera exposta ao trabalho de catequização dos jesuítas, mas o que é um tanto estranho é a maneira como os portugueses e mamelucos na Bahia lidaram com a "heresia dos pagãos". O fazendeiro Fernão Cabral enviou uma expedição ao interior comandada pelo mameluco Domingos Nobre, conhecido como Tomacaúna. Ele e seus aliados mamelucos e índios viveram com os rebeldes durante meses; comiam, bebiam e fumavam juntos, e finalmente Nobre os levou para o engenho de Cabral, onde receberam autorização de se instalar. O fazendeiro usava a mão de obra deles, mas se tornou de conhecimento público que ele lhes permitia manter sua religião e até prestava respeito aos líderes. Cabral já tinha má fama como escravista cruel e blasfemo, mas suas relações com a Santidade causaram um escândalo na região. Ele alegou que deixava a seita funcionar por conveniência, sem acreditar nela, e que assistia a suas cerimônias por curiosidade, mas muitos mamelucos e até alguns portugueses passaram a crer que ela era realmente uma religião e o verdadeiro caminho. Foi especialmente o caso de pessoas nascidas no Brasil, que tinham mais familiaridade e talvez mais abertura às práticas indígenas. A jovem branca Luiza Rodrigues admitiu que, conversando com índios pagãos e cristãos, ela se convenceu de que "a Santidade era sagrada e boa, e a lei dos cristãos não". Mais tarde Luiza tributou o erro à sua pouca idade. Ao todo foram incriminados vinte brancos, 46 mamelucos, dezesseis índios e sete negros e mulatos junto à Inquisição por colaborar com o movimento da Santidade.[26] Entre eles, além de mamelucos marginais, havia também outros fazendeiros e pessoas de posses, inclusive a esposa de Cabral.

A investigação inquisitorial na Bahia, em 1591-3, tratou os implicados com relativa leniência, aceitando de modo geral as explicações ao estilo dos renegados, ou seja, que seria uma colaboração aparente sem engajamento espiritual. Talvez o inquisidor não conseguisse aceitar a ideia de que tais "abusos" pagãos poderiam de fato constituir um ataque à validade da Igreja para a mente dos colonizadores, como ocorria com o islamismo ou o protestantismo. Mas nas florestas e lavouras de cana do Brasil as oportunidades para as velhas ideias de relativismo religioso podiam florescer e levar a autênticos desvios. O mameluco Lázaro Aranha disse a um colega que "havia o Deus dos cristãos, outro dos mouros e outro dos gentios". Ele tinha vivido como índio entre os índios por longos períodos e desenvolveu um senso de relativismo a partir dessa experiência, mas o quadro mental em que situou suas ideias era a concepção tradicional da igualdade implícita das religiões monoteístas, às quais ele somou as crenças indígenas. Os amigos de Aranha eram soldados, técnicos agrícolas e outros mamelucos, e juntos apostavam, praguejavam, invocavam os santos e blasfemavam contra eles. Aranha tinha profundas dúvidas sobre o dogma, na verdade tão profundas que, a certa altura, ele chegou a questionar todo o conceito da imortalidade da alma ao dizer: "neste mundo havia [somente] uma coisa imortal, a qual era o carvão metido debaixo da terra".[27] Epicurista mestiço ou materialista tropical, Aranha se somou às fileiras dos duvidantes espanhóis e portugueses que compareceram diante dos tribunais ibéricos sob a acusação de terem dito que só existe nascimento e morte, e tudo o mais é falso. Nesse caso não há nenhum indício de racionalismo cristão-novo nem de influências averroístas, que costumam ser apontados como fontes dessas ideias. Em vez disso, Aranha parece ter sido um indivíduo irreverente, capaz de questionar a natureza da alma e até a singularidade do Deus cristão.[28]

O movimento da Santidade no sul da Bahia demonstrou que o contato entre culturas podia levar a novas variantes de velhas dúvidas e a um sincretismo que se movia em várias direções. Ele foi apenas o exemplo mais extremo de fusões e adaptações culturais que levaram ao uso de técnicas indígenas de adivinhação e da farmacopeia e rituais de curandeirismo africanos. Era uma sociedade com imensas oportunidades para se transgredir as fronteiras e se consumar aquela união de licenciosidade e liberdade tão temida por aqueles que pretendiam proteger a ordem moral e política.

Por trás da insistência da Igreja na adesão exclusiva a ela estava a noção de que tal exclusividade religiosa contribuía para uma sociedade mais moral e piedosa. No entanto, a ideia de que a liberdade de consciência do indivíduo em assuntos religiosos não enfraquecia necessariamente a sociedade continuava a ter apelo para algumas pessoas. Em 1612 Paulo Sonio saiu de sua Antuérpia natal para trabalhar no comércio de um homem que negociava com açúcar brasileiro em Viana do Castelo. Lá entrou em contato com cristãos-novos judaizantes, e se sentiu compelido a confessar o fato à Inquisição. Mesmo assim, ele insistiu que todos podiam se salvar em sua lei, e argumentou que, apesar de não existir uma Inquisição em sua Flandres natal, havia tanta "santidade" quanto na Espanha, talvez lembrando a repressão brutal da Inquisição que havia funcionado nos Países Baixos espanhóis na época de Carlos v e Filipe II.[29] Outro flamengo de nome Alberto, que morou muito tempo na Bahia como comerciante, expôs a mesma ideia nos anos 1590, quando foi denunciado por afirmar que Deus tinha criado os judeus, os turcos e os mouros em suas leis, e que portanto Deus pretendia que cada qual se salvasse naquela lei. Tal como ocorreu na América espanhola, surgiram indivíduos no Brasil que estendiam a possibilidade da salvação mesmo aos índios sem batismo. No Maranhão, em 1696, por exemplo, um jovem noviço carmelita chamado Florentino, que foi afastado da ordem, sustentou que nenhum pagão ou gentio era condenado e todos podiam se salvar. Nenhuma insistência ou argumento de teólogos doutos e de seu mentor carmelita foi capaz de dissuadi-lo de uma verdade que lhe parecia evidente, a saber, que Deus não havia condenado os índios.[30]

A importância teológica da salvação como critério de ortodoxia não passava desapercebida aos laicos. As pessoas entendiam claramente as implicações de não acreditar que o caminho da salvação passava exclusivamente pela Igreja. Em junho de 1708, por exemplo, Josepha da Silva Lopes denunciou o marido Paulo de Almeida Botelho ao comissário da Inquisição em Salvador, por ter dito que "de tantas leis que havia Deus sabia qual era a boa e verdadeira". É claro que não sabemos se ele realmente disse isso, ou se a esposa, por outras razões, achou que o Santo Ofício seria uma boa maneira de dar prosseguimento a seus problemas domésticos numa outra esfera, mas o fato de ter escolhido essa declaração tão usual para denunciá-lo indica que ela sabia que seu conteúdo teológico era grave o suficiente para criar problemas ao marido, e que a frase em si era comum o suficiente para que o comissário acreditasse nela.[31]

As pessoas sabiam o que estava em jogo nessa questão. Tome-se, por exemplo, a discussão que ocorreu entre o padre Manuel Américo da Costa e o capitão Cosme da Silveira por volta de 1713, na casa deste último, em Olinda. Silveira era da Paraíba, provavelmente cristão-novo. Tinha ido a Olinda para impedir o casamento de uma filha, a qual ele colocara no convento de Nossa Senhora da Conceição da mesma cidade. Os dois homens pareciam gostar de ler. Padre Costa tinha emprestado a Silveira um exemplar da *Peregrinação* de Fernão Mendes Pinto, uma narrativa de viagens pela China e pelo Japão, muito popular e talvez fantasiosa, que talvez fosse uma crítica disfarçada ao imperialismo português.[32] Ao discutir um ataque brutal dos portugueses a um determinado povo, Silveira adotou uma posição de relativismo religioso. Declarou que seguramente aquele povo achava que sua lei era válida e verdadeira, e que apenas Deus podia saber com certeza. Padre Costa declarou mais tarde ter ficado chocado. Disse a Silveira "que só a lei que professamos é a firme, sólida e verdadeira, e foi promulgada por nosso redentor Jesus Cristo aos Santos apostólicos e Evangelistas para espalharem por todo o mundo". Era uma defesa ortodoxa da posição da Igreja. O relativismo de Silveira não podia ficar sem contestação. O curioso é que o padre Costa só levou esse episódio ao conhecimento da Inquisição cerca de nove anos depois de ocorrido.[33] O padre cristão-velho e o capitão cristão-novo tinham amizade suficiente para trocar livros, e Silveira se sentia suficientemente à vontade para repetir a seu amigo padre o velho refrão de que cada qual podia se salvar em sua lei.

CRISTÃOS-NOVOS, CRISTÃOS-VELHOS E INQUISIÇÃO

Desde o começo os cristãos-novos desempenharam um papel ativo no desenvolvimento da colônia e, distantes do olhar imediato da Inquisição, ocuparam um lugar de destaque na sociedade brasileira. Apesar das crescentes medidas de exclusão e discriminação, com restrições à mobilidade, às atividades profissionais e às oportunidades educacionais, além das penalidades financeiras impostas, como os pagamentos pelas anistias gerais, os cristãos-novos no Brasil prosperaram como fazendeiros, donos de engenho, artesãos, comerciantes e clérigos, alguns chegando a alcançar posições públicas nos municípios ou em outros cargos do governo. Para muitos observadores a presença deles lançava uma sombra geral sobre toda a colônia. Ainda nos anos 1620, mesmo os governantes de Portugal durante o período habsbúrgico achavam que os cristãos-novos ainda dominavam a colônia e que pouca colaboração poderiam esperar dos moradores do Brasil.

Em vista da hostilidade cada vez maior e das campanhas de aviltamento, as relações cotidianas entre cristãos-velhos e novos no Brasil até que eram bastante próximas e amistosas.[34] Basta ver o volume considerável de indicações de casamentos entre membros dos dois grupos. Na visitação de 1591-3, procedeu-se ao registro dos cônjuges de 158 cristãos-novos e de 75 cristãs-novas. Para ambos os sexos, em mais da metade das uniões o cônjuge era cristão-velho (59% dos homens e 56% das mulheres).[35] Esses casamentos frequentemente uniam fazendeiros, aristocratas locais e "homens da governança", que podiam ocupar cargos municipais, com as filhas de cristãos-novos muito conhecidos. Certamente eram várias as razões para tais alianças, como considerações econômicas e estratégias familiares, e esses casamentos não supõem necessariamente um tolerantismo religioso, mas o índice de exogamia cristã-nova indica uma interação constante e um contato social relativamente frequente entre os dois grupos. Para captar o nível de interação implícito nesses números é preciso imaginar os namoros, as reuniões e o relacionamento social das famílias durante as bodas. Além disso, é preciso ter em mente que na sociedade escravista multirracial que se formou na colônia os cristãos-velhos e novos se aproximavam a despeito de suas pretensas diferenças, pois os dois grupos eram brancos e portugueses, o que contava muito num mundo colonial de distinções raciais. Os cristãos-novos usavam a cor branca e o sucesso para superar as barreiras sociais no seu caminho. O casamento com cristãos-velhos também trazia vantagens, mas sempre havia o risco de que a proximidade e o contato com a família do cônjuge pudessem acarretar denúncias de hábitos ou práticas judaicas.[36] Havia o mesmo problema em relação aos negros livres e escravos. Os escravos sabiam muito bem o que se passava por trás das portas, e alguns denunciavam seus senhores cristãos-novos como estratégia de luta contra a escravidão. Ao mesmo tempo, os donos criptojudeus de escravos tentavam instruir escravos e servos no judaísmo e prometiam bons tratos em troca do segredo. O que parece ter ocorrido na realidade é que todos os grupos na sociedade elaboravam estratégias para aproveitar o poder da Inquisição a favor de sua própria situação.[37]

Certamente, a questão das origens religiosas era tema de conhecimento e preocupação geral. As pessoas tinham uma ideia bastante clara das origens religiosas dos vizinhos e conhecidos, e quando surgia alguma oportunidade de usar essa informação para algum acerto de contas ou para cumprir com as obrigações ortodoxas não se deixava escapá-la, como mostram as denúncias feitas à Inquisição. Mesmo assim, a interação e o contato entre cristãos-velhos e novos eram relativamente amistosos.

Podemos ter uma certa ideia dessas relações observando os depoimentos dados durante as visitações inquisitoriais. Em 1618 o comerciante de açúcar cristão-velho António Mendes estava em sua loja na Bahia conversando com clientes e amigos quando alguém recomendou que ele pegasse um empréstimo de um terceiro, pois era cristão-velho, com isso sugerindo implicitamente que ele era de confiança. Mendes respondeu: "nisto que é negócio tratemos deixando à parte ser cristão-novo ou velho, que mais vale às vezes sendo bom cristão ser cristão-novo que ser infame cristão-velho".[38] Era uma variação do velho ditado: "Melhor bom mouro do que mau cristão". Em outra ocasião, Mendes falou em favor dos cristãos-novos e depois explicou à Inquisição que não foi porque eles seguiam a lei de Moisés, e sim porque alguns eram ricos e bem-sucedidos, tratavam-no bem e também "porque ajudam mais uns aos outros, o que não fazem os cristãos-velhos, e por faltar em muitos deles a caridade para com seus próximos lhes chamara infames".[39]

Vemos nessas conversas e interações uma convivência cotidiana e uma indiferença às origens religiosas, inclusive com demonstrações de respeito e admiração, e ao mesmo tempo a consciência dessas diferenças de origem. Em muitas denúncias contra cristãos-novos por práticas judaicas fica claro que as informações sobre os hábitos e práticas das pessoas muitas vezes derivavam de contatos pessoais bastante próximos. Às vezes esses contatos geravam ressentimento, inimizade e hostilidade, mas também podiam criar amizade, atração e até respeito. Os comerciantes cristãos-velhos e novos faziam negócios juntos regularmente, e formavam vários tipos de parcerias temporárias ou duradouras.

Os dois grupos também demonstraram que as convicções e vantagens pessoais por vezes superavam as questões religiosas ou de identidade nacional. Houve acusações de perfídia e cumplicidade cristã-nova no ataque holandês à Bahia em 1624, e depois durante a ocupação holandesa do nordeste brasileiro entre 1630 e 1654. De fato, durante a época do domínio holandês, num período em que a liberdade de consciência era permitida, vários cristãos-novos professaram abertamente o judaísmo. Mas as investigações episcopais e inquisitoriais revelaram que cristãos-novos e velhos colaboraram com os holandeses, pois indivíduos de ambos os grupos tinham visto alguma vantagem em proceder assim.

A REAÇÃO PORTUGUESA À LIBERDADE DE CONSCIÊNCIA NO BRASIL HOLANDÊS

A ocupação do nordeste brasileiro pela Companhia Holandesa das Índias Ocidentais, especialmente o período do governo do conde Maurício de Nassau (1637-44), às vezes é representada como uma espécie de Camelot às margens do Capiberibe, uma época em que, sob a proteção de um governador humanista, um príncipe renascentista esclarecido, católicos, protestantes e judeus puderam viver em relativa paz e tranquilidade, uma paz e harmonia que em suas concessões à liberdade de consciência e de religião chegavam a ultrapassar as vigentes em Amsterdam.[40]

O tolerantismo ou o Estado multirreligioso era visto por muitos governos da época como o caminho mais curto para a deslealdade e a dissidência interna. Não foi fácil para Maurício de Nassau implantar tal política. Ele tinha de lutar constantemente contra a intransigência da maior parte do clero calvinista local e contra as pressões por uma política menos tolerante na colônia, exigida pelos diretores da Companhia das Índias Ocidentais. Além disso, ele enfrentava uma oposição constante a seu governo e à presença dos holandeses por parte de muitos padres católicos residentes, guiados pelo bispo de Salvador, a capital do Brasil colonial.[41]

Essa oposição doutrinária ao pragmatismo de Nassau em matéria de religião vinha acompanhada pelo uso de uma retórica de conflito religioso, que passou a espelhar cada vez mais a realidade depois que o conde foi chamado de volta pela Companhia das Índias Ocidentais e eclodiu uma revolta dos moradores portugueses (a Insurreição Pernambucana, também conhecida como

Guerra da Luz Divina, 1645-54). Os laços de interesse político e filiação religiosa, que existiam de longa data mas foram incentivados pela retórica e propaganda de guerra após 1645, se consolidaram numa linha nacional e religiosa, e o discurso belicoso das duas partes frisava a natureza herética do adversário, encobrindo em certa medida o período anterior de colaboração social e política, ou pelo menos de relativismo e indiferença.

A maioria dos estudos do Brasil holandês explica as razões ideológicas e práticas para uma política tolerantista como um prolongamento da prática e dos interesses holandeses, sem explicar devidamente como e por que os moradores luso-brasileiros, assim como a população indígena livre, participaram e cooperaram, ao menos por um tempo, com essa experiência de tolerância. A ocupação holandesa permite examinar as forças entre os habitantes do outro lado que levaram, quando menos por alguns anos, a um período de colaboração e mesmo convivência entre holandeses e portugueses, e em menor medida judeus, que talvez desfrutassem de um certo tolerantismo religioso no Brasil holandês. Em suma, o Brasil holandês e o período de Maurício de Nassau oferecem uma oportunidade limitada de imaginar as possibilidades de tolerância que existiriam na sociedade portuguesa com a redução do poder e da autoridade da Igreja e sobretudo da Inquisição.

Mesmo antes da chegada do conde Maurício de Nassau, em 1637, a Companhia das Índias Ocidentais tinha procurado neutralizar a resistência portuguesa prometendo aos moradores luso-brasileiros a segurança de suas posses e benefícios econômicos concretos, além de liberdade de consciência e religião. Isso ficou claro nas linhas gerais do regulamento de 1629 para a colônia. A Companhia das Índias Ocidentais tinha sido criada para empreender uma guerra contra o rei da Espanha e suas possessões; embora Espanha e Portugal estivessem sob o mesmo monarca, a companhia tinha o Brasil como alvo em certa medida porque esperava que os habitantes não se mostrassem tão propensos a resistir, em vista da tradicional inimizade entre portugueses e castelhanos. Portugal era, claro, um reino católico, mas a Holanda era um importante parceiro comercial de Portugal desde a Idade Média e na verdade respondia por grande parte da comercialização inicial do açúcar brasileiro. Não se considerava que as diferenças religiosas constituíssem um obstáculo insuperável para a colaboração. Além disso, havia vários grupos na colônia brasileira que poderiam se beneficiar da cooperação com os holandeses.

Depois de tomar Pernambuco, em 1630, os holandeses logo descobriram que teriam de aplicar algum tipo de tolerantismo religioso se quisessem que a colônia e sua economia açucareira funcionassem minimamente. Às vezes as pressões vinham de lados surpreendentes. Os holandeses e outros estrangeiros que compraram engenhos de cana no Brasil logo viram que os escravos simplesmente se negavam a trabalhar se não houvesse um padre que, no início do corte da cana, rezasse uma oração adequada, abençoasse o engenho e os trabalhadores e aspergisse todos com água benta. Embora os membros da Igreja Reformada reclamassem dessa idolatria, a prática era geralmente autorizada. Os holandeses incentivavam os plantadores de cana portugueses a ficar a seu lado, e os portugueses insistiam que eles abandonassem as fazendas dos holandeses, pois ambos os lados sabiam que, sem o açúcar, a colônia ruiria. Nassau percebeu que a velha classe dos fazendeiros portugueses era um elemento poderoso e potencialmente perigoso, e esperava que eles viessem a ser suplantados, mas também percebeu que sem os técnicos agrícolas e fazendeiros de cana portugueses a colônia não iria para a frente, e portanto procurou mantê-los.[42] Por outro lado, apesar de uma tradição que insistia que os holandeses não tinham muita habilidade nem interesse em fazer açúcar, é interessante examinar um relatório dos engenhos de açúcar no Brasil holandês, redigido em 1639. Vários engenhos tinham sido comprados por comerciantes holandeses ou por funcionários da Companhia das Índias Ocidentais, e embora alguns fossem de proprietários ausentes havia outros que se instalavam na região, como o médico Servaes Carpentier, que se tornou senhor de engenho residente e assim ficou pelo resto da vida. O relatório de 1639 também mostra que muitos engenhos dependiam da cana plantada por rendeiros, como era o costume brasileiro, mas que os holandeses e outros estrangeiros, inclusive comerciantes e administradores da colônia, muitas vezes também forneciam cana ao lado dos plantadores portugueses.[43] Fossem os engenhos portugueses ou holandeses, muitos deles dispunham de um leque misto de fornecedores de cana. Não se sabe muito a respeito das relações entre eles, mas certamente tinham os mesmos interesses e deviam se encontrar e interagir com bastante regularidade. O açúcar criava sua própria lógica de identidade e interesses entre os holandeses e os portugueses.

Temos um relance do que poderia ser esse contato, possível colaboração e talvez tolerância a partir de uma investigação episcopal portuguesa realizada em 1635-7 por dom Pedro da Silva, bispo de Salvador. Boatos de uma certa colaboração de padres católicos com colonos holandeses na Paraíba tinham levado o bispo a fazer essa devassa, que resultou na denúncia de cerca de oitenta pessoas, sendo oito padres, 24 cristãos-novos e 48 cristãos-velhos. Os cristãos-novos não causaram surpresa, naturalmente, e alguns deles aproveitaram a oportunidade fornecida pela invasão holandesa e a autorização de liberdade religiosa aos judeus para voltar abertamente ao judaísmo dos antepassados e se reunir aos correligionários europeus que tinham vindo para a colônia. Mais surpreendentes eram os cristãos-velhos portugueses, laicos e sacerdotes, que por razões pessoais ou religiosas estavam dispostos a aceitar o domínio holandês e eram indiferentes em matéria de fé ou se convertiam à religião reformada dos protestantes.[44]

Alguns casos eram escandalosos, como o do frei Manoel "dos Óculos" Calado do Salvador, que comia e bebia com os holandeses, aconselhava seus fiéis a se adaptar ao domínio holandês, convidava pastores calvinistas à sua casa e se tornou confidente de Maurício de Nassau. Era um sujeito com talento e facilidade para trocar de lado, e seu relato posterior, de um ponto de vista pró-lusitano, ainda é uma preciosidade.[45] Interessante também é o exemplo do ex-missionário jesuíta Manuel de Moraes, de triste fama, que passou totalmente para os holandeses, utilizando suas habilidades linguísticas em tupi para persuadir os povos indígenas a seguirem o mesmo caminho.[46] Muitos portugueses do local disseram que ele havia dado uma grande ajuda aos invasores empunhando a espada, abandonando a batina e depois se casando na Holanda. O tipo de contato diário que surge nas denúncias mostra várias razões para a colaboração ou a aceitação. O mais famoso de todos talvez tenha sido João Fernandes Vieira, que posteriormente seria o herói da restauração portuguesa no Brasil. Vieira, homem de origens humildes na Madeira, tinha chegado ao Brasil sem muitas perspectivas. De início resistiu à invasão holandesa, mas depois, por interesse próprio, prestou auxílio ao conselheiro político Jacob Stachouwer, que passou a empregá-lo como feitor e agente. Juntos, baseando-se numa "sólida amizade", fizeram uma fortuna. Vieira chegou a ser dono de quinze engenhos de açúcar e em 1637 somou-se a outros portugueses, cristãos-novos e velhos, para reclamar junto à Companhia das Índias Ocidentais que qualquer projeto de um monopólio comercial seria uma violação das promessas recebidas de "maiores liberdades não só na justiça e na religião, mas também no desenvolvimento de nossos negócios e capitais". Vieira se tornou confidente de Maurício de Nassau e um dos homens mais ricos da colônia. Sua colaboração e sucesso lhe valeram a inimizade e inveja de muita gente, mas no fim das contas sua decisão de se aliar aos revoltosos parece ter ocorrido quando a Companhia das Índias Ocidentais começou a exigir que os fazendeiros portugueses lhe pagassem os empréstimos tomados. A maior dívida era a de Vieira, e ele tinha boas razões financeiras para resistir ao pagamento, mesmo que depois tenha apresentado sua resistência com uma retórica de lealdade a Portugal e de aversão à heresia.[47]

Apesar de todo o empenho contrário do clero católico, houve muitos casamentos entre portugueses e holandeses. Domingos Ribeiro casou três filhas suas com holandeses, ao que parece em cerimônias protestantes, e quando foi questionado a respeito consta ter respondido que os holandeses eram melhores cristãos do que os portugueses. Num outro exemplo, em Igaraçu, duas moças chamadas as "Pimentinhas", sobrinhas de um homem de sobrenome Pimenta, se casaram com holandeses, e os parentes mais velhos defenderam a união dizendo que "um flamengo vale mais do que muitos portugueses", parafraseando o velho dito ibérico "melhor um bom mouro do que um mau cristão".

Essas uniões eram frequentes não só em Pernambuco como também em outras partes do Brasil holandês. No Rio Grande do Norte muitos holandeses desposaram viúvas portuguesas, e padre António Vieira informou em 1642, no Maranhão, que tais casamentos ocorriam e que, além disso, os portugueses estavam aceitando "os costumes e mesmo os rituais dos holandeses".[48] Alguns, como Gaspar van der Ley, desposavam mulheres portuguesas e adotavam o catolicismo, ao passo que outros, como Jan Wijnants de Haarlem, senhor de engenho que se casou com a filha de um fazendeiro de Goiana, continuavam calvinistas. Uma das filhas de Mateus da Costa, de Ipojuca, desposou um cristão-novo que se tornou judeu, enquanto outra se casou com um protestante holandês.[49] Mas a quantidade dessas uniões era suficiente para despertar preocupações no clero protestante e no clero católico, pois sempre implicavam uma certa insegurança em relação às identidades nacionais e religiosas. Com o início da insurreição, em 1645, vários holandeses casados na região se juntaram à causa dos rebeldes, e alguns se alistaram nas oito companhias de ex-empregados da Companhia das Índias Ocidentais (na maioria franceses e outros católicos) que se integraram às forças luso-brasileiras.

Casamentos entre mulheres portuguesas e soldados holandeses, cristãos-novos se unindo a judeus abertamente praticantes no Recife, circulação de livros proibidos, amizades, contatos comerciais, comparecimento a igrejas calvinistas: tudo isso foi denunciado e relatado na investigação episcopal portuguesa no Brasil ocupado antes da chegada de Maurício de Nassau, e, com sua chegada, em 1637, apesar de suas reservas pessoais em relação a católicos e judeus, instituiu-se vigorosamente uma política tolerantista e as oportunidades de contato aumentaram.[50] Persistiram as tensões e eventuais escaramuças por causa das missas, procissões religiosas e outras ocasiões de contato público entre judeus, católicos e protestantes. A despeito de uma oposição considerável, porém, Nassau estendeu as garantias de liberdade de consciência a todos e procurou conquistar a confiança dos portugueses locais, inclusive do clero.[51]

Uma excelente ocasião para isso surgiu logo após a restauração portuguesa de 1640, quando Holanda e Portugal se aliaram contra Filipe IV da Espanha. Para comemorar o novo estado de coisas, o conde Maurício de Nassau organizou em abril de 1641 um grande espetáculo no Recife, com corridas de cavalos e concursos hípicos em que fidalgos portugueses e holandeses desfilaram juntos e disputaram os aplausos e favores das damas e os vários prêmios oferecidos.[52] Esse período de boa vontade não durou muito. A recusa holandesa em sair da colônia brasileira, o ataque holandês a Luanda em 1641, a dispensa de Maurício de Nassau e a cobrança dos devedores da Companhia das Índias Ocidentais contribuíram para aumentar a hostilidade entre os portugueses e os holandeses, que derivava de considerações sobretudo políticas e econômicas. Mesmo assim, Maurício de Nassau continuava como exemplo do que era possível alcançar com o tolerantismo, e, portanto, era também um perigo. Uma sociedade multirreligiosa era uma ameaça. Dona Margarida, a vice-rainha de Portugal, alertou em 1639 que a fé dos colonizadores e dos índios convertidos do Brasil estava em risco devido ao contato com o inimigo holandês: "oprimidos e induzidos pelos inimigos e levados de respeitos e interesses particulares [é possível que] deixem (o que Deus não permita) a santa fé, e se apartem da pureza da religião cristã".[53]

Na verdade, mesmo com a melhoria das relações após 1641, o número de conversões continuou baixo, ainda que os portugueses tivessem grande apreço pelas políticas comerciais e religiosas de Nassau. Moradores, índios e negros choraram em sua partida. Os colonos portugueses se referiam a ele como "nosso santo Antônio", e anos depois, em 1647, após seu retorno à Europa, a mera possibilidade de sua volta ao Brasil era suficiente para que os políticos portugueses temessem que ele acabasse com a insurreição atraindo mais uma vez os habitantes brasileiros para o seu lado.[54] O duplo incentivo da liberdade de comércio e da liberdade de consciência constituía uma ameaça concreta. O embaixador português em Amsterdam chegou a levantar a ideia de enviar Nassau de volta como governador do Brasil português (apesar de seu calvinismo), tão grande era sua popularidade na colônia.

Uma vez iniciada a Guerra da Luz Divina, a retórica da animosidade religiosa e das lealdades nacionais voltou a determinar os parâmetros de comportamento, e foi adotada mais tarde numa historiografia nacionalista.⁵⁵ Sob as instâncias eclesiásticas no púlpito e no campo de batalha, forças e chefes luso-brasileiros distribuíram castigos especialmente rigorosos contra os católicos convertidos, os aliados negros ou índios dos holandeses e em particular os cristãos-novos, vistos como hereges e vira-casacas. A linguagem da ortodoxia e da heresia passou a moldar os termos em que se vazava a guerra, tornando-se praticamente impossível separar as linhas de motivação e justificação econômica, política e religiosa presentes na luta.

Mas o uso da linguagem e dos conceitos da intolerância religiosa também era contestado. Quando Recife caiu, em 28 de janeiro de 1654, o comandante português Francisco Barreto tratou os holandeses derrotados com todas as cortesias da guerra, respeitando o acordo de rendição e impondo um controle rigoroso de seus soldados para prevenir abusos. Ainda mais notável foi o tratamento que ele deu à comunidade judaica restante. Apesar das objeções da Inquisição, Francisco Barreto permitiu que os judeus partissem ilesos e vendessem seus bens, e até ajudou a providenciar embarque adequado para a saída deles. Certamente, disse o cronista judeu Saul Levy Mortara, Deus salvara seu povo influenciando "o coração do governador Barreto".⁵⁶

Embora essa experiência política da tolerância tenha ocorrido no Brasil holandês, as forças da ortodoxia no Brasil português se sentiram extremamente ameaçadas pelas sombras da apostasia e da heresia. Em 1645 a Inquisição ordenou uma grande devassa na Bahia, escolhendo como agente para a tarefa um investigador especial, o jesuíta Manoel Fernandes. Ela também contava com o bispo de Salvador, dom Pedro da Silva, e sobretudo com o governador-geral António Teles da Silva, ambos intimamente ligados à Inquisição, sendo Teles da Silva, aliás, o principal arquiteto dessa nova linha dura.⁵⁷ A esperança deles era que uma investigação em larga escala, "a Grande Inquirição", pusesse sob controle a desordem da vida espiritual da colônia, onde reinava uma "licença escandalosa". A historiadora Anita Novinsky escreveu uma excelente análise dessa devassa, na qual 118 pessoas foram denunciadas por vários pecados, da sodomia à blasfêmia, mas 73% dos acusados eram cristãos-novos, muitos pertencentes a importantes famílias baianas de negociantes e plantadores de cana. Nesse sentido, o inquérito seguiu o padrão tradicional da Inquisição portuguesa.

Certamente a grande maioria dos baianos não nutria nenhuma admiração pelo judaísmo, tendo absorvido o discurso de denegrimento que há cem anos demonizava os judeus. Além disso, estava em curso uma guerra no Brasil em que os judeus tinham se aliado aos invasores holandeses protestantes, mas várias testemunhas chamadas a depor davam informações imprecisas e de segunda mão, com muitos boatos e práticas imaginadas, muitas vezes referentes a anos anteriores. Foram registradas todas as afrontas tradicionais dos cristãos-novos judaizantes: espancamento de crucifixos, desrespeito aos santos, reuniões secretas. Mas o mais importante é que muitos cristãos-velhos se negaram a comparecer para denunciar cristãos-novos e procuraram se esquivar aos depoimentos. O governador teve de tomar medidas sérias para obrigá-los a participar.

SINCRETISMO E DISSIDÊNCIA NUMA SOCIEDADE
ESCRAVISTA

As divisões entre cristãos-velhos e cristãos-novos continuaram a ser um elemento de importante diferenciação social no Brasil colonial, mas depois se tornaram secundárias com a presença crescente de grandes contingentes de escravos africanos e da sua descendência. Os africanos trouxeram consigo elementos culturais e religiosos que se combinaram com as crenças e práticas transpostas pelos portugueses, inclusive muitas práticas ou cultos populares que o clero considerava supersticiosos, impróprios ou heterodoxos. Como mostram várias fontes e diversas denúncias à Inquisição portuguesa, as crenças e práticas africanas se distribuíam amplamente por toda a população branca e negra. A difusão dessas crenças ocorria desde a chegada dos africanos em Portugal, no século xv, mas no contexto da sociedade escravista brasileira diversos aspectos das práticas africanas tinham se tornado muito comuns não só entre os escravos e seus descendentes mas entre a sociedade como um todo. O resultado foi uma considerável fluidez e ambiguidade social e religiosa.[58]

As práticas africanas adotaram muitas formas, mas as mais populares, ou pelo menos as mais perigosas para a hegemonia cultural portuguesa, parecem ter sido os calundus, cerimônias religiosas acompanhadas por práticas religiosas africanas de possessão por espíritos.[59] Esses encontros incluíam batuques e danças que levavam os participantes a um estado de transe. O pensamento ortodoxo associava essas danças à possessão demoníaca. A primeira menção literária aos calundus foi feita por Nuno Marques Pereira em *O peregrino da América* (1728), tomando-os como ritos infernais ao som de instrumentos africanos.[60] Mas se os escravos procuravam um certo alívio de suas penas e uma cura das enfermidades nessas danças não era por culpa deles. Marques Pereira atribuía o ônus do legado escravista aos senhores e não aos escravos. Como disse: "O certo é que o senhor faz o escravo, e não o escravo ao senhor". E prosseguia: "Ah Estado do Brasil, como te temo e receio um grande castigo pelo mau governo que tem muitos dos teus habitadores com seus escravos e famílias".[61]

Marques Pereira foi o primeiro autor a comentar os calundus, mas na época em que escreveu o livro o fenômeno já era bastante conhecido na colônia e já preocupava a Igreja. A visitação inquisitorial do começo do século xvii apontava alguns traços dessas práticas, e nas últimas décadas daquele século as referências a elas eram bastante comuns. Num texto de 1702, padre Francisco de Lima, que trabalhava como missionário no Recôncavo Baiano, registrou que uma negra chamada Magdalena, na paróquia de São Gonçalo, costumava dançar publicamente o calundu. Padre Lima estava aflito porque achava que aquelas eram danças diabólicas que induziam os participantes a transes e visões. Eles às vezes perdiam a fala e quase morriam de tanto dançar. Segundo o religioso, essas reuniões e danças eram obra do diabo, que tinha conseguido penetrar na comunidade devido a outras falhas espirituais. Padre Lima ainda alegou que o padre da paróquia local era tido por cristão-novo e não estava à altura de suas responsabilidades. Lima ficou escandalizado durante uma festa de Nossa Senhora da Assunção, celebrada por uma irmandade de mulatos, por ser a juíza uma negra chamada Rosa, que vinha a ser a amante do irmão do padre cristão-novo. Aparentemente ela também era responsável por uma série de proposições heréticas, e mesmo assim o padre e o irmão do padre a protegiam de processos. Padre Lima estava convencido de que o demônio estava na cabeça desses pardos e negros, e que os calundus e os perigos estavam se espalhando.[62]

Os colonos brancos portugueses viam os calundus como uma prática africana mas também se sentiam atraídos por essas danças rituais. De início, os senhores de escravos tinham recorrido aos calundus como maneira de curar os escravos, e alguns padres chegaram a lhes dar apoio nessa iniciativa, aparentemente entendendo essas práticas como uma forma de magia natural e, portanto, admissível; mas com o tempo, à medida que esses ritos passaram a atrair também a população branca, eles passaram a condená-los como supersticiosos ou demoníacos. António Fernandes da Cruz, um homem solteiro que morava perto das docas de Salvador, na paróquia de Nossa Senhora da Conceição, disse ao comissário da Inquisição que fora levado a participar desses ritos por mero acaso. Indo visitar a fazenda de um amigo no Natal anterior, calhou passar pela casa de Lucrecia Vicenza, uma negra livre de Angola, em Itapagipe. Ouvindo as danças e os batuques, ele entrou na casa "levado da curiosidade".[63] Quando perguntou o que estava acontecendo, disseram-lhe que "dançava lundus que era uso da sua terra e assim mais sabia curar por livrar a qualquer pessoa". Disseram-lhe também que se pagasse e participasse ele se curaria de qualquer mal que o afligisse. Sua participação no calundu, apesar da desculpa capenga, mostra que essas práticas africanas eram conhecidas e que o resto da população também participava das cerimônias. Os padres se queixavam da popularidade dos calundus entre brancos e negros. Apesar do empenho da Coroa e do clero, esse sincretismo proliferou ao longo do tempo. No século XVIII, quando a colonização e a escravatura se expandiram para a região aurífera de Minas Gerais e a cidade do Rio de Janeiro cresceu em tamanho e importância, difundiu-se também a prática do calundu e outros ritos e atividades relacionadas, em certa medida favorecidos pelos senhores escravistas, que viam essas práticas como uma forma de atender às necessidades espirituais dos escravos, mas talvez também apoiados por um reconhecimento implícito de sua possível eficácia.[64]

A difusão das práticas africanas pode ter se baseado num reconhecimento de sua eficiência, mas elas certamente também eram atraentes porque corriam em paralelo às crenças na magia simpática e nas forças ocultas que eram adotadas em Portugal. Os inquisidores impunham os moldes da feitiçaria, da bruxaria e da superstição a essas referências, que lhes eram acessíveis, mas a crença em canais alternativos para o sobrenatural, independentes ou paralelos à Igreja institucional, já estava bem estabelecida entre a população colonial, facilitando muito a adesão a novas formas rituais de origem africana e ameríndia. O ocultismo oferecia uma série de crenças alternativas e meios possivelmente eficazes para atingir fins favoráveis que a muita gente pareciam iguais ou similares ao poder das relíquias, à serventia das orações, à intercessão dos santos ou à bênção dos padres. As pessoas procuravam e respeitavam quem dominasse as técnicas e conhecimentos tanto do catolicismo ortodoxo quanto desses outros sistemas de crença.[65] As autoridades católicas viam a superstição ou o demônio nesse mundo das forças ocultas, da astrologia, das poções do amor, dos calundus, da interpretação dos sonhos, da leitura de búzios e do uso do "truque da cesta" para encontrar objetos, mas muita gente continuava a acreditar que eles funcionavam e no mínimo não sabia ao certo se eram realmente coisas ruins ou erradas.[66]

Essa insegurança criava um clima de tolerância, no sentido de que tais abordagens alternativas podiam se somar ou até substituir a ortodoxia da Igreja, e as pessoas resistiam à tentativa eclesiástica de impor a ortodoxia. A colônia fervilhava de opiniões heterodoxas, pretensas superstições e críticas à autoridade religiosa, principalmente à Inquisição. Alguns padres achavam que as atitudes cristãs-novas presentes na colônia desde o princípio tinham preparado o solo religioso para as sementes da heresia.

Na Bahia, no começo do século XVIII, com sua camada de elite cristã-nova e seu mar de africanos e afro-brasileiros livres e escravos, parecia um local de enorme perigo espiritual, ou, como disse o comissário da Inquisição frei Rodrigo de São Pedro, um lugar onde a feitiçaria, a bruxaria e a superstição aumentavam sem parar.[67] Ele comentou, por exemplo, a popularidade de uma feiticeira escrava chamada Mãe Catherina, que possuía muitos seguidores e não precisava viver sob o controle de seus senhores, situação que não era incomum na cidade de Salvador. Diziam que ela invocava o diabo durante as danças que, registra frei Rodrigo, na língua de Angola se chamavam calundus. Ela tinha enfeitiçado tanto seu dono que a esposa e a filha viviam em promiscuidade, e o próprio patrão às vezes caía num sono tão profundo na cadeira que tinham de sacudi-lo para ele acordar. Tudo isso era sintoma de desordem social e de inversão de práticas vigentes e, portanto, prova quase *prima facie* da presença do demônio.[68]

Para frei Rodrigo a existência dessas práticas africanas e da superstição em geral estava ligada a um clima geral de desrespeito pela ortodoxia e pelo Santo Ofício em decorrência direta da "muita multidão de cristãos-novos que tem esta terra". Para comprovar o que dizia ele relatou um episódio ocorrido na Quaresma de 1704. No mosteiro beneditino de Salvador, frei Alberto, um sério frade beneditino e conselheiro da Inquisição, estivera dando sermões nos domingos da Quaresma sobre o tema das Vaidades do Brasil ou, mais especificamente, da Bahia. Sua mensagem de *"vanitas vanitatum et omnia vanitas"* ("vaidade das vaidades e tudo é vaidade", Eclesiastes, 1, 2) ofendeu tanto os ouvintes que eles começaram a compor alguns versos satíricos contra suas prédicas e contra sua pessoa, acusando-o de bêbado. Do alto do púlpito ele advertiu que sabia muito bem quem lhe estava enviando os versos ofensivos, mas pelo visto não conseguiu promover respeito algum por si ou por seu ofício. Quando frei Rodrigo denunciou que as supostas revelações de uma curandeira não passariam de invenções supersticiosas, os defensores dela disseram a frei Alberto que seu colega frei Rodrigo devia estar bêbado para dizer tais coisas. Frei Alberto defendeu o colega e disse aos críticos que tivessem cuidado com o que falavam, pois frei Rodrigo não bebia e era comissário do Santo Ofício da Inquisição. Os críticos não pareceram se impressionar com a importância do cargo. "Comissário de merda", foi a resposta que atiraram ao rosto de frei Alberto.[69]

A carta de frei Rodrigo revela uma situação em que o estatuto da descrença na Bahia, e, por extensão, no Brasil, refletia a composição social e as origens religiosas da colônia. Havia cris-

Feiticeiro negro.
No Brasil, magia e feitiçaria combinavam elementos das tradições portuguesas, africanas e ameríndias, de modo que as fronteiras entre culturas, raças e crenças se cruzavam com frequência. Aquarela de Jean-Baptiste Debret. Biblioteca Nacional, Rio de Janeiro.

tãos-novos desrespeitosos que escarneciam dos ensinamentos da Igreja e denunciavam sua tentativa de incutir a ortodoxia.[70] Era o tipo de crítica que certamente não se limitava aos cristãos-novos. Ainda mais inquietante para os defensores da ortodoxia era o desafio inerente às práticas alternativas. As crenças ou ritos africanos (cuja forma mais comum talvez fossem os calundus), as práticas e farmacopeias indígenas e as tradições lusitanas de cura pela fé, adivinhação, magia, feitiçaria e interpretação dos sonhos se combinavam para criar uma sociedade que, às pessoas cultas, parecia supersticiosa, mas que também era profundamente religiosa. A própria ênfase da Igreja na força da oração ou no poder dos santos para combater o mal ou o demônio reforçava a fé na eficácia dessas inversões do verdadeiro credo.

Se havia maneiras alternativas eficientes de influir no sobrenatural, então também era possível existirem caminhos paralelos ou alternativos até a divindade. Num tal ambiente os argumentos tradicionais sustentando que um Deus misericordioso haveria de salvar quem Ele quisesse, ou que as pessoas que viviam de acordo com a lei natural podiam se salvar mesmo sem batismo, ou que Deus atribuiu a cada pessoa um destino próprio a ser cumprido, podiam florescer. E sempre havia dúvidas. Em 1699 António Duro, que morava com a esposa e os filhos em Porto Calvo, no sul de Pernambuco, tido como homem de "maus hábitos", declarou que não acreditava no inferno, onde as almas sofreriam em danação eterna, pois a intenção de Deus era salvar a todos, e que se as almas iam para algum lugar era por tempo limitado, "e daí os recolhe Deus à bem-aventurança".[71] Era uma ideia parecida com a de Pedro de Rates Hennequim, que foi condenado em 1744 por uma série de ideias heréticas e proposições estranhas.[72] Hennequim morava nas zonas mineiras das Minas Gerais e veio a crer que o Brasil seria o local do paraíso terrestre e da espera messiânica. Gostava de ler a Bíblia e de interpretá-la de acordo com as revelações que Deus lhe enviava. Quando alguém lhe falou mal dos judeus Hennequim respondeu: "que mal me tem elles feito?". Ele previu que em poucos anos o mundo inteiro estaria unido em "um só rebanho com um só pastor" e que as dez tribos perdidas de Israel se reuniriam, vindas de todos os cantos das Américas, onde estavam exiladas. Mas a principal razão pela qual Hennequim foi denunciado era seu costume de dizer que todos os que iam para o inferno se salvariam no fim das contas: "Deus não criava alma nenhuma para se perder".[73] Quando lhe perguntaram por que, então, existia o purgatório, ele respondeu que Deus tinha muitas casas, dando como fonte João, 14, 2: "*In domo patris mei mansiones multae sunt*" ("A casa de meu Pai tem muitas moradas"). Hennequim queria ler a Bíblia à sua maneira, e ligava a mensagem bíblica a uma concepção milenarista do Brasil e a um senso de tolerantismo em que todas as almas acabariam encontrando a salvação nas mãos de um Deus benevolente.

Como Hennequim, havia muitas pessoas que misturavam conceitos teológicos ortodoxos e heterodoxos ou heréticos, ou que aceitavam os ensinamentos da Igreja estando ao mesmo tempo profundamente envolvidas num universo de magia, sortilégios e encantamentos. É o que mostra claramente o caso de um andarilho brasileiro, Sebastião Damil e Sotomaior. Conforme declarou aos inquisidores, ele nascera por volta de 1665 e crescera no Rio de Janeiro "de Portugal", filho de cristãos-velhos. Batizado, crismado, católico praticante, conhecia as orações e obrigações cristãs. Aprendeu a ler e a escrever no Brasil, e morou na fazenda do pai, provavelmente de cana-de-açúcar, até os 22 anos de idade, quando embarcou para Angola. De lá foi num navio inglês para a Jamaica, onde ficou por três meses, e depois tomou um navio negreiro até Cartagena das Índias. Ali firmou residência como capataz de fazenda (*mayordomo de estancias*), função em que lhe foi útil sua experiência rural no Brasil. Mas Sotomaior não era de guardar suas opiniões para si e, sendo estrangeiro, os ouvintes não se dispunham a fazer ouvidos moucos a seus desvios religiosos. Oito pessoas depuseram contra ele, declarando que faltava à missa, tinha maus hábitos e ideias estranhas. Denunciado, Sotomaior foi preso por manifestar várias opiniões suspeitas, mas não admitiu nenhuma delas; após três audiências com os inquisidores, porém, ele começou a discutir as proposições que o haviam levado à prisão.

O problema começou em abril de 1699, quando conversava sobre um terremoto recente em Lima, e alguém disse que esses acontecimentos tinham causas divinas, pois nem uma folha de árvore se mexia se não fosse pela vontade de Deus. Sotomaior discordou. Disse que Deus não tinha poder sobre os elementos e que quando, por exemplo, o mar engolia um navio, não era pela vontade de Deus mas simplesmente pela força dos elementos. Declarou aos inquisidores que após a criação do mundo Deus tinha conferido poder aos elementos, ao Sol, aos planetas e às estrelas, e que cada coisa e cada pessoa operava por poder ou vontade própria. Ainda naquela conversa, alguém se queixou de sua vida de casado e disse que o casamento infeliz tinha sido vontade de Deus, ao que Sotomaior respondeu que aquele casamento não era vontade de Deus, mas do próprio marido insatisfeito, visto que todos nós temos livre-arbítrio em tudo o que fazemos. Deus tinha cedido muito à natureza. Não era Deus que criava as plantas e os animais. As plantas eram criadas pelo Sol e os animais, como as moscas e as rãs, eram criados pela putrefação da terra. Aqui ele defendia a antiga ideia da geração espontânea, a criação dos seres animados a partir de objetos inanimados, que remontava a Aristóteles e Lucrécio e havia permanecido como parte integrante da compreensão do mundo físico entre muita gente, embora tal ideia estivesse sob escrutínio exatamente naquela época.[74] Onde ele tinha aprendido tais coisas? Nesse caso, à diferença de tantos outros, ele pôde prestar informação aos inquisidores: não tinha lido nos livros, mas aprendido com um jesuíta chamado Simão de Vasconcelos no Rio de Janeiro.[75] Não era um informante qualquer. Vasconcelos era um jesuíta culto e importante, que escrevia sobre a ordem dos jesuítas no Brasil e, sob muitos aspectos, representava o esforço jesuíta de reconciliar a escolástica com a dúvida e a observação.[76] Tinha também algumas ideias curiosas sobre o caráter edênico do Brasil e, a crer em Sotomaior, defendia algumas interpretações pouco ortodoxas do dogma.

Mas mesmo que Sotomaior desse ênfase ao livre arbítrio individual e em alguns aspectos parecesse ser um protodeísta ele também misturava claramente essas ideias de aparência "moderna" ou secularizante com todo um conjunto de práticas e superstições populares e um entendimento do dogma que divergia dos ensinamentos da Igreja. Não acreditava, por exemplo, que Maria tivesse trazido Cristo no ventre durante nove meses, pois não conseguia aceitar que Deus fosse encarnar naquelas *bascosidades*. Maria manteve a virgindade após o nascimento de Cristo porque Deus era todo-poderoso, e Cristo tinha sido concebido quando são Gabriel derramara três gotas de sangue no coração da Virgem. Também não acreditava nos demônios nem no inferno. Os demônios, segundo ele, eram apenas cristãos que tinham morrido. Os inquisidores queriam saber mais. Ele havia realmente contestado a existência do inferno? Sotomaior era esperto demais para admiti-lo. Explicou que numa conversa sobre a ida de são Patrício ao inferno alguém tinha dito que as almas de lá eram castigadas com lâminas e correntes, ao que ele respondera que apenas parecia isso, pois as almas eram espíritos e não tinham corpo para sofrer esses tormentos.

Conforme foi expondo sua defesa aos inquisidores, Sotomaior não relutou em admitir que conhecia alguns salmos que podiam matar cobras, iguanas e vermes ou que curavam as pessoas.[77] Ele era um benzedeiro ou saludador e tinha aprendido o ofício em várias fontes. Conhecia uma reza que curava febres e outra que estancava sangramentos. Recitou em latim uma reza contra a peste que tinha aprendido com um padre português chamado Mota, no Rio de Janeiro. Sabia outra que lhe fora ensinada no Rio por uma velha, e mais outra por um negro. Outra ainda ele admitiu ter lido num livro intitulado *Tesouro de prudentes*. Era um almanaque muito conhecido que trazia informações sobre as marés, as fases da lua, eclipses e outras curiosidades e fenômenos naturais. Publicado inicialmente em 1612, o almanaque teve pelo menos oito edições até o século seguinte.[78]

Damil tinha enriquecido seu repertório de rezas por vias orais e em fontes populares, misturando magia e devoção ortodoxa. As rezas traziam referências aos santos, a Jesus e à Virgem, mas se destinavam a atuar no mundo por uma magia natural. Deísmo e sortilégios: a cosmologia de Sotomaior trazia contradições, mas ele parecia não se incomodar. No final, de nada lhe valeram suas explicações e o pedido de perdão. A Inquisição confiscou todos os seus bens em 1699, e ele foi condenado à prisão perpétua nas galés da Coroa.

No alvorecer de um novo século lá estava Damil misturando teologia ortodoxa, crenças heterodoxas e heréticas e práticas ocultistas populares. Como muitos outros ocultistas populares, ele era um homem viajado, conhecia o mundo e tinha desenvolvido uma cosmologia própria. Não via contradição em sua mistura de catolicismo e magia natural. No século XVIII essas ideias foram atacadas por um novo racionalismo, mesmo dentro da Inquisição, que defendia uma abordagem mais científica do curandeirismo.[79] Algumas pessoas chegaram a ir além dos desvios de Sotomaior: elas duvidavam de todas as religiões e queriam construir as bases da sociedade sobre outros critérios. No Brasil e em outras partes do mundo atlântico, essas pessoas estavam se tornando mais numerosas no século XVIII.

PARTE III
Rumo ao tolerantismo

8. Da tolerância ao tolerantismo no mundo atlântico ibérico do século XVIII

Não somente é muito cruel perseguir nesta curta vida os que não pensam como nós, mas não sei se não é ousado demais declarar sua danação eterna. Parece-me que não cabe a átomos momentâneos, como somos nós, assim antecipar os decretos do Criador.

Voltaire, Tratado sobre a tolerância (1763)

A intolerância é uma lei fundamental da nação espanhola, ela não foi estabelecida pelo povo e não é ele que deve aboli-la.

Proclamação da Inquisição (Madri, 1780)

Em 1774 a Inquisição prendeu uma das figuras mais conhecidas e admiradas da Espanha na época. O episódio teve todas as pompas de um julgamento espetacular, a punição exemplar de um destacado reformista que, para alguns, parecia encarnar a modernidade e o progresso, e que por esta mesma razão personificava aos olhos das forças da tradição todos os perigos das ideias estrangeiras, do secularismo, da amoralidade e da mudança que ameaçavam a própria base da religião e da sociedade. O acusado, o peruano Pablo de Olavide y Jáuregui, era um símbolo apropriado sob vários aspectos: um homem do mundo ibérico, viajando entre dois continentes, inteligente, vaidoso, imperfeito, que se identificava como católico mas achava difícil reconciliar os ensinamentos e a política da Igreja com sua percepção das necessidades da sociedade.[1]

Nascido em Lima numa ilustre família da burocracia colonial, Olavide demonstrou dotes intelectuais desde cedo e se doutorou em direito canônico em Lima em 1742. Aos vinte e poucos anos, graças a seus talentos e ao dinheiro e influência da família, foi nomeado juiz da *audiencia* ou corte suprema do Peru. Seu desempenho foi irregular e levou a dificuldades que resultaram na sua suspensão do cargo, e em 1750 ele embarcou para Madri. Durante a viagem parou em Curaçao, sob controle holandês, para fazer alguns negócios ilegais, o que lhe valeu a prisão ao chegar à Espanha. Embora a pena fosse leve, sua carreira como juiz praticamente se encerrou, mas sua ascensão só estava começando. Em 1755 ele se casou com uma viúva espanhola rica e passou a frequentar a corte de Madri, onde sua inteligência brilhante, sua afabilidade, seus contatos e sua desinibição pessoal ajudaram a promover sua carreira. Alguns problemas na corte o levaram à França, onde ficou amigo de François-Marie Arouet Voltaire e outros *philosophes* franceses, e seu lar em Paris se transformou num *salon* frequentado por algumas das principais figuras do Iluminismo. Ele reuniu uma biblioteca considerável que embarcou para a Espanha, em grande parte composta de autores franceses como Jean-Jacques Rousseau, Charles-Louis de Secondat, o barão de la Brède et de Montesquieu e o abade Guillaume-Thomas François Raynal, muitos deles constantes na lista de livros e autores proibidos pela Inquisição; como outros intelectuais da corte daquela época, porém, ele tinha autorização para ler essas obras. Olavide se via como "o *philosophe* cristão" que introduziria as ideias de Montesquieu, Denis Diderot, John Locke e Pierre Bayle na Espanha; voltando a Madri, ele converteu sua casa num centro ativo de difusão da cultura iluminista. Com a amizade e a colaboração do conde de Campomanes e do conde de Aranda, ele se tornou uma liderança no projeto de renovação da Espanha. Em 1766 foi denunciado à Inquisição como libertino por ter em casa pinturas "pornográficas", mas isso não desacelerou sua carreira, e no ano seguinte, com o apoio de Aranda, ele foi nomeado intendente de Sevilha e superintendente das novas colônias agrícolas que estavam sendo criadas na Sierra Morena da Andaluzia. Nos dez anos seguintes ele elaborou ou executou uma série de reformas na educação, no comércio, na indústria, nas propriedades fundiárias e nas práticas religiosas, definindo-se aos poucos como adversário de vários interesses arraigados, sobretudo os da Igreja, e como símbolo do ataque à tradição.[2] Muitos dos reformadores, ou "*ilustrados*", como eram chamados, homens como o conde de Campomanes ou o conde de Aranda, ocupavam posições muito importantes e tinham demasiado poder na corte para serem tomados como alvos da Igreja na defesa de seus interesses, mas o crioulo Olavide, figura do mundo atlântico ibérico longe do lar, não desfrutava da posição nem dos contatos que tornavam os outros imunes a processos. Ele foi denunciado e preso outra vez em 1776, e em 1778, numa audiência privada a que foram convocados os principais notáveis da Igreja e do Estado, foi condenado por um amplo leque de pecados: irreligião, ateísmo, libertinismo, heresia formal e por ser um "afrancesado" influenciado pelos *philosophes* ateus. A lição era clara: a Inquisição podia causar problemas consideráveis a quem pretendesse mudar e secularizar a sociedade, ainda que a pessoa ocupasse posições importantes na corte e no governo.

    Posteriormente Olavide escapou à prisão e fugiu para a França, onde os principais intelectuais franceses da época enalteceram sua figura como um herói da consciência. Esse episódio, bem como sua reconciliação abjeta com a Igreja em 1798, quando ele se retratou de seus erros religiosos e ideológicos para poder voltar à Espanha, foge ao escopo da narrativa. O que é notável é a natureza de algumas coisas que lhe foram formalmente imputadas. Nas suas novas comunidades agrícolas ele fizera da religião um tema secundário e tentara limitar o papel dos padres e a quantidade de igrejas, altares, missas e celebrações religiosas. Olavide duvidava do céu e do inferno e sugeriu que a Bíblia talvez não fosse inteiramente exata, visto que "os chineses são mais antigos que Adão". De modo geral, ele colocava as coisas deste mundo à frente das coisas do além. Tinha dito que "lavrar um pedaço de terra, plantar uma árvore e gerar um filho eram as coisas mais gloriosas desta vida". Para minha análise, o mais importante é que Olavide questionava a validade exclusiva da Igreja. Consta que ele teria dito que Sócrates havia se salvado, assim insinuando que o batismo era desnecessário. Também adotara o velho refrão da salvação para todos e acrescentou a ele as novas preocupações sobre o governo e a moral, afirmando "que cada um podia se salvar em qualquer [lei] que seguisse [...] quem quer que cumprisse com as obrigações do Estado e cargo e observasse com exatidão as virtudes morais em qualquer seita que fosse se salvaria".[3] Vê-se nesta declaração a influência cada vez maior de Locke: o indivíduo e o Estado passaram a ser o fundamento do tolerantismo.[4]

AS FONTES DA TOLERÂNCIA

O caso de Olavide mostra com clareza que na Península Ibérica e nas colônias latino-americanas do século XVIII duas tradições intelectuais referentes à aceitação de outras religiões interligaram-se e se entreteceram numa linha complexa de tolerância religiosa que fazia parte de um tecido de ideias liberais e reformistas que atacavam e corroíam as instituições tradicionais da vida social e política, ou pelo menos pareciam fazê-lo aos olhos de muitas autoridades. Como vimos, apesar da pressão sistemática e da definição da tolerância como heresia teológica e calamidade política existia uma antiga herança de liberdade de consciência e relativismo religioso que extraía sua força de diferentes fontes: as ideias católicas sobre a caridade e a lei natural, e também a indiferença religiosa que brotava das dúvidas intrínsecas às visões céticas e materialistas. Embora propostas algumas vezes por padres com uma certa formação teológica, geralmente essas concepções eram populares, no sentido de serem adotadas por pessoas laicas de origens sociais amiúde modestas. Além disso, essas ideias não vinham codificadas nem organizadas num sistema, de modo que muitas vezes eram expressas como considerações ou racionalizações de ordem prática ou como interpretações religiosas que as autoridades consideravam teologicamente simplistas e desinformadas. Geralmente seus defensores eram pessoas iletradas, ou alfabetizadas mas sem formação universitária. Todavia, o fato de serem ideias populares não lhes diminuía a importância nem seu arraigamento social, ainda que não fossem plenamente desenvolvidas.

Em paralelo a essas ideias populares, havia no século XVIII uma outra corrente de pensamento cujas origens se encontravam na fermentação intelectual que vinha tomando conta da Europa desde os tempos de Spinoza, e que estava cada vez mais presente também na Espanha e em Portugal. Baseando-se em argumentos racionalistas e em noções de pragmatismo político e econômico, primeiramente Montesquieu e Voltaire e depois a geração de Diderot, David Hume, Rousseau e Jean le Rond d'Alembert defendiam um conceito de religião que podia ser um apoio pragmático para a sociedade civil ou um guia para uma vida moral, mas que se afastava muito de uma verdade última ou absoluta. Montesquieu sustentava que a religião inculcava valores éticos úteis, e mesmo o deísta Voltaire, com todas as suas dúvidas sobre a instituição eclesiástica e a existência de um além, ainda acreditava numa divindade benévola e reconhecia a utilidade social de uma crença popular no inferno que mantivesse a ordem na sociedade.[5] Muitos *philosophes* passaram a crer numa "religião natural" e não tinham preferência especial por qualquer religião em particular. Em sua maioria, certamente defendiam a liberdade em matéria de consciência, desde que a crença não prejudicasse a sociedade civil. Na Península Ibérica, os defensores de tais ideias costumavam se inspirar nessas e em outras fontes estrangeiras. Eles incluíram a defesa da liberdade de consciência como parte integrante da defesa cada vez mais recorrente do tolerantismo religioso. Quando o mundo hispânico foi levado a ingressar no processo de transformação filosófica, política e religiosa que veio a se associar ao Iluminismo, a tolerância em questões de consciência se tornou um postulado fundamental de muitas pessoas engajadas em vários tipos de reforma, algumas ocupando posições políticas importantes nas cortes ibéricas. Para os espanhóis e os portugueses tais mudanças foram lentas, e na verdade alguns dos principais expoentes da transformação intelectual eram clérigos que procuravam reconciliar o racionalismo e o empirismo com a autoridade e a religião ortodoxa. Mas mesmo esse "Iluminismo moderado" encontrou oposição por parte da Inquisição e da hierarquia eclesiástica, que viam no ataque ao escolasticismo as raízes da heresia e da irreligiosidade.[6] Apesar disso, nos meados do século era evidente que havia uma ampla discussão em muitos níveis da sociedade espanhola e portuguesa sobre as novas maneiras de pensar a sociedade, a religião e os direitos individuais. Sentia-se cada vez mais o impacto das ideias e dos escritos estrangeiros nesses debates, e a questão do tolerantismo religioso e da aceitação da diferença cultural e religiosa era tida como elemento integrante do novo pensamento e do projeto de transformação tanto pelos reformadores quanto pelos que pretendiam preservar a sociedade tradicional. Espanha e Portugal continuavam a ter na Europa a fama de países de fanatismo oficial, mas na verdade o conceito de religião natural e a ideia de liberdade de consciência se difundiam nos salões, na imprensa periódica e em diversos níveis da sociedade, a despeito do empenho dos tradicionalistas em defini-los como noções subversivas e heréticas.[7] Eles estavam se difundindo mesmo entre os elementos liberais do governo, que consideravam o exclusivismo religioso prejudicial aos interesses comerciais e diplomáticos da Espanha e pretendiam promover a liberdade de consciência como forma de facilitar essas relações.

O século XVIII espanhol era visto, e continuou a sê-lo desde então, sobretudo no século XX, como um campo de batalha cultural onde as forças adversárias de duas visões distintas do passado disputavam os efeitos desse passado sobre o caráter e a trajetória da nação.[8] Para os saudosos da grandeza espanhola, o Iluminismo, com sua profunda dívida para com as influências estrangeiras, era tido como responsável pelo enfraquecimento daquelas alianças entre monarquia e fé e entre misticismo e militarismo que outrora tinham feito da Espanha uma grande potência mundial. Para eles a revolução científica, o racionalismo e a secularização do Estado vinham acompanhados pela irreligião e pelo "espírito arrogante da nova filosofia", que debilitavam e destruíam tudo o que era exclusivamente espanhol. A Espanha não era a França, e quanto mais tentasse ser mais se enfraqueceria. Aqui residia a explicação dos males nacionais. Mas outros espanhóis enxergavam o assunto de outra maneira. Para eles o século XVIII era o tempo em que as fraquezas intrínsecas a um clima religioso e intelectual fechado e controlado, simbolizado pela Inquisição e por um sistema político repressivo, haviam convertido o país numa potência de segunda categoria. O problema da Espanha, para esses críticos liberais, não era o fato de ter aceitado o racionalismo e o novo pensamento científico da época, e sim o fato de tê-los aceitado de maneira restrita e parcial devido à constante oposição e obscurantismo de uma Igreja ainda poderosa e de uma hierarquia eclesiástica que controlavam a vida intelectual e a ordem social da nação.[9] Evidentemente, faltavam nuances a essas posições. O Iluminismo na Europa meridional devia muito à contribuição de pensadores progressistas dentro do clero, alguns representando as posições intelectuais mais avançadas do país e outros fazendo a crítica ao obscurantismo da Inquisição. As linhas ideológicas não se davam entre secularistas e sacerdotes; pelo contrário, elas representavam uma separação entre visões diversas da estabilidade social que cruzavam a fronteira entre laicos e clérigos.

Em Portugal também se deu uma discussão parecida mas não tão virulenta, menos focada em questões de decadência nacional e mais concentrada no papel do despotismo esclarecido do marquês de Pombal, que comandou o país de 1755 a 1778, na relação entre o Estado e a sociedade tradicional e no relativo impacto das ideias e tendências políticas europeias em Portugal e nas suas colônias.[10]

As velhas dúvidas relativistas continuaram a se manifestar no mundo ibérico ao longo do século XVIII. De certa maneira, é mais difícil documentar a presença delas nessa época do que nos séculos anteriores, porque a natureza e o alvo das atividades inquisitoriais sofreram uma grande mudança com o avançar do século. Estudos sobre vários tribunais espanhóis indicam um padrão semelhante. Fora intensiva a repressão aos pecados verbais e às contestações ao dogma na segunda metade do século XVI, após o auge da primeira onda de processos por judaização. Mesmo no século XVII, quando se iniciou uma nova leva de importantes processos por heresia contra supostos luteranos, judeus e muçulmanos, o percentual de julgamentos por crimes de ideias e enunciações verbais ainda representava de 17% a 20% do total de casos nos tribunais de Toledo, Granada e Galícia.[11] Como sempre, a maioria esmagadora dos acusados desses crimes era do sexo masculino. No cômputo geral, entre 1540 e 1700 os processos por proposição e blasfêmia corresponderam a mais de 27% de todos os casos ouvidos nos tribunais da própria Espanha e a 25% de todos os casos nos três tribunais americanos. Não há estatísticas equivalentes para o século seguinte. O século XVIII começou com uma nova preocupação com as supostas apostasias judaicas e islâmicas, à medida que o regime bourbônico recém-instaurado consolidava o apoio junto à hierarquia eclesiástica. Em decorrência disso, os processos por blasfêmia e proposições heréticas caíram nas primeiras décadas, mas após 1750 as proposições voltaram a concentrar o interesse da Inquisição, à medida que aumentava a preocupação quanto a um possível vínculo entre essas ideias e as influências estrangeiras. Nos anos 1750 a Inquisição espanhola também estava se empenhando muito mais na censura da publicação e importação de livros do que no combate aos crimes tradicionais de feitiçaria e proposições heréticas. Mas estes continuam a aparecer em todos os tribunais inquisitoriais com uma frequência suficiente para demonstrar que as ideias por trás desses crimes certamente não haviam desaparecido. Ainda existiam os réus por fornicação, que continuavam convencidos de que o sexo fora do casamento não era pecado, mas agora eram cada vez mais enquadrados como libertinos e suspeitos de portar influências filosóficas perniciosas de origem francesa. Os duvidantes ainda compareciam em julgamentos de todos os tribunais do Santo Ofício, mas agora eram amiúde definidos como ateístas.[12] Joseph Hario Amaral, denunciado em Murcia em 1735, sustentava que não existia purgatório, que o papa não tinha poder sobre o destino das almas e que as dispensas da Igreja eram coisas inventadas apenas para dar dinheiro aos padres.[13] O artilheiro naval Enrique García disse aos companheiros de navio em 1781 que não existia vida após a morte e que a alma do homem morria como a dos animais. Eles não conseguiram acreditar em seus ouvidos, "pois ele era um espanhol", e acharam que García devia estar fora de si para falar daquela maneira, mas quando ele confirmou que era ateísta foi denunciado ao agente da Inquisição em Cádiz.[14] Tais ideias e dúvidas se encontravam em todo o mundo ibérico. Em 1758 Joseph Castaños, espanhol de 39 anos de idade que morava no México, disse numa discussão com sua amante que um Deus misericordioso não criaria o inferno e não condenaria ninguém à danação eterna.[15] Esses pontos de vista se encontravam por toda parte. E cada vez mais se encontrava também o questionamento da validade exclusiva da Igreja como único caminho para a salvação. Como afirmou Manuel Pereda em Sevilha, com lógica e uma sensibilidade quantitativa: "Como a imensa maioria das pessoas é de ímpios e seguidores de seitas e os católicos são tão poucos, se aqueles estão condenados então Deus é um tirano a quem deve agradar tal condenação".[16]

Como o tipo de pensamento que parecia se expressar em tais proposições passou a ter um predomínio cada vez maior, as forças da tradição procuraram eliminar os canais que traziam essas ideias à Espanha e a Portugal. O governo espanhol continuou a controlar a publicação e importação de livros com a censura prévia do Conselho de Castela, que exercia esse direito desde o século XVI, e a Inquisição manteve o índex de livros censurados ou expurgados, com penalidades para quem ignorasse suas determinações. Teoricamente destinado a cobrir temas religiosos, em suas novas versões de 1747 e 1790 o índex foi ampliado com livros de conteúdo lascivo ou político.[17] Em Portugal, um tipo de censura semelhante ficava a cargo do Desembargo do Paço e da Inquisição, mas em 1768 uma Real Mesa Censória assumiu essas funções como parte do projeto de ampliação da autoridade do Estado.[18]

Apesar dessas iniciativas, a relativa facilidade em adquirir permissão de ler livros proibidos, a incapacidade da Inquisição em fazer distinções precisas entre questões políticas, morais e teológicas nos textos proibidos e o espírito de indiferença geral a esse empenho inquisitorial contribuíram para manter abertos os canais de veiculação das ideias. Era fácil obter as licenças, e nos últimos decênios do século existiam bibliotecas particulares, até mesmo no interior do Brasil, prodigamente abastecidas com livros proibidos.[19] Era difícil impor um controle da leitura. No século XVIII a própria Inquisição já era menos ativa, mais empenhada no posicionamento político nas lutas entre a Igreja e o Estado, e estava cada vez mais sob o controle da autoridade monárquica, que a mobilizou em seu apoio após a eclosão da Revolução Francesa. Os tribunais ainda podiam desgraçar algumas vidas mas não era mais a força dos séculos anteriores. Todavia, ela continuava a simbolizar a ordem tradicional e a primazia da Igreja, e como tal se tornou o ponto de união de todos os defensores desses valores. Os protetores da antiga ordem sabiam quem eram seus inimigos: os racionalistas, os importadores de ideias estrangeiras e, sobretudo, os perigosos "falsos filósofos" — os autores estrangeiros, especialmente franceses, do Iluminismo, que ameaçavam o país com o ateísmo, o deísmo, a imoralidade e críticas falsas à Espanha e a Portugal.

Para fazer frente à situação, a Inquisição começou a mirar especificamente as novas ameaças: "enciclopedistas", libertinos e livres-pensadores.[20] Os maçons, por exemplo, entravam na última categoria. De início, Roma e as inquisições da Espanha e de Portugal ficaram desconcertadas com a maçonaria e com o que ela representava. As lojas maçônicas datavam do século XVII na Inglaterra e começaram a ser fundadas em 1727 em Portugal e em 1728 na Espanha, mas as primeiras proibições e perseguições aos maçons deram-se a partir de 1740, quando a natureza litúrgica e secreta da ordem passou a afigurar uma ameaça ou uma diminuição das prerrogativas da Igreja. Em Portugal houve poucos processos no período do governo do marquês de Pombal, até 1777, mas a partir dessa data os padrões dos dois países se tornaram semelhantes. Quando a Inquisição se familiarizou melhor com a filosofia da maçonaria, seu liberalismo, livre pensamento e associação com ideias inglesas e francesas e com visitantes à Península Ibérica, esses elementos se tornaram as principais justificativas para eliminá-la. Além disso, uma das principais acusações da Inquisição contra os maçons era sua indiferença à religião, permitindo que protestantes, judeus, ateístas, materialistas e spinozistas participassem plenamente da associação.[21] Tal atitude, que a Igreja passou a chamar de indiferentismo, tomava a religião basicamente como uma questão supérflua, assim atacando um preceito fundamental. Ela também vinculava a maçonaria à ideia de que a religião em si não definia a qualidade de caráter do indivíduo.

Nos anos 1790, após o despontar da Revolução Francesa, essas várias ameaças que se vislumbravam contra a sociedade tradicional se confundiram numa litania de atores que pareciam ameaçar o catolicismo e a ordem civil: "os maçons, indiferentistas, deístas, materialistas, egoístas, tolerantistas e humanistas" e outros cujas crenças apresentavam as "doutrinas venenosas da liberdade, independência e tolerantismo".[22] A Inquisição fez um esforço concentrado para controlar o fluxo dessas ideias. Entre 1780 e 1820 os tribunais da Espanha ouviram 6569 casos, sendo 3026 deles por proposições. A maioria delas tinha uma genealogia antiga, mas os acusados pertenciam cada vez mais às classes cultas e de profissionais liberais, advogados, comerciantes, clérigos, militares, funcionários públicos e assim por diante.[23] A Inquisição também transferiu o foco para a censura e suas preocupações passaram a abranger questões políticas, além das morais e teológicas.[24]

Na segunda metade do século XVIII, quando as ideias do Iluminismo adquiriram influência na Península Ibérica, passou-se a perceber a questão da tolerância e da indiferença religiosa cada vez mais como o conceito central que desafiava a ortodoxia. A Inquisição e seus adeptos desenvolveram uma palavra para isso, *toleracionismo*, termo cáustico que implicava uma desconsideração por vezes ingênua, mas mesmo assim herética, pela verdade revelada, sendo portanto uma posição filosófica que contrariava frontalmente os ensinamentos e o dogma da Igreja. O toleracionismo, assim, era um ataque direto à religião revelada porque postulava que não existia diferença na qualidade ou verdade relativa dos diversos credos.

Na Espanha e em Portugal, onde a unidade religiosa fora imposta, não se desenvolvera nenhuma teoria filosófica do tolerantismo e ele tampouco fora implantado como política de Estado por razões pragmáticas de ordem política e econômica, como havia ocorrido na Holanda, na França e nos estados germânicos. Mas as nações ibéricas sabiam que podiam existir algumas razões limitadas para admiti-lo. No século XVII Espanha e Portugal tinham concedido um grau restrito de liberdade de consciência a comerciantes protestantes e marinheiros de nações com as quais eles mantinham alianças comerciais ou diplomáticas.[25] Os tratados portugueses com a Inglaterra, em 1640 e 1654, e mais tarde, em 1661, com as Províncias Unidas, reconheciam especificamente que os aliados estavam isentos da alçada inquisitorial e tinham o direito de praticar suas religiões na esfera privada, ainda que a Inquisição por vezes relutasse em honrar tais acordos.[26]

Os judeus eram um caso totalmente diferente. As tentativas do conde-duque de Olivares, na Espanha, nos anos 1630, e do padre Vieira, em Portugal, nos anos 1660, de utilizar cristãos-novos e mesmo judeus praticantes em importantes papéis financeiros e comerciais tinham se deparado com uma oposição inflexível. Em

1797, quando o secretário do tesouro Pedro Varela insistiu junto à Coroa que permitisse o retorno dos comerciantes judeus à Espanha, "agora que desapareceram os antigos preconceitos", mais uma vez a Inquisição se opôs à ideia.[27] Naquele ano a Coroa autorizou a chegada de artesãos estrangeiros para trabalhar em fábricas, concedendo-lhes liberdade de consciência e isenção do controle inquisitorial desde que não fossem judeus.

Apesar dessas restrições, espanhóis e portugueses sabiam que a onda de tolerantismo vinha crescendo na Europa.[28] Para os que ansiavam por transformações, os exemplos de liberdade de consciência dados pelos quacres na Pensilvânia e por Roger Williams em Rhode Island, que se tornaram conhecidos em obras que criticavam os espanhóis e portugueses como *Histoire philosophique des deux Indes*, de Raynal, pareciam reforçar a ideia de que a liberdade de consciência não apresentava nenhum risco à ordem da vida civil.[29] Os defensores da ordem tradicional não se abalaram, mas, o que era ainda mais importante no contexto monarquista, os governantes ibéricos insistiam que qualquer concessão nessa área era prerrogativa do Estado. Como dizia um projeto para uma reforma "esclarecida" da Inquisição de Portugal durante o reinado de d. Maria (1777-99): "tolerantismo civil é um direito majestático de ordem superior que compete aos príncipes, de que hoje ninguém duvida e que os nossos reis puseram em prática, quando permitiram as mesquitas e sinagogas aos mouros e judeus".[30]

Para os críticos da Igreja nas últimas décadas do século a *intolerância* era o termo que caracterizava seus traços mais negativos, enquanto para os defensores da religião tradicional o *toleracionismo* tinha se tornado uma senha que descrevia os piores aspectos do secularismo. Os defensores católicos da intolerância ressaltavam que, historicamente, a unidade religiosa tinha eliminado a divisão social, promovendo paz e prosperidade. Além disso, considerar as religiões iguais entre si era se afastar do fato de que a Igreja garantia a verdade revelada. Se havia um único caminho para a salvação e, portanto, uma única religião verdadeira, a sociedade ou o governante errava ao permitir o culto de outras fés. Não se devia reconhecer direitos ao erro como doutrina, mas a compaixão ditava a caridade para com as pessoas que tinham se perdido ou estavam privadas da verdade. O tolerantismo, portanto, era aceitar o que é mau. Deus não precisa de tolerantismo. Como disse mais tarde um defensor da posição da Igreja: "Tolerar o bem, tolerar a verdade, tolerar a virtude, seriam absurdos monstruosos".[31] A união das ideias "pervertidas" de liberdade e igualdade com a lei natural colocava os teólogos e juristas na Espanha, em Portugal e nas colônias americanas numa posição defensiva de justificar a utilidade e o imperativo moral da intolerância.[32]

Os reformadores refutavam essa posição com razões práticas e teóricas. Manuel de Aguirre, oficial de um regimento de cavalaria e colaborador da imprensa periódica sob o pseudônimo de "Militar Ingênuo", escreveu nos anos 1780 uma série de cartas criticando a tradição de exclusão e intolerância religiosa, que ele definia como "terrível monstro da intolerância disfarçado sob a respeitável capa da religião". Na edição de 7 de maio de 1788 do *Correo de Madrid* ele argumentou que a expulsão dos judeus e mais tarde dos mouriscos apenas beneficiou outras nações e privou a Espanha da energia e industriosidade deles. A presença de fés rivais obrigaria os pregadores ou defensores da verdadeira fé a tornar seus argumentos ainda mais fortes. Denunciando a superstição e a intolerância, ele destacava "a tolerância civil, que tão felizes e povoadas torna todas as possessões dos príncipes católicos, eclesiásticos e protestantes da Alemanha, os estados hereditários do grande rei católico imperador que nela reina, a forte e rica Inglaterra, a advertida França, a industriosa Holanda, o invejável país dos suíços, a nascente e já poderosa república americana e outros reinos cujo gênio, ordem, paz, riqueza e costumes simples e honestos nos causam admiração".[33] Os adversários respondiam que tais ideias levariam à "total liberdade de consciência e independência frente aos Poderes Supremos". Aguirre foi tido como fornecedor dos venenos de Voltaire e Rousseau, e seus argumentos naturalmente levaram à proibição desses números do jornal e a acusações contra o autor. A sentença da Inquisição, em sua recalcitrância em aceitar mudanças e em seu reconhecimento de que tal política se originava nas autoridades do Estado, é reveladora: "A intolerância é uma lei fundamental da nação espanhola, ela não foi estabelecida pelo povo e não é ele que deve aboli-la".[34]

A TOLERÂNCIA NO ILUMINISMO PORTUGUÊS

Apesar das variações decorrentes das diferenças nacionais e da especificidade de sua situação, o caso português seguiu uma trajetória semelhante em relação à tolerância e ao surgimento de posições em favor da liberdade de consciência. A propósito do paralelo entre Castela e Portugal, o arquiconservador historiador espanhol Marcelino Menéndez Pelayo escreveu em tom desaprovador: "Como poderia ser diferente, se havíamos ao mesmo tempo nos banhado nas correntes turbulentas do enciclopedismo, rindo dos chistes de Voltaire, e nos extasiado com a apoteose rousseauniana da vida selvagem".[35] Os ventos do Iluminismo tinham soprado em Portugal, que na primeira metade do século, durante o reinado de dom João V (1706-50), tinha conhecido uma prosperidade substancial com os fluxos de entrada e saída de ouro brasileiro no país. A Ciência Nova, o racionalismo e as obras de autores como Descartes, Locke e Voltaire começavam a circular especialmente entre as pessoas que tinham contato com os setores comerciais e diplomáticos estrangeiros no país ou que pessoalmente viajavam ou moravam no exterior. Às vezes era-lhes aplicado o termo "estrangeirados", mas os estudos modernos passaram a ser cautelosos com o conceito e sua tendência de separar intelectualmente os indivíduos e o contexto da vida nacional.[36] Em todo caso, esses homens, fossem laicos ou do clero, começaram a sugerir e dar início a reformas — nas ciências, no ensino, nas políticas comerciais e na organização política — que mantiveram Portugal a par das correntes intelectuais gerais na Europa. Entre essas pessoas deve ser incluído o marquês de Pombal, que representara o governo lusitano em Viena e Londres e mais tarde se tornou o ditador oficioso de Portugal, instituindo uma série de reformas governamentais mercantilistas e centralizadoras, inclusive a reorganização do comércio, da universidade e outras reformas educacionais, a expulsão dos jesuítas, um ataque a ramos da nobreza e, em 1772, a abolição das distinções entre cristãos-velhos e cristãos-novos.

Por considerações tanto pragmáticas quanto éticas, alguns desses inovadores também haviam enfrentado a questão da intolerância como política de Estado. Em Portugal e nas suas colônias a questão dos cristãos-novos continuou a incomodar a consciência nacional e a preocupar a Inquisição até o século XVIII. Essa minoria interna sempre foi uma questão mais incômoda em Portugal do que na Espanha, situação que se prolongou até que Pombal acabou com a distinção entre cristãos velhos e novos, e os processos por judaísmo nos tribunais portugueses se encerraram por completo.[37]

Nas primeiras décadas do século XVIII, mesmo que a Inquisição continuasse a perseguir ativamente os supostos judaizantes no Brasil e em Portugal, começaram a se erguer vozes importantes contra a Inquisição e contra a intolerância. Dom Luís da Cunha, o diplomata mais destacado de Portugal, com experiência na Holanda, na Espanha, na França e na Inglaterra, tinha se transformado num adversário convicto da Inquisição e da política de intolerância. Ele teve muitas ocasiões de procurar o auxílio ou o conselho de judeus e cristãos-novos portugueses em seus diversos cargos, e, como padre Vieira antes dele, percebeu que a perseguição contra eles tinha sido um desastre para Portugal.[38] Católico convicto, ele apontou em seu *Testamento político* (1736) três "sangrias" que enfraqueciam o país: o excesso de mosteiros e conventos; seus efeitos perniciosos, entre os quais o celibato, no Brasil, onde havia necessidade de muita mão de obra para o trabalho nas minas e nos campos; e a própria Inquisição, que afastara homens e capital de Portugal para o benefício de outros países. Ele defendia o retorno dos judeus ao país e argumentava que a liberdade de consciência deveria ser estendida aos pagãos na Índia portuguesa e aos judeus no Brasil para tornar as colônias produtivas.[39] Finalmente, com detalhes pungentes, o embaixador sugeria que a intolerância tinha sido a ruína de Portugal. Comentou que o monarca Filipe V da Espanha, nascido na França, evitava comparecer aos autos-de-fé, ao passo que em Portugal o rei dom João V, que tinha sido pupilo do inquisidor-geral, apreciava muito assistir às execuções, "como se aqueles miseráveis não fossem seus vassalos". Dom Luís da Cunha acrescentou com melancólica ironia: "Tal é a força da criação que faz perder os sentimentos da humanidade, e tais foram também as ideias que se deram ainda que mais gloriosas ao senhor Rei D. Sebastião a respeito dos maometanos, com os quais se perdeu a si mesmo e a todos nós". [40]

Outro exemplo dessa linha de pensamento, embora figura de menor peso e importância, foi o diplomata e escritor português Francisco Xavier de Oliveira (1702-83), geralmente conhecido como Cavaleiro de Oliveira por pertencer a uma ordem militar honorífica. Oliveira era um livre-pensador de ideias liberais, e seus textos, basicamente em francês, condenavam a Inquisição, instituição que lhe parecia retrógrada, e seus teólogos, ignorantes e estúpidos. Em Londres, ele se converteu ao anglicanismo, razão pela qual, além de suas obras e ideias, o tribunal de Lisboa o condenou, em 1761, a ser queimado em efígie. Sua resposta à sentença, publicada como *Chevalier d'Oliveyra brûlé en effigie comme Hérétique. Comment et Pourquoi?* [Cavaleiro de Oliveira queimado em efígie como herético. Como e por quê?] (Londres, 1762), foi uma defesa apaixonada da tolerância, particularmente em relação aos judeus, e uma condenação igualmente apaixonada do Santo Ofício, que definiu como "uma afronta a todas as leis, divinas e humanas".[41] Afirmou que Portugal nunca seria feliz enquanto não houvesse a abolição completa da Inquisição, e sugeriu, aparentemente com um certo desejo de retaliação, que os interesses do reino exigiam que o rei autorizasse os judeus a ter uma sinagoga no Estaus de Lisboa, o mesmo palácio então ocupado pela Inquisição.

Embora tais ideias pudessem ser desqualificadas como excessos de um apóstata "estrangeirado", elas ainda assim representavam uma mudança de atitude que começava a circular entre uma parcela da elite e da alta burguesia. Mesmo Pombal não era avesso a usar a Inquisição para objetivos de Estado, como braço do poder e controle político, chegando a nomear seu irmão como inquisidor-geral. Mas os interesses de Pombal eram distintos dos do Santo Ofício. O fim que pôs à discriminação oficial contra os cristãos-novos não foi um episódio isolado, embora respondesse mais a considerações econômicas do que a preocupações morais ou filosóficas. A própria Inquisição portuguesa se tornou "esclarecida" sob a direção de Pombal. Em 1774 foi publicado um novo regimento que eliminava o anterior "uso cruel da tortura" e outros abusos, mas a linha principal da nova regulamentação era a ênfase na subordinação do tribunal ao Estado. Tal como na Espanha, a tradicional independência da Inquisição em relação à autoridade monárquica nunca agradara aos dirigentes, mas ao mesmo tempo Pombal reconhecia a utilidade da instituição inquisitorial como estrutura de apoio social e político. Contudo, havia um novo espírito diante da religião, contrário aos excessos da devoção barroca, a qual afastava as pessoas da industriosidade e levava a práticas inadequadas à era do Iluminismo. No Brasil esse novo espírito foi algumas vezes aplicado a problemas antigos. Em Pernambuco, nos anos 1780 e 1790, vários governadores coloniais, sob a pressão de funcionários da metrópole e por vezes da própria Inquisição, determinaram restrições crescentes às práticas e celebrações das confrarias laicas de negros e mulatos, cujas cerimônias e processões pareciam misturar superstições africanas e práticas católicas em rumos contrários à "luz da Razão".[42] Quando as sombras de Paris e da revolta escrava do Haiti se espalharam sobre o mundo atlântico, a preocupação com tais excessos se transferiu da moral para a estabilidade política.

Mas as superstições e as práticas populares eram alvos de controle desde longa data. Com o incentivo do Estado, a Inquisição tinha passado a se interessar por outras coisas quando as correntes de ideias estrangeiras começaram a parecer uma ameaça à religião.[43] E apesar do empenho inquisitorial, ideias, livros e atitudes continuaram a se difundir em Portugal e começaram a seguir para as colônias na bagagem de estudantes que voltavam ao lar, funcionários do Estado, comerciantes, marinheiros, estrangeiros e imigrantes. Concomitantemente, ocorria uma mudança na natureza e imagem da própria Inquisição, que estava perdendo seu estatuto como prova de ortodoxia religiosa e de prestígio das famílias, o que é indicado pela aguda diminuição na quantidade de pedidos para ingressar em seu quadro de funcionários.[44] Em 1821, quando finalmente foi abolido o Santo Ofício português, havia poucas pessoas dispostas a defendê-lo, mas durante boa parte do século XVIII ele ainda continuara a representar a ortodoxia e legitimidade da ordem tradicional.

Assim, apesar das restrições criadas pelas autoridades religiosas e por vezes civis, pelo menos certos círculos cultos e de elite discutiam e propugnavam as ideias de tolerantismo, tais como apresentadas por autores como Locke, Bayle e Voltaire, e os exemplos das vantagens que pareciam advir da liberdade de consciência para a Inglaterra e a república holandesa. Mas essas atitudes penetravam na vida do povo simples? E o que seus conceitos de liberdade de consciência poderiam incluir?

Para muita gente, ficar em paz, poder ler, pensar e acreditar no que quisesse, sem interferência de terceiros, parecia um sonho. Ele estava fora do alcance da maior parte da população no começo da Idade Moderna, e até o final do século XVI as autoridades, qualquer que fosse o credo religioso que professassem, geralmente concordariam que tal ideia era profundamente perigosa. Inevitavelmente, a proibição do desenvolvimento dessas ideias se tornaria uma tarefa legítima e necessária da Igreja. Mas para muitas pessoas, de diferentes credos, o exercício do livre arbítrio tal como era ensinado pela Igreja e da liberdade de consciência como conceito geral era um desejo que só podia ser aguçado pela presença vigilante da Igreja e do Estado. Em 1656 o prisioneiro cristão-novo Juan de León, que tinha saído de sua Livorno natal e ido para a Nova Espanha, onde foi preso como judeu pela Inquisição, lamentava-se em voz alta na cela: "Por que vim para esta terra infame? O que me faltava lá, em minha terra, onde eu tinha de tudo e onde nasci? Essas casas [em] que cada um vive como quer, sem que ninguém se meta com ninguém, e não viver onde há estas casas e gêneros de homens que tratam homens honrados pior do que a negros".[45]

A ideia de uma terra onde cada um pudesse viver como quisesse tocava a imaginação. Estar livre das coerções sociais e das limitações impostas à conduta individual era uma esperança distante no espírito de muita gente. Homens como Julio Martínez, de Murcia, que alardeava que se a Inquisição confiscasse seus bens ele se tornaria mouro, exprimiam uma ameaça que muitas vezes, mas nem sempre, era mais um devaneio do que uma realidade. Mesmo assim, a ideia de virar "turco" expressava uma visão utópica dos cristãos sobre um mundo onde a moral e a coerção se invertiam.

Era fato sabido entre os observadores cristãos que a promessa do paraíso maometano incluía a liberdade sexual, e alguns dissidentes associavam intimamente liberdade e sexualidade, como sugeria o termo *libertino*, que começou a ingressar nas línguas da Europa Ocidental com mais frequência no final do século XVII. O desejo de viver numa terra de liberdade por vezes tinha mais a ver com o corpo do que com a alma ou o intelecto. Sempre havia aqueles dados a excessos e extravagâncias, homens como dom Sancho Matamoros, espanhol preso em Lisboa em 1704. Matamoros comia carne às sextas-feiras, soltava blasfêmias constantes e dizia que, para ele, glória era ter muita comida e muitas mulheres. E comentou que gostava tanto de mulheres que, se "santa Catarina aparecesse, ele dormiria com ela também". Dizia ter se formado na Universidade de Salamanca e que por isso podia sustentar suas declarações. Liberdade, para Matamoros, era a liberdade de se saciar.[46] Mas a maioria das declarações sobre essa desejada terra da liberdade não mencionava a terra da Cocanha nem o sexo irrefreado. A utopia geralmente pretendida, ou pelo menos a que frequentemente fascinava e ameaçava os inquisidores, era a da consciência ou do pensamento, não dos apetites.[47]

Os inquisidores às vezes argumentavam que as ideias de liberdade de consciência eram concepções errôneas e heréticas de pessoas sem formação teológica, mas ocasionalmente as pessoas que defendiam tais ideias recorriam à própria doutrina católica para fundamentar seus argumentos. O conceito de livre arbítrio era evidentemente um postulado essencial da doutrina católica que atribuía responsabilidade ética e moral ao indivíduo por suas ações. Os respectivos papéis do livre arbítrio e da graça divina tinham preocupado os grandes teólogos por muito tempo, e após a Reforma tornaram-se questões de importância fundamental dentro das várias confissões cristãs. Entre os fiéis persistia a ideia de que a fé devia ser voluntária e que a coerção era contrária à doutrina da Igreja. Julian de Anguieta, que morava em Una, no bispado de Cuenca, tinha argumentado com eloquência, entre outros erros que o levaram a julgamento em 1662, que "é errado privar cada um do livre arbítrio de acreditar naquilo em que deseja e obrigar os cristãos a crer na lei de Jesus Cristo pela força, e [me] parece que é contra o que nos ensina a doutrina de Cristo".[48]

No século XVIII, quando as mudanças sociais e intelectuais começaram a encaminhar visivelmente a Europa para novas direções, a autoridade religiosa na Espanha e em Portugal reforçou suas defesas contra o contágio da irreligião. As ideias do Iluminismo francês em geral pareciam especialmente ameaçadoras às inquisições ibéricas, a tal ponto que a pecha de "afrancesado" passou a ser aplicada a qualquer pessoa que manifestasse dúvidas sobre o dogma ou desse indicações de algum traço de deísmo ou outras perigosas atitudes sociais e filosóficas.[49] Após a Guerra da Sucessão Espanhola e a ascensão da dinastia bourbônica ao trono espanhol, era natural que se sentisse a influência francesa na vida política e nos círculos da corte, mas a ideia da França como modelo alternativo já havia se estabelecido no mundo hispânico. Como disse um farmacêutico das ilhas Canárias aos inquisidores em 1707, não existia miséria nem opressão na França, porque lá ninguém fazia questão de descobrir o que cada pessoa era, nem que religião professava: "E assim quem vive com correção e tem bom caráter pode ser o que quiser".[50] Sem dúvida era uma visão simplificada e hiperbólica do tolerantismo na França, onde os huguenotes passaram a ser pragmaticamente tolerados a partir do Édito de Nantes, em 1598, o qual todavia foi revogado em 1685.[51] Na verdade, a heterodoxia costumava ser perseguida nas classes mais baixas e em certa medida aceita entre os "libertinos" das classes altas. Mas cabe notar que autores do tolerantismo como Bayle, que fazia uma defesa radical do direito individual à liberdade de consciência e cujos livros, proibidos na França e em outros países, tinham um largo público leitor, se tornaram, com Voltaire, Rousseau e outros mais, os criadores da "literatura devota do novo culto da humanidade".[52] Tais ideias pareciam atraentes a muitos espanhóis de diversas camadas sociais.

Se reformadores, pensadores e autores espanhóis e portugueses, devido a afinidades linguísticas e religiosas, tendiam a procurar inicialmente inspiração gálica, por outro lado era a Inglaterra que realmente ocupava um lugar nos círculos letrados e também nas mitologias populares do direito e da liberdade de consciência.[53] Foi sobretudo o empirismo e racionalismo inglês que atraiu os intelectuais ibéricos que tentavam reconciliar a ordem tradicional e os novos métodos de pensamento. E também para as classes populares a Inglaterra parecia oferecer o modelo mais atraente em matéria de liberdade de consciência. O tolerantismo religioso tinha sido uma questão de importância central durante a Revolução Inglesa, e o *Act of Toleration,* aprovado na Inglaterra em 1689, garantia liberdade de culto e consciência aos dissidentes e, mesmo que não estendesse a proteção legal a católicos e unitaristas, permitia na prática uma considerável margem de liberdade privada para judeus e católicos. *A carta sobre a tolerância*, de Locke, foi publicada no mesmo ano; ainda que a lei de 1689 e o ensaio de Locke não contemplassem uma tolerância religiosa integral aos católicos ou ateus, ambos traziam como implícito um afastamento do "belo ideal" do Estado como sociedade religiosa.[54] Mesmo um bispo fervorosamente anticatólico como Gilbert Burnet escreveria em 1688, durante a revolução que colocou no trono da Inglaterra o protestante Guilherme de Orange, que o Deus que ele amava "nunca se limitaria a qualquer forma ou partido religioso, e portanto não sou daqueles que condenam todos os papistas, pois conheci muitos homens bons e religiosos entre eles".[55] A Inglaterra rumava para uma situação em que a liberdade de consciência não era uma questão de concessão e sim de lei, e embora os ingleses continuassem a ser um pouco "esquizofrênicos" sobre o assunto, em termos comparativos e sobretudo na prática, sua sociedade parecia cada vez mais propensa à tolerância.[56]

Foi essa a Inglaterra que Voltaire enalteceu em suas famosas *Cartas* de 1726, quando escreveu que "um inglês, para quem a liberdade é natural, pode ir para o céu à sua maneira", e sugeriu com sua típica ironia: "Se fosse permitida apenas uma religião na Inglaterra, o Governo muito possivelmente se tornaria arbitrário; se fossem apenas duas, as pessoas se degolariam mutuamente; mas como existem inúmeras, todos vivem felizes e em paz". Certamente é indiscutível a popularidade de Voltaire entre os dissidentes ibéricos no século XVIII, mas seria equivocado ver apenas a sua influência modelando as atitudes em relação à Inglaterra e à sua política tolerantista. Na verdade, muito antes dos textos de Voltaire diversas pessoas no mundo atlântico hispânico e português alimentavam uma imagem positiva da Inglaterra como país com liberdade de consciência firmemente estabelecida, tomando-a como modelo de suas esperanças a esse respeito. Por exemplo, em 1606, o padre Diego de Paixão, a bordo de um navio inglês, viu que o imediato era um português baixinho, de cabelos escuros, natural do Porto. Quando o padre perguntou ao marinheiro por que ele vivia entre aqueles hereges, o marinheiro respondeu que era porque podia viver com "liberdade de consciência".[57] Um século mais tarde, Pedro de León, um jovem de Alicante, foi detido porque disse numa discussão que os franceses e os ingleses podiam se salvar em suas religiões. Ele sabia disso por experiência própria, tendo estado a bordo com eles como cativo e depois como corsário, morando em Marselha e na Inglaterra e depois indo da Guiné a Buenos Aires, onde ocorreu o incidente.[58] Homens assim mostravam de vez em quando uma grande disposição de especular sobre assuntos de religião e teologia, de escolher sua própria fé, de mudar de ideia a respeito dessas questões ou de admitir a possibilidade de que era melhor deixar que cada qual decidisse por si. Em 1792, quando Leandro Fernández de Moratín, o famoso dramaturgo da Espanha setecentista, escreveu que "na Inglaterra há uma liberdade absoluta de religião; obedecendo aos estatutos civis, cada pessoa pode sustentar a crença que quiser e o único que é chamado de infiel é aquele que não cumpre seus contratos", havia muitas outras pessoas bem menos importantes que já tinham chegado à mesma conclusão.[59]

UM CRISOL NO CARIBE

Talvez não existisse no mundo atlântico ibérico nenhuma área mais vulnerável à penetração de pessoas e ideias estrangeiras do que o Caribe. Desde o século XVI flibusteiros e contrabandistas de diversas nações atacavam e comerciavam na área, e em meados do século XVII holandeses, ingleses e franceses tinham estabelecido suas colônias e povoamentos nas ilhas, implantando também suas ideias e religiões. Do ponto de vista da pretensão espanhola de manter um controle exclusivo e de evitar o contágio da heresia, a presença estrangeira trazia muitos perigos.[60] A vulnerabilidade da situação caribenha foi apontada por frei Antonio de Chincilla, o comissário do Santo Ofício na ilha de Santo Domingo, que escreveu uma petição ao rei na segunda metade do século XVII.⁶¹ Ele reclamava que a região, com doze unidades administrativas ou *gobiernos* estendendo-se por cerca de quatrocentas léguas, não dispunha de praticamente nenhum agente qualificado da Inquisição, porque era difícil estabelecer a linhagem de sangue, e portanto a ortodoxia, de muitos dos espanhóis ali residentes, e também porque havia muitos mestiços. O tribunal da Inquisição em Cartagena das Índias não enviava visitadores, e em lugares como Santo Domingo e Porto Rico quase não existiam agentes do Santo Ofício. Eles eram extremamente necessários devido ao desembarque constante de navios ingleses, franceses e holandeses, carregados de escravos e outras mercadorias. Isso explicava a razão pela qual sete vilas no norte de Española tinham sido abandonadas na época de Filipe II, apesar das consequências econômicas negativas, para evitar o risco de contato com os estrangeiros em matérias religiosas. Sem controle adequado, a área também estava sob a ameaça dos desembarques portugueses, isto é, criptojudaicos, e Chincilla frisou que muitas das famílias em Puerto Rico, Caracas e Isla Margarita, ocupando cargos e posições importantes, eram de origens suspeitas. A presença de hereges era ainda mais grave porque eles poderiam contaminar índios e mestiços, e os povos autóctones já eram bastante dados a magias, pactos com o demônio e o uso de venenos e poções feitas de ervas. Para piorar as coisas, havia disputas constantes de jurisdição entre os bispos locais e a Inquisição, que discutiam a quem cabia a autoridade de publicar os éditos da fé que eram necessários para alertar as pessoas sobre tais perigos espirituais.

No século XVIII o contato por meio do comércio, do contrabando e da guerra estava criando um espaço de intercâmbio contínuo, no qual pessoas e mercadorias, e também ideias e livros, deslocavam-se entre sistemas imperiais diversos. Locais como os entrepostos holandeses em Aruba e Curaçao, próximos da costa venezuelana, com seus moradores católicos, judeus e protestantes, por exemplo, tornavam-se sociedades de constante cruzamento religioso, espaços de conversões, intercâmbios e casamentos cruzados, a tal ponto que o padre de Aruba informou em 1753 a seu bispo em Coro, Venezuela, que os judeus locais tinham contribuído voluntariamente com dinheiro e material para a construção da Igreja.[62] A Inquisição estava sempre em guarda contra estrangeiros que poderiam introduzir ideias heréticas. Quando alguém tentou conversar com William Hallafan, um inglês que morava em Vera Cruz, sobre sua religião, ele respondeu: "Deixemos isso e procuremos comer e viver".[63] Nicolás Silverio, que residia em Río de Sinú, era na verdade Silverio Aterle, nascido de pais franceses na ilha de Guadalupe. Tinha se feito corsário, transferindo-se para Curaçao e por fim para o litoral norte da América do Sul, onde fixou residência. Ele dizia que os batizados pela igreja protestante não estavam condenados, e tampouco os índios do Caribe. E negava que seu amigo Henrique Dutric, de Bruxelas, também morador na região, fosse herege. Criado como católico, Dutric tinha sido preso em 1709 por manifestar muitas dúvidas sobre a doutrina. Não acreditava no inferno nem no purgatório, dizia que as bulas papais eram desculpas para levantar dinheiro, não se confessava regularmente, mantinha relações sexuais com caribenhas pagãs, achava que as boas ações livrariam a pessoa do purgatório. Também havia dito que "cada um estava no lugar que aqui no mundo lhe cabia", ou seja, cada qual tinha sua estrela e destino próprio.[64]

As aberturas e oportunidades propiciadas por tais contatos eram aproveitadas por muitas pessoas do mundo hispânico. Elas cruzavam as fronteiras imperiais com relativa facilidade e encontravam ocasiões de liberdade nesse trânsito. Quero examinar três casos americanos do século XVIII que ilustram a tolerância religiosa, e nas quais o desejo de liberdade de pensamento desempenha um papel central. Esses três casos envolveram homens simples e relativamente incultos, sendo um soldado e dois marinheiros, mas os três eram alfabetizados, atribuíam alta prioridade à liberdade de consciência e a suas leituras, e manifestavam admiração por terras onde parecia vigorar tal liberdade.

O primeiro caso da trilogia é uma autêntica odisseia caribenha. Antonio de la Abuja era natural de Candás, no principado de Astúrias. Nascido por volta de 1685, chegara a Cartagena das Índias numa pequena embarcação vinda de Santo Domingo. Trazia em sua bagagem vários livros, e os recomendava abertamente, sobretudo um exemplar das Sagradas Escrituras em espanhol. Alguém notou que os livros não traziam as autorizações de praxe e avisou Abuja que podiam ser títulos proibidos. Abuja respondeu que não tinha nenhum interesse em heresias e, como os livros estavam em espanhol, achava que eram bons. Então o amigo que morava com ele levou os livros ao superior do colégio jesuíta para uma opinião sobre o conteúdo deles, e o jesuíta recomendou que fossem levados à Inquisição. Os inquisidores quiseram saber mais. Abuja foi preso.[65]

Ele contou a história da sua vida. Seus pais e avós eram cristãos-velhos, e ele tinha sido batizado, crismado e educado como católico. Conhecia as orações e deu todas as mostras de ter sido criado dentro da ortodoxia. Também sabia ler e escrever, mas nunca frequentou a universidade. Abuja tinha saído de casa aos oito anos de idade, indo a Cádiz e de lá tomando um navio para as Índias. De Cartagena das Índias ele tinha embarcado como marinheiro para diversos portos do Caribe, finalmente chegando à ilha holandesa de Curaçao, onde permaneceu por alguns anos como marinheiro em navios holandeses, fazendo contrabando no litoral da Venezuela e também visitando as ilhas Virgens e as ilhas inglesas e francesas. Por fim voltou a Cartagena, onde trabalhou como marinheiro durante três anos em barcos que faziam tráfico negreiro para as ilhas holandesas e inglesas. A certa altura ele foi capturado pelos ingleses, levado para Bermuda e de lá para a Carolina. Abuja atravessava as fronteiras culturais com facilidade, e sua experiência demonstrava a inutilidade das políticas que pretendiam isolar as Índias espanholas de influências estrangeiras. Mas o que mais incomodava os inquisidores era seu gosto pela leitura.

O baú de Abuja tinha quatro livros. Seu predileto era um volume in-fólio em românico (espanhol) chamado *A Sagrada Escritura com os Livros Apócrifos*. Ele tinha comprado o livro em Barbados de um judeu chamado Moses Brandon, provavelmente um cristão-novo português de sobrenome Brandão. Era um fruto proibido. A Inquisição espanhola tinha vetado a leitura das Escrituras em espanhol ou qualquer outro vernáculo desde os anos 1550, e os diversos índexes de obras proibidas procuravam manter essa literatura longe do alcance do povo comum.[66] Abuja queria tirar suas próprias conclusões. E disse que comprara o livro para poder ler a Bíblia. Se estava escrita em espanhol, como poderia ser nociva?

Os outros livros eram menores, in-quarto, de natureza semelhante, entre eles um volume em espanhol chamado *O Novo Testamento de Nosso Senhor Jesus Cristo*, que ele ganhara de alguns "amigos ingleses na ilha Carolina". Estes ele lera pouco, mas o in-fólio ele lia com frequência porque lhe parecia "bom e benéfico". Declarou que não fazia ideia que tais obras, em particular as Sagradas Escrituras, pudessem ser ruins, pois tinham sido impressas em Amsterdam e corrigidas por Sebastián de la Encina, pastor da Igreja Anglicana! Abuja talvez estivesse tristemente desinformado, ou fosse extremamente franco, ou simplesmente ingênuo, mas sua vontade de conhecer as coisas por iniciativa própria indicava uma independência de espírito que lhe trouxe outras dificuldades.

Uma testemunha relatou uma conversa com Abuja, que vou reconstituir a partir dos autos do julgamento. A testemunha tinha se referido aos ingleses como "uns cães hereges condenados".

Abuja respondeu: "Como você sabe que os hereges estão condenados?".

"Como os mouros", disse a testemunha.

"E como você sabe que os mouros estão condenados?"

"Porque não são batizados, e todos fora da comunidade da nossa sagrada religião estão condenados."

"Como você sabe, você viu, alguém veio lhe dizer?"

"Sei com a luz da fé. Como você pode me perguntar se os mouros hereges estão condenados ou não?"

Então Abuja respondeu, baseando-se em seu entendimento das escrituras, talvez de sua leitura pessoal da Bíblia: "São Tomás diz: 'Ama a Deus acima de todas as coisas e teu próximo como a ti mesmo'. Os mouros e hereges não são nossos próximos?".

"Todos os que descendem de Adão são."

"Como você pode desejar mal ao próximo, dizendo que estão condenados?"

Era a proposição de que outros poderiam se salvar por misericórdia divina, e em seu depoimento Abuja assinalou que existiam ingleses que eram caridosos e praticavam boas ações e, embora tenha declarado aos inquisidores que ninguém se salvaria sem fé em Deus, parecia-lhe que alguns hereges poderiam se salvar, e que Deus, num ato de piedade ou misericórdia, não permitiria que todos se condenassem, para que "não se perdesse o fruto do sangue de Cristo".

Ele apresentou outras proposições heréticas, e as incongruências em seu depoimento, como o fato de dizer que achava que os livros deviam ser bons porque estavam em espanhol, se revelaram tentativas de burlar os inquisidores. Em audiências posteriores, ele admitiu perante os juízes que tinha ridicularizado relíquias e que sentia dúvidas sobre a presença de Cristo na Eucaristia e reservas sobre a existência do purgatório. Começou a interpretar pessoalmente a Bíblia. Para ele, ela era "o livro dos livros, a lei de

Deus, a palavra de Deus e dos Profetas". Reconheceu que desde que tinha em sua posse a Bíblia "tinha alguma inclinação à heresia, pois lhe parecia melhor viver em liberdade, mas nunca estivera certo disso e sempre vivera indeciso entre as duas fés".[67]

Por fim Abuja se retratou. Pediu misericórdia e reconciliação com a Igreja, admitiu ter escondido dinheiro para que ele não fosse confiscado pelo tribunal e mostrou contrição. Implorou que a Inquisição lhe tirasse a vida ou o colocasse em algum mosteiro onde pudesse servir a Deus. Um relatório médico apontou que ele tinha uma mente confusa com tendência para a insanidade. A corte mostrou relativa leniência: condenou-o à reconciliação num auto-de-fé público em roupa de penitente, a várias obrigações religiosas, ao confisco de todos os seus bens e a dois anos de penitência em Sevilha. Em 1711, com outros prisioneiros, ele embarcou na capitânia da frota de galeões e seguiu rumo à Espanha para cumprir a sentença.

Até aqui o relato de Abuja e o encaminhamento do caso nos tribunais religiosos parecem semelhantes aos de muitos outros dissidentes aqui examinados, mas sua história não parou por aí. O galeão que levava os prisioneiros foi atacado e capturado pelos ingleses três dias após a partida, e Abuja e os demais foram levados para a Jamaica. Ele não tinha vontade nem motivo para retornar à soberania espanhola, e então fixou residência na ilha, tomando como concubina e depois como esposa uma católica de Curaçao com quem teve três filhos. Ele ganhava a vida como marinheiro em navios ingleses, muito provavelmente com contrabando. Para Abuja, a Jamaica, a terra metafórica da liberdade, agora se convertera em realidade. Em 1716, quando estava na ilha espanhola de Trinidad, ele foi reconhecido e capturado; depois de várias aventuras e tentativas de fuga, inclusive escapando do toro de madeira que o prendia pelas pernas e se lançando ao mar para alcançar a nado a costa do Panamá, acabou voltando à prisão inquisitorial de Cartagena, dessa vez como herege apóstata e impenitente que tinha ficado voluntariamente com os protestantes da Jamaica a fim de escapar à sentença.

Abuja teve ocasião de relatar detalhadamente aos inquisidores as cerimônias de casamento e batismo dos filhos, feitas segundo os ritos anglicanos. Parecia continuar confuso ou numa posição limítrofe entre sua identidade católica e o protestantismo. E sua vontade de ler persistia. Continuou a ler a Bíblia em espanhol e a liturgia que os ingleses chamavam de *The Book of Common Prayer* [*O livro de oração comum*]. Explicou que, "não tendo outro alimento espiritual, rezava aquelas orações alguns dias". Pediu perdão, mas nesse meio-tempo tentou arrancar as grades das velhas paredes da sua cela. Ainda sustentava as proposições de antes: achava que o melhor era se confessar diretamente a Deus, duvidava do poder dos santos, não usava rosários e admitia que vivera como protestante na Jamaica, mas sempre "com dúvida da verdade de todas estas coisas". O que Abuja tentava argumentar era que desejara viver e morrer entre os protestantes da Jamaica mas não na religião deles, isto é, procurava fazer uma distinção entre a sociedade civil ou política e a religião.[68] Casou-se no rito protestante, mas apenas para proteger os direitos legais da esposa e dos filhos. Tinha aceitado a fé protestante, mas não frequentava suas igrejas. Tentou convencer os inquisidores que sempre acreditara que a religião ensinada pelos pais era a melhor. Quanto a seus queridos livros, ele foi claro: "Que era certo ter voltado a ler os livros pela afeição que lhes tinha e que se isso era ser herege e apóstata, assim era".[69] Dessa vez ele foi condenado a um auto-de-fé público, à prisão perpétua e a sete anos remando nas galés da coroa. Embarcou para Sevilha como prisioneiro em março de 1719, a bordo do *Xavier*.

O que pensar da história de Abuja? Nossa tendência de ver o mundo da fé em termos de crenças e lealdades religiosas claramente definidas passou a ser questionada pelos estudos recentes. Teólogos e doutos podiam enxergar as diferenças, mas para gente como Abuja as linhas entre as religiões nem sempre eram tão claramente definidas. Sua história parece confirmar a possibilidade de uma pessoa selecionar diversos elementos entre os vários credos, ou de existir uma prática privada diferente da profissão de fé pública. Além das zonas de indistinção entre os credos, existiam pessoas como Abuja que viviam nessas zonas, aceitando algumas crenças, duvidando de outras e, em seu caso, tentando decidir por si só sobre a vontade de Deus.[70] A coerência, a coesão teológica e a fidelidade não pareciam lhe causar muita preocupação. Mesmo antes de morar na Jamaica já tinha sido esse tipo de raciocínio que o levara a crer que podiam existir aspectos positivos em qualquer credo e que mesmo os mouros ou hereges podiam se salvar — e ele não era o único a pensar assim.

Felipe Tendeur era católico. Soldado de Brabante, nos Países Baixos, tinha ingressado nas forças do rei desde cedo e servira na Catalunha antes de ser transferido para o castelo de San Luis de Bocachica, que guardava o porto de Cartagena das Índias. Aprendera a ler e a escrever com um frade dominicano e tinha gosto pela leitura. Possuía alguns livros — o Antigo e o Novo Testamento, um livro em sueco com algumas xilogravuras de santos que ele apreciava, e um livro em holandês chamado *Preces e canções devotas para marinheiros*. Foi este livro que deu origem a seus problemas. Outros soldados da guarnição o haviam visto e perguntaram a Tendeur sobre o seu conteúdo. Tendeur respondeu que era um texto herético, e o interlocutor comentou que sua leitura podia lhe custar caro. Tendeur descartou a advertência com uma justificativa baseada em sua leitura criativa e seletiva. Disse que "lia o bom e deixava o mal, e que podia ler os livros que quisesse". Os companheiros não se sentiram satisfeitos. Alertaram que ele pagaria caro pela leitura se fosse apanhado, e alguém se sentiu ameaçado pela independência de espírito de Tendeur a tal ponto que depois pegou o livro e o queimou. Tendeur ficou furioso e ameaçou o culpado.

Tendeur começou a criar fama entre os companheiros como sujeito cheio de dúvidas religiosas e opiniões estranhas. Num determinado momento ele se recusou a comprar as dispensas papais, alegando que os soldados não precisavam adquiri-las porque o rei comprava as bulas para eles. Seus interesses eram de ordem materialista. Quando lhe disseram que devia dar graças a Deus por tê-lo feito católico, ele respondeu que Deus não tinha feito nada por ele, e que podia muito bem tê-lo feito herege e rico. Numa conversa sobre hierarquias sociais, perguntaram-lhe se se casaria com uma índia e Tendeur respondeu que lhe importaria mais que fosse rica do que índia ou herege, e ao que parece ele colocou suas ideias em prática, mantendo relações com uma mulher de linhagem suspeita. Devido a essas suas atitudes, à escolha da companheira e às preferências de leitura, alertaram-no de que a Inquisição poderia castigá-lo, ao que Tendeur respondeu com uma bravata de soldado, mas ao mesmo tempo revelando na resposta seu conceito sobre as possibilidades de liberdade. Se a Inquisição o desafiasse, afirmou que "se faria pirata e queimaria a Inquisição e Cartagena e que seria fácil [...] que não havia nada como viver na Jamaica, onde havia liberdade de consciência". Outra testemunha declarou que Tendeur tinha dito que, como pirata, ele se tornaria "a maior faca que teriam os espanhóis, especialmente os frades e os clérigos". Nas Índias, o sonho turco se transformara numa fantasia sobre piratas, e a ilha da Jamaica, sob controle inglês desde 1655, passou a ser um equivalente de Constantinopla, metáfora de uma terra de liberdade.

Preso, Tendeur armou uma defesa hábil e inteligente. Alegou que tinha comprado o livro em holandês de um navio francês apenas para não esquecer a língua materna. Quanto ao livro em sueco, disse simplesmente aos inquisidores que não havia muita diferença entre o sueco e o holandês. De qualquer forma, ele só tinha lido aqueles livros "por curiosidade" e por nenhuma outra razão. Os inquisidores desconfiavam que ele era um herege, uma ameaça à fé e ao porto. Ele foi torturado sem parcimônia, recebendo cinco voltas na roda. Tentou se suicidar e foi espancado pelo carcereiro, mas em momento algum aceitou as acusações de heresia. Quando insistiram que salvasse a alma com a confissão e o arrependimento, ele respondeu que a Inquisição lhe tirara a honra e que agora não lhe importava mais sua alma. Foi condenado ao desterro das Índias e expulso dos exércitos do rei.[71]

Esse caso tem muitos elementos que merecem comentários, mas antes que se alegue que Tendeur não é um bom exemplo, por ser estrangeiro (apesar de tantos anos de residência no mundo hispânico), cumpre examinar outro caso que apresenta muitas similaridades, desta vez envolvendo um espanhol (que no entanto passou muito tempo no estrangeiro). Juan Pablo de Echigoíen nasceu em San Sebastián de Guipúzcoa por volta de 1725. Fez-se ao mar aos nove anos de idade, em navios ingleses, provavelmente como ajudante de cabine e depois como grumete; aos 18 anos tinha se tornado piloto nas armadas da Espanha e do reino de Nápoles. Echigoíen conhecia boa parte do mundo. Tinha morado em Londres e fora até a Jamaica e outras ilhas caribenhas sob domínio francês e holandês. Finalmente chegou à Nova Espanha, e nas minas de Chontalpa despertou suspeitas sobre sua origem e ortodoxia. Tinha um livro em inglês de conteúdo herético, e não sabia falar direito o basco. Esses fatos, acrescidos de suas opiniões de caráter duvidoso, levaram à sua denúncia perante a Inquisição mexicana em 1761. Alguém lhe ganhou a confiança, fez com que dissesse suas opiniões e então o denunciou à Inquisição.

Quais eram essas ideias questionáveis? Em primeiro lugar, Echigoíen era copernicano: acreditava que era a terra que se movia, e não os céus e as estrelas. Evidentemente, a concepção heliocêntrica do universo contrariava o dogma e desde 1616 era formalmente considerada uma heresia.[72] Ele também foi acusado de ser maçom e de ter comentado e aprovado o fato de que essa organização admitia filiados sem levar em conta a seita ou a religião, aceitando inclusive judeus, e "que só buscava homens de bem". Alegou que muitos reis, nobres espanhóis, jesuítas e o governador de Cuba eram maçons, e que mesmo em Madri, na Puerta del Sol, havia uma loja maçônica em atividade. Seus comentários favoráveis sobre os ingleses foram tomados como prova de que era realmente estrangeiro. Quando alguém elogiou a caridade de um certo católico fervoroso, Echigoíen replicou que seu ex-patrão, o capitão do navio, embora fosse protestante, tinha sido ainda mais caridoso. À resposta de que essa caridade não valia grande coisa, pois o capitão, como protestante, estava condenado ao inferno, Echigoíen reagiu com o velho argumento: "Cale-se, pois todos se salvam por diversos caminhos".[73]

Era, evidentemente, uma proposição herética, e os inquisidores de início pensaram que Echigoíen, tendo se criado entre os ingleses, talvez não tivesse sido instruído na religião verdadeira. Interessaram-se pelos detalhes religiosos de sua vida. Era uma história fascinante. Ele tinha origens cristãs-velhas, foi batizado e mais tarde crismado por um bispo católico na Irlanda. Havia recebido instrução religiosa de um jesuíta inglês e sabia rezar em latim. O mestre de navio inglês que lhe deu emprego o tinha ensinado a ler e escrever, e embora fosse protestante o capitão não só nunca tentou afastá-lo da religião católica como também insistia que os marinheiros a bordo nunca o ridicularizassem nem tentassem convertê-lo ao protestantismo. Ele foi enfático e inflexível nesse ponto. Disse aos inquisidores "que nem o dito mestre nem outro inglês com quem tratou jamais lhe falaram de pontos de religião porque é lei política entre os ingleses e em toda a Inglaterra não poder tratar com católicos cristãos nem pessoas de outra seita de pontos de religião, e ser uma das principais máximas de seu governo que todos vivam em liberdade".

A vida na Inglaterra agradava a Echigoíen, que lá morou por mais de vinte anos, mas por fim as pressões para que se casasse com a sobrinha do patrão o fizeram voltar à Espanha. Esperando fazer fortuna e com cem libras no bolso, presente do ex-patrão, ele embarcou em Cádiz com destino à Jamaica, na esperança de empregar sua experiência marítima e seu domínio do inglês e do espanhol para entrar no comércio de contrabando. Em dois anos juntou uma fortuna de 7 mil pesos, mas perdeu tudo numa tempestade na baía de St. Anne, na Jamaica. Conseguiu ir para Havana e, de lá, para o México.

Os inquisidores continuavam em dúvida sobre a ortodoxia de Echigoíen. Queriam saber mais sobre o livro herético em inglês que diziam estar em sua posse. Ele explicou que o piloto do navio que o levara a Havana também era maçom, e lhe dera o livro para que ele o traduzisse. A bordo, outros mais pediram que lesse em voz alta, e ele o fizera para atender à curiosidade e à vontade deles de ouvir o inglês e a pronúncia da língua. Como Tendeur, Echigoíen declarou que o que o fascinava nos livros eram os aspectos orais e visuais, e não o conteúdo herético. Também ele gostava de ouvir o som de uma língua que lhe era familiar, e apreciava imensamente as ilustrações. Disse aos inquisidores que mostrou o livro aos outros porque as figuras eram muito bonitas e porque queria demonstrar que os ingleses também estampavam santos em seus livros.

A investigação continuou se arrastando, e Echigoíen se abateu. Parecia ter perdido a razão, mas segundo o diagnóstico do exame médico a insanidade não passava de fingimento. Finalmente ele foi condenado em 1765 a abjurar *de vehementi* num auto-de-fé público, desterrado das Índias e enviado para servir durante quatro anos sem soldo no posto da guarnição marroquina em Ceuta. Tal como Tendeur e Abuja, Echigoíen não tinha lido Locke nem Voltaire. Suas opiniões haviam sido formadas pela experiência de vida e pelas próprias percepções, e continham esperanças para si e para os outros.

LIBERTINOS LUSO-BRASILEIROS

O questionamento do dogma e o impacto do racionalismo, além da persistência da superstição, também eram patentes no mundo luso-brasileiro. Em certa medida, esse foi um resultado involuntário das políticas centralizadoras do marquês de Pombal, cuja iniciativa de expulsar os jesuítas em 1759 e cujo esforço para restringir o ultramontanismo e fazer da Igreja um braço dócil do Estado tinham enfraquecido o respeito pela religião. Nos anos 1770 e 1780, quando o Estado pôs fim à campanha contra os cristãos-novos, os Cadernos do Promotor, registros de denúncias da Inquisição, estavam repletos de acusações de bruxaria, bigamia, dúvidas sobre o sexto mandamento e uma série de proposições heréticas sobre a validade dos conceitos de céu, inferno e salvação. Tais ideias eram perseguidas desde Lisboa até os rincões mais distantes do império. E perseguidas eram pessoas como Manuel Joaquim, capitão de navio residente em Lisboa, que acreditava num Deus de infinita misericórdia e tinha uma visão prática sobre a salvação: "não pode julgar se os hereges se salvam ou se perdem [...] seria necessário maior inferno e como haver de caber tantos no inferno, e que eles também louvam a Deus pois também as aves do céu o louvam".[74]

Os defensores da autoridade procuravam uma explicação para o que parecia ser uma onda crescente de irreligião nos dois lados do Atlântico. Mesmo em Portugal o impacto do Iluminismo era visível de várias maneiras, conforme ele avançava das cidades e universidades para as zonas rurais. Em 1779 o padre local de Vilaflor, na província de Trás-os-Montes, denunciou um rapaz por uma série de proposições heréticas. O indivíduo em questão, Manuel Felix de Negreiros, tinha estudado medicina em Coimbra e morava no Porto, mas seu pai tinha uma propriedade em Vilaflor, e o rapaz fora até lá para ver o casal que fazia azeite de oliva na velha herdade. Negreiros tinha estudado teologia e direito canônico em Coimbra, e era considerado muito culto, de maneira que seus comentários foram ainda mais chocantes. Ele disse que a doutrina da transubstanciação mostrava que a Igreja levava as pessoas a acreditar que o que estava ausente era real e o que era real estava ausente.[75] Disse também que duvidava da existência do inferno "porque é incrível que um pecado sendo momentâneo se castigue com uma pena eterna"; finalmente e mais grave, perguntou por que, se o poder de Cristo era infinito, tão poucas nações se dispunham a segui-lo. Negreiros era um homem de elite e tinha morado por algum tempo na casa do marquês de Marialva. O padre tinha certeza de que ele era um seguidor das "máximas diabólicas" de Voltaire, e outra testemunha declarou que, de fato, Negreiros andava com um volume de Voltaire no bolso do casaco. Seu discurso também era irreverente. Ele dizia que os ingleses eram esclarecidos porque "eles comem carne e nós, bacalhau". Negreiros era, como se alegava, um homem "cheio de liberdade e sem religião".

Tais atitudes não se encontravam apenas nos universitários bem relacionados de Coimbra, mas em todo o império.[76] Tome-se, por exemplo, Maçal Ignacio Monteiro, antigo administrador da Companhia do Grão-Pará e Maranhão, que supostamente lia não só Voltaire mas também *O príncipe* de Maquiavel e as obras do teólogo seiscentista veneziano Paolo Sarpi, crítico da autoridade papal. Um informante declarou que Monteiro, além de ler, emprestava os livros a terceiros.[77] Todos diziam que ele era um "libertino na linguagem" e não mostrava muito respeito nem medo do Santo Ofício. Na época, *libertino* significava o indivíduo que acreditava que o melhor guia para o entendimento era a razão e não a revelação. Pelo menos era essa a definição dada por Antonio de Morais e Silva, nascido no Brasil e autor do primeiro dicionário da língua portuguesa, e ele mesmo denunciado à Inquisição como libertino.[78]

O espírito de dissidência e desconsideração pela autoridade da Igreja se tornou uma matéria de preocupação crescente na última década do século XVIII. A própria Inquisição era objeto de questionamento cada vez maior, numa atitude que tinha raízes profundas no Brasil, onde, como vimos, desde o século XVI cristãos-velhos e cristãos-novos demonstravam frequente hostilidade em relação ao Santo Ofício.[79] Antonio Rodrigues de Sousa, um "familiar" ou agente laico do Santo Ofício em Guarupitanga, Ouro Preto, apresentou em 1779 uma denúncia contra três prospectores de minas que o difamaram chamando-o de mulato e insinuando que ele tinha conseguido o cargo por meio de suborno. Eles tentaram, disse Sousa, "macular os incorruptíveis ânimos dos seus [da Inquisição] nobilíssimos oficiais". E agiram de uma forma realmente ofensiva na sociedade colonial, partindo para o insulto racial.[80]

As pessoas que expressavam dúvidas sobre a ortodoxia católica provinham de diversos níveis sociais. Joaquim José Gomes dos Santos era um pernambucano que comandava uma corveta chamada *Santíssimo Sacramento*. Quase todos a bordo, o capelão, o médico, o piloto e a tripulação, o denunciaram em 1791 por irreverência e ideias ofensivas. Ele era um libertino, comia carne nos dias de abstinência e dizia que a natureza tinha criado o mundo. Disseram que ele era "inclinado a ler livros franceses e ter amizade com quem os lê" e não tinha pejo de discutir suas ideias com quem estava a bordo. Na verdade, Gomes dos Santos admirava os ingleses, que, como disse, faziam as suas viagens sem ter de rezar constantemente. Suas ideias liberais escandalizavam a todos. Ele chocou o capelão perguntando por que Cristo tinha demorado tanto para trazer a salvação, quando tantas almas já tinham se perdido. Comparava Maomé a Cristo de forma não desfavorável, e dizia que, se o cristianismo fosse a verdadeira lei, Portugal deveria ser o país mais sábio e opulento, mas pelo contrário era o mais pobre, o mais ignorante e o mais malgovernado. Os turcos e os tártaros, bem como os ingleses e os holandeses, nações que os ignorantes ou desinformados chamam de bárbaras, na verdade são melhores da maneira como são, porque eliminaram os piores abusos no sistema de governo. Se existia Deus, ele não tinha favorecido os portugueses. O uso da força para pregar o Evangelho só havia funcionado contra pequenos países e povos fracos como os negros da África ou o "povo rústico da América", porque não era possível usar essas táticas contra grandes impérios.[81]

A denúncia contra Gomes dos Santos demonstra que muita gente ainda mantinha uma crença ortodoxa, mas o número de dissidentes vinha aumentando. Não surpreende que a questão da validade exclusiva da Igreja também tenha ressurgido nesse clima de dúvida.[82] Em 1794 houve um inquérito no Rio de Janeiro para investigar as ideias e atividades de um grupo de rapazes supostamente contaminados por ideias francesas, isto é, revolucionárias. Eles costumavam se reunir na loja de António Bandeira na rua do Ouvidor, a principal rua da cidade, onde muitas vezes as conversas giravam em torno de temas controversos. Bandeira, crítico franco da Igreja, teria amiúde afirmado que havia salvação fora da Igreja, e teria ido ainda além ao declarar que "na ocasião em que se acham os franceses, ainda que tenham obrado mal respeito a obediência e morte do seu soberano, com tudo se podiam salvar fora do domínio da Igreja Romana".

Comprovando antigos temores, agora a liberdade de consciência vinha associada a outros tipos de liberdade. E por que isso ocorreu? Em 1794, um poeta anônimo espanhol reagiu à Revolução Francesa e seu ataque a Deus e à monarquia com o seguinte diálogo:

> *E quem pôs a França*
> *Sem fé, poder e opulência?*
> *A liberdade de consciência.*
>
> *Quem é o formador primeiro*
> *De casos tão assombrosos?*
> *Os escritos sediciosos.*
>
> *E estes escritos,*
> *Por que causaram tal sedição?*
> *Porque não há Inquisição.*[83]

O LONGO ADEUS

Ocorreu uma profunda transformação da atitude política e religiosa na Espanha e em Portugal nas últimas décadas do século XVIII, quando termos como *intolerância, tolerantismo religioso, liberdade de consciência* e *Inquisição* passaram a representar concepções políticas, sociais e religiosas do mundo em conflito. Ambos os lados utilizavam uma retórica hiperbólica que expressava sentimentos profundos e a crença de que era a própria essência e o futuro da alma nacional que estavam em jogo na solução do problema da tolerância. A virulência da retórica empregada pelos críticos liberais da Inquisição nas batalhas que caracterizaram a transição ibérica para o século XIX disfarçava o fato de que a atividade e o poder do Santo Ofício tinham declinado na segunda metade do século. O auto-de-fé se tornou uma cerimônia mais privada do que pública. Madri realizou seu último grande auto público em 1680, Lisboa em 1683. Agora a punição se tornara um ato mais privado, conduzido dentro de igrejas diante de uma audiência de dignitários convidados. À medida que a influência do Estado sobre os tribunais cresceu, surgiu uma relutância em deixar ao clero a tarefa de tomar decisões essencialmente políticas, e assim as questões espirituais se separaram das questões políticas. Na Espanha apenas 56 pessoas receberam punições públicas entre 1759 e 1788, e pouquíssimas foram executadas. Em Portugal, Pombal pôs fim à discriminação dos cristãos-novos em 1773, assim retirando do tribunal os principais alvos do controle inquisitorial. O novo regimento da Inquisição, publicado em 1774, também deixou claro o controle do Estado sobre o tribunal. No mesmo ano, por razões comerciais e políticas, Pombal também aboliu a Inquisição de Goa, que no século XVIII tinha sido o mais ativo e repressivo entre todos os tribunais portugueses. Embora ele tenha sido restaurado em 1778, após a queda de Pombal, todos esses acontecimentos indicavam uma diminuição de poder e respeito. Por exemplo, fazer parte do aparato do Santo Ofício já não era tão atraente. Em Portugal o número de nomeações de "familiares" da Inquisição teve uma queda vertiginosa após 1770, sinal do prestígio declinante da instituição como maneira de conquistar honra, status e legitimidade. A própria atividade do Santo Ofício também diminuiu. Os três tribunais de Lisboa, Coimbra e Évora tinham julgado 7204 casos entre 1675 e 1750, ou seja, cerca de dez casos por ano, mas entre 1751 e 1767 ouviram apenas 743 casos, metade da média anual anterior. Todavia, a proporção entre execuções e processos não diminuiu, permanecendo por volta de 4% dos julgados.[84]

Sob muitos aspectos, não foi uma grande onda de oposição popular nem a forte crítica dos adversários liberais que minou o papel da Inquisição e a política oficial de intolerância por ela representada, e sim o monarquismo centralizador. As Coroas de Portugal e Espanha procuraram trazer suas inquisições para sua esfera de controle, mas também tentaram redirecionar a autoridade eclesiástica para fins mais políticos. Desde o começo, as coroas e as instituições eclesiásticas procuraram usar a Inquisição para suas próprias finalidades, mas as inquisições tinham desenvolvido objetivos distintos, e por vezes operaram com total independência em relação à autoridade monárquica ou episcopal. Mas mesmo nos anos 1790 os reformadores procediam com cautela. O ministro espanhol Gaspar Melchor de Jovellanos escreveu em 1794 que os sentimentos contrários à Inquisição ainda não eram generalizados e que a melhor maneira de controlá-la seria desmantelá-la aos poucos, transferindo sua autoridade religiosa para os bispos e suas tarefas de censura para o Conselho de Castela.[85]

A abolição efetiva das inquisições da Espanha e de Portugal veio como parte das transformações no meio político e intelectual da época. A invasão de Napoleão à Espanha levou à abolição da Inquisição em 1808, por ordem dos invasores franceses, pois ela representava um desafio à autoridade civil.[86] As Cortes convocadas em Cádiz em 1810 para organizar a resistência à invasão francesa eram dominadas por liberais e jansenistas, que começaram a redigir uma constituição e também aboliram a Inquisição em 1813; mas a abolição foi por pouco tempo, e com o retorno da monarquia em 1814 os decretos das Cortes foram declarados nulos e a Inquisição foi restaurada na Espanha e, no ano seguinte, nas Índias. Em 1815 o novo inquisidor-geral lançou um édito numa retórica inflexível e mais uma vez definiu a Inquisição como "a única forma de salvar o precioso depósito da fé e sufocar a semente maldita plantada na nossa terra pela gangue imoral dos judeus e sectários que a profanaram e também pela vergonhosa liberdade de escrever, copiar e publicar".[87]

Naqueles anos turbulentos ocorreram dois acontecimentos importantes relacionados com o tribunal. Primeiro, a abolição de 1808 resultou na nomeação do secretário da Inquisição, o padre Juan Antonio Llorente, para reunir e catalogar os documentos de todos os tribunais. Ele cumpriu bem a tarefa e depois, entre 1812 e 1818, publicou vários estudos muito bem fundamentados em pesquisas e extremamente críticos em relação à Inquisição, alimentando os debates e críticas subsequentes sobre o tribunal.[88] Segundo, essas críticas levaram a uma mobilização dos defensores da Inquisição, que agora associavam sua luta pela continuidade da Inquisição com a defesa popular do país, do rei e da religião. O tolerantismo e a Inquisição se tornaram os símbolos antagônicos de duas visões opostas da Espanha. Uma revolução liberal em 1820 obrigou o rei a aceitar a monarquia constitucional e, com ela, a Constituição de 1820, que abolia o tribunal; em 1823, porém, os absolutistas, com apoio estrangeiro, restauraram novamente o sistema anterior e a Inquisição. Apesar da vontade dos elementos mais conservadores da sociedade de restaurar a perseguição contra a heresia e de manter a política de intolerância oficial, a Inquisição foi definitivamente abolida na Espanha em 1834, sendo que as colônais americanas já tinham acabado com seus tribunais como parte dos movimentos pela independência no período entre 1814 e 1825. Em Portugal a Inquisição manteve um papel discreto durante o período napoleônico, sem se tornar um problema central. Foi finalmente abolida em 1821, depois de uma revolução liberal que procurou instaurar a monarquia constitucional no país.

Tornou-se usual apontar no Iluminismo as origens dos males sociais do mundo moderno. Seus êxitos e fracassos são vistos como precursores dos piores aspectos da modernidade, e a seu racionalismo e à separação entre religiosidade e vida pública atribuem-se as origens do genocídio, do racismo e de outros males sociais. O Iluminismo certamente teve seu lado negro. A exploração da diversidade humana contribuiu para uma crença na hierarquia cultural que trazia as sementes do pensamento racista.[89] Poucos *philosophes* deram qualquer atenção aos direitos das mulheres, muitos deles desprezavam as "classes vulgares" e o veio antissemita de Voltaire é bastante conhecido. Os defensores da liberdade amiúde fechavam os olhos à questão da escravidão, e em portos como Bordeaux e Nantes havia comerciantes de escravos que se orgulhavam de suas concepções iluministas e de suas filiações maçônicas, e não tinham o menor escrúpulo em batizar seus navios negreiros de *L'Ami de la paix, Fraternité* e até *Tolérance*.[90] Mas a aplicação de nossos critérios contemporâneos àquela época deforma e obscurece suas realizações. Seus fracassos não se devem aos caminhos que ela tomou, e sim até que ponto eles foram trilhados. Às vezes, como no caso da escravidão, seriam seus herdeiros e afilhados espirituais na geração seguinte que levariam em frente o programa de abolição do tráfico negreiro e enfim da própria escravidão. Sobre a questão do tolerantismo religioso, o pensamento iluminista se distanciou de um tolerantismo nascido da incapacidade e da exaustão, em que a diversidade religiosa era suportada porque seria oneroso demais eliminá-la ou porque não havia outra alternativa possível. Ele também avançou além do tolerantismo de conveniência, que por razões pragmáticas reconhecia uma certa liberdade a minorias e aliados ou comerciantes estrangeiros porque isso seria de alguma maneira lucrativo ou vantajoso. Agora o tolerantismo era uma questão de direitos humanos, da liberdade e igualdade de oportunidades que todos mereciam. Devia-se admitir o tolerantismo porque era justo e adequado proceder assim, e a longo prazo, como diziam alguns, essa era não só uma boa política para o Estado e os cidadãos como também uma atitude de acordo com a lei natural. Todavia, em meio a essas ideias fortemente associadas aos argumentos do Iluminis-

A abolição da Inquisição em Barcelona.
Alegria e comemoração popular durante o saque ao palácio da Inquisição. Esta cena anônima é uma das raras comemorando o acontecimento. Arquivo Oronoz.

mo, os ibéricos também se remetiam às suas tradições passadas. Em 1813, durante os debates acalorados e a guerra de propaganda contra a Inquisição, surgiu um poema satírico em galego e castelhano. Chamado "Apelos de um galego", ele apontava nas raízes cristãs e no antigo refrão ibérico a razão para se opor à intolerância:

> É a lei de Jesus Cristo
> Lei de caridade e amor;
> Devemos aconselhar-nos
> Mas não praticar traição.
>
> Vivamos bem e tenhamos
> Do próximo compaixão,
> Que Deus é quem ilumina
> E move o coração

A gente vive na lei
Que herdou de seus avós;
O Mouro a sua, e o Galego
Julga que a sua é melhor.[91]

Os versos, naturalmente, foram proibidos pela Inquisição. Os defensores da ordem tradicional sempre tendiam a ver essas ideias e seus fundamentos como importações alheias, mas tal interpretação simplificava uma realidade muito mais complexa e era contrariada pelos registros da própria Inquisição. Os autores iluministas que escreveram sobre o assunto ofereciam uma concepção sistemática do tolerantismo religioso como parte de um conjunto de conceitos benéficos para todas as sociedades.[92] Suas ideias repercutiram na Espanha, em Portugal e em outros países da Europa e das Américas, mas muito antes que elas se tornassem uma força motriz social e intelectual houve muita gente no mundo ibérico e, suspeito eu, em outros lugares que já tinha chegado a conclusões parecidas. Sem expectativas de ganhos ou vantagens, tais pessoas tinham defendido a tolerância porque ela parecia justa. Alguns afirmavam que apenas Deus sabia realmente qual era a melhor religião; alguns achavam que todas as religiões podiam ser válidas; outros não conseguiam aceitar que quem vivesse de acordo com a lei natural e praticasse o bem seria condenado por uma divindade misericordiosa; outros ainda acreditavam que a vida e a mensagem de Cristo ensinavam a paciência e o perdão. E havia ainda aqueles que duvidavam da validade de qualquer religião e não se preocupavam com a salvação e a crença pessoal. Todos eles formaram o contexto de tolerância em que as ideias do Iluminismo puderam florescer. Foram os precursores da modernidade, tanto quanto seus contemporâneos mais letrados e eloquentes.

9. Pelagianos rústicos

Historiadores frequentemente buscam as continuidades entre o passado distante e períodos mais recentes, e eles têm uma sensibilidade treinada para perceber as peculiaridades de cada cultura e cada momento histórico. Seria muito fácil sugerir que o passado multirreligioso específico da Península Ibérica medieval, onde cristãos, judeus e muçulmanos conviveram por tanto tempo apesar dos conflitos e animosidades entre eles, criou atitudes de tolerância que se manifestaram como relativismo em matéria de religião. Da mesma forma, pode-se argumentar que a unificação da Espanha em 1492 e as expulsões ou conversões forçadas de judeus e muçulmanos levaram esses grupos a dissimular suas verdadeiras convicções e a demonstrar ambiguidade quanto à existência de qualquer verdade, e que isso acabou criando entre eles atitudes de ceticismo, indiferença, materialismo e dúvida. Mas tais interpretações não condizem com todas as indicações de que dispomos. Um número considerável das pessoas denunciadas à Inquisição por relativismo em matéria de religião eram na verdade estrangeiros, e não espanhóis ou portugueses. Muitos dos que expressavam dúvida ou indiferença não eram conversos nem mouriscos, e sim cristãos-velhos de linhagem incontestável. Apesar dos objetivos da Reforma católica imposta pela Inquisição e pelas cortes episcopais, tais ideias e dúvidas vinham de longa data e era impossível extirpá-las completamente. E espanhóis e portugueses certamente não eram os únicos a ter tais atitudes. As histórias de outros países europeus têm revelado cada vez mais a existência dessas posições.

Embora o mundo ibérico possa representar um caso especial, com sua história plurirreligiosa, suas minorias étnicas e sua experiência de construir um império em terras distantes e em continentes até então desconhecidos, nas últimas décadas têm se multiplicado os indícios de que a atitude de tolerância popular em matéria de religião era um fenômeno religioso em grande parte da Europa, mas comumente subestimado pelos historiadores porque grande parte da história do começo da Idade Moderna foi moldada em termos de violência e conflitos religiosos e de um processo de "confessionalização", isto é, de inculcação de identidades religiosas. Para alcançar os substratos de tolerância é preciso se aprofundar sob as histórias das políticas oficiais e dos dogmas religiosos que têm dominado o campo da historiografia, e examinar primariamente não o discurso letrado (geralmente controlado) nem a política de reis e governos, e sim os atos e palavras das pessoas que tentavam pensar por si mesmas. O que tentei fazer neste livro foi demonstrar que no mundo ibérico, esfera cultural onde, devido às políticas oficiais de intolerância, não seria de se esperar tal tipo de ideia, era comum a dissidência em questões de fé, e de longa data existia uma atitude de tolerância, pelo menos entre alguns elementos da população. Quaisquer que fossem as especificidades das sociedades da Espanha e de Portugal, essa atitude de tolerância era na verdade partilhada por grande parte da Europa, e o reconhecimento de sua existência, por tanto tempo negligenciada, é a chave para entender como as teorias formalizadas do tolerantismo — os grandes textos de Bayle, Locke, Voltaire e outros — acabaram por se tornar parte da vida política e intelectual geral da Europa moderna.

Nas últimas décadas uma nova geração de estudos afastou a discussão sobre o tolerantismo religioso da preocupação quase exclusiva com a corrente de grandes pensadores, humanistas, teólogos e filósofos autores da "literatura devocional de um novo culto da humanidade" que parece formar o elo genético para nossas atitudes pessoais. Em vez disso, os historiadores se encaminharam para um estudo cuidadoso dos contextos sociais e políticos que criaram as condições para o tolerantismo.[1] Ao invés de um conto edificante sobre o triunfo das convicções, o que se tem esboçado com mais frequência é uma narrativa de pragmatismo e conveniência. A história do tolerantismo envolvia sobretudo as relações e lutas entre igrejas ou seitas estabelecidas e abordava apenas secundariamente as condições dos judeus ou outros não crentes. Estudos da religião na Itália, na Alemanha, na Holanda e na Europa Central no início da modernidade têm analisado as condições em que se aceitavam ou se rejeitavam diversas formas de tolerantismo religioso, de liberdade de culto e de consciência. A narrativa anterior da vitória de uma ideia lentamente conquistada por uma série de pensadores individuais ainda nos inspira, mas agora há uma ênfase muito maior sobre os vários contextos sociais e políticos que influíram nas decisões pragmáticas que levaram ao tolerantismo.

Essa abordagem mais generalizada revelou a extensão e a profundidade da dissidência religiosa. Obras sobre a Itália, o Sacro Império Romano, a Polônia e a Hungria no início da Idade Moderna têm enriquecido essa visão. Grande parte delas basicamente estendeu a história dos *politiques* para outros contextos históricos. Todavia, isso significou uma vez mais enfatizar as políticas e os atores do Estado e da Igreja, embora algumas vezes tal linha de estudo também tenha revelado atitudes de tolerância entre as classes iletradas e trabalhadoras daquelas sociedades como parte da história geral do conflito religioso.[2] O peso e importância relativos dessas atitudes geralmente dependiam dos diferentes meios social, político e eclesiástico em cada país. A França e a Inglaterra podem ser bons exemplos para fins comparativos. A história da França no começo da modernidade esteve por muito tempo dominada pelo tema central da luta religiosa e pela divisão do país nos campos antagônicos dos católicos e dos huguenotes.[3] Em 1560 a França talvez contasse com 2 milhões de protestantes. A maioria católica não podia ignorar a sua existência, e alguns chegavam a considerar o fato como um sinal da aproximação do juízo final. O Estado não era favorável ao tolerantismo, e este geralmente era defendido apenas como solução temporária, embora sempre se erguessem algumas vozes, como as de Michel Montaigne e Jean Bodin, que se opunham ao uso da força em debates religiosos, ou como o católico Michel de l'Hôpital, argumentando que o uso da coerção não geraria uma fé verdadeira.[4] Alguns limites eram impostos pelas próprias pessoas. O embaixador francês em Roma foi informado em 1561 que deveria transmitir ao papa que os franceses eram súditos de seu rei, mas, "no que se refere às suas consciências, sempre os considerei incrivelmente teimosos".[5] O surgimento de um *modus vivendi* assinalado pelo Édito de Nantes (1598), que garantia aos protestantes o livre exercício de sua religião, e sua revogação posterior em 1685 foram tratados por várias gerações em termos de necessidades políticas e inimizades religiosas. O que a Coroa concedeu por fraqueza ela revogou quase cem anos depois numa posição de força. Nos anos 1660 uma repressão vigorosa contra os huguenotes os havia reduzido a menos de 1 milhão, e a posição deles se tornava cada vez mais precária. Sem dúvida houve muita violência religiosa naquele período, e existem indicações consideráveis de que a intolerância era uma política de Estado. Mas a história não se resume a isso.

Faz pelo menos dez anos que os historiadores vêm examinando a história da convivência religiosa em vez do conflito religioso, sobretudo no nível local. Apesar dos esforço constante de ideólogos e propagandistas de ambos os lados para impor a separação e incentivar a desconfiança, há muitas provas dessa convivência e tolerância. Em Béarn e Sedan, católicos e protestantes rezavam indistintamente nas igrejas uns dos outros; em La Rochelle eles dividiam a mesma igreja. Durante o massacre do Dia de São Bartolomeu o governador da Provença se negou a matar os huguenotes, e quando uma multidão de Rouen foi a Dieppe para liquidar os protestantes o governador fechou os portões da cidade para contê-la do lado de fora. Em Saillon, na província do Dauphiné, fiéis dos dois credos declararam formalmente em 1599 que "viviam pacificamente e como bons conterrâneos, juntos no livre exercício de suas religiões". Em 1664, na Dordonha, os católicos e os protestantes de Saint-Méard repartiram as despesas de um sino para suas respectivas igrejas.[6] Em Poitou católicos e huguenotes encontraram maneiras de partilhar cemitérios vizinhos em comunidades mistas, pelo menos até a época em que se intensificou a perseguição.[7] O historiador canadense Gregory Hanlon estudou detalhadamente a vila de Layrac, na Aquitânia, e mostrou que havia uma extensa convivência nessa comunidade mista, onde protestantes e católicos mantinham contato, casavam entre si e interferiam constantemente nas vidas uns dos outros, para o desalento dos líderes espirituais dos dois grupos. Esse convívio não era uma questão de tolerantismo como posição filosófica, mas sim o resultado de considerações práticas no nível local, e a interação tendia a criar ambiguidades e por vezes indiferença às distinções de doutrina.[8] O impulso de convivência, que era chamada de "paz religiosa", como nos lembra o historiador francês Olivier Christin, brotava não só de considerações pragmáticas e da necessidade política de restringir a violência mas também de um senso de comunidade em alguns locais e de um desejo geral de ordem e estabilidade.[9] Tais arranjos podiam ser encontrados por toda a Europa quinhentista, desde a França e os cantões suíços até a Polônia e a Holanda.[10] Torná-los possíveis num mundo cada vez mais preocupado com a heresia e o castigo iminente de Deus era o desafio que enfrentavam governantes e teólogos, e quando diminuía a necessidade de tais composições, como ocorreu na França em 1685, eles muitas vezes insistiam na conformidade religiosa.[11] Mas as provas de cooperação ou amizade ultrapassando as fronteiras religiosas levantam o problema das origens das alternativas existentes. A caridade cristã, a descrença, a indiferença e a dúvida também contribuíram para a tolerância, ao lado dos programas dos *politiques*.

A história da Inglaterra oferece um campo ainda melhor para examinar tais atitudes. A Inglaterra, depois de se separar de Roma e criar uma Igreja nacional, era uma sociedade intolerante, com repressões e restrições aos católicos e não conformistas, mas também existem indícios significativos de relutância em perseguir os vizinhos e uma certa flexibilidade ou ambiguidade em matéria de religião.[12] A história da Inglaterra sugere que existiu uma longa corrente de dúvida, descrença e dissidência que caracterizou por muito tempo o pensamento religioso popular, e que o povo simples frequentemente expressava sentimentos de tolerância e relativismo religioso. Grande parte do que sabemos sobre tais atitudes se encontra em obras compostas especificamente para combatê-las e corrigi-las. O pregador puritano George Gifford publicou seu *Breve discurso sobre certos pontos da religião que há entre a espécie comum de cristãos, que pode ser denominado*

Teologia do Campo em 1581.[13] Composto como um diálogo entre o instruído e religioso Zelotes e o ingênuo e heterodoxo Atheos, o texto ressaltava o pensamento essencialmente abrangente ou relativista do povo comum, representado por Atheos. Ele crê que Deus é misericordioso e não tão severo como diz Zelotes. Atheos afirma que ninguém sabe realmente quem está entre os eleitos e quem é condenado, e que muitos como Zelotes só pensam na danação. Atheos critica os sacerdotes que interferem na vida das pessoas, os "controladores intrometidos" que procuram impor a religião, quando a única coisa realmente necessária seria a "boa convivência" e a disposição de participar da comunidade, às vezes "beber e ficar alegre". "É bom que Deus não lhe tenha dado o poder de condenar os homens", diz Atheos a seu zeloso interlocutor. Os argumentos de Atheos mostram discordância em relação à ordem e à conformidade que a religião tenta impor. Para ele sua salvação pessoal não estava em questão: "Tenho boas intenções, não faço mal a ninguém nem desejo mal a ninguém; amo a Deus acima de todas as coisas e deposito toda a minha confiança nele: o que mais você quer?". Zelotes responde que o que se exige de um verdadeiro cristão é muito mais do que isso, mas parecia ser difícil transmitir essa mensagem.[14]

O ceticismo, a ignorância e a dúvida entre o povo simples das paróquias também são os alvos de *O caminho do homem simples para o céu*, de Arthur Dent (1601), outro livro que teve diversas edições e procurava responder a uma série de objeções ao pensamento protestante ortodoxo que refletiam o discurso usualmente ouvido em resposta às pregações dos "devotos". Como assinalou o historiador Barry Reay, a pregação e a leitura da Bíblia, elementos centrais do protestantismo, não faziam muito sentido para os analfabetos e para quem considerava o elemento crucial da fé não a capacidade de citar as Escrituras, e sim viver de acordo com a regra moral do bem. "Eu sei que enquanto eu guardar Seus Mandamentos e respeitar meu próximo, e como deve fazer um cristão, Ele não condenará minha alma."[15] A ênfase em viver no bem, crer em Deus e não fazer mal ao próximo constituía uma espécie de "pelagianismo rústico".[16] Ela podia ser encontrada não apenas nas paróquias rurais da Inglaterra mas também nas aldeias da França, nas vilas da Andaluzia, nas minas e fazendas da América. No fim do mundo, lá em Chiloé, no sul do Chile, Pedro Ramírez foi denunciado em 1573 por dizer que "a fé era coisa morta sem caridade, e que ambas as virtudes eram o mesmo".[17] A lição de Mateus, 22 não fora esquecida. Ama a Deus acima de todas as coisas, e ama teu próximo como a ti mesmo. Se o cristianismo consistia na verdade e na caridade, era a caridade que fazia muitos acreditarem que estavam seguindo o caminho de Deus ao aceitar a diferença e viver em harmonia com os que buscavam a salvação à sua maneira.

Na Inglaterra como em outros lugares, as constantes reclamações dos clérigos quanto à imoralidade e superficialidade da religião derivavam de suas frustrações com uma cultura de superstições, bebidas, jogos e danças. Até 1650 a lei exigia que todos frequentassem a Igreja e tomassem a comunhão, mas mesmo que as cortes eclesiásticas usassem a excomunhão para obrigar ao cumprimento da lei muita gente continuava recalcitrante, e mesmo os que cumpriam com suas obrigações religiosas descobriram que sua religiosidade continuava a ser questionada. Com a Revolução de 1640 e a eliminação dos controles oficiais da religião e com o florescimento de uma variedade de seitas, as tendências anteriores a posições heterodoxas, quando não heréticas, que sempre tinham sido objeto de apreensão, agora se tornavam realidade. O radicalismo social parecia se somar ao radicalismo religioso entre aqueles grupos que contestavam a autoridade da Igreja estabelecida e a posição de seus sacerdotes letrados. Foi esse efêmero "mundo de cabeça para baixo" na Inglaterra dos anos 1640 que o historiador Christopher Hill tanto contribuiu para recriar.[18]

Aqui também há um texto que revela o grau de ameaça que tais ideias radicais pareciam apresentar. *Gangrena* (1646), do pastor presbiteriano Thomas Edwards, é uma condenação por vezes histérica e um catálogo de várias crenças e desvios religiosos populares que ameaçavam a religião e a ordem social. Ele identificou mais de duzentas heresias nos três volumes de sua diatribe. Apontava, por exemplo, a crença de que a razão seria um critério em matéria de fé; de que não se deveria empregar a coerção em questões religiosas; de que a alma morria com o corpo; de que era possível conhecer Deus diretamente através da natureza; de que a morte de Cristo trazia a salvação de todos; e de que muitos se salvariam sem Cristo e os pagãos podiam se salvar dentro do que lhes fora dado por Deus. Essas e muitas outras ideias desviantes são notavelmente parecidas com as proposições salvíficas heréticas comumente expressas no mundo hispânico.[19] Na Inglaterra da Revolução Puritana, porém, elas puderam prosperar pelo menos temporariamente em diversas seitas ou denominações, que representavam para Edwards ameaças de desordem política e teológica. No irônico reparo que William Walwyn fez a Edwards, a verdadeira ameaça era que os iletrados procurassem o conhecimento sem a direção dos letrados e que os plebeus tivessem a liberdade de examinar todas as coisas.[20]

O que mais preocupava Edwards, porém, era a perspectiva assustadora de que o tolerantismo religioso e a plena liberdade de consciência se tornassem uma política de Estado, e que terminasse a coerção nos assuntos de fé.[21] Ele perguntou: "Teria algum homem sete anos atrás dito ser pelo Tolerantismo de todas as Religiões, papismos, Blasfêmia, Ateísmo? Ter-se-ia dito: Não pode ser" (*Gangrena* 1: 121). Mas enquanto puritanos e presbiterianos estritos como Edwards ainda achavam que a ordem política, a magistratura, precisava impor a conformidade religiosa e que não podia haver separação entre Estado e religião, grupos mais radicais não se sentiam tão propensos a isso, desde que não se colocasse a lealdade política em questão. O debate evoluía em termos mais políticos do que teológicos.[22] Concessões tolerantistas foram feitas na Inglaterra e negadas na Nova Inglaterra puritana, não por causa de diferenças teológicas e sim porque as realidades políticas eram distintas. A década de 1650 converteu a liberdade de consciência na Inglaterra em realidade — exceto para os papistas — e mesmo que após 1660 a nobreza e a Coroa tenham reinstituído algumas limitações, a questão da liberdade de consciência continuou viva, e foi estendido um certo tolerantismo a alguns dissidentes e, na prática, também aos católicos. O *Act of Toleration* de 1689 foi uma solução de compromisso político após a Revolução Gloriosa de 1688, admitindo um certo tolerantismo aos dissidentes protestantes, e mesmo que o decreto não abrangesse católicos, unitaristas e ateístas em seus dispositivos de proteção a onda de tolerantismo não poderia ser revertida.[23] Tinham surgido diversos paladinos do pluralismo religioso, e agora mesmo pessoas de opinião muito conservadora julgavam que "a liberdade de consciência era uma coisa vantajosa para a nação".[24] Essa onda atingiu seu auge com a famosa *Carta sobre a tolerância* (1689) de Locke. Sua contribuição específica foi colocar o argumento em favor do tolerantismo em termos de liberdade individual de consciência, mas ao negar o tolerantismo a católicos e ateístas essa obra ainda representava o clima político em que havia nascido. Até o século XVIII ainda não havia na Inglaterra uma plena liberdade de consciência e total ausência de qualquer restrição religiosa. Os católicos apostólicos e antitrinitaristas sofriam impedimentos legais, e as cortes eclesiásticas, embora com limitações, ainda podiam punir a blasfêmia e o ateísmo, mas o tolerantismo em si havia assumido uma conotação positiva. Como declarou orgulhosamente Robinson Crusoé, de Daniel Defoe, seu criado Sexta-Feira era um canibal pagão, o espanhol era um papista e ele era protestante, mas ele permitia "a liberdade de consciência em todos os seus domínios". De fato, quanto às colônias, antes de 1750 já havia dispositivos admitindo o tolerantismo religioso e a liberdade de consciência em Rhode Island, Maryland, Nova York, New Jersey e Pensilvânia. O contexto social do tolerantismo na Inglaterra e nas suas colônias estava mudando, e embora ainda fosse parcial e imperfeito vários observadores na Espanha, em Portugal e nas suas possessões imperiais, como vimos, além de Voltaire, consideravam que a Inglaterra e suas colônias demonstravam os benefícios da liberdade de pensamento. "Os ingleses", disse Voltaire, num misto de admiração e condescendência gaulesa, "têm sessenta seitas e um só molho."[25]

Espanha e Portugal tiveram uma trajetória diferente, mas as atitudes que levaram à tolerância na Inglaterra e que se encontravam em outras partes da Europa não estavam de maneira alguma ausentes do mundo ibérico. Na Espanha católica as ideias de Erasmo de Roterdã, defendendo a reconciliação pacífica dos dissidentes, exerceram grande apelo em alguns lugares antes de serem banidas. Filipe II avaliou a possibilidade de fazer concessões à dissidência religiosa, pelo menos entre os cristãos, mas por fim optou pela unidade. Seu retorno a Castela em 1559 foi acompanhado por uma firme repressão religiosa, pelo ataque aos erasmianos e aos potenciais bolsões de ideias protestantes e pelo controle crescente da Inquisição sobre as ideias e as publicações.[26] Mesmo assim, havia vozes em protesto contra a repressão. A *Introducción del Símbolo de Fe*, de frei Luis de Granada (1582), obra popular que teve várias impressões e reedições, afirmava que quem fazia mal aos hereges, mouros, judeus e descrentes cometia um pecado pior do que o deles. Esses argumentos sempre vinham temperados pelos acontecimentos e pelas posições relativas de poder. Os defensores da liberdade de consciência geralmente eram minoria ou estavam ausentes do poder quando faziam tais declarações, e quase ninguém no século XVI achava que a pluralidade religiosa era um objetivo positivo. Permiti-la era uma concessão para se alcançar a paz; uma medida temporária, um mal menor. Ela era tolerada.

Mas isso não significava que inexistissem imperativos cristãos defendendo a paz e a harmonia. A ideia de caridade cristã, o preceito de amar o próximo, o desejo de paz e comunhão, tudo o que o historiador John Bossy chamou de "tradição moral" existia em todas as denominações. O problema era encontrar um equilíbrio entre essa tradição e o impulso de ortodoxia e conformidade.[27] Em várias ocasiões a Inquisição tomou medidas a respeito das pessoas que se manifestavam contra a coerção ou que citavam o preceito cristão de amar o próximo como a si mesmo como uma crítica à força. Bossy pesquisou a tradição moral entre os jesuítas e os pregadores calvinistas, mas poderia ter encontrado um solo mais fértil para essas ideias no raciocínio do povo simples.

OS DEFENSORES LUSO-HISPÂNICOS DO TOLERANTISMO

Olhando o curso dos três séculos abordados neste estudo e procurando algumas características gerais das pessoas que expressaram ideias de universalismo ou tolerância religiosa, vejo alguns padrões que merecem comentários. Em primeiro lugar, as mulheres eram raramente perseguidas e acusadas por proposições. Desconfio que isso seja resultado da tendência da Inquisição de se interessar mais pelo que os homens tinham a dizer do que qualquer diferença de pensamento entre os sexos. Em segundo lugar, qualquer que fosse a realidade da convivência na Idade Média ibérica, a ideia de que era possível a salvação para fiéis de outras religiões certamente não se limitava a espanhóis e portugueses. Examinei centenas de casos de expressão de tolerância, relativismo religioso, indiferença ou crítica à imposição da ortodoxia por obra da Inquisição. O estudioso belga Werner Thomas identificou cem casos com esse tipo de comentário entre os acusados de protestantismo, na imensa maioria estrangeiros. Numa outra amostra identifiquei mais 116 casos de pessoas processadas por proposições, com referência à frase específica de que "cada um pode se salvar em sua fé" ou equivalente. Nesse conjunto, cerca de 35% dos processados eram estrangeiros — italianos, franceses, saboianos, gregos, flamengos e outros.[28] Os muçulmanos ou judeus convertidos podiam apresentar uma propensão especial para tal tipo de argumento e razões próprias para crer nele, mas na verdade correspondiam apenas a uma pequena parcela, cerca de 20%, dos espanhóis e portugueses acusados dessa proposição.[29] A grande maioria eram cristãos-velhos. A ideia da salvação fora da Igreja e do pensamento relativista sobre as religiões tampouco se limitava a um único grupo social. Ela se encontrava entre clérigos e universitários mas também entre comerciantes, artesãos, lavradores e escravos mouriscos. Portanto, é difícil caracterizar essa ideia como integrante de uma cultura só, seja ela "popular" ou "erudita". Ela atravessava as fronteiras de classe e atingia todos os setores da sociedade, ainda que vários elementos da população possam ter chegado a opiniões semelhantes por vias muito diversas. Numa amostra de 67 acusados de relativismo religioso na qual dispomos de dados sobre as atividades profissionais desempenhadas por essas pessoas, apuramos que cerca de 15% eram padres ou frades, principalmente franciscanos, que teriam alguma familiaridade com debates teológicos e encontrariam ocasião de falar sobre tais assuntos, mas ao mesmo tempo mais de 20% eram trabalhadores ou escravos. No século XVIII as acusações de tolerantismo parecem recair cada vez mais sobre artesãos e um número crescente de soldados e marinheiros, cuja mobilidade e modo de vida supostamente dissoluto eram matéria de preocupação. A alfabetização, naturalmente, era outra característica amiúde associada ao pensamento dissidente, e pelo menos 30% dos indivíduos dessa amostragem sabiam ler e escrever; cabe notar, no entanto, que os autos dos processos muitas vezes especificavam que os réus alfabetizados não tinham frequentado universidades.

O que há de notável nessas pessoas, tomadas como grupo, é que pareciam ter pouco a ganhar pessoalmente com suas atitudes de tolerância no contexto da Espanha, de Portugal e das colônias americanas. Ao contrário da França, da Inglaterra e da Alemanha, onde as divisões de fé haviam tornado a vida quase insuportável, ou lugares como a Holanda e a Polônia, onde a tolerância podia trazer vantagens políticas ou econômicas, no mundo hispânico o contexto de uma religião de Estado exclusiva não oferecia nenhum proveito imediato em troca do tolerantismo. Conversos, mouriscos ou estrangeiros podiam ter suas razões pessoais para crer na validade de seus antigos credos, e comerciantes podiam visar a algum ganho no futuro distante, mas na maioria das vezes as expressões de tolerância por parte dos ibéricos cristãos-velhos parecem nascidas da experiência, de um senso de justiça e de uma convicção genuína, e não da expectativa de vantagens diretas. Argumenta-se por vezes que os defensores da tolerância religiosa no começo da modernidade sempre estiveram em posição minoritária, e que ela era uma arma específica dos fracos. Não parece ter sido esse o caso no mundo atlântico ibérico. Certamente havia céticos e incrédulos entre os defensores da tolerância religiosa, mas a maioria deles parecia sentir dúvidas sobre posições ou ensinamentos específicos da Igreja, e não tanto sobre a religião ou a fé como um todo.[30] Ora em linguagem simples, ora com considerável sofisticação, eles procuravam tecer suas próprias interpretações sobre a vontade divina, e muitas vezes falavam abertamente sobre seu desejo de liberdade, entendida por eles no sentido de "liberdade negativa", tal como foi definida por Isaiah Berlin em seu famoso ensaio: o direito de fazer, pensar ou ler sem coerção.[31] No final do século XVII os ventos do pensamento iluminista tinham alcançado o mundo ibérico, e então, em boticas do Rio de Janeiro, em guarnições de Cartagena das Índias, nas ruas de Sevilha, a velha tolerância e o antigo desejo de liberdade podiam ser colocados dentro de uma nova moldura política e filosófica, não mais restritos à consciência mas estendidos também à esfera política, onde todos poderiam esperar participar do poder. Em outros lugares esse foi um grande passo no caminho da modernidade, mas na Península Ibérica o tolerantismo religioso não vingou. As estruturas institucionais da Espanha e de Portugal, a preservação da autoridade e posição da Igreja e o peso do pensamento político e da prática social foram simplesmente fortes demais.

UMA META FUGIDIA

Como vimos no capítulo anterior, em meados do século XVIII o Santo Ofício espanhol tinha perdido seu vigor e, em certa medida, sua vocação anterior como arma contra a heresia e como força capaz de impor a conformidade. Suas preocupações tinham se tornado cada vez mais burocráticas, em interesse próprio.[32] Uma certa azáfama nas duas primeiras décadas do século, visando sobretudo a supostos judeus, foi uma espécie de surto final de atividade. Nos anos 1760, conforme os ministérios liberais e reformistas procuravam aumentar o poder monárquico, os inquisidores foram perdendo terreno. A Inquisição não fez nada quando os jesuítas foram expulsos em 1766, e, embora tentasse limitar o fluxo de ideias subversivas e estrangeiras e às vezes até conseguisse processar alguma figura de destaque, como Pablo de Olavide, seu poder e influência estavam em declínio. A vontade de manter um comércio mais desimpedido com as nações não católicas da Europa levou os crioulos americanos e os reformadores espanhóis a uma política mais aberta em relação à liberdade de consciência. A Revolução Francesa de 1789, porém, inverteu drasticamente o quadro. O rei dispensou a maioria dos reformadores liberais da corte e recorreu novamente à Inquisição como instrumento contra as ideias da França revolucionária, e contra o liberalismo e o secularismo em geral. Quando os exércitos de Napoleão entraram na Espanha, em 1808, decretou a abolição da Inquisição, mas o problema continuou pendente devido à instabilidade e ao estado de guerra na península. O problema da Inquisição agora fazia parte de uma discussão mais ampla entre liberais e defensores da ordem espanhola tradicional. A defesa da Igreja e da ordem tradicional também assumiu um significado protonacionalista. Os dois lados se engajaram quase numa guerra, com saraivadas de livros e panfletos, em que a Inquisição comparecia como questão central e simbólica. Em 1813 os parlamentares se reuniram nas Cortes de Cádiz para debater uma nova constituição, e votaram pela abolição do Santo Ofício, ao mesmo tempo determinando por lei que a Espanha era um país católico e que nenhuma outra religião seria permitida. Em 1814, com o retorno do arquiconservador Fernando VII ao trono, a Inquisição foi reimplantada como a melhor garantia da moral e da unidade do reino, e em 1815 o rei, chamado por um norte-americano da época de "bípede fanático", restabeleceu também os tribunais hispano-americanos. O Santo Ofício não tinha mais nenhum poder concreto, mas se tornou um ícone fundamental da ordem tradicional e, portanto, foi o ponto de união de absolutistas e defensores da Igreja e o principal alvo dos liberais. Em 1820 outro movimento liberal tentou novamente limitar o absolutismo e abolir a Inquisição. Um movimento similar em Portugal de fato conseguiu eliminar o tribunal no país, mas na Espanha a intervenção estrangeira a favor do monarca cortou rente o movimento reformador.

Ocorreram lutas semelhantes na América Latina. No final do período bourbônico vários defensores da ordem tradicional se ergueram para sustentar que a obediência à Coroa e ao altar era a garantia mais sólida de harmonia social. Logo após o Levante Comunero em Nova Granada (Colômbia), em 1781, o frei capuchinho Joaquín de Finestrad escreveu *El vasallo instruído*, para convencer os rebeldes das bênçãos da Religião e do Trono.[33] Nos turbulentos anos da crise de legitimidade que se seguiu à invasão bonapartista na Espanha, as ideias de liberdade religiosa foram divulgadas e amplamente discutidas em várias regiões das Américas e firmemente denunciadas pelos defensores da monarquia, da Espanha e da Igreja.[34] Nos anos 1820 as revoluções latino-americanas atacaram os tribunais americanos da Inquisição como símbolos do despotismo espanhol e, na esteira dos movimentos de independência, determinaram sua abolição. Mas na época da dissolução dos tribunais inquisitoriais, suas funções já não eram necessárias porque as convicções teológicas e políticas em defesa da posição exclusiva da Igreja católica como baluarte contra a diversidade religiosa continuavam profundamente entranhadas em muitos setores da população, inclusive entre os que defendiam a mudança política. Em sua maioria, os principais arquitetos da independência — Miguel Hidalgo e José María Morelos no México; Mariano Moreno, José de San Martin e Miguel Belgrano no Rio da Prata — defendiam a exclusividade do catolicismo nas novas nações. Com seu projeto de separar Igreja e Estado, Simón Bolívar foi uma exceção, mas ele também percebeu as vantagens de um clero leal à nova ordem.[35] Quase todas as nações recém-

-independentes da América Latina adotaram o catolicismo como religião de Estado. Na criação das primeiras constituições dos novos governos, mesmo os defensores do tolerantismo religioso em graus variados se dispuseram a fazer concessões sobre esse aspecto a fim de atingir o objetivo político da independência. No entanto, a questão continuou a dividir liberais e conservadores nas décadas seguintes, mas foi apenas em meados do século XIX que o tolerantismo religioso se tornou lei na maior parte da América espanhola.[36]

Em 1834, com a morte de Fernando VII, a própria Espanha finalmente eliminou a Inquisição, mas sua dissolução não foi uma vitória duradoura para os liberais. Os bispos assumiram a perseguição da heresia e da liberdade religiosa. A religião católica apostólica romana continuou a ser a única autorizada por lei, com a breve exceção de uma constituição liberal natimorta em 1869 e algumas cláusulas na constituição de 1876 que, embora permitissem a liberdade religiosa privada, proibiam qualquer celebração pública que não fosse católica. Durante todo o século XIX o tolerantismo religioso continuou a ser, nas palavras do historiador Francisco Tomás y Valiente, "o filho bastardo da liberdade". Mas as dúvidas e questões subjacentes a respeito da religião e da salvação continuaram a ter um grande peso no espírito de muitas pessoas no mundo hispânico.

Os ecos do velho refrão persistiram. Miguel de Unamuno, um dos mais brilhantes e complexos romancistas da Espanha, pôs no coração e na mente do seu protagonista Manuel Bueno, um piedoso padre de paróquia cuja fé estava debilitada, as seguintes palavras: "Religião verdadeira? Todas as religiões são verdadeiras ao fazer as pessoas que as professam viver espiritualmente, ao consolá-las do fato de que nasceram para morrer, e para cada povo a religião mais verdadeira é a dele, a que ele fez".[37] Em 1931, ano de publicação do romance de Unamuno, a Constituição da República Espanhola estabeleceu a separação entre Igreja e Estado e instaurou a liberdade religiosa plena. A vitória de Francisco Franco na Guerra Civil espanhola, em 1939, derrubou a Constituição e recriou uma firme aliança entre Igreja e Estado. Foi apenas em 1978 que as garantias irrestritas de liberdade religiosa se tornaram lei na Espanha.

Em Portugal a Inquisição foi abolida sob a pressão por reformas liberais em 1821, mas a Igreja continuou a ter grande apoio do Estado durante a monarquia até a revolução republicana de 1910. Esse governo se mostrou anticlerical e impôs várias limitações à Igreja. Com a instauração da ditadura de António Salazar (1932-68), porém, foi restabelecida uma íntima ligação com a Igreja, num convênio assinado com Roma em 1940. Essa ligação terminou em 1971. Na constituição portuguesa de 1976 o artigo 41 estabeleceu a liberdade de consciência, religião e culto, e a separação entre Igreja e Estado. No Brasil a primeira constituição, de 1824, instituiu o catolicismo como religião oficial, e as outras religiões, embora autorizadas, não podiam ser celebradas em público. Os fiéis de outros credos não tinham todos os direitos de plena cidadania. A legalização da plena liberdade religiosa se deu apenas com a constituição republicana de 1891.

Finalmente, para a própria Igreja, a questão de seu papel na salvação de todos e sua relação com as outras religiões mundiais continuou objeto de debates constantes e divergências teológicas. A encíclica papal *Mystici corporis*, publicada pelo papa Pio XII em 1943, estabelecia que quem não pertencesse realmente à Igreja não poderia fazer parte de seu corpo místico e, portanto, estava excluído da vida sobrenatural, mas sugeria também que quem não pertencia à Igreja poderia estar ligado a ela por "desejo e vontade inconsciente", mesmo que apenas implicitamente. Isso deixou aberta a porta da salvação aos não católicos. Por todo o resto do século XX e até a data de hoje os teólogos católicos têm procurado reconciliar o aparente conflito entre essas duas declarações. O pêndulo da ortodoxia interpretativa tem oscilado entre uma posição restritiva e uma posição ecumênica. O Concílio Vaticano II, de 1962, com suas metas pastorais e ecumênicas, foi um grande esforço no sentido de esclarecer a questão. Ele aceitou o conceito de que as pessoas podiam estar ligadas à Igreja *in voto*, na intenção, e podiam demonstrar essa ligação pela fé e pelas ações. Seriam cristãos em potencial ou, como disse um teólogo, "cristãos anônimos", e também poderiam ter a esperança de se salvar. Tais ideias foram codificadas no documento papal *Lumen gentium*, que foi além das declarações anteriores ao afirmar que outras igrejas cristãs também podiam desempenhar um papel — embora imperfeito, pois elas estavam separadas de Roma — na salvação. Alguns pensadores católicos conservadores julgaram que a ênfase ecumênica e a ideia de que a graça divina atuava no coração de todas as pessoas de boa vontade se aproximavam demais da velha heresia da apocatástase, a crença da salvação final de todos. Evidentemente, é a mesma crítica que foi feita a Menocchio em Friuli e a muitas das pessoas na Península Ibérica e na América Latina que examinei nestas páginas.

No começo do século XXI *Lumen gentium* passou a ser interpretada de maneira mais restritiva. A declaração *Dominus Iesus* (2000), publicada pela Congregação para a Doutrina da Fé, cujo principal arquiteto foi o teólogo e cardeal Joseph Ratzinger, enfatiza a Igreja como o "sacramento universal da salvação". É uma declaração em defesa da universalidade salvífica da Igreja Católica Romana e uma recusa de qualquer aplainamento das diferenças religiosas. Com a eleição do cardeal Ratzinger como papa Bento XVI em 2005, católicos e não católicos aguardaram para ver se a veneranda máxima *extra ecclesiam nulla salus*, a mesma ideia que havia inquietado os dissidentes ibéricos, iria novamente guiar as relações do Vaticano com o resto do mundo.[38]

No momento em que é possível discernir uma nova religiosidade, por vezes expressa como fundamentalismo e fanatismo, em diversas religiões, e em que a separação ou união entre religião e autoridade civil volta a entrar em pauta em muitos países, fica claro que não havia nada de necessariamente inevitável ou permanente no tolerantismo ou na liberdade de consciência com a criação do mundo moderno. O desenvolvimento do tolerantismo religioso no início da modernidade e seu triunfo no século xx são resultados não só dos avanços filosóficos de pensadores eruditos, dos cálculos interessados de estadistas e da irrupção do pensamento secular e racional, mas também das experiências de pessoas comuns que, baseando-se em seu próprio entendimento dos postulados de suas religiões e em seu senso de justiça, criaram um solo de tolerância em que foi possível que tal política prosperasse.

Notas

ABREVIATURAS

ACC — Gracia Boix, Rafael (org.), *Autos de fe y causas de la Inquisición de Córdoba* (Córdoba: Diputación Provincial, 1983).
AHR — *American Historical Review*.
CB — *Primeira visitação do Santo Ofício às partes do Brasil. Confissões Bahia, 1591-92*, org. J. Capistrano de Abreu (Rio de Janeiro, 1935).
DB — *Primeira visitação do Santo Ofício às partes do Brasil. Denunciações Bahia, 1591-92*, org. J. Capistrano de Abreu (Rio de Janeiro, 1925).
DCP — *Primeira visitação do Santo Ofício às partes do Brasil. Denunciações e confissões de Pernambuco, 1593-95* (Recife: Fundarpe, 1984).
DP — *Primeira visitação do Santo Ofício às partes do Brasil. Denunciações Pernambuco, 1593-95* (São Paulo, 1929).
HIEA — Pérez Villanueva, Joaquín e Escandell Bonet, Bartolomé (orgs.), *Historia de la Inquisición en España y América* (Madri: Biblioteca de Autores Cristianos, 1984-2000).
HEP — Bethencourt, Francisco e Chaudhuri, Kirti (orgs.), *História da Expansão Portuguesa*, 5 vols. (Lisboa: Círculo dos Leitores, 1998-9).
HP — Mattoso, José (org.), *História de Portugal*, 8 vols. (Lisboa: Estampa, 1993-4).
HRP — Moreira Azevedo, Carlos (org.), *História religiosa de Portugal*, 3 vols. (Lisboa: Círculo dos Leitores, 1998).

IG — García Fuentes, José María, *La Inquisición en Granada en el siglo XVI* (Granada: Universidade de Granada, 1981).
RCM — Pérez, Llorenç, Lleonard Muntaner e Mateu Colom (orgs.), *El tribunal de la Inquisición en Mallorca. Relación de causas de fe* (Palma de Maiorca: Miquel Font, 1986).
SRHJ — Baron, Salo (org.), *Social and Religious History of the Jews*, 18 vols. (Nova York: Universidade Colúmbia, 1952-93).

ARQUIVOS

ACA — *Archivo de Casa de Alba* (Madri)
ADC — *Archivo Diocesano de Cuenca* (Cuenca)
AGN — *Archivo General de la Nación* (Cidade do México)
AHN — *Archivo Histórico Nacional* (Madri)
ANTT — *Arquivo Nacional da Torre do Tombo* (Lisboa)
BGUC — *Biblioteca Geral da Universidade de Coimbra* (Coimbra)
BL — *British Library* (Londres)
BNL — *Biblioteca Nacional de Lisboa* (Lisboa)
BNM — *Biblioteca Nacional de España* (Madri)
BPE — *Biblioteca Pública de Évora* (Évora)
IC — *Institución Colombina* (Catedral de Sevilha)
SML — *Sterling Memorial Library* (Universidade Yale)

INTRODUÇÃO (pp. 15-33)

1. Carlo Ginzburg, *The Cheese and the Worms: The Cosmos of a Sixteenth--Century Miller*, trad. John Tedeschi e Anne Tedeschi (Baltimore, 1980). [*O queijo e os vermes*, trad. Maria Betânia Amoroso (São Paulo, 1987).] Agora se encontra disponível a transcrição completa do processo. Ver Andrea del Col (org.), *Domenico Scandella Known as Menocchio*, trad. John Tedeschi e Anne Tedeschi (Binghamton, NY, 1996).

2. Ver Gustaf Aulén, *Christus victor: An Historical Study of the Three Main Types of the Idea of Atonement*, trad. A. G. Hebert (Nova York, 1951), e Stephen Finlan, *Problems with Atonement: The Origins and Controversy about the Atonement Doctrine* (Collegeville, MN, 2005). Agradeço a Carlos Eire por me orientar nessa bibliografia.

3. Gabriel Flynn, *Yves Congar's Vision of the Church in a World of Unbelief* (Aldershot, 2004), pp. 66-7. Ver também os comentários em Francis Sullivan, "The Impact of *Dominus Iesus* on Ecumenism", *America*, 183 (13), pp. 8-15.

4. Heiko Oberman, "The Travail of Tolerance and Intolerance in Early Modern Europe", in Ole Peter Grell e Bob Scribner (orgs.), *Tolerance and Intolerance in the European Reformation*, pp. 13-32 (Cambridge, 1996).

5. Como exemplo de uma importante obra recente, ver John Marshall, *John Locke, Toleration and Early Enlightenment Culture* (Cambridge, 2006). Para uma boa visão geral, ver Perez Zagorin, *How the Idea of Religious Toleration Came to the West* (Princeton, 2003), e Henry Kamen, *The Rise of Toleration* (Londres, 1967).

6. Ver, p. ex., John Christian Laursen e Cary J. Nederman (orgs.), *Beyond the Persecuting Societies: Religious Toleration before the Enlightenment* (Filadélfia, 1997); C. Nederman e J. Laursen (orgs.), *Difference and Dissent* (Lanham, MD, 1996); J. Laursen (org.), *Religious Toleration* (Nova York, 1999); Ole Peter Grell e Roy Porter, *Toleration in Enlightenment Europe* (Cambridge, 2000); e Ole Peter Grell e Bob Scribner (orgs.), *Tolerance and Intolerance in the European Reformation* (Cambridge, 1996).

7. Joseph Lecler, *Histoire de la tolérance au siècle de la Réforme*, 2 vols. (Paris, 1955) [*Toleration and the Reformation*, trad. T. L. Westow, 2 vols. (Nova York, 1960)].

8. Ver Miguel de la Pinta Llorente, "Intolerancia y barbarie", in id., *Humanismo, Inquisición* (Madri, 1979), pp. 91-117.

9. Henry Kamen, "Toleration and Dissent in Sixteenth-Century Spain: The Alternative Tradition", *Sixteenth Century Journal*, 19 (1988), pp. 3-23. Kamen mudou um pouco sua posição e agora afirma que a Espanha tinha o mesmo grau de tolerância de qualquer outro país europeu da época. Ver "Exclusão e intolerância em Espanha no início da época moderna", *Ler História*, 33 (1997), pp. 23-35. Ele também apresenta um levantamento geral muito útil em "Inquisition, Tolerance, and Liberty in Eighteenth-Century Spain", in Ole Peter Grell e Roy Porter (orgs.), *Toleration in Enlightenment Europe*, (Cambridge, 2000), pp. 250-8.

10. Jonathan I. Israel, *Radical Enlightenment: Philosophy and the Making of Modernity, 1650-1750* (Oxford, 2001), traz longas discussões das ideias de tolerantismo.

11. A relação entre estudo de caso, generalização e teoria é tratada em Jean-Claude Passeron e Jacques Revel, "Penser par cas: raisonner à partir des singularités", in Jean-Claude Passeron e Jacques Revel (orgs.), *Penser par cas*, pp. 9-44. Enquête 4 (Paris, 2005).

12. Jacques Revel, "Micro-analyse et construction du social", in id. (org.), *Jeux d'échelles: la micro-analyse à l'expérience*, pp. 15-36 (Paris, 1996).

1. PROPOSIÇÕES (pp. 37-73)

1. Utilizo a enumeração dos dez mandamentos tal como aparecem em Êxodo, 2, 2-17. Assim, o sexto mandamento é "não cometerás adultério".
2. AHN, Inq. Leg. 2022, exp. 9. Sobre a ideia de comunitarismo e liberdade sexual entre os protestantes, ver Bob Scribner, "Practical Utopias: Pre-Modern Communism and the Reformation", *Comparative Studies in Society and History*, 36: 4 (1994), pp. 743-74.
3. John Arnold, *Belief and Unbelief in Medieval Europe* (Londres, 2006), pp. 1-27, 216-31. A questão foi bem tratada com referência à Espanha em John Edwards, "Religious Faith and Doubt in Late Medieval Spain, Soria *circa* 1480--1500", *Past and Present*, 120 (agosto 1988), pp. 3-25, e a resposta de C. John Sommerville, "Religious Faith, Doubt, and Atheism", *Past and Present*, 128 (agosto 1990), pp. 152-5. Sobre a religião popular espanhola na época, ver Augustín Redondo, "La religion populaire espagnole au XVI siècle: un terrain d'affrontement?", *Culturas populares* (Madri, 1986), pp. 329-47.
4. Existe uma extensa bibliografia teológica sobre a questão das proposições heréticas que guiavam os inquisidores. Um dos livros mais importantes é de Nicholas Eimerich e Francisco Peña, *El manual de los inquisidores* (Barcelona, 1973), versão moderna da edição quinhentista da obra de Eimerich, do século XIV, *Directorium Inquisitorium*.
5. Sigo aqui a explicação de Juan Antonio Alejandre e Maria Jesús Torquemada, *Palabra de hereje* (Sevilha, 1998), que é a única monografia existente que trata do crime de proposição num tribunal da Inquisição, neste caso o de Sevilha no século XVIII. Ver também "La répression de délits verbaux", in Michel Boeglin (org.), *L'Inquisition espagnole au lendemain du concile de Trente*, pp. 495--576 (Montpellier, 2003).
6. Alejandre e Torquemada, *Palabra*, p. 21. Todos os principais estudos da Inquisição discutem os processos contra proposições. Encontra-se um ótimo exemplo das proposições relacionadas à sexualidade em María Helena Sánchez Ortega, *La mujer y la sexualidad en el antiguo régimen* (Madri, 1991), pp. 179-271.
7. Maureen Flynn, "Blasphemy and the Play of Anger in Sixteenth-Century Spain", in *Past and Present*, 149 (1995), pp. 29-56, traz uma discussão das atitudes medievais perante a blasfêmia e uma revisão bibliográfica sobre o tema.
8. Essas distinções são sugeridas em parte por Jaime Contreras, *El Santo Oficio de la Inquisición de Galicia* (Madri, 1982), pp. 554-64.

9. Mikhail Bákhtin, *Rabelais and His World* (Bloomington, 1984), pp. 60-144; Umberto Eco, *The Name of the Rose* (San Diego, 1983) [*O nome da rosa*, trad. Maria Celeste Pinto, 1984]. A possibilidade de uma efetiva descrença também era levantada nos processos contra proposições, pois elas incluíam declarações negando a alma, o além e mesmo a existência de Deus. Para uma discussão do problema, ver David Wooten, "Lucien Febvre and the Problem of the Unbelief in the Early Modern Period", *Journal of Modern History*, 60 (1988), pp. 695-730.

10. Luis de Granada, *Guía de pecadores* (1556; Madri, 1942), citado em Flynn, "Blasphemy", pp. 31-2.

11. Id., ibid., pp. 29-56.

12. A violação do confessionário, onde os padres se aproveitavam sexualmente das paroquianas, tem sido tema de vários estudos recentes. Ver, por exemplo, Juan Antonio Alejandre, *El veneno de Dios* (Madri, 1994), e Stephen Haliczer, *Sexuality in the Confessional: A Sacrament Profaned* (Oxford, 1997).

13. Citado em Contreras, *El Santo Oficio*, pp. 561-2. Sobre a virgindade de Maria, ver o ensaio de Luiz Mott, "Maria, Virgem ou não? Quatro séculos de contestação no Brasil", in *O sexo proibido* (Campinas, 1988), pp. 31-86.

14. Henry Kamen, *The Spanish Inquisition* (New Haven, 1998), p. 258.

15. Francisco Fajardo Spínola, *Las víctimas del Santo Oficio* (Las Palmas, 2003), pp. 151-92.

16. Essas porcentagens se baseiam nos cálculos que fiz a partir dos números apresentandos em Jean-Pierre Dedieu, *L'administration de la foi: l'Inquisition de Tolède (XVI-XVII siècle)* (Madri, 1989), pp. 240-1.

17. Ver Jaime Contreras e Gustav Henningsen, "Forty-Four Thousand Cases of the Spanish Inquisition", in Gustav Henningsen e John Tedeschi (orgs.), *The Inquisition in Early Modern Europe*, (Dekalb, IL, 1986), pp. 100-30. Ver o resumo dos itens do estudo de Henningsen e Contreras em Francisco Bethencourt, *História das inquisições* (Lisboa, 1994), p. 272.

18. Angel de Prado Moura, *Las hogueras de la intolerancia: La actividad represora del Tribunal Inquisitorial de Valladolid. 1700-1834* (Valladolid, 1996), pp. 140-4, 227.

19. Ver William Monter, *Frontiers of Heresy: The Spanish Inquisition from the Basque Lands to Sicily* (Cambridge, 1990), pp. 40-4.

20. Isso foi sugerido por R. Po-Chia Hsia, *The World of the Catholic Renewal, 1540-1770* (Cambridge, 1998), pp. 45-6. Até o momento, os principais estudos sobre os tribunais da Inquisição portuguesa não deram grande atenção às proposições e outras delitos correlatos. Ver António Borges Coelho, *Inquisição de Évora*, 2 vols. (Lisboa, 1987), v. 2, pp. 262-95, e Elvira Cunha de Azevedo Mea, *Inquisição de Coimbra no século XVI* (Porto, 1997).

21. Esse aspecto é apontado por Antonio Bombín Pérez, *La Inquisición en el país vasco: El tribunal de Logroño, 1570-1630* (Bilbao, 1997), pp. 144-50.

22. Ricardo García Cárcel, *Herejía y sociedad en el siglo XVI: La Inquisición en Valencia, 1530-1609* (Barcelona, 1979), pp. 341-2.

23. Como introdução, ver Bernardino Llorca, *La Inquisición española y los Alumbrados (1509-1667)* (Salamanca, 1980), e Pedro Santonja, *La herejía de los Alumbrados y la espiritualidad en la España del siglo XVI* (Valencia, 2001).

24. Ver José C. Nieto, *Juan de Valdés and the Origins of the Spanish and Italian Reformations* (Genebra, 1970).

25. Esse ponto fica muito claro em Christine Wagner, "Los luteranos ante la Inquisición de Toledo nel siglo xvi", *Hispania Sacra*, 46 (1994), pp. 473-510. Encontra-se um excelente resumo da erradicação do protestantismo espanhol em Ricardo García Cárcel e Doris Moreno Martínez, *Inquisición: Historia crítica* (Madri, 2000) pp. 256-75. Ver também a obra clássica de Marcel Batallion, *Erasmo y España* (2ª ed.: Cidade do México, 1966). O estudo mais completo se encontra em dois volumes de Werner Thomas: *La represión del protestantismo en España, 1517-1648* (Louvain, 2001) e *Los protestantes y la Inquisición en España en tiempos de Reforma y Contrarreforma* (Louvain, 2001).

26. Cf. Sarah Nalle, *God in La Mancha: Religious Reform and the People of Cuenca, 1500-1650* (Baltimore, 1983); Allyson M. Poska, *Regulating the People: The Catholic Reformation in Seventeenth-Century Spain* (Leiden, 1998); e Henry Kamen, *The Phoenix and the Flame: Catalonia and the Counter-Reformation* (New Haven, 1993).

27. O caso é apresentado em detalhes em Sarah Nalle, *Mad for God: Bartolomé Sánchez, the Secret Messiah of Cardenete* (Charlottesville, 2001). Sobre a questão complexa do que era a loucura na Europa no começo da modernidade, ver a discussão em Erik Midelfort, *A History of Madness in Sixteenth-Century Germany* (Stanford, 1999), pp. 1-79; sobre a interpretação da loucura pela Inquisição, ver María Cristina Sacristán, *Locura e Inquisición en Nueva España, 1571-1760* (Cidade do México, 1992).

28. Stuart B. Schwartz, "Pecar em Colonias: Mentalidades populares, Inquisición y actitudes hacia la fornicación simple en España, Portugal y las colonias americanas", *Cuadernos de Historia Moderna*, 18 (1997), pp. 51-67. Ver também um resumo em Marcel Bernos et al., *Le fruit défendu* (Paris, 1985).

29. Em 1595, quando lhe indagaram o que realmente pensava sobre o valor do casamento em comparação ao celibato religioso, o soldado Antônio Pires disse aos inquisidores portugueses: "Não sei, são os letrados que sabem". Cf. Ronaldo Vainfas, *Trópico dos pecados: moral, sexualidade e Inquisição no Brasil* (2ª ed.: Rio de Janeiro, 1997), p. 250. Ver especialmente Asunción Lavrín, "Sexua-

lity in Colonial Mexico: A Church Dilemma", in id. (org.), *Sexuality and Marriage in Colonial Latin America*, pp. 47-95 (Lincoln, 1989).

30. Sergio Ortega Noriega, "El discurso teológico de Santo Tomás de Aquino sobre el matrimonio, la familia y los comportamientos sexuales", Seminario de Historia de las Mentalidades, *El placer de pecar y el afán de normar* (Cidade do Mexico, 1988), pp. 17-9.

31. A "fornicação simples" se diferenciava da "fornicação qualificada", que incluía o adultério, o incesto, o estupro, o rapto e a atividade homossexual.

32. Bartolomé Clavero, "Delito y pecado: Noción y escala de transgresiones", in Tomás y Valiente, Francisco et al. (orgs.), *Sexo barroco y otras transgresiones premodernas*, pp. 57-89 (Madri, 1990).

33. Erasmo de Roterdã, em *Enchiridion militis christiani* (1504), frisava os perigos da "sensualidade imunda" e os riscos específicos das mulheres e da luxúria, personificados na Dama Lascívia. Ver Margaret R. Miles, *Carnal Knowing: Female Nakedness and Religious Meaning in the Christian West* (Boston, 1989), p. 165.

34. Frei Luis de Granada, *Guía de pecadores* (1556; Madri, 1929). Cf. Martín de Azpicuelta Navarro, *Manual de confessores e penitentes*, 2 vols. (Coimbra, 1952). Ver a discussão em Lana Lage da Gama Lima, "Aprisionando o desejo: confissão e sexualidade", in Ronaldo Vainfas (org.), *História e sexualidade no Brasil*, pp. 67-88 (Rio de Janeiro, 1986).

35. Jean Delumeau, *Sin and Fear: The Emergence of a Western Guilt Culture, 13th-18th Centuries*, trad. Eric Nicholson (Nova York, 1990), pp. 431-2. Ver a obra básica de James A. Brundage, *Law, Sex, and Christian Society in Medieval Europe* (Chicago, 1987). Sobre Portugal, ver Angela Mendes de Almeida, "Casamento, sexualidade e pecado: os manuais portugueses de casamento dos séculos XVI e XVII", *Ler História*, 12 (1988), pp. 3-22.

36. Granada, *Guía*, liv. II, cap. VI, p. 129.

37. Kamen, *The Phoenix*, pp. 318-20. Kamen apresenta uma excelente revisão bibliográfica de obras moralistas sobre o casamento. Ver pp. 275-340.

38. Aqui não menciono Portugal, pois até a presente data não existe nenhum estudo sobre essa questão, mas a partir de indicações extraídas das declarações de colonos portugueses vivendo no Brasil suspeito que eram muito comuns atitudes semelhantes às registradas na Espanha. O tema é abordado por Borges Coelho, *Inquisição de Évora*, v. I, pp. 263-5.

39. Jean-Pierre Dedieu, "El modelo sexual: La defensa del matrimonio cristiano", in Bartolomé Bennassar (orgs.), *Inquisición española: Poder político y control social*, pp. 179-219 (2ª edição: Barcelona, 1984); Sánchez Ortega, *La mujer*.

40. Contreras, *El Santo Oficio*, pp. 628-9.

41. Henry Charles Lea informou que o primeiro processo que descobriu foi em Sevilha, em 1559, mas setenta homens foram processados como *fornicarios* em 1558-9. Ver Sánchez Ortega, *La mujer*, pp. 24-5, e Javier Pérez Escohotado, *Sexo e inquisición em España* (Madri, 1992), pp. 82-4.

42. Dedieu, "El modelo sexual", p. 285.

43. Os demais delitos sexuais, além de bigamia e assédio responderam por outros 21% (166/770) dos processos em Lima entre 1570 e 1600. Esses números foram extraídos de B. Escandell Bonet, "El tribunal peruano en la epoca de Felipe II", in Joaquin Pérez Villanueva e Bartolomé Escandell Bonet (orgs.), *Historia de la inquisición en España y América*, 3 vols. (Madri, 1984-2004), v. 1, pp. 919-37. As porcentagens da tabela (926) referentes a Lima estão erradas e foram recalculadas.

44. Contreras e Henningsen, "Forty-Four Thousand Cases", pp. 100-30. Não foi o luteranismo em si, mas os anabatistas e outros radicais religiosos que apresentaram uma verdadeira crítica aos ideais tradicionais de sexualidade. Ver Lyndal Roper, *Oedipus and the Devil: Witchcraft, Sexuality, and Religion in Early Modern Europe* (Londres, 1994), pp. 79-106.

45. Pau Simó, soldado na ilha de Minorca, disse: "não era cristão quem não tinha parte e atos carnais com mulheres". RCM, 378 (1604-5), pp. 235-6.

46. Joana López, mulher de um estalajadeiro, foi punida em Sevilha por dizer: "por fornicar ninguém vai para o inferno". AHN, Inq. (Sevilha) 2075/5. Da mesma opinião era o mourisco Diego Hernándes de Cazarabonela, que disse: "Não cometo outros pecados e por botar dentro e me divertir o quanto quiser com quem quiser não vou para o inferno. Não é pecado". Rafael Gracia Boix, *Autos de fe y causas de la Inquisición de Córdoba* (Córdoba: Diputación Provincial de Córdoba, 1983), p. 54 (RC 1570).

47. AHN, Inq. (Murcia) 2022/3, *relación de causa*, 1583; AHN, Inq. (Sevilha) 2075/5, relación de causa, 1577.

48. AHN, Inq. (Toledo) 199/6. O comentário sobre os rapazes frequentando prostitutas se encontra em RCM, 272 (1593), pp. 153-4.

49. García Cárcel, *La herejía*, p. 344.

50. Estudos recentes, como Nalle, *God in La Mancha*, e Kamen, *The Phoenix*, têm destacado a eficiência da Igreja em modificar as crenças populares após o Concílio de Trento. Uma visão alternativa baseada num estudo de Orense, Galícia, encontra-se em Allyson Poska, "Regulating the People: The Catholic Reformation in Seventeenth-Century Spain" (tese de doutorado, Universidade de Minnesota, 1992).

51. AHN, Inq. (Toledo) 69/28 (1576).

52. A. Paz y Mélia, *Papeles de Inquisición: Catálogo y extractos*, Ramón Paz (org.), (2ª ed.: Madri, 1947). N. 723, 733, 760, 777.

53. Esse ponto está bem indicado, no caso da Galícia, em Poska, "Regulating the People", pp. 104-5.

54. Robert McCaa, "Marriageways in Mexico and Spain, 1500-1900", *Continuity and Change*, 9 (1994), pp. 11-43. McCaa destaca a grande variação regional desses índices.

55. Dedieu e Vainfas acreditam que a campanha da Inquisição para incutir o conceito da fornicação como atividade pecaminosa teve relativo êxito e que a diminuição dos processos por fornicação simples no século XVII é consequência desse êxito. Sánchez Ortega não tem tanta certeza, e argumenta que os cinquenta anos de perseguições tinham finalmente convencido as pessoas a não divulgar suas opiniões. Muitos acusados no século XVII alegaram estar bêbados no momento em que fizeram seus comentários. De duas uma: ou isso indicava a expressão de sentimentos verdadeiros (*in vino veritas*) ou era uma boa defesa, porque a embriaguez ou a ignorância, acompanhadas de remorso, eram excelentes desculpas diante dos inquisidores. Ver Sánchez Ortega, *La mujer*, p. 202.

56. Solange Alberro, "El tribunal del Santo Oficio de la Inquisición em Nueva España: Algunas modalidades de sua actividad", *Cuadernos para la Historia de la Evangelización en América Latina*, 4 (1989), pp. 9-31, aponta essa questão dos processos contra as mulheres (p. 17). A interpretação "essencialmente masculina" é dada por Dedieu in Bennassar, *Inquisición española*, pp. 283-94.

57. Para uma introdução às questões teológicas, ver Terrance L. Tiessen, *Irenaeus on the Salvation of the Unevangelized* (Metuchen, NJ, 1993). Ver também George Lindbeck, "Fides ex auditu and the Salvation of the Non-Christians: Contemporary Catholic and Protestant Positions", in Vilmos Vajta (org.), *The Gospel and the Ambiguity of the Church* (Filadélfia, 1974). Um levantamento das principais questões doutrinais que ocupavam o pensamento espanhol se encontra em Melquíades Andrés Martín, "Pensamiento teológico y formas de religiosidad", in José María Jover Zamora (org.), *Historia de la Cultura Española "Menéndez Pidal": El Siglo del Quijote (1580-1680)*, pp. 75-162 (Madri, 1994).

58. Louis Capéran, *Le problème du salut des infidèles*, 2 vols. (Toulouse, 1934), acompanha a questão desde o Antigo Testamento até o século XX. Foi-me de especial proveito a discussão do problema na obra do teólogo jesuíta Bernard Sesboüé, *Hors de l'Église pas de salut* (Paris, 2004). A posição mais antiga e mais "rigorista" da Igreja se encontra na obra do jesuíta Riccardo Lombardi, *The Salvation of the Unbeliever* (Londres, 1956), e na do dominicano Hendrik Nys, *Le Salut sans l'Évangile* (Paris, 1966).

59. Francis A. Sullivan, *Salvation Outside the Church* (Nova York, 1992), pp. 22-8. Ver também um resumo em Jacques Dupuis, *Toward a Christian Theology of Religious Pluralism* (Maryknoll, NY, 1997), pp. 86-96.

60. Os adeptos de Agostinho, entre eles Fulgêncio de Ruspe (1468-1533), consolidaram a formulação de que não existia salvação fora da Igreja.

61. Sesboüé, *Hors de l'Église*, p. 1. O autor destaca o rigor da interpretação dos escritos de São Paulo feita por Agostinho.

62. Há uma discussão sobre esse debate em Julio Caro Broja, *Las formas complejas de la vida religiosa*, 2 vols. (Madri, 1995), v. 2, pp. 299-305.

63. Capéran, *Le problème*, p. 120. Encontra-se um útil resumo do debate em Pamela Voekel, *Alone before God: The Religious Origins of Modernity in Mexico* (Durham, 2002), pp. 43-7.

64. O problema da predestinação foi, naturalmente, um tema central durante as reformas protestantes. Ver Alister E. McGrath, *Reformation Thought: An Introduction* (Oxford, 1988) e *The Intellectual Origins of the European Reformation* (Oxford, 1987).

65. R. Markus, "Pelagianism: Britain and the Continent", *Journal of Theological Studies*, 37 (1986), pp. 191-204; R. H. Weaver, *Divine Grace and Human Agency: A Study of the Semi-Pelagian Controversy* (Macon, GA, 1996).

66. Ver a discussão em Mario Góngora, *Studies in the Colonial History of Spanish America* (Cambridge, 1975), pp. 36-7. Cf. Melquiades Andrés Martínez (org.), *Historia de la teología española*, 2 vols. (Madri, 1987), v. 2, pp. 9-21.

67. Ver Alister E. McGrath, *Iustitia Dei: A History of the Christian Doctrine of Justification*, 2 vols. (Cambridge, 1986). Em 1997, as Igrejas católica e luterana publicaram uma declaração conjunta sobre a doutrina da justificação.

68. Alonso Fernández de Madrigal, *Libro de las paradojas* (1437), María Teresa Herrera (org.) (Salamanca, 2000), cap. 427.

69. Para uma introdução a Las Casas, ver Anthony Pagden, *European Encounter with the New World* (New Haven, 1993), pp. 69-87. A salvação pessoal também adquiria uma dimensão social no sentido de que a atividade de um cristão em sua sociedade era sinal de fé. Ver Javier Otaola Montagne, "La idea de la salvación em la Contrarreforma", in María Alba Pastor e Alícia Mayer (orgs.), *Formaciones religiosas en la America colonial*, pp. 63-80 (Cidade do México, 2000).

70. Sullivan, *Salvation outside the Church?*, pp. 82-102. Nessa discussão segui de perto o texto do padre Sullivan.

71. Alfonso de Castro, *Adversus omnes haereses* (Paris, 1564). Agradeço a Martin Nesvig por me indicar esta obra.

72. Encontra-se uma discussão rápida, mas proveitosa, do movimento jansenista como heterodoxia católica com implicações doutrinais e sociais em Hen-

ry Kamen, *The Iron Century: Social Change in Europe, 1550-1660* (Nova York, 1971), pp. 263-9.

73. *Relación de causa* (Sevilha, 1604-5); AHN, Inq. Leg. 2075, exp. 16. O argumento de Martínez enfatizava a caridade de Deus.

74. AHN, Inq. Leg. 2075, exp. 33, f. 5., citado em Michel Boeglin, *L'inquisition espagnole au lendemain du concile de Trente* (Montpellier, 2003), p. 511.

75. AHN, Inq. Sicilia 898, ff. 58-8v., citado em Renda, *La inquisizione in Sicilia* (Palermo, 1997), p. 385.

76. Robert S. Lopez, "Dante, Salvation, and the Layman", in Hugh Lloyd--Jones, Valerie Pearl e Blair Worden (orgs.), *History and Imagination*, pp. 37-42 (Londres, 1981).

77. Carlo Ginzburg, *The Cheese and the Worms*. Andrea del Col acredita que essa posição indica influências cátaras no pensamento de Menocchio. Ver seu *Domenico Scandella Known as Menocchio: His Trials before the Inquisition (1583--1599)*, trad. John e Anne Tedeschi (Binghamton, NY, 1996), IX-X, pp. 132-3. Cf. Joseph P. Consoli, *The Novellino, or One Hundred Ancient Tales* (Nova York, 1997), p. 99.

78. Ver Manuela Ronquillo Rubio, *Los orígenes de la Inquisición em Canarias, 1488-1526* (Las Palmas, 1991), p. 240. Para proposições parecidas, nas Ilhas Canárias e em data posterior, ver Fajardo Spínola, *Las víctimas del Santo Oficio*, pp. 151-92.

79. Diego Saavedra Fajardo, *Idea de un príncipe político-cristiano* (Madri, 1958), v. 3, p. 107. Ver a discussão em Henry Méchoulan, "La liberté de conscience chez les penseurs juifs d'Amsterdam au XVIIe siècle", in Hans R. Guggisberg, Frank Lestringant, Jean-Claude Margolin (orgs.), *La liberté de conscience (XVI-XVII siècles)* (Genebra, 1991), pp. 216-33.

2. CONVERSOS E MOURISCOS (pp. 74-113)

1. Robert I. Burns, *Islam under the Crusaders* (Princeton, 1973), p. 186.

2. A produção desses dois estudiosos é enorme. Bons pontos de partida são Claudio Sánchez-Albornoz, *Spain: A Historical Enigma*, 2 vols. (Madri, 1975), e Américo Castro, *The Spaniards: An Introduction to Their History* (Berkeley, 1971). Pode-se ter uma certa ideia dos rumos que o debate vem tomando com estudos mais recentes em Robert Ignatius Burns, "Mudejar Parallel Societies: Anglophone Historiography and Spanish Context", in Mark D. Meyerson e Edward D. English (orgs.), *Christian, Muslims and Jews in Medieval and Early Modern Spain*, pp. 91-124 (Notre Dame, 1999).

3. A tentativa de Castro de atribuir esses aspectos da cultura espanhola aos judeus ou conversos foi seguida por alguns importantes estudiosos espanhóis. Ver, por exemplo, Antonio Domínguez Ortiz, *Los judeoconversos en España y América* (Madri, 1971). Os equívocos de Castro foram apontados e criticados de forma convincente por Benjamin Netanyahu, "The Racial Attack on the Conversos: Américo Castro's View of Its Origin", in *Toward the Inquisition: Essays on Jewish and Converso History in Late Medieval Spain*, pp. 1-42 (Ithaca, 1997). A questão da *convivencia* é examinada por Alex Novikoff, "Between Tolerance and Intolerance in Medieval Spain: An Historiographic Enigma", *Medieval Encounters*, 11: 1-2 (2005), pp. 7-36.

4. Netanyahu faz um trabalho semelhante de desconstrução, mostrando o uso tendencioso de fontes e os preconceitos por trás dessas abordagens, em "Sánchez-Albornoz' View of Jewish History in Spain", ibid., pp. 126-55.

5. Andrew Hess, "The Moriscos: An Ottoman Fifth Column in Sixteenth-Century Spain", *American Historical Review*, 74: 1 (1968), pp. 1-25.

6. Ver Benjamin Ehlers, *Between Christians and Moriscos: Juan de Ribera and Religious Reform in Valencia, 1568-1614* (Baltimore, 2006).

7. Existe uma longa e extensa historiografia sobre os mouriscos. Talvez a melhor introdução sintética seja Antonio Domínguez Ortiz e Bernard Vincent, *Historia de los moriscos* (Madri, 1978). Encontra-se uma útil bibliografia dos estudos históricos sobre os mouriscos em María Luisa Candau Chacón, *Los moriscos en el espejo del tiempo* (Huelva, 1977). As estimativas sobre os mouriscos expulsos em 1609 variam muito, mas oscilam entre 200 e 300 mil.

8. Ver os números apresentados em Jaime Contreras, "Los moriscos en las inquisiciones de Valladolid y Logroño", in L. Cardaillac (org.), *Les morisques et leur temps*, pp. 477-92 (Paris, 1983). Encontra-se uma série de estudos quantitativos dos processos dos vários tribunais contra os mouriscos em L. Cardaillac, *Les morisques et l'inquisition* (Paris, 1990).

9. Angel Galán Sánchez, *Una visión de la 'decadencia española': La historiografía anglosajona sobre mudéjares y moriscos (siglos XVIII-XX)* (Málaga, 1991). Para uma visão geral, cf. Richard Fletcher, *Moorish Spain* (Berkeley, 1992), pp. 131-56.

10. O desenvolvimento das *capitulaciones* nos estágios finais da reconquista de Granada é apresentado sucintamente em Miguel Angel Ladero Quesada, *Castilla y la conquista del reino de Granada* (Granada, 1987), pp. 79-97.

11. Manuel Fernando Ladero Quesada, "Judíos y cristianos en la Zámora bajomedieval", in *Proyección histórica de España en sus tres culturas: Castilla y León, América y el Mediterráneo*, 3 vols. (Valladolid, 1993), v. 1, p. 160.

12. Mark D. Meyerson, *The Muslims of Valencia* (Berkeley, 1991), p. 3. A introdução de Meyerson apresenta um resumo breve e perspicaz dessas questões, e me baseei nela.

13. Melquiades Andrés Martín, *Historia de la mística de la edad de oro en España y América* (Madri, 1994), pp. 79-80.

14. Cf. David Nirenberg, *Communities of Violence* (Princeton, 1998).

15. Esses pontos são bem examinados por Nirenberg, ibid., pp. 127-200.

16. *Dom Quixote*, parte I, cap. 47; também parte II, cap. 51.

17. *Relación de causa*, 1604-5, AHN, Inq. 2075, exp. 16. O mesmo sentimento foi expresso nos anos 1650 por Juan Gómez, acusado entre outras coisas de dizer "Juro por Deus que sou melhor que Deus, pois ele descendia de judeus e eu sou espanhol". Ver AHN, Inq. (México), lib. 1065, ff. 348-50.

18. Ver Emilio Mitre Fernández, "Animales, vicios y herejías: Sobre la criminalización de la disidencia em el Medioevo", *Cuadernos de Historia de España* (Bueno Aires), 74 (1977), pp. 255-83; cf. G. Fasoli, "Noi e loro", *L'uomo di fronte al mondo animale nell'Alto-Medioevo*, 31ª Settimana di Studi sull'Alto Medioevo (Spoleto, 1985). O denegrimento de muçulmanos e judeus não se restringia a epítetos animais. Ver, p. ex., J. Battesti-Pelegrin, "À propos de la répresentation du judéo-convers: Le traitement burlesque de la conversion", *Signes et marques du convers*, Études Hispaniques, 20 (Aix-en-Provence, 1993), pp. 95-119.

19. Louis Cardaillac, "Vision simplificatrice des groupes marginaux par le groupe dominant dans l'Espagne des XVIe et XVIIe siècles", in A. Redondo (org.), *Les problèmes de l'exclusion en Espagne (XVIe-XVIIe siècles)*, 8 (Paris, 1983), pp. 11-49.

20. AHN, Inq. 2022/3, relación de causa, 1634. "Celebraban los cristianos una fiesta en Argel un dia/ y llebaban em procesión a Cristo y Santa Maria/ y dijieron los morillos que bultillos son aquellos?/ Respondieron los cristianos — Cristo y su madre son [,] perros."

21. O clássico de Louis Cardaillac, *Morisques et Chrétiens: un affrontement polémique, 1492-1650* (Paris, 1990), dá um esboço geral do grande impulso desses escritos.

22. García-Arenal, *Inquisición y moriscos*.

23. Dominguez Ortiz e Bernard, *Historia*, pp. 145-7.

24. Netanyahu, "Alonso de Espina: Was He a New Christian?", in *Toward the Inquisition*, pp. 43-75.

25. Ver Julio Caro Baroja, *Los judíos em la España Moderna y Contemporánea*, 3 vols. (Madri, 1986), v. 1, pp. 185-93; Domínguez Ortiz, *Los Judeoconversos*, pp. 47-105.

26. Jerome Friedman, "Jewish Conversion, the Spanish Pure Blood Laws and Reformation: A Revisionist View of Racial and Religious Antisemitism", *Sixteenth Century Journal*, 18: 1 (1987), pp. 3-29.

27. ADC, Leg. 121, nº 1633, citado em García-Arenal, *Inquisición y moriscos*, p. 100.

28. Esse ponto é levantado por Renée Levine Melammed, *Heretics or Daughters of Israel? The Crypto-Jewish Women of Castile* (Nova York, 1999).

29. AHN, Inq. (Toledo) Leg. 139, n. 19, f. 84v. Baseei-me no resumo de Haim Beinart, "The Conversos in Spain and Portugal in the 16th to 18th Centuries", in Haim Beinart (org.), *Moreshet Sepharad: Sephardi Legacy*, 3 vols., v. 2, pp. 43-68 (Jerusalém, 1992). As mouriscas desempenharam um papel semelhante na preservação da doutrina islâmica, escondendo livros árabes proibidos em suas roupas largas.

30. Henry Kamen, *The Spanish Inquisition: A Historical Revision* (New Haven, 1998), pp. 234-54, apresenta um resumo da extensa bibliografia sobre o tema.

31. Diego de Valera, *Espejo de verdadera nobleza*, in Mario Penna (org.), *Prosistas castellanos del siglo XV* (Madri, 1959).

32. Id., ibid., p. 103; Carlos del Valle R., "En los orígenes del problema converso", in Torquemada, *Tratado contra los madianitas e ismaelitas*, Carlos del Valle. R. (org. do manuscrito de 1471: Madri, 2000), pp. 29-74. Há uma discussão de vários autores e do problema da nobreza do converso em geral no excelente artigo de Adeline Rucquoi, "Noblesse des conversos", in Jeanne Battesti Pelegrin (org.), *"Qu'un sang impur..."*: *Les conversos et le pouvoir en Espagne à la fin du moyen âge*, pp. 89-108 (Aix-en-Provence, 1997).

33. "Libro de declaraciones de testigos sobre delitos en que entiende el Santo Oficio de la Inquisición de Soria y otras partes", AGS, Patronato Real, Inquisición, pp. 28-73, ff. 937-1121.

34. Esse curioso documento foi base para dois estudos interessantes. Ver José María Monsalvo Antón, "Herejía conversa y contestación a fines de la edad media: Las denuncias a la inquisición em el obispado de Osma", *Studia Historica*, 2: 3 (1984), pp. 109-39, que destaca a formação cristã-nova dos acusados. Para uma posição contrária, ver John Edwards, "Religious Faith and Doubt in Late Medieval Spain: Soria circa 1450-1500", *Past and Present*, 120 (1988), pp. 3-25, e o debate que se originou a partir deste artigo. Cf. John Sommerville, "Debate: Religious Faith, Doubt, and Atheism", *Past and Present*, 128 (1990), pp. 152-5, e Edwards, "Reply", ibid., pp. 156-61.

35. Edwards, "Religious Faith", pp. 16-7; cf. Monsalvo Antón, "Herejía conversa", p. 125.

36. Edwards, "Religious Faith", p. 16.

37. Monsalvo Antón, "Herejía conversa", p. 126.

38. Id., ibid.

39. Manuela Ronquillo Rubio, *Los orígenes de la Inquisición em Canarias* (Las Palmas, 1991), p. 240.

40. Comunicação pessoal de Henry Kamen.

41. Neste livro, usarei "converso" para os convertidos do judaísmo e "mourisco" para os convertidos do islamismo. Mas os espanhóis costumavam usar *converso* ou *confieso* em sentido amplo, de modo que se podia falar num *converso de moros*.

42. David M. Gitlitz, *Secrecy and Deceit: The Religion of the Crypto-Jews* (Filadélfia, 1996), p. 101.

43. Id., ibid., p. 111.

44. Id., ibid., pp. 101-2.

45. Id., ibid., pp. 121-4.

46. Citado em Encarnación Marín Padilla, "Relación judeoconversa durante la segunda mitad del siglo xv en Aragón: Enfermedads y muertes", *Sefarad*, 43 (1983), pp. 251-3, citado em Gitlitz, *Secrecy*, p. 121.

47. In Boleslao Lewin, *La Inquisición en México: Racismo inquisitorial, el singular caso de María de Zárate* (Puebla, 1971), p. 212. Ver a discussão desse caso em Nathan Wachtel, "Marrano Religiosity in Hispanic America in the Seventeenth Century", in Paolo Bernardini e Norman Fiering (orgs.), *The Jews and the Expansion of Europe to the West, 1450-1800*, pp. 149-72 (Nova York, 2001).

48. Gershom Scholem, *The Messianic Idea in Judaism* (Nova York, 1971).

49. Gitlitz, *Secrecy*, p. 120.

50. Carlos Carrete Parrondo e Carolina Fraile Conde, *Los judeoconversos de Almazán, 1501-1505* (Salamanca, 1987).

51. Para um painel geral, ver Baron, *A Social and Religious History of the Jews*, v. 15, pp. 21-73.

52. I. S. Révah, "Aux origines de la rupture Spinozienne: nouveaux documents sur l'incroyance dans la communauté judéo-portugaise d'Amsterdam à l'époque de l'excommunication de Spinoza", *Revue des Études Juifs*, 4ª série, vol. 3 (1965), pp. 358-429. Ver Brad S. Gregory (org.), *Tractatus Theologico-Politicus* (Leiden, 1991).

53. Miriam Bodian, *Hebrews of the Portuguese Nation* (Bloomington, 1997), pp. 163-4. Jonathan Israel, *The Dutch Republic* (Oxford, 1995), pp. 674-5.

54. Israel, *Dutch Republic*, p. 675, assinala que a autobiografia de Da Costa foi publicada em 1687 pelo estudioso cristão Philippus van Limborch como parte de uma campanha contra a autoridade religiosa e em favor do tolerantismo.

55. Yirmiyahu Yovel, *Spinoza and Other Heretics*, 2 vols. (Princeton, 1989). A relação entre o liberalismo religioso e o judaísmo de Spinoza foi estudada por Steven B. Smith, *Spinoza, Liberalism and the Question of Jewish Identity* (New Haven, 1997). Ver em especial José R. Maia Neto, "The Struggle Against Unbelief in the Portuguese Jewish Community of Amsterdam after Spinoza's Excommunication", in Silvia Berti, Françoise Charles-Daubert e Richard Popkin (orgs.), *Heterodoxy, Spinozism, and Free Thought in Early-Eighteenth-Century Europe*, pp. 425-38 (Dordrecht, 1996).

56. Jonathan Israel, *Locke, Spinoza and the Philosophical Debate Concerning Toleration in the Early Enlightenment (c. 1670-c. 1750)* (Amsterdam, 1999), pp. 16-7; Smith, *Spinoza, Liberalism*, pp. 1-26.

57. Yovel, *Spinoza and Other Heretics*, v. 1, pp.159-77.

58. Ver a discussão em Kaplan, *From Christianity to Judaism* (Oxford, 1989), pp. 222-34.

59. I. S. Révah, *Spinoza and Dr. Juan de Prado* (Paris, 1959).

60. Yosef Kaplan, *From Christianity*, pp. 125-7. Kaplan apresenta um excelente quadro da relação entre Prado e Orobio de Castro, e aqui me baseio nele. Um estudo mais recente, enfatizando essa posição de Prado cruzando as fronteiras religiosas, se encontra in Natalia Muchnik, "Juan de Prado, o las peregrinaciones de un 'passeur de frontières'", in Jaime Contreras, Bernardo J. García García e Ignacio Pulido (orgs.), *Familia, religión y negocio*, pp. 237-68 (Madri, 2002).

61. Id., ibid. Encontra-se uma discussão detalhada desses acontecimentos e da filosofia e teologia de Prado em Yovel, *Spinoza and Other Heretics*, v. 1, pp. 64-73.

62. Kaplan, *From Christianity*, pp. 160-1, pp. 176-8. Kaplan sustenta que a discussão entre Prado e Orobio, além de ser um debate entre judeus, era em igual medida um debate entre espanhóis. Prado representava a posição dos arbitristas, autores que propunham reformas sociais. Ao negar a exclusividade da revelação divina a Israel, Prado seguia em paralelo os ataques arbitristas ao valor dado ao sangue e à honra na Espanha, ao passo que a ênfase de Orobio sobre a aliança com os judeus reafirmava também a honra de Israel, que não fora suplantada pela Espanha cristã, apesar das pretensões da Igreja.

63. Yovel, *Spinoza and Other Heretics*, v. 1, desenvolve longamente essas ideias.

64. Perez Zagorin, *Ways of Lying: Dissimulation, Persecution, and Conformity in Early Modern Europe* (Cambridge, MA, 1990). Ver em especial seu tratamento dos marranos, pp. 8-62.

65. Ver Silvia Berti, "Scepticism and the *Traité des trois imposteurs*", in Richard Popkin e Arjo Vanderjagt (orgs.), *Scepticism and Irreligion in the Seventeenth and Eighteenth Centuries*, pp. 216-29 (Leiden, 1993). Para exemplos dos

principais estudos sobre o *Traité*, ver Berti et al, *Heterodoxy, Spinozism, and Free Thought*.

66. Há uma recente tentativa de sugerir que muitos mouriscos na verdade procuravam a salvação na conversão ao cristianismo. Ver Amalia García Pedraza, *Actitudes ante la muerte en la Granada del siglo XVI*, 2 vols. (Granada, 2002).

67. Fernando Bouza, *Los Austrias mayores: Imperio y monarquía de Carlos I y Felipe II*, in *Historia de España* (Madri, 1996), v. 15, p. 68.

68. Catherine Gaignard, *Maures et chrétiens à Grenade, 1492-1570* (Paris, 1997).

69. Sabia-se da existência de contatos entre mouriscos aragoneses e huguenotes franceses. Também havia uma tendência de os mouriscos considerarem os "inimigos de meus inimigos" como amigos. Ver Louis Cardaillac, "Morisques et protestants", *Al-Andalus*, 36 (1971), pp. 29-63. O estudo clássico sobre o medo da ameaça turca e dos mouriscos é de Andrew Hess, "The Moriscos: An Ottoman Fifth Column in Sixteenth-Century Spain", *AHR*, 74 (1968), pp. 1-25. Ver também id., *The Forgotten Frontier: A History of the Sixteenth-Century Ibero-African Frontier* (Chicago, 1978).

70. Para uma discussão geral, ver John Lynch, *Spain under the Hapsburgs. 1516-1598*, 2 vols. (Oxford, 1964), v. 1, pp. 205-18, e John H. Elliott, *Imperial Spain, 1469-1716* (Nova York, 1963), pp. 228-34.

71. Henry Kamen, *The Spanish Inquisition: A Historical Revision* (New Haven, 1998), pp. 214-29.

72. Mercedes García-Arenal, *Inquisición y moriscos: Los procesos del Tribunal de Cuenca* (Madri, 1978), pp. 108-9. Mouriscos julgados pela Inquisição de Toledo também prestaram depoimentos parecidos. Ver Peter Dressendorfer, *Islam unter der Inquisition: Die Morisco-Prozesse in Toledo, 1575-1610* (Wiesbaden, 1971), p. 64.

73. Yohanan Friedmann, *Tolerance and Coercion in Islam* (Cambridge, 2003), pp. 87-9, é a melhor discussão a respeito.

74. Sara Stroumsa, *Freethinkers of Medieval Islam: Ibn al-Rawândi, Abû Bakr al-Râzi and Their Impact on Islamic Thought* (Leiden, 1999).

75. Thomas, *Los protestantes*, p. 480.

76. É instrutivo o caso de Luis de Cebea de Cuenca, que expressou suas dúvidas no leito de morte e cujo filho então trouxe um mouro versado no islamismo para orientar o pai quanto à maneira de morrer como muçulmano. Id., ibid., pp. 109-10.

77. ADC, Leg. 91, nº 1333, citado em García-Arenal, *Inquisición y moriscos*, p. 109.

78. *IG*, 178. Ehlers, *Between Christians*, p. 105, cita o caso do mourisco Francisco Zenequi, que foi julgado pela Inquisição de Valencia em 1583 por sustentar a crença de que cada um pode se salvar em sua lei.

79. Id., ibid.

80. Francisco Bethencourt, *História das inquisições* (Lisboa, 1994), p. 148.

81. *Edictos generales* (s/d), SML, Latin American Pamphlets.

82. Bernardo Pérez de Chinchón, *Antialcorano, Diálogos Christianos: Conversión y evangelización de moriscos*, Francisco Pons Fuster (org.) (Alicante, 2000), pp. 403-15.

83. Para declarações parecidas entre conversos, ver Gitlitz, *Secrecy*, pp. 138--82.

84. Os dois casos foram extraídos da Inquisição de Cuenca e são relatados em García-Arenal, *Inquisición y moriscos*, pp. 92-3.

85. AHN, Inq. (Murcia) 2033, nº 26, RC, 1597.

86. Bocacho foi enviado a um mosteiro para um ano de instrução, e exilado de Alicante e de "lugares de mouros" por quatro anos.

87. AHN, Inq. (Sevilha) 2075, nº 18, f. 25v. Os inquisidores quiseram explorar mais sua posição, e ela foi submetida à tortura, mas continuou a negar que tivesse dito que o batismo era desnecessário.

88. Boronat, *Los moriscos españoles y su expulsión*, 2 vols., Ricardo García Cárcel (org.) (2ª ed.: Granada, 1992), v. 2, p. 437. O caso é citado numa discussão breve mas penetrante em Dolores Bramon, *Contra moros y judíos* (Barcelona, 1986).

89. Bramon, *Contra moros*, p. 194.

90. *IG*, p. 239. O caso é discutido em Aurelia Martín Casares, "Cristianos, Musulmanes y animistas en Granada: Identidades religiosas y sincretismo cultural", in Berta Ares Queija e Alessandro Stella (orgs.), *Negros, mulatos, zambaigos*, pp. 207-21 (Sevilha, 2000).

3. TOLERÂNCIA CRISTÃ (pp. 114-46)

1. Robert Ignatius Burns, "Renegades, Adventurers and Sharp Businessmen: The Thirteenth-Century Spaniard in the Cause of Islam", *Catholic Historical Review*, 58: 3 (1972), pp. 341-66. O problema era antigo no Mediterrâneo. Ver Steven Epstein, *Purity Lost: Transgressing Boundaries in the Eastern Mediterranean* (Baltimore, 2006), pp. 137-72.

2. Louis Cardaillac et al., *Les morisques et l'inquisition* (Paris, 1990), pp. 316-35.

3. Bartolomé e Lucille Bennassar, *Los cristianos de Alá: La fascinante aventura de los renegados* (Madri, 1989); Bartolomé Bennassar, "Frontières religieuses entre Islam et chrétienté: l'expérience vécue par les 'renégats'", in Robert Sauzet (org.), *Les frontières religieuses en Europe du XVe au XVIIe siècle* (Paris, 1992), pp. 71-8; id., "Renégats et inquisiteurs (xvie- xviie siècles)", in A. Redondo (org.), *Les problèmes de l'exclusion en Espagne (XVIe-XVIIe siècles)*, (Paris, 1983), pp. 105-11; Anita González-Raymond, *La croix et le croissant: Les inquisiteurs des îles face à l'Islam, 1550-1700* (Paris, 1992); Isabel M. R. Mendes Drumond Braga, *Entre a cristandade e o islão (séculos XV-XVII): Cautivos e renegados nas franjas de duas sociedades em confronto* (Ceuta, 1998). O problema dos renegados portugueses no oceano Índico é habilmente tratado por Dejanirah Couto, "Quelques observations sur les renégats portugais en Asie au xvie siècle", *Mare liberum*, 16 (1998), pp. 57-84.

4. Braga, *Entre a cristandade*, p. 89.

5. Bennassar, *Los cristianos*, p. 494.

6. Id., ibid., pp. 497-9. O caso de Joan Caules foi ouvido pela Inquisição de Mallorca em 1629.

7. ANTT, Inq. (Lisboa) 2244; Couto, "Quelques observations", pp. 67-9.

8. A sentença final foi por confissão *vehementi* e cem chibatadas. Ver AHN, Inq. 2022 (Murcia), nº 17 (1586).

9. Rosario, *Visita da Inquisição* (1978), p. 26.

10. *RCM*, 1595, pp. 161-2.

11. Caro Baroja, *Las formas complejas*, v. 1, p. 271.

12. Jerónimo Graciano, *Diez lamentaciones del miserable estado de los ateistas de nuestro tiempo* (1607; Madri, 1959). Ver também Julio Caro Baroja, *De la superstición al ateismo* (Madri, 1974); id., *Las formas complejas*, v. 1, pp. 265-80, traz uma excelente discussão crítica da ideia de que nunca houve ateísmo na Espanha.

13. Ver David Wootton, "New Histories of Atheism", in Michael Hunter e David Wootton (orgs.), *Atheism from the Reformation to the Enlightenment*, pp. 13-54 (Oxford, 1992). A Itália tem fama especial de abrigar doutrinas ateístas, tanto pela tradição letrada quanto no nível popular. Ver Nicholas Davidson, "Unbelief and Atheism in Italy, 1500-1700", in ibid., pp. 55-86.

14. Val foi torturado e pediu perdão por negar que conhecia Jesus Cristo, alegando que estava bêbado quando disse tais coisas. Os inquisidores o consideraram "muito rústico" e pouco instruído. Foi condenado a duzentas chicotadas, a comparecer num auto-de-fé e a dois anos de reclusão num mosteiro onde seria doutrinado na fé. Ver Gracia Boix, *ACC*, RC Córdoba, 1590, pp. 228-9.

15. *ACC*, RC Córdoba, 1574, p. 130.

16. Muitos viajantes, trabalhadores itinerantes e outros "forasteiros" atravessavam constantemente as vilas e aldeias da Espanha. Ver David Vassberg, *The Village and the Outside World in Golden Age Castile* (Cambridge, 1996).

17. AHN, Inq. (Logroño), libro 833, ff. 442-81v. O caso é discutido em Bartolomé Bennassar, *Inquisición española: Poder político y control social* (2ª ed.: Barcelona, 1984), p. 221.

18. Há uma apresentação com detalhes arrepiantes dos sentimentos e atitudes antimouriscas em José María Perceval, *Todos son Uno* (Almería, 1997).

19. María Rosa Menocal, *The Ornament of the World* (Boston, 2002), apresenta uma declaração geral. Ver também María Rosa Menocal, Raymond P. Scheindlin e Michael Sells (orgs.), *The Literature of Al-Andalus* (Cambridge, 2000), com uma revisão bibliográfica dos estudos recentes e o estado atual das pesquisas no campo literário, e Jerrilyn D. Dodds, *Al-Andalus: The Art of Islamic Spain* (Nova York, 1992), que ressalta os cruzamentos culturais nas artes e na arquitetura.

20. Ver o resumo clássico de María Soledad Carrasco Urgoiti, *El moro de Granada en la literatura* (2ª ed.: Granada, 1989). A continuação de suas pesquisas na área se encontra em *El moro retado y el moro amigo* (Granada, 1996).

21. Sigo aqui Thomas E. Case, *Lope and Islam: Islamic Personages in His Comedias* (Newark, DE, 1993). Ver também Albert Mas, *Les Turcs dans la littérature espagnole du siècle d'or*, 2 vols. (Paris, 1967); Luce López-Baralt, *Islam in Spanish Literature: From the Middle Ages to the Present* (Leiden, 1992); e Miguel Angel Teijeiro Fuentes, *Moros y turcos en la narrativa áurea* (Cáceres, 1987).

22. A peça é *Las mocedades de Bernardo del Carpio* (1579), citada em Case, *Lope and Islam*, p. 48.

23. Emílio Solá, *Cervantes y la Berbería* (Cidade do México, 1995).

24. Menocal, *Ornament*, pp. 254-9.

25. O estudo clássico é o capítulo "El morisco Ricote o la hispana razón de estado", in Francisco Márquez Villanueva, *Personajes y temas del Quijote*, pp. 229-336 (Madri, 1975).

26. *Dom Quixote*, vol. 2, caps. 54, 63. Ver também Richard Hitchcock, "Cervantes, Ricote and the Expulsión of the Moriscos", *Bulletin of Spanish Studies*, 81: 2 (2004), pp. 175-85.

27. José María Monsalvo Antón, "Mentalidad antijudía en la Castilla medieval: Cultura clerical y cultura popular en la gestación y difusión de un ideario medieval", in Carlos Barros (orgs.), *Xudeus e conversos na Historia*, 2 vols., v. 1, pp. 21-84 (Santiago de Compostela, 1994). Alguns defendiam a "nobreza" dos judeus e se opunham às leis da pureza do sangue. Ver, por exemplo, Juan de

Torquemada, *Tratado contra los madianitas e ismaelitas*, Carlos del Valle. R. (org.) (Madri, 2000), ed. do manuscrito de 1471.

28. R. Ayoun, "Les juifs d'Oran avant la conquête française", *Revue historique*, 542 (1982), pp. 375-90; Jean-Frédéric Schaub, *Les juifs du roi d'Espagne* (Paris, 1999); B. Alonso Acero, *Orán-Mazalquivir, 1589-1639: Una sociedad española en la frontera de Berbería* (Madri, 2000).

29. Na época da expulsão, em 1669, saíram da cidade 450-500 judeus. Orã ficou sob ocupação otomana de 1708 a 1732, e depois foi retomada pela Espanha até 1792.

30. AHN, Inq. (Murcia) 2022, RC 1572. Sarmiento foi punido com uma simples multa de 100 ducados e *abjuración de levi*.

31. AHN, Inq. (Murcia), Leg. 2022, RC 1584.

32. Carlo Ginzburg, "High and Low: The Theme of Forbidden Knowledge in the Sixteenth and Seventeenth Centuries", *Past and Present*, 73 (1976), pp. 28-41.

33. Barbara Benedict, *Curiosity: A Cultural History of Early Modern Inquiry* (Chicago, 2001), p. 19.

34. Neil Kenny, *Curiosity in Early Modern Europe: Word Histories* (Wiesbaden, 1998), p. 13. Ver em especial Edward Peters, "The Desire to Know the Secrets of the World", *Journal of the History of Ideas* (2001), pp. 593-610.

35. AHN, Inq. (Murcia), 2022, nº 25, RC 1596. Ludena declarou aos inquisidores que não quis dizer que as leis fossem iguais, mas apenas que quem tinha vivido como judeu ou como muçulmano tinha o direito de morrer em sua fé. Recebeu apenas uma multa, pois os inquisidores o consideraram "homem de pouco entendimento".

36. Luis Coronas Tejada, *La Inquisición en Jaén* (Jaén, 1991), 167-71.

37. Id., ibid., p. 169.

38. Elliott, *Imperial Spain*, p. 208.

39. *RCM* (1595), pp. 163-4.

40. Foi registrado que "ele deu sinais de que gostaria de saber em que era obrigado a acreditar e assim o demonstrou durante a reclusão por que passou". Ibid.

41. Govion declarou que tinha dito tais coisas para sair da casa do patrão. O patrão era uma das quatro testemunhas de acusação. Ver AHN, Inq. (Murcia), 2022, nº 26.

42. *RCM* (1590), pp. 109-10.

43. Ver ADC, Leg. 210, exp. 2419; citado em Sebastián Cirac Estopañán, *Catálogo de la Inquisición de Cuenca*, Dimas Pérez Ramirez (org.) (Madri, 1982), p. 386.

44. AHN, Inq. (Toledo), Leg. 221, nº 12.
45. AHN, Inq. Leg. 1953, exp. 17, citado em Thomas, *Los protestantes*, p. 479.
46. AHN, Inq. lib. 1023, pp. 302-5.
47. Id., ibid.
48. Adriana Romeiro, "As aventuras de um viajante no império português: trocas culturais e tolerância religiosa no século XVIII", in Eduardo França Paiva e Carla Maria Junho Anastasia (orgs.), *O trabalho mestiço*, pp. 483-95 (Rio de Janeiro, 2002).
49. Apesar de diferentes, há um certo paralelismo em vários casos de cristãos-novos que iam e voltavam do catolicismo ao judaísmo conforme cruzavam as fronteiras das comunidades e dos países. Muitas vezes agiam assim como estratégia de sobrevivência, sem grandes preocupações teológicas. Ver David L. Graizbord, *Souls in Dispute: Converso Identities in Iberia and the Jewish Diaspora, 1580-1700* (Filadélfia, 2004), pp. 172-6.
50. AHN, Inq. (Murcia), 2845.
51. Os três *calificadores* eram frei Juan Idalgo, o ex-provincial de São Francisco; frei Manuel Fernández Paniagua, provincial de São Francisco; e frei Alberto Rosique, da ordem dos dominicanos.
52. Sobre a loucura e a definição da loucura nesse período ver Eric Midelfort, *History of Madness in Sixteenth-Century Germany* (Stanford, 1999), e Sara Nalle, *Mad for God: Bartolomé Sánchez, the Secret Messiah of Cardenete* (Charlottesville, 2001).
53. Juan Blázquez Miguel, *La Inquisición en Albacete* (Albacete, 1985).
54. Vassberg, *The Village and the Outside World*, 173-5; Ida Altman, *Emigrants and Society* (Berkeley, 1989); id., *Transatlantic Ties in the Spanish Empire* (Stanford, 2000). Ver também as observações de historiadores recentes da Espanha sobre a comprovada mobilidade da vida espanhola em James Amelang, "Society and Culture in Early Modern Spain", *Journal of Modern History*, 65: 2 (1993), pp. 357-74.

4. PORTUGAL (pp. 147-84)

1. Maria Paula Marçal Lourenço, "Para o estudo da actividade inquisitorial no Alto Alentejo: A visita da Inquisição de Lisboa ao bispado de Portalegre em 1578-79", *A Cidade*, 3 (1989), pp. 109-38.
2. José Sebastião da Silva Dias, *Correntes de sentimento religioso em Portugal*, 2 vols. (Coimbra, 1960), v. 1, pp. 409-57; Joaquim Romero Magalhães, "A sociedade", in *HP*, 3, pp. 469-512. Um recente resumo da incorporação dos avanços

gerais da história religiosa em Portugal no começo da modernidade se encontra em Federico Palomo, *A Contra-Reforma em Portugal, 1540-1700* (Lisboa, 2006).

3. Francisco Bethencourt, "Rejeições e polémicas", *HRP*, v. 2, pp. 77-80. Ver também as discussões em Elvira Cunha de Azevedo Mea, *A Inquisição de Coimbra no século XVI* (Porto, 1997), pp. 335-42; António Borges Coelho, *Inquisição de Évora*, 2 vols. (Lisboa, 1987), v. 1, pp. 279-95; e Michèle Janin-Thivos Tailland, *Inquisition et société au Portugal* (Paris, 2002).

4. As denúncias e processos por fornicação simples ou coabitação fora dos laços do casamento eram frequentes. Ver, por exemplo, várias pessoas punidas num auto-de-fé em Coimbra em 1623, quando Baltesar Antunes chegou ao ponto de dizer que não só a fornicação simples não era pecado, como também alguns confessores lhe tinham dito isso. "Relação das pessoas que sacarão no auto de Fé" (Coimbra, 26/11/1623), in ACA, caja 118. Cf. ANTT, Inq. Coimbra, processo 1453.

5. ANTT, Inq. Lisboa, CP 232, ff. 326-8.

6. Anita Novinsky, "A Inquisição portuguesa à luz de novos estudos", *Revista de la Inquisición*, 7 (1998), p. 305.

7. Contreras e Hennigsen, "Forty-Four Thousand Cases of the Spanish Inquisition", conforme dito em Bethencourt, *História das Inquisições*, pp. 272-3; cf. Isabel M. R. Drumond Braga, *Os estrangeiros e a Inquisição portuguesa* (Lisboa, 2002), p. 265.

8. Sobre as origens e a ideia de "superstição", ver Jean-Claude Schmitt, *História das superstições* (Lisboa, 1997). A bibliografia historiográfica a esse respeito é extensa. Minhas influências são Keith Thomas, *Religion and the Decline of Magic* (Londres, 1971); Jon Butler, "Magic, Astrology, and Eartly American Religion", *American Historical Review*, 84: 2 (1979), pp. 317-46; Gary K. Waite, *Heresy, Magic, and Witchcraft in Early Modern Europe* (Nova York, 2003); José Pedro Paiva, *Práticas e crenças mágicas* (Coimbra, 1992); Francisco Bethencourt, *O imaginário da magia* (Lisboa, 1987); Laura de Mello e Souza, *O diabo e a terra de Santa Cruz: feitiçaria e religiosidade popular no Brasil* (São Paulo, 1986); id., *Inferno atlântico* (São Paulo, 1983); e especialmente José Pedro Paiva, *Bruxaria e superstição num país sem "caça de bruxas"* (2ª ed.: Lisboa, 2002)

9. Paiva, *Bruxaria*, p. 67.

10. Rui Grillo Capelo, *Profetismo e esoterismo: a arte do prognóstico em Portugal (séculos XVII-XVIII)* (Coimbra, 1994). Há textos úteis sobre o tema em P. G. Maxwell-Stuart, *The Occult in Early Modern Europe* (Nova York, 1999).

11. Paiva, *Bruxaria*, pp. 61-7.

12. Yosef Hayim Yerulshalmi, *The Lisbon Massacre of 1506 and the Royal Image in the Shebet Yehudah* (Cincinatti, 1976).

13. O melhor estudo moderno dos aspectos da fundação da Inquisição portuguesa é Maria José Pimenta Ferro Tavares, *Judaísmo e Inquisição: estudos* (Lisboa, 1987).

14. Ver a discussão em Anita Novinsky, *Cristãos novos na Bahia* (São Paulo, 1973), pp. 3-22. Sobre o debate entre I. Révah e António José Saraiva, ver António José Saraiva, *The Marrano Factory*, trad. e org. H. P. Salomon e I. S. D. Sassoon (Leiden, 2001), pp. 235-341.

15. ANTT, Inq. Lisboa, processo 6307, citado em Geraldo Pieroni, "Outcasts from the Kingdom: The Inquisition and the Banishment of New Christians to Brazil", in *The Jews and the Expansion of Europe to the West, 1450-1800*, Paulo Bernardini e Norman Fiering (org.), pp. 243-51 (Nova York, 2001).

16. Novinsky, *Cristãos novos*, p. 47, apresenta pormenores das diversas exclusões.

17. A bibliografia sobre o tema é extensa e continua a aumentar. Os estudos clássicos de Meyer Kayserling, *Geschichte der Juden in Portugal* (Berlim, 1867); Alexandre Herculano, *História da origem e estabelecimento da Inquisição em Portugal* (2ª org.: Lisboa, 1975); e João Lúcio de Azevedo, *História dos cristãos novos portugueses* (2ª ed.: Lisboa, 1975) serviram como ponto de partida para a explosão de novos estudos a partir dos anos 1960.

18. P. ex., "Tractus de gratia et de merito a Padre Benedito Rodrigues", BPE, CXIX/2-8.

19. ANTT, Inq. Lisboa, Livro dos Reduzidos, p. 708.

20. ANTT, Inq. Lisboa, Caderno do Promotor (doravante citado como CP) 206, f. 358. Para outras declarações similares, ver Drumond Braga, *Mouriscos e cristãos*, pp. 59-70; Ahmed Boucharb, *Os pseudo-mouriscos de Portugal no século XVI* (Lisboa, 2004), p. 138.

21. ANTT, Inq. Lisboa, CP 230, f. 22.

22. Para exemplos portugueses das proposições mais tradicionais, como por exemplo que o sexo não era pecado mortal, ver ANTT, Inq. Lisboa, processos 2262 (1564), 3208 (1637), 3507 (1645) e 6740 (1674).

23. ANTT, Inq. Lisboa, CP 265.

24. ANTT, Inq. Lisboa CP 248 (19/11/1720).

25. ANTT, Inq. Évora, liv. 10, ff. 250v-2v. Este caso é discutido em Giuseppe Marcocci, *I custodi dell'ortodossia* (Roma, 2004), p. 304.

26. "Pareceres sobre se o baptismo salva os hereges que morrem na sua seita", BPE, CVII/1-26.

27. Havia uma considerável bibliografia de doutrinação teológica para os humildes. Ver, p. ex., "Tratado do cuidado da salvação para humildes", BGUC, ms. 344.

28. AHN, Leg. 2106, exp. 18 (Toledo). Ao que parece, Manso cantou um pequeno *villancico*: "Dios de dioses, homen mortal [...] no nasceu para Castela, senao por Portugal". Ele foi punido num auto-de-fé em 1619 e exilado da região de Toledo.

29. Ms. sem identificação na British Library, C. R. Boxer a Malcolm Bochner (19/07/1970), correspondência em meu poder. Para outros sentimentos anti-hispânicos, ver AHN, Inq. Leg. 2106, exp. 17 (Toledo, 1617).

30. AHN, Inq. Leg. 1931/10, Relación de causa, Cuenca, 1610.

31. ANTT, Inq. Lisboa, CP 202, ff. 29-300.

32. AHN, Leg. 2105/30, Relación de causa, Toledo, 1594.

33. ANTT, Inq. Lisboa, CP 207.

34. ANTT, Inq. Évora, processo 4508.

35. ANTT, Inq. Lisboa, CP 230, ff. 152-207.

36. ANTT, Inq. Lisboa, CP 207 (1620). Ver Novinsky, *Cristãos novos*, pp. 52-4, que apresenta referências de uma dúzia de casos semelhantes.

37. Novinsky, em *Cristãos novos*, p. 53, menciona um volume manuscrito chamado "Pessoas que escondiam cristãos novos para não serem presos pelo Santo Ofício".

38. ANTT, Inq. Coimbra, processo 3770, citado em Drumond, *Os estrangeiros*, p. 291.

39. Ver João Lucio de Azevedo, *História de António Vieira*, 2 vols. (2ª ed.: Lisboa, 1931).

40. Jonathan I. Israel, *European Jewry in the Age of Mercantilism, 1550-1750* (Oxford, 1985).

41. Ver o resumo em Immanuel Wallerstein, *The Modern World System*, 3 vols. até o momento (Nova York, 1974-), v. 1, pp. 75-7.

42. O suposto filossemitismo desses homens de Estado foi algumas vezes exagerado por seus adversários políticos por motivos políticos e religiosos. Isso foi recentemente demonstrado de maneira convincente, em relação ao conde-duque de Olivares, por Juan Ignacio Pulido Serrano, *Injurias a Cristo: Religión, política y antijudaísmo en el siglo XVII* (Alcalá, 2002), pp. 37-50.

43. António Vieira, *Obras escolhidas*, A. Sergio e H. Cidade (orgs.), 12 vols. (Lisboa, 1951-4), v. 4, p. 15.

44. Anita Novinsky, "Padre António Vieira, the Inquisition, and the Jews", *Jewish History*, 6: 1-2 (1992), pp. 151-62. Sobre a Companhia do Brasil, ver também Leonor Freire Costa, *O transporte no Atlântico e a Companhia Geral do Comércio do Brasil (1580-1663)* (Lisboa, 2002), que demonstra que Vieira, na verdade, pouco teve a ver com a formação da companhia.

45. Ver José van den Besselaar, *António Vieira: profecia e polêmica* (Rio de Janeiro, 2002).

46. Ver Susanna Akerman, "Queen Christina of Sweden and Messianic Thought", pp. 142-61, e E. G. E. van der Wall, "A Philo-Semitic Millenarian on the Reconciliation of Jews and Christians: Henry Jessey and His 'The Glory and Salvation of Judah and Israel, 1650'", pp. 161-85, ambos in David S. Katz e Jonathan I. Israel (orgs.) *Sceptics, Millenarians, and Jews* (Leiden, 1990).

47. Susanna Akerman, *Queen Christina of Sweden and Her Circle* (Leiden, 1991), pp. 206-7; I. S. Révah, "Les Jésuites portugais contre l'Inquisition: la campagne pour la fondation de la Compagnie du Brésil", *Revista do Livro*, 1 (1956), pp. 29-53.

48. António Vieira, *Cartas do padre António Vieira*, J. Lucio de Azevedo (org.) (Coimbra, 1925), v. 3, XXIX, p. 73.

49. Id., ibid., v. 3, p. 34, p. 84.

50. Analisei esse episódio e sua historiografia in Stuart B. Schwartz, "The Voyage of the Vassals: Royal Power, Noble Obligations, and Merchant Capital before the Portuguese Restoration of Independence", *American Historical Review*, 96: 3 (junho 1991), pp. 735-62.

51. O episódio está resumido em Jorge Martins, *O senhor roubado: a Inquisição e a questão judaica* (Lisboa, 2002).

52. As profecias de Bandarra continuaram a fascinar os leitores portugueses até o século XVIII, apesar de proibidas pela Inquisição. Em 1722, Francisco Oliveira, que trabalhava na balança da alfândega, foi denunciado pela leitura das profecias numa coletânea que lhe fora emprestada pelo vigia da catedral. Ver ANTT, Inq. Lisboa, CP 283, f. 402.

53. Azevedo, *História de António Vieira*, v. 1, pp. 50-1.

54. António Vieira, *Defesa perante o tribunal do Santo Ofício*, Hernani Cidade (org.), 2 vols. (Salvador, 1957), v. 1, XI-XII.

55. Vieira, *Cartas*, p. 190 (10/10/1671), pp. 366-9.

56. Id., ibid., p. 370.

57. Vicente Nogueira, nobre português que fugiu da Inquisição e morava na Itália, manifestou uma admiração considerável por um novo rabino em Roma. Ver André Crabbé Rocha, *Cartas inéditas ou dispersas de Vicente Nogueira* (Lisboa, s/d), p. 38.

58. ANTT, Inquisição de Évora, maço 64, nº 608. O caso também aparece resumido na descrição do auto-de-fé de Évora celebrado em 14 de julho de 1624 em ACA, caja 118, f. 101.

59. Id., ibid.

60. Id., ibid.

61. As relações afetivas podiam romper as barreiras sociais entre cristãos velhos e novos. A ligação entre Lopes e sua esposa não era singular. Numa visita da Inquisição ao Porto, em 1570, uma mulher de nome Catherina foi denunciada por ter dito que "os cristãos-novos são gente melhor que os cristãos-velhos, e que alguns que morrem por questões de justiça morrem como mártires". Ela era amancebada na época com um comerciante cristão-novo. Ver António do Rosario, *Visita da Inquisição a Entre Douro e Minho, 1570* (Braga, 1970), p. 53.

62. Bethencourt, *História das inquisições*, pp. 297-9, acredita que a crítica às campanhas da Inquisição contra os cristãos-novos como arbitrárias, interesseiras e discriminatórias foi desenvolvida sobretudo por cristãos-novos e depois adotada por outras pessoas. A questão do papel da Inquisição em "criar judeus" se tornou um elemento central no debate dos anos 1960 entre António José Saraiva e o estudioso francês I. S. Révah, travado na imprensa pública lisboeta. Ver António José Saraiva, *Inquisição e cristãos novos* (Lisboa, 1969).

63. Depoimento de Domingos Gomes (20/11/1623), ANTT, Inquisição de Évora, maço 64, nº 608.

64. Lopes foi inicialmente condenado ao açoite e a três anos de desterro em Angola, mas, tendo invocado sua posição de nobre como filho de um vereador e sua atividade de grande comerciante com capital superior a 100$ mil-réis, o açoitamento foi comutado e substituído por uma multa de 20$ mil-réis. Devido à sua idade avançada (setenta anos), o local de desterro foi trocado de Angola para Castromirim, no Algarve.

65. Jacqueline Hermann, *No reino do Desejado* (São Paulo, 1998), pp. 305--10. Ela aponta textos como o ms. 551, "Notícia da Ilha Encoberta ou Antília", e BNL, ms. 503, "Relação de dois religiosos que viram a Ilha Encoberta ou Antília".

66. AHN, Inq. Lib. 1023, ff. 426-33v.

67. Hermann, *No reino*, pp. 219-302, apresenta um excelente resumo do messianismo de Vieira, que transpôs a lenda do "encoberto" de dom Sebastião para dom João IV.

68. Para uma síntese das duas visitações, ver Sonia A. Siqueira, *A Inquisição portuguesa e a sociedade colonial* (São Paulo, 1978), pp. 181-305.

69. *SRHJ*, v. 15, pp. 188-94. A complexidade das negociações e dos grupos de interesse envolvidos no perdão geral, mesmo do lado cristão-novo, é destacada por Diogo Ramada Curto, "The Stranger Within in the Time of Quijote", *Portuguese Studies*, 13 (1997), pp. 180-97.

70. ANTT, Inq. Lisboa, CP 202.

71. ANTT, Inq. Lisboa, CP 202, f. 645. Seu julgamento se encontra em ANTT, Inq. Lisboa, processo 6789.

5. PROPOSIÇÕES AMERICANAS (pp. 187-229)

1. Para uma apresentação rápida mas bem feita, ver Mario Góngora, *Studies in the Colonial History of Spanish America* (Cambridge, 1975), pp. 33-66.

2. Id., ibid., pp. 206-38; John Leddy Phelan, *The Millenial Kingdom of the Franciscans in the New World*, University of California Publications in History, nº 32 (Berkeley, 1956), pp. 66-76.

3. O estudo clássico é Lewis Hanke, *The Spanish Struggle for Justice in the Conquest of America* (Filadélfia, 1949). Ver também Venancio Caro, *La teología y los teólogos juristas españoles antes de la conquista de América* (2ª ed.: Salamanca, 1951), e Silvio Zavala, *Filosofía de la conquista* (2ª ed.: Cidade do México, 1972). De grande proveito para os aspectos da lei canônica é James Muldoon, *The Americas in the Spanish World Order* (Filadélfia, 1994).

4. Lewis Hanke, *Aristotle and the American Indians* (Chicago, 1959).

5. Francisco de Vitoria, *Doctrina sobre los Indios*, Ramón Hernández-Martín (org.) (Salamanca, 1989). Ver também Benito Fernández Méndez, "El problema de la salvación de los 'Infieles' en Francisco de Vitoria" (tese de doutorado, Pontifical Gregoria University, 1994).

6. Phelan, *Millenial Kingdom*, pp. 5-7.

7. Nisso Las Casas seguiu o teólogo francês John Gerson, que ele citava com frequência. Ver a discussão em Ramón-Jesús Queralto Moreno, *El pensamiento filosófico-político de Bartolomé de las Casas* (Sevilha, 1976), p. 31.

8. George M. Foster, *Culture and Conquest: America's Spanish Heritage* (Chicago, 1960).

9. Ver, p. ex., Anthony Pagden, *Lords of All the World* (New Haven, 1995).

10. Para um excelente exemplo da linha de argumentação que acompanha a intolerância espanhola do Velho ao Novo Mundo, ver William Mejías-López, "Hernán Cortés y su inteolerancia hacia la religión azteca en el contexto de la situación de los conversos y moriscos", *Bulletin Hispanique*, 95: 2 (1993), pp. 623-46.

11. Henry Kamen, "Tradition and Dissent in Sixteenth-Century Spain: The Alternative Tradition", *Sixteenth-Century Journal*, 19: 1 (1988), pp. 3-23.

12. Tenho consciência da natureza peculiar e tendenciosa dos materiais da Inquisição em que se baseia o presente estudo. Vários estudiosos (C. Ginzburg, A. Prosperi, J. Contreras) levantaram os problemas documentais e epistemológicos intrínsecos a tais registros. Ver em especial a discussão sobre esse tema em Jaime Contreras, *El Santo Oficio de la Inquisición de Galícia* (Madri, 1982), pp. 571-80, e Jesús M. de Bujanda, "Recent Historiography of the Spanish Inquisition (1977-1988): Balance and Perspective", in Mary Elizabeth Perry e Anne J. Cruz

(org.), *Cultural Encounters: The Impact of the Inquisition in Spain and the New World*, pp. 221-47 (Berkeley, 1991). São também interessantes os livros de William Monter, *Frontiers of Heresy* (Cambridge, 1990), e Ricardo García Cárcel, *Herejía y sociedad en el siglo XVI* (Barcelona, 1980). Deste último autor ver também "Son creíbles las fuentes inquisitoriales?", in Carlos Alberto González S. e Enriqueta Vila Vilar (orgs.), *Grafías del imaginario*, pp. 96-110 (Cidade do México, 2003).

13. Solange Alberro, *Inquisición y sociedad en México, 1571-1700* (Cidade do México, 1988), p. 22.

14. José Toribio Medina, *Historia del tribunal del Santo Ofício de la Inquisición de Lima*, 2 vols. (Santiago do Chile, 1887), v. 1, pp. 332-3.

15. Muitos dos primeiros julgamentos no Caribe pareciam tratar de disputas entre autoridades civis e religiosas. Ver Luís E. González Valés, "Alonso Manso, primer obispo de Puerto Rico e inquisidor de América", in Abelardo Levaggi (org.), *La Inquisición en Hispanoamerica*, pp. 231-51 (Buenos Aires, 1997).

16. Leon Lopétequi e Felix Zubillaga (orgs.), *Historia de la iglesia en la América Española* (Madri, 1965), pp. 373-5; Ricardo García Cárcel e Doris Moreno Martínez, *Inquisición: Historia crítica* (Madri, 2000), pp. 158-61.

17. Ver Pedro Guibovich Pérez, "Proyecto colonial y control ideológico: El establecimiento de la Inquisición en el Perú", *Apuntes*, 35 (1994), pp. 110-1, e Teodoro Hampe Martínez, *Santo Ofício e historia colonial* (Lima, 1998), pp. 9-10. Sobre a *junta magna* de 1568 que orientou a decisão de Filipe II, ver Demeterio Ramos Pérez, "La crisis indiana y la Junta Magna de 1568", *Jahrbuch für Geschichte von Staat, Wirtschaft und Gesellschaft Lateinamerikas*, 23 (1986), pp. 1-61.

18. Bernard Grunberg, *L'Inquisition apostolique au Mexique* (Paris, 1998), p. 82. Segundo um depoimento, dom Carlos teria dito que "cada um devia viver na lei que quisesse". Ver Luis González Obregón (org.), *Proceso de Don Carlos de Texcoco* (Cidade do México, 1910), pp. 63-5.

19. Richard E. Greenleaf, "The Inquisition and the Indians of New Spain: A Study in Jurisdictional Confusion", *The Americas*, 22: 2 (1963), pp. 138-66. Ver também José Traslosheros, "El tribunal eclesiástico y los indios en el arzobispado de México, hasta 1630", *Historia Mexicana*, 51: 3, n. 203 (2002), pp. 485-517.

20. Francisco Mateos, "Ecos de América en Trento", *Revista de Indias*, 6 (1945), pp. 603-4; Severo Aparicio, "Influjo de Trento en los Concilios Limenses", *Missionalia*, 29 (1972), p. 238.

21. As restrições à imigração se encontram resumidas em Jean-Pierre Tardieu, *L'inquisition de Lima et les hérétiques étrangers (XVIe-XVIIe siècles)* (Paris, 1995), pp. 19-22. Mariel de Ibáñez, *La Inquisición en México* (Cidade do México, 1945), p. 62, aponta leis de 1518 e 1522 restringindo a emigração de judeus, muçulmanos e seus descendentes para as Índias.

22. Alberro, *Inquisición y sociedad*, p. 207. As proposições e a blasfêmia respondiam a 29% da atividade do tribunal de Lima, a 24% do tribunal do México e a 22% do de Cartagena. Ver a tabulação em Pilar Huertas, Jesús de Miguel e Antonio Sánchez, *La Inquisición* (Madri, 2003), pp. 329-83.

23. A natureza do controle social e a frequência das denúncias são discutidas em Werner Thomas, *Los protestantes*, pp. 7-50.

24. García Cárcel e Moreno Martínez, *Inquisición*, pp. 160-1.

25. David Nirenberg, *Communities of Violence* (Princeton, 1996), p. 9.

26. ACC (1587), 221; José Toribio Medina, *Historia del tribunal del Santo Oficio de la Inquisición en Chile*, 2 vols. (Santiago, 1890), v. 1, p. 276.

27. Aguirre também teve problemas por dizer que se tivesse de escolher entre exilar um padre ou um ferreiro ele certamente mandaria o padre e ficaria com o ferreiro, pois este era mais valioso para a comunidade. Ver o resumo do caso em Medina, *Historia Chile*, v. 1, pp. 109-30.

28. Dois estudos recentes são Stephen Haliczer, *Sexuality in the Confessional: A Sacrament Profaned* (Oxford, 1996), e Juan Antonio Alejandre, *El veneno de Dios: La Inquisición de Sevilla ante el delito de solicitación en confesión* (Madri, 1994). Ver Medina, *Historia Lima*, v. 1, p. 147, p. 313, e AHN, Inq. lib. 1028, ff. 435v-41v.

29. Sobre a bigamia, ver Richard Boyer, *Lives of the Bigamists: Marriage, Family, and Community in Colonial Mexico* (Albuquerque, 1994).

30. Robert McCaa, "Marriageways in Mexico and Spain, 1500-1900", *Continuity and Change*, 9: 1 (1994), pp. 11-43.

31. Pierre Ragon, *Les indiens de la découverte* (Paris, 1992), pp. 61-3.

32. AGN, Inq. México, lib. 1538, tomo 2, exp. 6, f. 201.

33. AHN, Inq. Lima, lib. 1028, f. 325 (1595).

34. Para outra manifestação popular dessas ideias e a repressão inquisitorial no México, ver Sergio Rivera Ayla, "Lewd Songs and Dances from the Streets of Eighteenth Century New Spain", in William H. Beezley, Cheryl English Martin e William E. French (orgs.), *Rituals of Rule, Rituals of Resistance*, pp. 27-46 (Wilmington, DE, 1994).

35. Ver, p. ex., Elias Pino Iturrieta, *Contra lujuria, castidade: Historias de pecado en el siglo XVIII venezolano* (Caracas, 1992).

36. Henry Charles Lea, *A History of the Inquisition in Spain*, 4 vols. (Nova York, 1966), v. 4, p. 147.

37. AHN, Inq. Lima, lib. 1028, ff. 393v-404v. O caso também se encontra resumido em Paulino Castañeda Delgado e Pilar Hernández Aparicio, *La Inquisición de Lima*, 3 vols. (Madri, 1989-), v. 1, pp. 267-9.

38. Essa observação é feita por Lea, *History of the Inquisition of Spain*, v. 4, pp. 174-7.

39. G. G. Coulton, *The Plain Man's Religion in the Middle Ages* (Londres, 1916), p. 6.

40. AGN, Inq. vol. 16, ff. 205-49, citado em Bernard Grunberg, *L'Inquisition apostolique au Mexique* (Paris, 1998), 156-7.

41. AGN, Inq. vol. 10, exp. 9, ff. 335-40v.

42. Toribio Motolinía, *Memoriales: O libro de las cosas de la Nueva España* (2ª ed.: Cidade do México, 1971), pp. 311-2, n. 49. O caso também aparece em Alonso de Zorita, *Historia de la Nueva España* (Madri, 1909), pt. 3, cap. 25, pp. 556-7. Mas Zorita e o cronista Torquemada acreditavam que Quetzalcoatl era um charlatão.

43. "Vivir conforme a la ley de naturaleza y dictamen de la razón." Gerónimo Mendieta, *Historia eclesiastica indiana* (Cidade do México, 1977), 2 vols., livro 3, cap. 2, v. 1, pp. 311-3; Motolinía, *Memoriales*; Wiebke Ahrndt, *Edición crítica de la Relación de la Nueva España y de la Breve y sumaria relación escritas por Alonso de Zorita* (Cidade do México, 2001).

44. AGN, Inq. vol. 112, exp. 13, ff. 386-418.

45. Federico R. Aznar Gil, "La libertad religiosa del indio en autores franciscanos del siglo XVI", *Archivo Ibero-Americano*, 48-189-92 (1988), pp. 391-440. Azuaga é o autor de *De iure obtentionis Regnorum Indiarum quaestiones tres*. O caso é discutido em José Toribio Medina, *Historia del tribunal del Santo Oficio de la Inquisición de México* (2ª ed.: Cidade do México, 1952), p. 32.

46. AGN, Inq. 112, exp. 13, f. 418.

47. A expressão é de Magdalena Chocano Meta, *La fortaleza docta* (Barcelona, 2000), pp. 344-5. Ela apresenta um bom resumo da questão baseado no estudo clássico de Alvaro Huerga, *Historia de los alumbrados*, 3 vols. (Madri, 1986).

48. AHN, Inq. Libro 1964 (México), ff. 232v-42v.

49. Jean Delumeau, *Catholicism between Luther and Voltaire: A New View of the Counter-Reformation* (Londres, 1977), pp. 99-103.

50. AGN, Inq. 5 312, exp. 37, ff. 167-73. O caso é discutido em Antonio Ruibal Garcia, *Profetisas y solitarios* (Cidade do México, 2006), p. 24.

51. AHN, Inq. lib. 1027; Medina, *Historia Lima*, v. 1, p. 188. Cf. AHN, Inq. Leg. 2075, exp. 16. Num caso paralelo, o frei franciscano Francisco Gallen foi julgado em Toledo por afirmar que "a lei de Moisés não acabou e sempre teve força". AHN, Leg. 2105, nº 28.

52. Medina, *Historia México*, p. 360.

53. AHN, Inq. lib. 1027, ff. 237v-9.

54. Carlo Ginzburg, *The Cheese and the Worms*, p. 20, p. 106.

55. Medina, *Historia Lima*, v. 1, p. 180.
56. AHN, Inq. lib 1064, ff. 300-0v.
57. AHN, Inq. lib. 1064, f. 258.
58. AHN, Inq. lib. 1064, f. 72.
59. Wachtel, "Marrano Religiosity", p. 152; Nathan Wachtel, *La foi du souvenir* (Paris, 2002), pp. 161-228. Ver também Lewin, *La inquisición en México* (Puebla, 1971), que traz os autos do processo de María de Zárate.
60. Medina, *Historia Chile*, v. 1, p. 291.
61. Anna María Spendiani et al., *Cincuenta años de la inquisición en el tribunal de Cartagena de Indias* (Bogotá, 1997).
62. Medina, *Historia Chile*, v. 2, pp. 71-93; ver também Wachtel, *La foi*, pp. 49-76.
63. Medina, *Historia México*, pp. 308-9.
64. Miriam Bodian, "At the Fringes of the Reformation: 'Judaizing' Polemicist-Martyrs and the Inquisition, 1570-1670" (inédito, 2001), afirma que as publicações inquisitoriais dos autos-de-fé relatando a obstinação das vítimas contribuíram para a divulgação e reconhecimento de seus martírios nas comunidades judaicas.
65. Solange Alberro, *Inquisición y sociedad*, pp. 467-72.
66. Ela foi executada, contra a vontade da Suprema Corte, por excesso de zelo de um inquisidor que estava tentando restaurar a antiga importância do tribunal de Lima. Ver René Millar Corbacho, *La Inquisición de Lima: Signos de su decadencia, 1726-1750* (Santiago, 2005), pp. 17-80.
67. Medina, *Historia Lima*, v. 2, pp. 305-6. A questão da injustiça da sua execução foi um escândalo que envolveu diversos inquisidorres. Ver Jerry M. Williams, "A New Text in the Case of Ana de Castro: Lima's Inquisition on Trial", <www.congreso.gob.pe/museo/inquisicion/ana-de-castro.pdf> [último acesso em janeiro de 2009].
68. Cf. AGN, Inq. vol. 119, exp. 6, e ANH, Inq. 1064, ff. 115-6. Sobre os protestantes, ele declarou em 1590 que "tinham algumas coisas boas".
69. AHN, Inq. lib. 1028, ff. 187v-8.
70. AHN, Inq. 1029, ff. 219-9v; Medina, *Historia Lima*, v. 1, p. 333.
71. Minhas ideias a respeito do tema tomaram forma principalmente a partir dos estudos de Robert Darnton, Roger Chartier e Fernando Bouza Álvarez. Ver, p. ex., Robert Darnton, "First Steps Toward a History of Reading", in *The Kiss of Lamourette: Reflections in Cultural History* (Nova York, 1990) [*O beijo de Lamourette*, trad. Denise Bottmann (São Paulo, 1990)]; Roger Chartier, *Entre poder y placer* (Madri, 2000); id., *El mundo como representación* (Barcelona, 1992), em especial pp. 105-62; id., *El orden de los libros* (Barcelona, 1992), pp. 23-40; Fer-

nando Bouza Álvarez, *Del escribano a la biblioteca: La civilización escrita europea en la alta Edad Moderna (siglos XV-XVII)* (Madri, 1992); id., *Comunicación, conocimiento y memoria en la España de los siglos XVI e XVII* (Salamanca, 1999); e id., *Corre manuscrito: Una historia cultural del Siglo de Oro* (Madri, 2001).

72. Ver José Antonio Maraval , *La oposición política bajo los Austrias* (Barcelona, 1972), p. 67.

73. Resumo aqui os resultados de vários estudos apresentados em Antonio Viñao Frago, "Alfabetización y primeras letras (siglos xvi-xvii)", in Antonio Castillo (org.), *Escribir y leer en el siglo de Cervantes*, pp. 39-84 (Barcelona, 1999). Para Portugal, ver Rita Marquillas, *A Faculdade das Letras: leitura e escrita em Portugal no século XVII* (Bragança Paulista, São Paulo, 2003). Muitos estudos se baseiam na quantificação das pessoas que sabiam apenas assinar o nome, estratégia de pesquisa que apresenta certos problemas sobre a alfabetização funcional. Além disso, a coleta de informações nas fontes da Inquisição também pode falsear ou aumentar os resultados, pois os alfabetizados provavelmente apareciam com maior frequência em seus arquivos.

74. Viñao Frago, "Alfabetización", pp. 39-84.

75. Francisco de Quevedo, *Obras completas*, p. 259, citado em Maravale, *La oposición política*, p. 40.

76. AHN, Inq. lib. 2022 (Murcia).

77. Ángel Alcalá, *Literatura y ciencia ante la Inquisición española* (Madri, 2001), p. 22. Ver também J. Martínez de Bujanda, "Indices de libros prohibidos del siglo xvi", *HIEA*, v. 3, pp. 774-828. Ricardo García Cárcel, *Las Culturas del Siglo de Oro* (Madri, 1989), p. 175, faz um breve resumo, e comenta: "Até 1790 não havia na Espanha católica nenhuma tradução completa das Sagradas Escrituras para o espanhol".

78. Manuscrito de Halle, nº 239, in Julio Sierra, *Procesos en la Inquisición de Toledo (1575-1610): Manuscrito de Halle* (Madri, 2005), p. 296.

79. AGN, Inq. lib. 337, exp. não numerado, ff. 357-86, citado em Martin Nesvig, "Pearls before Swine: Theory and Practice of Censorship in New Spain, 1527-1640" (tese de doutorado, Universidade Yale, 2004), p. 460.

80. AGN, Inq. vol. 112, exp. 7.

81. Essa é uma área de pesquisa que tem se desenvolvido rapidamente nos últimos anos. O melhor ponto de partida é a reedição de Irving Leonard, *Books of the Brave*, Rolena Adorno (org.) (Berkeley, 1992), com uma excelente bibliografia na introdução. Outros mais recentes são Pedro M. Guibovitch Pérez, *Censura, libros e inquisición en el Perú colonial* (Sevilha, 2003); Pedro J. Rueda Ramírez, *Negocio e intercambio cultural: El comercio de libros con América en la carrera de Indias (siglo XVII)* (Sevilha, 2005); e Nesvig, "Pearls before Swine".

82. Magdalena Chocano Mena, *La América colonial (1492-1763): Cultura y vida cotidiana* (Madri, 2000), pp. 223-37.

83. Medina, *Inquisición de Lima*, v. 1, p. 337, p. 347.

84. O caso foi contado várias vezes. Ver, p. ex., Martin Cohen, *The Martyr* (2ª ed.: Albuquerque, 2003), p. 200.

85. AHN, Inq. lib. 1027, 445v-6v.

86. Lu Ann Homza, *Religious Authority in the Spanish Renaissance* (Baltimore 2000), p. 117; Alvaro Huerga, *El proceso de la Inquisición de Sevilla contra Domingo de Baltanás* (Jaén, 1958).

87. *Concordancias de muchos pasos difíciles de la divina historia* (Sevilha, 1555).

88. Sobre as ideias de Valtanás acerca dos cristãos-novos, ver a discussão em Albert A. Sicroff, *Los estatutos de limpieza de sangre* (Madri, 1985), pp. 178-9. Um bom resumo da teologia de Valtanás se encontra em Marcel Bataillon, *Erasmo y España* (2ª ed.: Cidade do México, 1966), pp. 543-5.

89. Paulino Castañeda Delgado e Pilar Hernández Aparicio, *Inquisición de Lima*, 3 vols. (Madri, 1989-98), v. 1, p. 291.

6. AJUSTES AMERICANOS (pp. 230-68)

1. Nem sempre foi esse o caso. Alguns dos primeiros missionários que entraram em contato com povos como os tainos do Caribe, que pareciam não ter qualquer religião ou idolatria, achavam que eles estavam mais próximos de Deus do que os idólatras do México ou do Peru.

2. Susan Ramírez, *The World Turned Upside Down: Cross-Cultural Contact and Conflict in Sixteenth-Century Peru* (Stanford, 1996), p. 134. Ao prestar depoimento sobre um plano de revolta em Bayamo, Cuba, em 1805, Joaquín, escravo de dom José María Saldaña, foi autorizado a "jurar pelo Deus que ele adora" e declarou que estava "disposto a contar a verdade". Ver AGI, Papeles de Cuba, Leg. 1649. Agradeço a Ada Ferrer pela referência.

3. Jaime Lara, *City, Temple, Stage: Eschatological Architecture and Liturgical Theatrics in New Spain* (Notre Dame, 2004), pp. 72-6.

4. Francisco Stastny, "Síntomas medievales en el 'barroco americano'", comunicação de trabalho nº 63, Instituto de Estudios Peruanos (1994), 12-3.

5. *Relación de causa*, 1596 (Lima), AHN, Inquisición 1028, ff. 464-4v. Analogamente, Diego Hernández de Córdoba, comerciante de Lima, tinha sugerido que as almas de turcos, mouros e índios pagãos iam para uma região aérea entre a terra e o céu. Ver AHN, Inq. (Lima), lib. 1027, ff. 202-3.

6. Francis Borgia Steck (org.), *Motolinía's History of the Indians of New Spain* (Washington, 1951).

7. Alonso Fernández de Madrigal, *Libro de las paradojas* (1437), org. María Teresa Herrera (Salamanca, 2000), cap. 429.

8. AHN, Inq. lib. 1027 (1579-80).

9. AHN, Inq. lib. 1028, f. 4v (1587).

10. A posição cultural limítrofe dos mestiços de primeira geração é um elemento importante na obra da historiadora Berta Ares Quija. Ver, p. ex., seus "'Sang-mêlés' dans le Pérou colonial: les défis aux contraintes des catégories identitaires", in Marie-Lucie Copete e Raúl Caplán (orgs.), *Identités périphériques* (Paris, 2005), 25-40, e "Mancebas de españoles, madres de mestizos: Imágenes de la mujer indígena en el Perú colonial temprano", in Pilar Gonzalbo Aizpuru e Berta Ares Quija (orgs.), *Las mujeres en la construcción de las sociedads iberoamericanas* (Sevilha, 2004), pp. 15-39.

11. Referência a Miguel de Cervantes, *El ingenioso hidalgo Don Quijote de la Mancha*, Martín de Ríquer (org.) (Barcelona, 1980), livro 1, parte 4, cap. 32, 338-45.

12. AHN, Inq. Lima, lib. 1027, ff. 424-6 (1583).

13. Jean-Pierre Tardieu, *Le nouveau David et la réforme du Pérou* (Bordeaux, 1992), apresenta uma exposição completa do caso, e Marcel Bataillon, "La herejía de Fray Francisco de la Cruz y la reacción antilascasiana", *Études sur Bartolomé de Las Casas* (Paris, 1966), capta seus principais elementos. Os longos autos do processo foram publicados por Vidal Abril Castelló numa edição útil, mas organizada de modo pouco usual. Ver *Francisco de la Cruz, Inquisición*, 3 vols., Corpus Hispanorum de Pace (Madri, 1992-6).

14. Carta dos Principais de Xuchipilla (1570), AGN, Inq., vol. 187, exp. 2; AHN, Inq. 1064, f. 33.

15. AGN, Inq. vol. 187, exp. 2, ff. 13-106.

16. Ver John Martin, "Salvation and Society in Sixteenth-Century Venice: Popular Evangelism in a Renaissance City", *Journal of Modern History*, 60 (1988), pp. 205-33, e Eva-Marie Jung, "On the Nature of Evangelism in Sixteenth-Century Italy", *Journal of the History of Ideas*, 14 (1953), pp. 511-27.

17. Stuart B. Schwartz e Frank Salomon, "New Peoples and New Kinds of People", in *Cambridge History of the Native Peoples of the Americas*, vol. 3 (*South America*), Frank Salomon e Stuart B. Schwartz (orgs.), pp. 417-77 (Cambridge, 2002).

18. John L. Kessell, "Diego Romero, the Plains Apaches, and the Inquisition", *American West*, 15: 3 (1978), pp. 12-6. Romero foi acusado em 1663 por várias

proposições e pela participação voluntária num ritual apache durante uma expedição comercial na fronteira.

19. Francisco Núñez de Pineda y Bascuñán, *Cautiverio feliz y razón individual de las guerras dilatadas del Reino de Chile*, Alejandro Lipsutz e Alvaro Jara (org.) (Santiago, 1973).

20. Ver Ana Maria Lorandi, *Spanish King of the Incas* (Pittsburgh, 2005).

21. Medina, *Historia Chile*, v. 1, p. 278.

22. Herbert S. Klein, "The African Slave Trade to 1650", in Stuart B. Schwartz (org.), *Tropical Babylons: Sugar and the Making of the Atlantic World*, pp. 201-36 (Chapel Hill, 2004).

23. Isacio Pérez Fernández, *Fray Bartolomé de Las Casas, O. P.: De defensor de los indios a defensor de los negros*, Monumenta Histórica Iberoamericana de la Orden de Predicadores, 8 (Salamanca, 1995), pp. 150-1.

24. A. J. R. Russell-Wood, "Iberian Expansion and the Issue of Black Slavery: Changing Portuguese Attitudes, 1440-1770", *American Historical Review*, 83: 1 (1978), pp. 16-42.

25. Citado em Robin Blackburn, *The Making of New World Slavery* (Londres, 1997), 152. Sobre as justificativas civis, canônicas e bíblicas, ver também Jesús María García Añoveros, *El pensamiento y los argumentos sobre la esclavitud en Europa en el siglo XVI y su aplicación a los indios americanos y a los negros africanos* (Madri, 2000).

26. Naturalmente é difícil encontrar declarações de escravos sobre a escravidão. Manuel Francisco Zapata era um escravo uolofe que morava no Panamá e trabalhava como pedreiro, sendo que antes tinha sido corsário na África do Norte durante algum tempo; ele disse que, voltando àquela época, se encontrasse o branco que o vendeu como escravo, iria se vingar pelos infortúnios que sofreu. Ele foi condenado em 1716, em Cartagena das Índias. AHN, Leg. 5349/5.

27. Oliveira era dominicano. Deixou a ordem e mais tarde caiu nas malhas da Inquisição portuguesa por várias proposições de sabor erasmiano. Ver Henrique Lopes de Mendonça, *O padre Fernando Oliveira e a sua obra náutica* (Lisboa, 1898). Sobre as ideias marítimas de Oliveira, ver Inácio Guerreiro e Francisco Contente Domingues (org.), *Fernando Oliveira e seu tempo: humanismo e arte de navegar no Renascimento europeu (1450-1650)* (Cascais, 1999). Sobre as primeiras ideias antiescravistas na Espanha e em Portugal, ver também Russell-Wood, "Iberian Expansion", pp. 36-7.

28. Fernão Oliveira, *A arte de guerra no mar* (Lisboa, 1983), em especial o cap. 11, "Qual eh guerra justa?". Sobre Oliveira, ver também C. R. Boxer, *The Church Militant in Iberian Expansion, 1440-1770* (Baltimore, 1978), pp. 30-6, e

Harold Livermore, "Padre Oliveira's Outburst: Slave-Trade and the Portuguese Empire", *Portuguese Studies*, 17 (2001), pp. 22-41.

29. Existe uma edição moderna: Alonso de Sandoval, *Un tratado sobre la esclavitud*, Enriqueta Vila Vilar (org.) (Madri, 1987). Ver também Margaret M. Olsen, *Slavery and Salvation in Colonial Cartagena de Indias* (Gainesville, 2004), que utiliza uma teoria pós-moderna e pós-colonial para analisar o texto de Sandoval.

30. IC, 60-1-5, Relación de auto de fe de Cartagena de Indias (1613-4).

31. O caso se encontra resumindo na *relación de causa* publicada em Spendiani et al., *Cincuenta años*, pp. 275-9.

32. Id., ibid.

33. Medina, *Historia Lima*, v. 1, pp. 52-5, reedita a informação que consta na *relación* impressa do auto-de-fé de 15 de novembro de 1573. Ver também Jean-Pierre Tardieu, *L'inquisition de Lima et les hérétiques étrangers* (Paris, 1995), p. 64.

34. A questão da loucura é explorada em profundidade em H. C. Erik Midelfort, *A History of Madness in Sixteenth-Century Germany* (Stanford, 1999). Mais especificamente sobre o tratamento dado pela Inquisição à loucura, ver María Cristiana Sacristán, *Locura e inquisición en Nueva España, 1571-1760* (Cidade do México, 1992).

35. O sítio está localizado na área de Chacra Rios. Ver *Inventario de monumentos arqueológicos del Perú* (Lima, 1985), sítio 65.

36. A natureza coletiva ou compartilhada da cultura hispânica no início da Idade Moderna é ressaltada de maneira irrefutável por Luis E. Rodríguez-San Pedro e José Luis Sánchez-Lora, *Los siglos XVI-XVII, Historia de España 3er Milenio* (Madri, 2000), pp. 207-28.

37. Para um resumo recente da extensa mas inconclusiva bibliografia sobre o tema, ver Carlos Eire, "The Concept of Popular Religion", in Martin Nesvig (org.), *Local Religion in Colonial Mexico*, pp. 1-35 (Albuquerque, 2006). Um levantamento mais antigo, mas perspicaz, é Peter Burke, "Popular Piety", in John O'Malley (org.), *Catholicism in Early Modern History: A Guide to Research*, pp. 113-31 (St. Louis, 1988).

38. William Christian, Jr., *Local Religion in Sixteenth-Century Spain* (Princeton, 1981), pp. 146-80; id., "Catholicisms", in Nesvig (org.), *Local Religion*, pp. 259-68. Ver também Augustín Redondo, "La religion populaire espagnole au XVIe siècle: un terrain d'affrontement", in *Culturas Populares*, pp. 329-49 (Madri, 1986).

39. Adriano Prosperi, *Tribunali della coscienza* (Turim, 1996), é um bom exemplo de extensa bibliografia sobre o tema. Ver também Paolo Prodi e Carla

Penuti (org.), *Disciplina dell'anima, disciplina del corpo e disciplina della società tra medioevo ed età moderna* (Bolonha, 1994).

40. Cf. Nalle, *God in La Mancha*; Kamen, *The Phoenix and the Flame*; e Poska, *Regulating the People*.

41. Adriano Prosperi, *America e apocalisse e altri saggi* (Pisa, 1999); Eire, "The Concept of Popular Religion", p. 28.

42. Christian, *Local Religion*, pp. 147-8.

43. Uma formulação clássica dessa relação é Keith Thomas, *Religion and the Decline of Magic* (Londres, 1973) [*A religião e o declínio da magia*, trad. Denise Bottmann e Tomás Rosa Bueno (São Paulo, 1989)], pp. 301-34.

44. John Butler, *Awash in a Sea of Faith* (Cambridge, MA, 1990), p. 25; ver também id., "Magic, Astrology, and Early American Religious Heritage, 1600--1760", *American Historical Review*, 84: 2 (1979), pp. 317-46.

45. A bibliografia a respeito é vasta, mas os principais pontos de partida para entender o contato cultural e religioso entre os ameríndios e os espanhóis são Serge Gruzinski, *La colonisation de l'imaginaire* (Paris, 1988) [*A colonização do imaginário*, trad. Beatriz Perrone-Moisés (São Paulo, 2003)]; Carmen Bernand e Serge Gruzinski, *De la idolatría: Una arqueología de las ciencias religiosas* (Cidade do México, 1992); e Sabine MacCormack, *Religion in the Andes* (Princeton, 1991).

46. Laura A. Lewis, *Hall of Mirrors: Power, Witchcraft, and Caste in Colonial Mexico* (Durham, 2003), pp. 121-3. Encontra-se uma excelente discussão da relação entre o sobrenatural e a religiosidade na Nova Espanha em Antonio Rubíal-García, *Profetisas y solitarios* (Cidade do México, 2006), pp. 224-34.

47. AGN, Inq. vol. 348, exp. 4 (1624), citado em Lewis, *Hall of Mirrors*, pp. 123-7. Cf. AGN, Inq. vol. 435, ff. 74-5v.

48. Ver Fermín del Pino, "Demonología en España y América: Invariantes y matices de la práctica inquisitorial y la misionera", in María Tausiet e James Amelang (orgs.), *El Diablo en la Edad Moderna*, pp. 277-95 (Madri, 2004). Sobre o demônio nas Índias Espanholas, ver Fernando Cervantes, *The Devil in the New World* (New Haven, 1994), e id., "The Devils of Querétaro: Scepticism and Credulity in Late Seventeenth-Century Mexico", *Past and Present*, 130 (1991), pp. 51-69. Ver também Lisa Sousa, "The Devil and Deviance in Native Criminal Narratives from Early Mexico", *The Americas*, 59: 2 (2002), pp. 161-79. Para um fascinante caso de exorcismo no Caribe, ver Fernando Ortiz, *Historia de una pelea cubana contra los demonios* (Havana, 1973). Sobre o problema geral do demônio no Novo Mundo, ver Laura de Mello e Souza, *Inferno atlântico: demonologia e colonização, séculos XVI-XVIII* (São Paulo, 1993). Jorge Cañizares-Esguerra, *Puritan Conquistadors* (Stanford, 2006), sustenta que os

puritanos da Nova Inglaterra tinham a mesma tendência dos missionários católicos espanhóis em ver o demônio na América.

49. A obra de Serge Gruzinski é de especial importância ao detalhar esse processo de intercâmbio cultural no México e projetar suas descobertas como um processo mais global. Ver *The Conquest of Mexico: The Incorporation of Indian Societies into the Western World, 16th-18th Centuries* (Cambridge, MA, 1993), e uma discussão mais sucinta em Carmen Bernand e Serge Gruzinski, *Histoire du Nouveau Monde: Les métissages* (Paris, 1993), pp. 286-328. Cf. Serge Gruzinski, *Les quatre parties du monde* (Paris, 2004).

50. Esse ponto é apresentado no penetrante ensaio de Anthony Grafton e Ingrid Rowland, "The Witch Hunter's Crusade", *New York Review of Books*, 49: 14 (2002), pp. 68-70.

51. Menciono aqui alguns trabalhos que influenciaram minhas ideias a esse respeito: Roger Chartier, *Cultural History between Practices and Representations* (Cambridge, 1988); id., "Religión campesina y ortodoxia católica", in *El juego de las reglas: Lecturas* (Buenos Aires, 2000), pp. 147-61; Peter Burke, *Popular Culture in Early Modern Europe* (2ª ed.: Aldershot, Inglaterra, 1994) [*Cultura popular na Idade Moderna*, trad. Denise Bottmann (São Paulo, 1989)]; Anne Jacobson Schutte, "Carlo Ginzburg", *Journal of Modern History*, 48: 2 (1976), pp. 296-315; James Sharpe, "Popular Culture in the Early Modern West", in Michael Bentley (org.), *Companion to Historiography* (Londres, 1997), pp. 361-76; Chandra Mukerji e Michael Schudson, "Popular Culture", *Annual Review of Sociology*, 12 (1986), pp. 47-66; Stuart Clark, "French Historians and Early Modern Popular Culture", *Past and Present*, 100 (1983), pp. 62-99.

52. Citado e discutido em Magdalena Chocano Mena, *La fortaleza docta: Elite letrada y dominación social en México colonial (siglos XVI-XVII)* (Barcelona, 1999), p. 309.

53. Richard Greenleaf, "Persistence of Native Values: The Inquisition and the Indians of Colonial Mexico", *The Americas*, 50: 3 (1994), pp. 351-76; id., "The Inquisition and the Indians of New Spain: A Study in Jurisdictional Confusion", *The Americas*, 22: 2 (1965), pp. 138-66. Ver também Jorge Klor de Alva, "Colonizing Souls: The Failure of the Indian Inquisition and the Rise of Penitential Discipline", in Mary Elizabeth Perry e Anne J. Cruz (orgs.), *Cultural Encounters: The Impact of the Inquisition in Spain and the New World* (Berkeley, 1991), pp. 3-22.

54. A redefinição da idolatria como superstição e sua classificação como pecado venial estão em Alonso de la Peña Montenegro, *Itinerario para párrocos de indios*, 2 vols. (Madri, 1995), v. 1, pp. 458-83. Para exemplos de índios processados por cortes episcopais, ver Medina, *Historia México*, pp. 370-1. Um

édito do *Provisorato* do México publicado em 1769 apresenta uma lista detalhada de desvios religiosos indígenas. Ver Medina, *Historia México*, pp. 372-8.

55. O conceito de *nepantla*, embora mesoamericano, foi aplicado criativamente por Nicholas Griffiths, *The Cross and the Serpent* (Norman, 1996), pp. 15-6, à situação andina.

56. William B. Taylor, *Magistrates of the Sacred* (Stanford, 1996), pp. 47-73; Nancy M. Farriss, *Maya Society under Colonial Rule* (Princeton, 1984), pp. 286--319.

57. Serge Gruzinski e Nathan Wachtel, "Cultural Interbreedings: Constituting a Majority as a Minority", *Comparative Studies in Society and History*, 39: 2 (1997), pp. 231-50.

58. Felipe Salvador Gilij, *Ensayo de historia Americana, o sea historia natural, civil y sacra de los reinos y las provincias españolas de Tierra Firme en la América Meridional*, 3 vols., trad. Antonio Tovar (Caracas, 1987), v. 2, p. 313, e v. 3, p. 116. Ver a discussão em Lourdes Giordani, "Speaking Truths or Absurdities: The Religious Dialogues between Father Gilij and His Indian Contemporaries (18th century Venezuela)", *paper* apresentado a Latin American Studies Association (Washington, 1995).

59. Kenneth Mills, *Idolatry and Its Enemies: Colonial Andean Religion and Extirpation, 1640-1750* (Princeton, 1997), pp. 243-66; Sabine McCormack, *Religion in the Andes: Vision and Imagination in Early Colonial Peru* (Princeton, 1991), pp. 383-433.

60. Mills, *Idolatry*, p. 75. Ver também Kenneth Mills, "The Limits of Religious Conversion in Mid-Colonial Peru", *Past and Present*, 145 (1994), pp. 84--121; e id., "The Naturalization of Andean Christianities", in *The Cambridge History of Christianity*, v. 6, *Reformation and Expansion, 1500-1660*, Po-Chia Hsia (org.) (Cambridge, 2007), pp. 508-39.

61. Sobre a veneração da Virgem de Ocotlán, culto fomentado pelos franciscanos no século XVI, ver Rodrigo Martínez Baracas, *La secuencia tlaxcalteca: Orígenes del culto a Nuestra Señora de Ocotlán* (Cidade do México, 2000), pp. 11-40.

62. Lara, *City, Temple, Stage*, pp. 171-4.

63. Fernando Cervantes, "The Impact of Christianity in Spanish America", *Bulletin of Latin American Research*, 14: 2 (1995), pp. 201-10.

64. Gruzinski e Wachtel, "Cultural Interbreedings", pp. 248-9.

65. Mills, *Idolatry*, pp. 281-2.

66. Agradeço a Eric van Young por suas sugestões a respeito. Ver Eric van Young, *The Other Rebellion* (Stanford, 2001).

7. BRASIL (pp. 269-312)

1. BNM, ms. 9394, "Papeles varios [...] Portugal".
2. Ronaldo Vainfas, *Trópico dos pecados* (Rio de Janeiro, 1997), pp. 19-39; Laura de Mello e Souza, *O diabo*, pp. 38-40; Maria de Lourdes Correia Fernandes, "Da reforma da Igreja à reforma dos cristãos", *HRP*, v. 2, pp. 15-47.
3. Caio Bosci apresenta dados indicando que foram denunciadas 950 pessoas nas duas visitações. Os 207 acusados de judaísmo correspondiam a 22% do total, porcentagem inferior ao número de judaizantes, com percentuais entre entre 65% e 83% dos processados em tribunais portugueses. Nas visitações ao Brasil, a sodomia, a bigamia e a bruxaria/feitiçaria/superstição responderam cada uma delas a cerca de 5% das acusações, mas as acusações de blasfêmia/irreverência e erro doutrinal somaram mais de 35% das denúncias. Ver Caio Bosci, "Estructuras eclesiásticas e inquisição", *HRP*, v. 2, pp. 429-55.
4. Mello e Souza, *O diabo*, pp. 40-4.
5. José Justino Andrade e Silva, *Colleção chronológica da legislação portuguesa (1603-1700)* (Lisboa, 1854-9), v. 3, p. 50 (22/07/1622).
6. BL, Egerton 323, ff. 97-7v. O Conselho de Portugal recomendou em 1622 que o bispo de Salvador atuasse como inquisidor com a assistência dos juízes do Tribunal de Recursos da Bahia, mas o inquisidor-geral de Portugal alegou que o bispo não poderia desempenhar essa tarefa, e solicitou um inquisidor específico para o Brasil, a ser pago pela Coroa. Embora ele não tenha usado essa fonte, o melhor resumo da questão está em Bruno Feitler, *Inquisition, juifs et nouveaux-chrétiens au Brésil* (Louvain, 2003), pp. 64-7.
7. No sertão do Piauí, consta que havia uma cruz na porta de todas as casas. ANTT, Inq. Lisboa, CP 270, f. 186.
8. Aparentemente houve outras visitas da Inquisição, das quais restam apenas indícios fragmentários, inclusive pelo menos uma no Rio de Janeiro em 1627 e outra no Maranhão em 1731. Ver Lina Gorenstein, "A terceira visitação do Santo Ofício às partes do Brasil (século XVII)", in Ronaldo Vainfas, Bruno Feitler e Lana Lage (orgs.), *A inquisição em xeque*, (Rio de Janeiro, 2006), pp. 25-32.
9. A descrição clássica desse caso se encontra em João Capistrano de Abreu, "Atribulações de um donatário", *Caminhos antigos e povoamento do Brasil* (2ª ed.: Rio de Janeiro, 1960), pp. 41-57.
10. Citado em id., ibid., p. 57. O original está em ANTT, Inq. Lisboa 8821.
11. O julgamento de João de Bolés está publicado em *Anais da Biblioteca Nacional do Rio de Janeiro*, 25 (1904). Um excelente resumo e análise do caso, usando a correspondência jesuíta, se encontra em Adriana Romeiro, "Todos os

caminhos levam ao céu: relações entre cultura popular e cultura erudita no Brasil do século XVI" (dissertação de mestrado, Unicamp, 1991).

12. Luiz Walter Coelho Filho, *A capitania de São Jorge e a década do açúcar* (Salvador, 2000); Elaine Sanceau, *Captains of Brazil* (Porto, 1965), pp. 167-70.

13. ANTT, Inq. Lisboa, processo 1682 (1584).

14. A autoria e o gênero de *Viaje de Turquía* têm sido muito discutidos. Os estudos modernos sugerem que o autor era o médico espanhol Andrés de Laguna, mas há sugestões de outros autores possíveis. Ver a excelente edição crítica de Marie-Sol Ortola, *Viaje de Turquía* (Madri, 2000), que aceita e amplia o argumento de Marcel Bataillon, *Le docteur Laguna auteur du Voyage en Turquie* (Paris, 1958).

15. ANTT, Inq. Lisboa, 1682.

16. Bento Teixeira foi objeto de extensas análises de estudiosos da literatura. Esses parágrafos se baseiam nos resumos de sua vida apresentados em Costa Pôrto, *Nos tempos do visitador* (Recife, 1968), pp. 189-95, e em Adriana Romeiro, "Todos os caminhos", pp. 167-87.

17. Ver Jacques Le Goff, *The Birth of Purgatory*, trad. Arthur Goldhammer (Chicago, 1984).

18. *DB*, p. 363.

19. ANTT, Inq. Lisboa, CP 207, ff. 29-30.

20. ANTT, Inq. Lisboa, CP 232, ff. 1-80.

21. Vainfas, *Trópico*; Mello e Souza, *O diabo*; Romeiro, "Todos os caminhos"; e Janete Ruiz de Macedo, "Ideologia e controle no Brasil colonial, 1540-1620" (tese de doutorado, Universidade de León, 1999) são análises excelentes da religião popular no Brasil, concentrando-se no primeiro século, mas no caso de Mello e Souza avançando até o século XVIII. Luiz Mott, *Rosa Egypciaca: uma santa africana no Brasil* (Rio de Janeiro, 1993), também aborda o século XVIII.

22. *DCP*, p. 86; p. 415.

23. *DCP*, p. 28; Vainfas, *Trópico*, pp. 59-69. Discorri mais longamente sobre esta questão em Schwartz, "Pecar en colonias", pp. 51-67.

24. Ver, p. ex., as confissões de Cristóvão Bulhões, Rodrigo Martins, Manoel Branco e Gonçalo Fernandes em *CB*, 1591, 87-9, 93-5, 96-7, 104-5.

25. Manuel de Faria e Sousa, *Ásia portuguesa*, 3 vols. (Lisboa, 1675).

26. Esses números constam na melhor análise do movimento, Ronaldo Vainfas, *A heresia dos índios* (São Paulo, 1995), p. 231. Evidentemente, os principais participantes eram índios, e em certa altura contavam-se talvez cerca de 3 mil membros no movimento de Jaguaripe, mas a Inquisição não estava tão interessada neles, donde sua relativa ausência nas denúncias e confissões ao tribunal.

27. *DB*, pp. 283-5. Esse caso é minuciosamente examinado em Romeiro, "Todos os caminhos".

28. Id., ibid. Havia algumas insinuações de que o pai de Aranha pudesse ser um cristão-novo, mas a Inquisição não deu atenção à possibilidade de que suas ideias fossem judaizantes. Cf. Francisco Marquez Villanueva, "Nascer y morir como bestias (criptojudaísmo y criptoaverroísmo)", in Anita Novinsky e Maria Luiza Tucci Carneiro (org.), *Inquisição: ensaios sobre mentalidade, heresias e arte* (São Paulo, 1992), pp. 11-34.

29. Eddy Stols, "Convivências e conivências luso-flamengas na rota do açúcar", *Ler História*, 32 (1997), pp. 119-47.

30. ANTT, Inq. Lisboa, CP 265, ff. 214-6.

31. ANTT, Inq. Lisboa, CP 270, ff. 399-9v.

32. Rebecca Catz (org.), *The Travels of Mendes Pinto* (Chicago, 1989); John Christian Laursen, "Irony and Toleration: Lessons from the Travels of Mendes Pinto", *Critical Review of International Social and Political Philosophy*, 6: 2 (2002), pp. 21-40.

33. ANTT, Inq. Lisboa, CP 283, ff. 51-1v. Sobre a obra de Fernão Mendes Pinto, ver Catz, *Travels*.

34. Novinsky, *Cristãos novos na Bahia*, pp. 57-102, é a apresentação clássica dessa posição.

35. Angela Vieira Maia, *A sombra do medo: cristãos velhos e cristãos novos nas capitanias do açúcar* (Rio de Janeiro, 1995), pp. 97-139, seguindo a linha de Novinsky, *Cristãos novos na Bahia*, apresenta provas interessantes dessa interação. Calculei as porcentagens de exogamia a partir das tabelas um tanto confusas de Vieira Maia, pp. 243-5, que resumem as informações da visita de 1591-3.

36. Ronald J. Raminelli, "Tempo das visitações: cultura e sociedade em Pernambuco e Bahia: 1591-1620" (dissertação de mestrado, Universidade de São Paulo, 1990), pp. 142-51.

37. Jonathan Schorsch, "Jews, Judaism, Blacks and Christianity According to the Early Modern Inquisitions" (inédito). Ver também seu *Jews and Blacks in the Early Modern World* (Cambridge, 2004).

38. *DB*, Livro de confissões e retificações, Bahia, 1618, 362.

39. Id., ibid., pp. 362-4.

40. A bibliografia sobre o tolerantismo holandês é extensa. Para uma introdução sucinta, ver Henry Méchoulan, *Amsterdam au temps de Spinoza. Argent et liberté* (Paris, 1990). Sobre o Brasil, ver o artigo de Ronaldo Vainfas, "La Babel religiosa: Católicos, calvinistas, conversos y judíos en Brasil bajo la dominación holandesa (1630-54)", in Jaime Contreras et al., *Familia, religión y negocio*, pp. 321-42 (Madri, 2002).

41. Essa situação se encontra pormenorizada em Frans Leonard Schalkwijk, *Igreja e Estado no Brasil holandês* (Recife, 1986).

42. José Antônio Gonsalves de Mello, *Tempo dos flamengos* (Rio de Janeiro: José Olympio, 1947), p. 134.

43. Adriaen van der Dussen, *Relatório sobre as capitanias conquistadas no Brasil pelos holandeses* (1639), José Antônio Gonsalves de Mello (org.) (Rio de Janeiro, 1947).

44. Anita Novinsky, "Uma devassa do bispo dom Pedro da Silva, 1635-37", *Anais do Museu Paulista*, 22 (1968), pp. 217-85. O documento original está em ANTT, Inq. Cadernos do promotor, nº 19.

45. Manuel Calado, *O valeroso lucideno* (1648), 2 vols. (Belo Horizonte, 1987). Ver a discussão in C. R. Boxer, *The Dutch in Brazil* (Oxford, 1957), pp. 298-9.

46. Boxer, *The Dutch in Brazil*, pp. 267-9, apresenta uma biografia de Moraes, jesuíta nascido no Brasil que abandonou a batina, converteu-se ao calvinismo, casou-se, morou em Leiden por algum tempo e depois voltou ao Brasil e à religião católica. Embora esse seja um caso especialmente colorido, não raro as pessoas, inclusive clérigos, transitavam entre as religiões. [Veja Ronaldo Vainfas, *Traição. Um jesuíta a serviço do Brasil holandês processado pela Inquisição* (São Paulo, 2008).] Sobre cristãos-novos adotando o judaísmo e depois retornando ao catolicismo, ver David L. Graizbord, *Souls in Dispute: Converso Identities in Iberia and the Jewish Diaspora* (Filadélfia, 2004), e Isabel M. R. Mendes Drumond Braga, "Uma estranha diáspora rumo a Portugal: judeus e cristãos-novos reduzidos à fé católica no século XVII", *Sefarad*, 62 (2002), pp. 259-74.

47. José Antônio Gonsalves de Mello, *João Fernandes Vieira: mestre-de-campo do Terço de Infantaria de Pernambuco* (2ª ed.: Lisboa, 2000), pp. 47-9; Boxer, *The Dutch in Brazil*, pp. 273-6.

48. Gonsalves de Mello, *Tempo dos flamengos*, pp. 141-3.

49. Feitler, *Inquisition*, pp. 83-5.

50. Nassau era um calvinista praticante que via no rei da Espanha um inimigo da fé cristã e supostamente também nutria opiniões negativas sobre os judeus, segundo seus cronistas. Ver Schalkwijk, *Igreja e Estado*, p. 87. Sobre suas providências em favor da liberdade de consciência e dos interesses dos portugueses, ver Gaspar Barléu, *História dos feitos recentemente praticados durante oito anos no Brasil* (Belo Horizonte, 1974), p. 53.

51. A posição pessoal negativa de Maurício de Nassau em relação aos judeus é sugerida pelos comentários antissemitas do pastor calvinista espanhol, ex-padre católico, Vicente Joaquín Soler. Ver sua correspondência editada por B. N. Teensma, *Dutch Brazil: Vincent Joachim Soler's Seventeen Letters* (Rio de Janeiro, 1999), p. 74.

52. Manuel Calado, *O valeroso lucideno*, v. 1, pp. 165-74.

53. D. Margarida para o Cabido da Sé de Miranda (1639), em Schalkwijk, *Igreja e Estado*, p. 237.

54. Foi o ponto assinalado pelo embaixador português Francisco de Sousa Coutinho. Ver Boxer, *The Dutch in Brazil*, p. 262.

55. Evaldo Cabral de Mello, *Rubro veio: o imaginário da Restauração pernambucana* (2ª ed.: Rio de Janeiro, 1997); id., *Olinda restaurada* (2ª ed.: Rio de Janeiro, 1998), pp. 381-447.

56. Saul Levy Mortera, "Providencia de Dios con Ysrael y verdad y eternidad de la ley de Moseh y Nullidad de las demás leyes", A. Wiznitzer, "The Number of Jews in Du5tch Brazil," *Jewish Social Studies*, 16, (1954), pp. 112-3.

57. Anita Novinsky, *Cristãos novos*, pp. 129-33.

58. ANTT, Inq. Lisboa, CP 270, f. 87 (29/12/1705). O caso também é mencionado em James Sweet, *Recreating Africa* (Chapel Hill, 2004), p. 153.

59. Sobre os calundus, a obra mais importante é a de Laura de Mello e Souza, "Revisitando o calundu", in L. Gorenstein e M. L. Tucci Carneiro (orgs.), *Ensaios sobre a intolerância*, pp. 293-318 (São Paulo, 2002), e seu *The Devil and the Land of the Holy Cross* (Austin, 2004), pp. 167-72, 234-7. Ver também os seguintes artigos básicos: Luiz Mott, "O calundu angola de Luiza Pinta: Sabará, 1739", *Revista IAC* (Ouro Preto) (1994), pp. 73-82; e João José Reis, "Magia Jeje na Bahia: a invasão do calundu de Pasto de Cachoeira, 1785", *Revista Brasileira de História*, 8: 16 (1988), pp. 57-81.

60. Nuno Marques Pereira, *O peregrino da América* (Lisboa, 1728). Ver a discussão em Laura de Mello e Souza, *O diabo*, pp. 194-5. Ver também Sweet, *Recreating Africa*, pp. 144-60.

61. Marques Pereira, *O peregrino da América*, p. 160.

62. ANTT, Inq. Lisboa, CP 268, f. 156.

63. ANTT, Inq. Lisboa, CP 270, f. 416.

64. Mello e Souza, *The Devil*, p. 171.

65. Esse ponto é assinalado especificamente para Minas Gerais por Donald Ramos, "A influência africana e cultura popular em Minas Gerais: um comentário sobre a interpretação da escravidão", in M. B. Nizza da Silva (org.), *Brasil: colonização e escravidão* (Rio de Janeiro, 1999), pp. 142-62. Cf. Jon Butler, *Awash in a Sea of Faith* (Cambridge, MA, 1990), pp. 25-36.

66. Meu argumento aqui segue Paiva, *Bruxaria e superstição*, pp. 95-164; Mello e Souza, *The Devil*, pp. 93-178; Thomas, *Religion*, pp. 179-209; e Gary K. Waite, *Heresy, Magic, and Witchcraft in Early Modern Europe* (Nova York, 2003), pp. 11-51.

67. ANTT, Inq. Lisboa, CP 270, ff. 41-2v.

68. Stuart Clark, "Inversion, Misrule and the Meaning of Witchcraft", *Past and Present*, 87 (1980), pp. 98-127.

69. Id., ibid.

70. ANTT, Inq. Lisboa, CP 254, f. 146 ("que não servia mais que de tomar as fazendas").

71. ANTT, Inq. Lisboa, CP 265.

72. Existem dois ótimos estudos desse caso, enfatizando aspectos distintos da heresia de Hennequim: Adriana Romeiro, *Um visionário na corte de d. João V* (Belo Horizonte, 2001), e Plínio J. Freire Gomes, *Um herege vai ao paraíso* (São Paulo, 1997).

73. ANTT, Inq. Lisboa, maço 1119, nº 15 520.

74. AHN, Inq. Leg. 5349, nº 3, ff. 10v-2, relación de causas 1700. Em 1668 foi publicada uma experiência importante feita pelo italiano Francesco Redi, sugerindo que a doutrina da geração espontânea era falsa. Ver Matthew R. Goodrum, "Atomism, Atheism, and the Spontaneous Generation of Human Beings: The Debate Over a Natural Origin of the First Humans in Seventeenth-Century Britain", *Journal of the History of Ideas* (2002), pp. 207-24.

75. O padre jesuíta Simão de Vasconcelos (1597-1671) escreveu várias obras sobre a ordem jesuíta no Brasil. Ele é lembrado sobretudo como expoente de uma visão utópica do Brasil e por ter afirmado que são Tomás visitara o Brasil nos primeiros tempos da cristandade.

76. Ver Beatriz Helena Domingues, "Jesuits in Brazil and Seventeenth--Century European Modern Philosophy and Science: Continuities or Discontinuities", <www.la.utexas.edu/research/paisano/BHDtext.html> [último acesso em janeiro de 2009].

77. Paiva, *Bruxaria e superstição*, pp. 95-164.

78. Gaspar Cardoso de Sequeira, *Thesouro de prudentes, novamente tirado a lus* (Lisboa, 1612). Houve edições posteriores em 1626, 1651, 1675, 1700 e 1702.

79. Timothy D. Walker, *Doctors, Folk Medicine and the Inquisition* (Leiden, 2005), pp. 88-153.

8. DA TOLERÂNCIA AO TOLERANTISMO (pp. 315-63)

1. Minha breve análise de Olavide se baseia primariamente em Guillermo Lohman Villena, *Pedro Peralta Barnuevo y Pablo de Olavide: Biblioteca de Hombres del Perú* (Lima, 1964); Richard Herr, *The Eighteenth-Century Revolution in Spain* (Princeton, 1958), pp. 209-11; Marcelin Defourneaux, *Pablo de Olavide,*

ou l'afrancesado (Paris, 1959); Luis Perdices Blas, *Pablo de Olavide (1725-1803), El Ilustrado* (Madri, 1992); e Manuela Moreno Mancebo, "Breve biografía de Olavide", in *Inquisición española: Nuevas aproximaciones*, Centro de Estudios Inquisitoriales (Madri, 1987), pp. 257-96. O caso também foi exaustivamente discutido nos estudos tradicionais da Inquisição, onde, em Lea, *History of the Inquisition*, v. 4, pp. 308-11, Olavide recebe uma abordagem simpática, enquanto em Menéndez Pelayo, *Historia de los heterodoxos*, v. 2, pp. 682-700, o escárnio do autor só é atenuado pelo fato de Olavide ter retornado mais tarde à Igreja.

2. Perdices Blas, *Pablo de Olavide*, apresenta a análise mais completa dessa fase da sua carreira.

3. AHN, Inq. 3733, nº 80 (Corte).

4. Perez Zagorin, *How the Idea of Religious Toleration Came to the West* (Princeton, 2003), pp. 248-67; Jonathan Israel, "Spinoza, Locke, and the Enlightenment Battle for Toleration", in Ole Peter Grell e Roy Porter (orgs.), *Toleration in Enlightenment Europe* (Cambridge, 2000), pp. 102-13.

5. Alphonse Dupront, *Qu'est-ce que les Lumières?* (Paris, 1996), pp. 137-230. Ele se baseia extensamente em René Pomeau, *La religion de Voltaire* (Paris, 1956). Ver também Harry C. Payne, *The Philosophes and the People* (New Haven, 1976), pp. 65-93.

6. Jonathan I. Israel, *Radical Enlightenment* (Oxford, 2001), pp. 528-40.

7. Francisco Sánchez Blanco, *La mentalidad ilustrada* (Madri, 1999), p. 275.

8. Richard Herr, "The Twentieth Century Spaniard Views the Spanish Enlightenment", *Hispania*, 45: 2 (1962), pp. 183-93; Stephen Haliczer, "La Inquisición como mito y como historia: Su abolición y el desarrollo de la ideología política española", in Ángel Alcalá (org.), *Inquisición española y mentalidad inquisitorial*, pp. 496-517. De particular importância é Doris Moreno, *La invención de la Inquisición* (Madri, 2004).

9. As histórias clássicas do Iluminismo espanhol são Herr, *The Eighteenth Century Revolution*; Jean Sarrailh, *L'Espagne éclairée de la seconde moitié du XVIIIe siècle* (Paris, 1954); Francisco Sánchez Blanco, *El absolutismo y las luces en el reinado de Carlos III* (Madri, 2002); e Jesús Pérez Magallón, *Construyendo la modernidad: la cultura española en el tiempo de los novatores (1675-1725)* (Madri, 2002).

10. Ana Cristina Araújo, *A cultura das luzes em Portugal: temas e problemas* (Lisboa, 2003), traz uma síntese da vida intelectual. Kenneth Maxwell, *Pombal: Paradox of the Enlightenment* (Cambridge, 1995) [*Pombal: paradoxo do iluminismo*, trad. Antonio de Pádua. São Paulo, 1996] se concentra nos assuntos políticos, mas apresenta um contexto cultural geral.

11. Ángel de Prado Moura, *Las hogueras de la intolerancia* (Valladolid, 1996), p. 132.

12. As histórias do ateísmo, tal como as do tolerantismo, se concentram em alguns pensadores e textos importantes. Uma boa introdução ao tema se encontra em David Wooton, "New Histories of Atheism", in Michael Hunter e David Wooton (org.), *Atheism from the Reformation to the Enlightenment* (Oxford, 1992), pp. 13-54.

13. AHN, Inq. Leg. 3733/73 (Corte).

14. Enrique Gacto Fernández, *Cantabria y la inquisición en el siglo XVIII* (Santander, 1999), pp. 136-40. A nota acompanhando essa referência cita muitos casos do mesmo tipo nos últimos anos do século XVIII. Ver também Manuel Arana Mendíaz, *El tribunal de la inquisición de Canarias durante el reinado de Carlos III* (Las Palmas, 2000).

15. Medina, *Historia México*, p. 349; AHN, Leg. 1730, nº 24 (1758).

16. Alejandre e Torquemada, *Palabra de hereje*, pp. 76-7, cita essa e outras declarações semelhantes. Ver também AHN, Inq. Leg. 5349-3 (Cartagena).

17. García Cárcel e Moreno Martínez, *Inquisición*, pp. 319-41.

18. Maria Adelaide Salvador Marques, "Pombalismo e cultura média: meios para um diagnóstico através da Real Mesa Censória", in id., *Como interpretar Pombal?* (Lisboa, 1983), pp. 185-214.

19. Luiz Carlos Villalta, "As licenças para posse e leitura de livros proibidos", in Maria Beatriz Nizza da Silva (org.), *De Cabral a Pedro I: aspectos da colonização portuguesa no Brasil* (Porto, 2001), pp. 235-45.

20. O termo *libertino* foi usado pela primeira vez por Calvino em 1554, em seu ataque à irreligiosidade e ao descaso pela moral. Ver a discussão em Adauto Novaes, "Por que tanta libertinagem?", in Adauto Novaes (org.), *Libertinos, libertários* (São Paulo, 1996), pp. 9-20.

21. José A. Ferrer Benimeli, "La inquisición frente a masonería e ilustración", in Ángel Alcalá (org.), *Inquisición española y mentalidade inquisitorial* (Barcelona, 1984), pp. 463-96. Ver suas obras fundamentais: *Masonería, Iglesia e Ilustración*, 4 vols. (Madri, 1976-7), e *Los archivos secretos vaticanos y la Masonería* (Caracas, 1976).

22. Ferrer Benimeli, "La inquisición", p. 494; García Cárcel e Moreno Martínez, *Inquisición*, pp. 314-6.

23. Lea, *History of the Inquisition*, v. 4, pp. 176-7.

24. Para estudos recentes nessa área, ver Enrique Gacto Fernández (org.), *Inquisición y censura: El acoso a la inteligencia en España* (Madri, 2006).

25. O tratado de 1604 entre a Espanha e a Inglaterra tem sido visto como o primeiro exemplo dessas concessões de tolerantismo pragmático na Península

Ibérica. Ver Antonio Domínguez Ortiz, "El primer esbozo de tolerancia religiosa en la España de los Austrias", in *Instituciones y sociedad en la España de los Austrias* (Barcelona, 1985), pp. 185-91. O tratado do período da Restauração portuguesa após 1640 dispôs sobre uma certa liberdade de consciência em território português, desde que não houvesse aparição pública nem afronta à prática católica.

26. A situação complexa dos comerciantes ingleses em Portugal e a realização de seus ofícios religiosos em reuniões na casa do cônsul estão apresentadas detalhadamente em L. M. E. Shaw, *Trade, Inquisition, and the English Nation in Portugal, 1650-1690* (Manchester, 1989), pp. 119-34.

27. Herr, *The Eighteenth Century Revolution*, p. 386. Ver AHN, Inq. Leg. 2845 (Murcia).

28. Joachim Whaley, *Religious Toleration and Social Change in Hamburg, 1529-1819* (Cambridge, 1985), pp. 3-5. Sobre a falha da Espanha em criar uma teoria do tolerantismo, ver Henry Kamen, "Inquisition, Toleration and Liberty in Eighteenth-Century Spain", in Ole Peter Grell e Roy Porter, *Toleration in Enlightenment Europe* (Cambridge, 2001), pp. 250-8.

29. Guillaume-Thomas François Raynal, *Histoire philosophique des deux Indes* (Paris, 1774). Muitos estudiosos julgam que Denis Diderot colaborou na autoria desta obra. Após 1784 foi publicada em Madri uma edição espanhola em cinco volumes. A obra de Raynal era muito lida e citada em toda a América hispânica pela geração envolvida nos movimentos de independência.

30. Ver "Projeto de um novo regimento para o Santo Ofício por Pascoal José de Melo", in José Eduardo Franco e Paulo de Assunção, *As metamorfoses de um povo* (Lisboa, 2004), p. 510.

31. Gilberto Fuezalida Guzmán, *La tolerancia de la Iglesia y la Inquisición* (Santiago do Chile, 1916), p. 25.

32. Enriquez Álvarez Cora, "Iusnaturalismo racionalista y censura del Santo Oficio", in Gacto Fernández (org.), *Inquisición y censura*, pp. 233-81; Francisco de Paula Vera Urbano, "La libertad religiosa en el pensamiento católico según los tratados de teología moral y la literatura polémica del siglo XVIII", *Revista de Estudios Histórico-Jurídicos*, 25 (2003), pp. 445-74.

33. Ver Manuel de Aguirre, *Cartas y discursos del Militar Ingenuo ao Correo de los Ciegos de Madrid*, A. Elorza (org.) (San Sebastián, 1974), pp. 306-60, em especial p. 311. Ver também Elorza, "La Inquisición y el pensamiento ilustrado", p. 8.

34. García Cárcel e Moreno Martínez, *Inquisición*, p. 314.

35. Menéndez Pelayo, *Historia*, v. 2, p. 1081.

36. Ainda de proveito é Manoel Cardozo, "The Internationalism of the Portuguese Enlightenment: The Role of the *Estrangeirado*, c. 1700-1750", in A.

Owen Aldridge (org.), *The Ibero-American Enlightenment*, pp. 141-210 (Urbana, 1971). Ver também o verbete "Estrangeirados" no *Dicionário da História de Portugal*, Joel Serão (org.), 4 vols. (Lisboa, 1963-71), v. 1, pp. 122-9.

37. Janin-Thivos Tailland, *Inquisition et société au Portugal*, pp. 137-8, apresenta uma análise estatística do tribunal de Évora.

38. Luís da Cunha, *Instruções políticas*, Abílio Diniz Silva (org.) (Lisba, 2001), é uma excelente edição crítica.

39. Id., ibid., pp. 218-56.

40. Id., ibid., p. 267.

41. Frédéric Max, "Um écrivain français des lumières oublié: Francisco Xavier de Oliveira (1701-83)", *Revue d'Histoire et de Philosophie Religieuses*, 75: 2 (1995), pp. 193-8. Ver também o prefácio de Aquilino Ribeiro a Cavaleiro de Oliveira, *Cartas familiares* (3ª ed.: Lisboa, 1982), vii-xxv.

42. Silva, "Da festa barroca à intolerância ilustrada", pp. 14-6.

43. Araújo, *A cultura das luzes*, p. 93.

44. James Wadsworth, "Agents of Orthodoxy: Inquisitional Power and Prestige in Colonial Pernambuco, Brazil" (tese de doutorado, Universidade do Arizona, 2002), pp. 296-318.

45. Boleslao Lewin, *Confidencias de dos criptojudíos en las cárceles del Santo Oficio* (Buenos Aires, 1975), p. 78.

46. ANTT, Inq. Lisboa, CP 268, ff. 216-24; AHN, Leg. 3733, nº 23 (1754).

47. Hilário Franco Júnior, *Cocanha: a história de um país imaginário* (São Paulo, 1998), pp. 227-33.

48. ADC, Inq. Leg. 522/6740.

49. Sobre as opiniões especialmente negativas de Voltaire sobre a Espanha, ver Alfonso de Salvio, "Voltaire and Spain", *Hispania*, 7: 2 (1924), pp. 69-100.

50. Kamen, *The Iron Century*, p. 254.

51. A questão do tolerantismo na França gerou uma enorme bibliografia que se ampliou significativamente após o quarto centenário do Édito de Nantes, em 1998. Ver, por exemplo, Guy Saupin, Rémy Fahbre e Marcel Launay (org.), *La tolérance: colloque international de Nantes* (Rennes, 1998). Achei especialmente perspicaz o estudo de Barbara de Negroni, *Intolérances: catholiques et protestants en France, 1560-1787* (Paris, 1996).

52. Id., ibid.; ver também Whaley, *Religious Toleration*, pp. 2-6, e Brian Eugene Strayer, *Huguenots and Camisards as Aliens in France, 1598-1789* (Lewiston, NY, 2001), pp. 17-21.

53. Israel, *Radical Enlightenment*, pp. 515-41.

54. A expressão é de Herbert Butterfield, "Toleration in Early Modern Times", *Journal of the History of Ideas*, 38: 4 (1977), pp. 573-9. Ver também Avihu

Zakai, "Orthodoxy in England and New England: Puritans and the Issue of Religious Toleration, 1640-1650", *Proceedings of the American Philosophical Society*, 135: 3 (1991), pp. 401-41. Sobre as atitudes em relação aos judeus, ver Justin Champion, "Toleration and Citizenship in Enlightenment England: John Tolland and the Naturalization of the Jews, 1714-1753", in Ole Peter Grell e Roy Porter (orgs.), *Toleration in Enlightenment Europe* (Cambridge, 2000), pp. 133-56.

55. Stephen Pincus, "The First Modern Revolution: The Revolution of 1688-89 in England" (ms.).

56. John Redwood, *Reason, Ridicule, and Religion: The Age of Enlightenment in England (1660-1750)* (Cambridge, MA, 1976), pp. 79-85.

57. ANTT, Inq. Lisboa, CP 207, ff. 29-30.

58. Medina, *Historia Lima*, v. 2, p. 239. Ele foi enviado a Lima e confessou após ser submetido à tortura. A sentenção foi o confisco de todos os seus bens e três anos de desterro.

59. Leandro Fernández de Moratín, *Apuntaciones sueltas de Inglaterra*, Ana Rodríguez Fisher (org.) (Madri, 2005). Agradeço a Antonio Feros pela referência.

60. Esse problema foi examinado detalhadamente em Jean-Pierre Tardieu, *L'Inquisition de Lima et les hérétiques étrangers* (Paris, 1995).

61. A petição não traz data. Há uma cópia em BPE, CVIII-212.

62. Carlos González Batista, "Conversiones judaicas en Coro durante la época española", <http://investigacion.unefm.edu.ve/croizatia> [último acesso em janeiro de 2009].

63. Medina, *Historia México*, p. 360. Num caso parecido, Rufino José Maria, muçulmano ioruba preso no Recife em 1853, defendeu sua religião perante um magistrado brasileiro que dizia ser o cristianismo a única religião de verdade. José Maria alegou que as pessoas são criadas em fés diversas, e sobre a questão de qual é a melhor, "só no fim do mundo será decidido". Ver João José Reis, Flávio dos Santos Gomes e Marcus J. M. de Carvalho, "Rufino José Maria: Aventuras e desventuras de um malé entre a África e o Brasil, c. 1822-1853", trabalho apresentado no simpósio "L'expérience coloniale. Dynamiques des échanges dans les espaces atlantiques à l'époque de l'esclavage" (Nantes, 2005).

64. AHN, Inq. Leg. 5349, nº 4 (Cartagena).

65. AHN, Inq. Leg 5349/4 (Cartagena), relación de causa, 1710-5.

66. J. Martínez Bujanda, "Indices de libros prohibidos del siglo XVI", in *Historia de la Inquisición en España y América*, v. 3, pp. 808-22.

67. AHN, Inq. Leg. 5349. Para um caso bem semelhante de outro "perseguidor" da verdade religiosa que não se decidira sobre a validade da fé protestante

ou da fé católica, ver Nicholas Griffiths, "The Best of Both Faiths: The Boundaries of Religious Allegiance and Opportunism in Early Eighteenth-Century Cuenca", *Bulletin of Hispanic Studies*, 77 (2000), pp. 13-39.

68. AHN, Inq. Leg. 5349/7 (1716).

69. Id., ibid.

70. Esse argumento está em Gregory Hanlon, *Confession and Community in Seventeenth-Century France: Catholic and Protestant Coexistence in Acquitaine* (Filadélfia, 1993), pp. 6-8.

71. Id., ibid. Existe o caso paralelo de José Ricor, um cirurgião francês residente em Nova Granada originalmente denunciado em Guayama, na Venezuela, por um capuchinho catalão nas missões do Orenoco, por ter feito declarações liberais. O missionário temia que ele pudesse plantar "más sementes de doutrina" entre "soldados e gente ignorante". Ricor tinha criticado a instituição sacerdotal e disse que a Inglaterra se tornara uma grande nação depois que o rei expulsou monges e freiras. Disse ainda que "todas as religiões são boas e que fora da Igreja romana todos podiam se salvar em sua religião". Finalmente preso em Cali, seu inquérito mostrou que ele possuía vinte livros em várias línguas e que tinha sido corsário durante algum tempo, indo à Martinica, Curaçao e Isla Margarita antes de se fixar nas planícies de Casanare. Foi condenado a trabalhar num hospital e depois preso uma segunda vez em Popayán por defender os conversos como "bons cristãos". Ver AHN, Inq. Leg. 1621, exp. 16.

72. José Pardo Tomás, *Ciencia y censura: La Inquisición española y los livros científicos en los siglos XVI y XVII* (Madri, 1991), pp. 183-9.

73. AHN, Inq. Leg. 1730/34 (México). O caso também é mencionado em Ferrer Benimeli, *Los archivos secretos*, p. 541, e em Medina, *Historia México*, pp. 357-8.

74. ANTT, Inq. Lisboa, CP 319, f. 300.

75. ANTT, Inq. Lisboa, CP 318, ff. 6-7.

76. ANTT, Inq. Lisboa, CP 319, ff. 275-85v.

77. ANTT, Inq. Lisboa, CP 319, ff. 19-9v. (2/1/1779).

78. Ver Wadsworth, "Agents of Orthodoxy", p. 309.

79. Em 1669, Luís de Castro, um cristão-novo do Rio de Janeiro cujos parentes tinham sido presos, foi denunciado por dizer que a Inquisição "não servia mais que de tomar as fazendas". Ver ANTT, Inq. Lisboa, CP 254, f. 1.

80. ANTT, Inq. Lisboa, CP 319, f. 378.

81. ANTT, Inq. Lisboa 2825. As provas sendo inconclusivas, seu caso foi encerrado.

82. ANTT, Inq. Lisboa, CP 319, f. 445.

83. Antonio Elorza, "La Inquisición y el pensamiento ilustrado", <www.geocities.com/urunuela34/inquisicion/pensamientoilustrado.htm> [último acesso em janeiro de 2009].

84. Esses números estão em Francisco Bethencourt, "A Inquisição", *HRP*, v. 2, pp. 95-131. Incluindo os queimados em efígie, o percentual aumenta para mais de 6%. Incluindo as atividades do tribunal de Goa, o cômputo geral de todas as inquisições portuguesas é de 28 066 pessoas condenadas, sendo 1817 à fogueira. Ver Wadsworth, "Agents of Orthodoxy", p. 66.

85. Herr, *The Enlightenment*, p. 408.

86. Esse resumo se baseia no capítulo "A Abolição", de Bethencourt, in *História das inquisições*, pp. 341-59.

87. Citado em Moreno, *La invención*, p. 242. Essa foi a declaração do bispo Francisco Javier de Mier y Campillo.

88. Juan Antonio Llorente, *Histoire critique de l'Inquisition d'Espagne*, 4 vols. (Paris, 1817-8), é o mais famoso. Embora o historiador Menéndez Pelayo rotule Llorente de "duplo traidor", como padre e como espanhol, por suas críticas, na verdade ele não foi o único sacerdote a atacar o tribunal. Jesuítas desterrados, jansenistas monarquistas e clérigos iluministas encontravam razões para criticar o tribunal. Ver Gérard Dufour, "Eclesiásticos adversarios del Santo Oficio al final del Antiguo Régimen", in *Inquisición y sociedad*, Angel del Prado Moura (org.), pp. 157-91 (Valladolid, 1999).

89. Michèle Duchet, *Anthropologie et histoire au siècle des lumières* (2ª ed.: Paris, 1995); Louis Sala-Molins, *Les misères de lumières* (Paris, 1992). Ver a discussão em Laurent Dubois, "An Slaved Enlightenment: Rethinking the Intellectual History of the French Atlantic", trabalho apresentado no simpósio "L'expérience coloniale. Dynamiques des échanges dans les espaces atlantiques à l'époque de l'esclavage" (Nantes, 2005).

90. Jean-Marc Masseaut, "La Franc-Maçonnerie dans la traite atlantique. Un paradoxe des Lumières", trabalho apresentado no simpósio "L'expérience coloniale. Dynamiques des échanges dans les espaces atlantiques à l'époque de l'esclavage" (Nantes, 2005).

91. Juan Antonio Alejandre, "El Santo Oficio contra dos poemas antiinquisitoriales", in *Inquisición y censura: El acoso a la inteligencia en España*, Enrique Gacto Fernández (org.) (Madri, 2006), pp. 475-99.

92. Ricardo García Cárcel, "Prólogo", in Moreno, *La invención*, pp. 9-20, apresenta uma excelente discussão dos diversos tipos de tolerantismo e argumenta que a própria Inquisição adotava a tolerância pragmática quando esta lhe servia para seus objetivos políticos ou religiosos.

9. PELAGIANOS RÚSTICOS (pp. 364-84)

1. Whaley, *Religious Toleration*, pp. 2-3.
2. Andrea del Col, "Shifting Attitudes in the Social Environment toward Heretics: The Inquisition of Friuli in the Sixteenth Century", *Ketzerverfolgung im 16. und frühen 17. Jahrhundert*, Wolfenbütteler Forschungen (Wiesbaden, 1992), pp. 65-86.
3. A historiografia é extensa. Ver, p. ex., Denis Crouzet, *Les Guerriers de Dieu: la violence au temps des troubles de religion, vers 1525-vers 1610* (Paris, 1990).
4. Lecler, *Toleration and the Reformation*, pp. 6-7; Malcolm C. Smith, "Early French Advocates of Religious Freedom", *Sixteenth Century Journal*, 25: 1 (1994), pp. 29-51.
5. Smith, "Early French Advocates", p. 36. A carta veio em nome do rei, mas provavelmente foi escrita por l'Hôpital.
6. Strayer, *Huguenots and Camisards*, pp. 21-6.
7. Keith Luria, "Separated by Death? Burials, Cemeteries, and Confessional Boundaries in Seventeenth-Century France", *French Historical Studies*, 24: 2 (2001), pp. 185-222.
8. Hanlon, *Confession and Community*, p. 119.
9. Keith Cameron, Mark Greengrass e Penny Roberts (orgs.), *The Adventure of Religious Pluralism in Early Modern France* (Berna, 2000).
10. Olivier Christin, *La Paix de religion* (Paris, 1997), pp. 21-33.
11. Sobre o estatuto variável das igrejas reformadas na Europa, ver Philip Benedict, *Christ's Churches Purely Reformed* (New Haven, 2002), pp. 423-9.
12. Christopher Marsh, *Popular Religion in Sixteenth-Century England* (Nova York, 1998), pp. 184-93.
13. Houve várias edições posteriores. Ver também Peter Iver Kaufman, *Thinking of the Laity in Late Tudor England* (Notre Dame, 2004).
14. Ver Christopher Haigh, "The Taming of the Reformation: Preachers, Pastors, and Parishioners in Elizabethan and Early Stuart England", *History*, 85: 280 (2000), pp. 572-88.
15. Barry Reay, *Popular Cultures in England, 1550-1750* (Nova York, 1998), p. 75.
16. A expressão é atribuída a Patrick Collinson, sem citação específica, em Haigh, "The Taming of the Reformation", p. 582. Sobre a religião popular, ver Patrick Collinson, *The Religion of Protestants* (Oxford, 1982), pp. 189-242.
17. Medina, *Historia Chile*, v. 1, p. 284. "La fe era cosa muerta sin caridad y que ambas virtudes eran lo mismo."

18. Christopher Hill, *The World Turned Upside Down* (Londres, 1972); id., *Liberty against the Law* (Londres, 1996).
19. Thomas Edwards, *Gangraena* (Londres, 1646). Ann Hughes, *Gangraena and the Struggle for the English Revolution* (Oxford, 2004), apresenta uma extensa análise dessa obra e a complicada história da sua publicação.
20. Hill, *The World Turned Upside Down*, p. 87. Peter Linebaugh e Marcus Rediker, *The Many-Headed Hydra* (Boston, 2000), oferecem vários exemplos da mistura de radicalismo social, político e religioso num contexto atlântico.
21. John Coffey, "Puritanism and Liberty Revisited: The Case for Toleration in the English Revolution", *Historical Journal*, 41: 4 (1998), pp. 961-85. Wilbur K. Jordan, *The Development of Religious Toleration in England*, 4 vols. (Cambridge, MA, 1932-40), é o ponto de partida fundamental dos estudos modernos sobre o pluralismo religioso inglês.
22. Zakai, "Orthodoxy in England and New England", pp. 401-41.
23. Steven Pincus, "The First Modern Revolution: The Revolution of 1688--89 in England" (ms.), argumenta que apesar da retórica antipapal havia, após a revolução, um clima favorável ao tolerantismo em relação aos católicos.
24. A declaração foi feita por sir John Reresby em 1688, e citada em Christopher Hill, *Century of Revolution, 1603-1714* (2ª ed.: Nova York, 1980), p. 211. Ver o importante estudo de John Coffey, *Persecution and Toleration in Protestant England (1558-1689)* (Nova York, 2000).
25. Roy Porter, *The Creation of the Modern World* (Nova York, 2000), p. 108.
26. Teófanes Egido, "El año 1559 en la historia de España", in *Sociedad, tolerancia y religión*, Santiago del Cura Elena (org.), pp. 11-25 (Burgos, 1996).
27. John Bossy, *Peace in the Counter-Reformation* (Cambridge, 1998).
28. Numa outra centena de casos de pessoas processadas por protestantismo e comentários relativistas, havia 87 estrangeiros, na maioria franceses. Ver Thomas, *Los protestantes*, pp. 478-83.
29. Reitero uma vez mais que provavelmente existiram muitas outras manifestações de relativismo religioso por parte de cristãos-novos mas que nos procedimentos da Inquisição tais declarações levavam a acusações de apostasia e não tanto de heresia. Assim, numa amostragem de processos por proposições heréticas, os conversos e os mouriscos ficam sub-representados.
30. Muitos aceitavam o cristocentrismo da religião espanhola mas divergiam da maioria quanto à crença de que a salvação se restringia apenas a quem pertencesse à Igreja. Ver Jean-Pierre Dedieu, "L'Hérésie salvatrice: la pédagogie inquisitoriale en Nouvelle Castille au XVI siècle", in Robert Sauzet (org.), *Les frontières religieuses en Europe du XVe au XVIIe siècle*, pp. 79-88 (Paris, 1992).

31. Isaiah Berlin, *Four Essays on Liberty* (Nova York, 1970), pp. 122-31. Berlin diz a propósito desse conceito: "Em seu estágio desenvolvido, dificilmente é anterior ao Renascimento ou à Reforma. Mas seu declínio marcaria a morte da civilização, de toda uma perspectiva moral" (p. 129).

32. Baseio-me para esse resumo em Bethencourt, *História das inquisições*, pp. 341-59, e García Cárcel e Moreno Martínez, *Inquisición*, pp. 82-102.

33. Joaquín de Finestrad, *El vasallo instruido*, Margarita González (org.) (Bogotá, 2000).

34. Ver, p. ex., *Apología de la intolerancia religiosa* (Caracas, 1811). Esse texto anônimo é uma refutação de uma carta publicada pelo irlandês William Burke na *Gaceta de Caracas* em 19 de março de 1811.

35. John Lloyd Mecham, *Church and State in Latin America* (Chapel Hill, 1934), pp. 43-6.

36. Id., ibid., pp. 3-37.

37. Miguel de Unamuno, *San Manuel Bueno, mártir*, Mario J. Valdés (org.) (24ª ed.: Madri, 1980), p. 143.

38. Anthony Grafton, "Reading Ratzinger: Benedict xvi, the Theologian", *New Yorker* (25/7/2005), pp. 41-9. *Dominus Iesus*, vi, par. 22, citando papa João Paulo ii, *Redemptoris missio*, afirma: "Esta verdade de fé nada tira ao fato de a Igreja nutrir pelas religiões do mundo um sincero respeito, mas, ao mesmo tempo, exclui de forma radical a mentalidade indiferentista 'imbuída de um relativismo religioso que leva a pensar que tanto vale uma religião como outra'".

Bibliografia selecionada

FONTES PRIMÁRIAS

Barrionuevo de Peralta, Jerónimo de. *Avisos del Madrid de los Austrias*. Editado por José María Díez Borque. Madri: Castalia, 1996.

Casas, Bartolomé de las. *Historia de las Indias*, 3 vols. Cidade do México: Fondo de Cultura Económica, 1951.

Castro, Alfonso de. *Adversus omnes haereses*. Paris, 1564.

Cervantes, Miguel de. *El ingenioso hidalgo Don Quijote de la Mancha*. Editado por Martín de Riquer. Barcelona: Planeta, 1980.

Cunha, Luis da. *Instruções políticas*. Editado por Abílio Diniz Silva. Lisboa: Comissão Nacional para as Comemorações dos Descobrimentos Portugueses, 2001.

Eimeric, Nicolau e Francisco Peña, *El manual de los inquisidores*. Traduzido do latim e editado por Luis Sala-Molins. Traduzido do francês por Francisco Martín. Barcelona: Muchnik, 1996.

Gilij, Felipe Salvador. *Ensayo de historia Americana, o sea historia natural, civil y sacra de los reinos y las provincias españolas de Tierra Firme en la América Meridional*. Tradução de Antonio Tovar. 3 vols. Caracas: Biblioteca de la Academia Nacional de la Historia, 1987.

Granada, Luis de. *Guía de Pecadores*. Editado por Luis G. Alonso Getino. 4ª ed. Madri: Aguilar, 1962.

Peña Montenegro, Alonso de. *Itinerario para párrocos de indios*. 2 vols. Madri: Consejo Superior de Investigaciones Científicas, 1995.

Pérez de Chinchón, Bernardo. *Antialcorano, Diálogos Christianos (Conversión y evangelización de moriscos)*. Editado por Francisco Pons Fuster. Alicante: Universidade de Alicante, 2000.

Saavedra Fajardo, Diego. *Idea de un príncipe político-cristiano*. Editado por Vicente García Diego. 4 vols. Madri: Espasa-Calpe, 1958.

Sandoval, Alonso de. *Un tratado sobre la esclavitud*. Editado por Enriqueta Vila Vilar. Madri: Alianza, 1987.

Torquemada, Juan de. *Tratado contra los madianitas e ismaelitas*. Editado por Carlos del Valle R. Madri: Aben Ezra, 2000.

Vitoria, Francisco de. *Doctrina sobre los Indios*. Editado por Ramón Hernández-Martín. Salamanca: San Esteban, 1989.

OBRAS MODERNAS

Adorno, Rolena. "Colonial Reform or Utopia? Guaman Poma's Empire of the Four Parts of the World". In *Amerindian Images and the Legacy of Columbus*, editado por René Jara e Nicholas Spadaccini, pp. 346-74. Hispanic Issues, vol. 9. Minneapolis: University of Minnesota Press, 1992.

Alberro, Solange. *Inquisición y sociedad en México 1571-1700*. Cidade do México: Fondo de Cultura Económica, 1988.

_____. "La sexualidad manipulada en Nueva España: Modalidades de recuperación y de adaptación frente a los tribunales eclesiasticos". In *Familia y sexualidad en Nueva España*, pp. 238-57. Cidade do México: Fondo de Cultura Económica, 1982.

_____. "El tribunal del Santo Oficio de la Inquisición en Nueva España: Algunas modalidades de su actividad". *Cuadernos para la Historia de la Evangelización en América Latina*, 4 (1989), pp. 9-31.

Alejandre, Juan Antonio. *El veneno de Dios: La Inquisición de Sevilla ante el delito de solicitación en confesión*. Madri: Siglo XXI, 1994.

_____ e María Jesús Torquemada. *Palabra de hereje: La Inquisición de Sevilla ante el delito de proposiciones*. Sevilha: Universidad de Sevilla, 1998.

Allen, Don Cameron. *Doubt's Boundless Sea: Skepticism and Faith in the Renaissance*. Baltimore: Johns Hopkins University Press, 1964.

Almeida, Angela Mendes de. "Casamento, sexualidade e pecado — os manuais portugueses de casamentos dos séculos XVI e XVII". *Ler História*, 12 (1988), pp. 3-22.

Amelang, James. "Society and Culture in Early Modern Spain". *Journal of Modern History*, 65: 2 (1993), pp. 357-74.

Andrés Martín, Melquíades. "Pensamiento teológico y formas de religiosidad". In *Historia de la Cultura Española "Menéndez Pidal": El Siglo del Quijote (1580-1680)*, editado por José María Jover Zamora, pp. 75-162. Madri, 1994.

_____ (ed.). *Historia de la teología española*. 2 vols. Madri: Fundación Universitaria Española, 1987.

_____. *Historia de la mística de la edad de oro en España y América*. Biblioteca de Autores Cristianos. Madri: Edica, 1994.

Aranda Mendíaz, Manuel. *El Tribunal de la Inquisición de Canarias durante el reinado de Carlos III*. Las Palmas: Universidad de Las Palmas de Gran Canaria, 2000.

Araújo, Ana Cristina. *A cultura das luzes em Portugal*. Lisboa: Livros Horizonte, 2003.

[Archivo Historico Nacional]. *Catálogo de las causas contra la fe sagrada seguidas ante el tribunal del Santo Oficio de la Inquisición de Toledo*. Madri, 1903.

Arnold, John H. *Belief and Unbelief in Medieval Europe*. Londres: Hodder Arnold, 2005.

Ascia, Luca de. "Fadrique Furió Ceriol fra Erasmo e Machiavelli". *Studi Storici*, 40: 2 (1999), pp. 551-84.

_____. "Fadrique Furió Ceriol: Consigliere del principe nella Spagna di Filippo II". *Studi Storici*, 40: 4 (1999), pp. 1037-87.

Azevedo, Carlos Moreira (ed.). *História religiosa de Portugal*. 3 vols. Lisboa: Círculo dos Leitores, 2000.

Azevedo, João Lucio de. *História dos cristãos novos portugueses*. Lisboa: Livraria Clássica, 1921.

_____. *História de António Vieira*. 2ª ed. 2 vols. Lisboa: A. Teixeira, 1931.

Bakhtin, Mikhail. *Rabelais and his World*. Bloomington: University of Indiana Press, 1984. [*A cultura popular na Idade Média e no Renascimento: o contexto de François Rabelais*. Trad. Yara Frateschi Vieira. São Paulo e Brasília: Hucitec/UnB, 1987.]

Barbosa Sánchez, Araceli. *Sexo y Conquista*. Cidade do México: Unam, 1994.

Barros, Carlos. "El otro admitido: La tolerancia hacia los judios en la edad media gallega". In *Sociedad, tolerancia y religión*, editado por Santiago del Cura Elena, pp. 85-113. Burgos: Caja de Ahorros Municipal de Burgos, 1996.

_____ (ed.). *Xudeus e conversos na historia*. 2 vols. Santiago de Compostela: La Editorial de la Historia, 1994.

Bataillon, Marcel. *Erasmo y España*. 2ª ed. Cidade do México: Fondo de Cultura Económica, 1966.

Baudot, George. *La pugna franciscana por México*. Cidade do México: Alianza Editorial Mexicana, 1990.

_____. "Amerindian Image and Utopian Project: Motolinia and Millenarian Discourse". In *Amerindian Images and the Legacy of Columbus*, editado por René Jara e Nicholas Spadaccini, pp. 375-400. Hispanic Issues, vol. 9. Minneapolis: University of Minnesota Press, 1992.

Bell, Aubrey F. G. "Liberty in Sixteenth-Century Spain". *Bulletin of Spanish Studies*, 10 (1933), pp. 164-79.

Benedict, Barbara. *Curiosity: A Cultural History of Early Modern Inquiry*. Chicago: University of Chicago Press, 2001.

Bennassar, Bartolomé. "Frontières religieuses entre Islam et chrétienté: l'expérience vécue par les 'renégats'". In *Les frontières religieuses en Europe du XVe au XVIIe siècle*, editado por Robert Sauzet, pp. 71-8. Paris: Librairie Philosophique J. Vrin, 1992.

_____. "Renégats et inquisiteurs (XVI-XVII siècles)". In *Les problèmes de l'exclusion en Espagne (XVI-XVII siècles)*, editado por A. Redondo, pp. 105-11. Paris: Publications de la Sorbonne, 1983.

_____ e Lucile Bennassar. *Los cristianos de Alá: La fascinante aventura de los renegados*. Madri: Nerea, 1989.

Beonio-Brocchieri, Mariateresa Fumagalli. "The Feminine Mind in Medieval Mysticism". In *Creative Women in Medieval and Early Modern Italy*, editado por E. A. Matter e J. Coakley, pp. 19-33. Philadelfia: University of Pennsylvania Press, 1994.

Berksvens-Stevelinck, C., J. Israel e G. H. M. Posthumus Meyjes, ed. *The Emergence of Tolerance in the Dutch Republic*. Leiden: Brill, 1997.

Bernand, Carmen e Serge Gruzinski. *De la idolatría: Una arqueología de las ciencias religiosas*. Cidade do México: Fondo de Cultura Económica, 1992.

Berti, Silvia. "At the Roots of Unbelief". *Journal of the History of Ideas*, 56: 4 (1995), pp. 555-75.

Bethencourt, Francisco. "Les hérétiques et l'inquisition portugaise: Représentations et pratiques de persécutions". *Ketzerverfolgung im 16. und frühen 17 Jahrhundert. Wolfenbütter Forschungen*, 51 (1992), pp. 103-17.

_____. *História das Inquisições*. Lisboa: Círculo dos Leitores, 1994.

_____. "Portugal: A Scrupulous Inquisition". In *Early Modern European Witchcraft*, editado por Bengt Ankarloo e Gustav Henningsen, pp. 404-22. Oxford: Clarendon, 1990.

_____. *O imaginário da magia*. Lisboa: Universidade Aberta, 1987.
Blackburn, Robin. *The Making of New World Slavery*. Londres: Verso, 1997.
Blázquez Miguel, Juan. *La inquisición en Cataluña*. Toledo: Arcano, 1990.
Bleznik, David. "Fadrique Furió Ceriol: Political Thinker of Sixteenth Century Spain". Tese de doutorado, Universidade Columbia, 1954.
Bodian, Miriam. "At the Fringes of the Reformation: 'Judaizing' Polemicist--Martyrs and the Inquisition, 1570-1670". Artigo inédito, 2001.
Boeglin, Michel. *L'Inquisition espagnole au lendemain du Concile de Trente: le tribunal du Saint-Office de Séville, 1560-1700*. Montpellier: Université de Montpellier III, 2005.
Bombín Pérez, Antonio. *La Inquisición en el país vasco: El tribunal de Logroño, 1570-1630*. Bilbao: Universidad del País Basco, 1997.
Borja Gómez, Jaime Humberto. *Rostros y rastros del demonio en la Nueva Granada*. Bogotá: Ariel, 1998.
Boronat y Barrachina, Pascual. *Los moriscos españoles y su expulsión*. 2ª ed. 2 vols. Editado por R. García Cárcel. Granada: Universidad de Granada, 1992.
Bosch Gajano, Sofia. "Identità religiose, motelli culturali, funzioni economiche: Diversità e alterità nell'Europa medioevale dei secoli XI-XIV". In *Rapports entre Juifs, Chrétiens et Musulmans*, editado por Johannes Irmscher, pp. 161-72. Amsterdam: Verlag Adolf M. Hakkert, 1995.
Boucharb, Ahmed. *Os pseudo-mouriscos de Portugal no século XVI*. Lisboa: Hugin, 2004.
Boxer, C. R. *The Church Militant in Iberian Expansion, 1440-1770*. Baltimore: Johns Hopkins University Press, 1978.
_____. *The Dutch in Brazil, 1624-1654*. Oxford: Clarendon, 1957. [*Os holandeses no Brasil, 1624-1654*. Trad. Olivério de Oliveira Pinto. São Paulo: Nacional, 1959.]
Boyer, Richard. *Lives of the Bigamists: Marriage, Family, and Community in Colonial Mexico*. Albuquerque: University of New Mexico Press, 1994.
Braga, Isabel M. R. de Mendes Drumond. *Os estrangeiros e a Inquisição portuguesa*. Lisboa: Hugin, 2002.
_____. *Mouriscos e cristãos no Portugal quinhentista*. Lisboa: Hugin, 1999.
Brundage, James A. *Law, Sex, and Christian Society in Medieval Europe*. Chicago: University of Chicago Press, 1987.
Bujanda, Jesús M. de. "Recent Historiography of the Spanish Inquisition (1977--1988): Balance and Perspective". In *Cultural Encounters: The Impact of the Inquisition in Spain and the New World*, editado por Mary Elizabeth Perry e Anne J. Cruz, pp. 221-47. Berkeley: University of California Press, 1991.

_____. "Indices de libros proibidos del siglo XVI". *HIEA*, 3, pp. 774-828.
Burke, Peter. "The Cultural History of Dreams". In *Varieties of Cultural History*. Ithaca: Cornell University Press, 1997. [*Variedades de história cultural*. Trad. Alda Porto. Rio de Janeiro: Civilização Brasileira, 2000.]

_____. "Learned Culture and Popular Culture in Renaissance Italy". *Revista de História*, 125-6 (1992), pp. 53-64.

Burns, Robert Ignatius. "Renegades, Adventurers and Sharp Businessmen: The Thirteenth-Century Spaniard in the Cause of Islam". *Catholic Historical Review*, 58: 3 (1972), pp. 341-66.

_____. *Islam under the Crusaders*. Princeton: Princeton University Press, 1973.

_____. "Mudejar Parallel Societies: Anglophone Historiography and Spanish Context". In *Christians, Muslims and Jews in Medieval and Early Modern Spain*, editado por Mark D. Meyerson e Edward. D. English, pp. 91-124. Notre Dame: University of Notre Dame Press, 1999.

Butler, Jon. "Magic, Astrology, and Early American Religion". *American Historical Review*, 84: 2 (1979), pp. 317-46.

Cabantou, Alain et al. (eds.) *Homo religiosus: autour de Jean Delumeau*. Paris: Fayard, 1997.

_____. *Blasphemy: Impious Speech in the West from the Seventeenth to the Nineteenth Centuries*. Nova York: Columbia University Press, 2001.

Campagne, Fabián. *Homo catholicus: Homo superstitiosus*. Buenos Aires: Miño y Dávila, 2002.

Candau Chacón, María Luisa. *Los moriscos en el espejo del tiempo*. Huelva: Universidad de Huelva, 1977.

Canossa, Romano. *Sessualità e inquisizione in Italia tra Cinquecento e Seicento*. Roma: Sapere, 2000.

Capelo, Rui Grillo. *Profetismo e esoterismo: A arte do prognóstico em Portugal (séculos XVII-XVIII)*. Coimbra: Minerva, 1994.

Capéran, Louis. *Le problème du salut des Infidèles*. 2 vols. Toulouse: Grand Séminaire, 1934.

Cardaillac, Louis et al. *Les morisques et l'inquisition*. Paris: Publisud, 1990.

_____. *Morisques et Chrétiens, un affrontement polémique (1492-1650)*. 2ª ed. Azghouan, Tunísia: Centre d'études et de recherches ottomanes, morisques et de documentation et d'informations, 1995.

Cardozo, Manoel. "The Internationalism of the Portuguese Enlightenment: The Role of the *Estrangeirado*, c. 1700-1750". In *The Ibero-American Enlightenment*, editado por A. Owen Aldridge, pp. 141-210. Urbana: University of Illinois Press, 1971.

Caro, Venancio. *La teología y los teólogos juristas españoles antes de la conquista de América*. 2ª ed. Salamanca, 1951.
Caro Baroja, Julio. *Las formas complejas de la vida religiosa*. 2 vols. Madri: Galaxia Gutemberg e Círculo de Lectores, 1995.
Carrasco Urgoiti, Maria Soledad. *El moro de Granada en la literatura*. 2ª ed. Granada: Universidad de Granada, 1989.
Case, Thomas. *Lope and Islam: Islamic Personagens in His Comedias*. Newark, DE: Juan de la Costa, 1993.
Castañeda Delgado, Paulino, e Pilar Hernández Aparicio. *La Inquisición de Lima*. 3 vols. Madri: Deimos, pp.1989-98.
Castro, Américo. *The Spaniards: An Introduction to Their History*. Berkeley: University of California Press, 1971.
Castro, Dinorah. *A mulher submissa: teses da Faculdade de Medicina da Bahia no século XIX*. Salvador: Press Color, 1996.
Cervantes, Fernando. "The Impact of Christianity in Spanish America". *Bulletin of Latin American Research*, 14: 2 (1995), pp. 201-10.
Chantraine, G. "La doctrine catholique de la tolérance au XVIe siècle". In *Naissance et affirmation de l'idée de tolérance, XVIe et XVIIIe siècles*, organizado por Michelle Péronnet, pp. 1-18. Montpellier: Université Paul Valéry, 1987.
Chincilla Aguilar, Ernesto. *La Inquisición en Guatemala*. Cidade da Guatemala: Ministerio de Educación Pública, 1953.
Chocano Mena, Magdalena. *La fortaleza docta*. Barcelona: Bellaterra, 2000.
_____. *La América colonial (1492-1763): cultura y vida cotidiana*. Madri: Síntesis, 2000.
Christin, Olivier. *La paix de réligion*. Paris: Seuil, 1997.
Clavero, Bartolomé. "Delito y pecado: Noción y escala de transgresiones". In *Sexo barroco y otras transgresiones premodernas*, editado por F. Tomás y Valiente, B. Clavero et al., pp. 57-89. Madri: Alianza, 1990.
Coelho, António Borges. *Inquisição de Évora*. 2 vols. Lisboa: Caminho, 1987.
Coffey, John. *Persecution and Toleration in Protestant England, 1558-1689*. Londres: Longman, 2000.
Contreras, Jaime. "Los moriscos en las inquisiciones de Valladolid y Logroño". In *Les morisques et leur temps*, editado por L. Cardaillac, pp. 477-92. Paris: CNRS, 1983.
_____. *El Santo Oficio de la Inquisición de Galicia*. Madri: Akal, 1982.
_____ e Gustav Henningsen. "Forty-Four Thousand Cases of the Spanish Inquisition". In *The Inquisition in Early Modern Europe*, editado por Gustav

Henningsen e John Tedeschi, pp. 100-30. Dekalb: Northern Illinois University Press, 1986.
Coote, Lesley. *Prophecy and Public Affairs in Late Medieval England*. York: York Medieval Press, 2000.
Coulton, G. G. *The Plain Man's Religion in the Middle Ages*. Londres: Simpkin, Marshal, Hamilton, Kent, 1916.
Crahay, R. "Le problème du pluralisme confessionnel dans les Pays Bas à la fin du XVIe siècle: les embarras de Juste Lipse (1589-1596)". In *Naissance et affirmation de l'idée de tolérance, XVIe et XVIIIe siècles*, organizado por Michelle Peronnet, pp. 1-18 e 157-88. Montpellier: Université Paul Valéry, 1987.
Cruz, Anne J, e Mary Elizabeth Perry. *Culture and Control in Counter-Reformation Spain*. Minneapolis: University of Minnesota Press, 1992.
Davidson, Nicholas. "Unbelief and Atheism in Italy, 1500-1700". In *Atheism from the Reformation to the Enlightenment*, editado por M. Hunter e D. Wootton, pp. 13-54. Oxford: Clarendon Press, 1992.
Dedieu, J.-P., "L'Hérésie salvatrice: la pédagogie inquisitoriale en Nouvelle Castille au XVIe siècle". In *Les frontières religieuses en Europe du XVe au XVIIe siècle*, editado por Robert Sauzet, pp. 79-88. Paris: Librairie Philosophique J. Vrin, 1992.

_____. *L'administration de la foi: l'Inquisition de Tolède (XVIe-XVIIe siècles)*. Madri: Casa de Velásquez, 1989.

_____. "El tribunal de la Inquisición: Encarnación de la intolerancia?". In *Dogmatismo e intolerancia*, editado por Enrique Martínez Ruiz e Magdalena de Pazzis Pi, pp. 107-25. Madri: Acatas, 1997.

_____. "The Inquisition and Popular Culture in New Castile". In *Inquisition and Society in Early Modern Europe*, editado por Stephen Haliczer, pp. 129-46. Londres: Croom Helm, 1987.

_____. "'Christianization' in New Castile: Catechism, Communion, Mass, and Confirmation in the Toledo Archbishopric, 1540-1650". In *Culture and Control in Counter-Reformation Spain*, editado por Anne J. Cruz e Mary Elizabeth Perry, pp. 1-24. Hispanic Issues, vol. 7. Minneapolis: University of Minnesota Press, 1992.

Defourneaux, Marcelin. *Pablo de Olavide, ou L'Afrancesado*. Paris: Presses Universitaires de France, 1959.
Delumeau, Jean. *Sin and Fear: The Emergence of a Western Guilt Culture, 13th--18th Centuries*. Trad. Eric Nicholson. Nova York: St. Martin's Press, 1990. [Ed. bras.: *O pecado e o medo: a culpabilização do Ocidente (séculos XIII--XVIII)*. 2 vols. Trad. Álvaro Lorencini. Bauru: Edusc, 2003.]

_____. *Catholicism between Luther and Voltaire: A New View of the Counter-Reformation*. Londres: Burns and Oates, 1977.

Del Col, Andrea. *Domenico Scandella detto Menocchio*. Pordenone: Edizioni Biblioteca dell'Immagine, 1990.

Deleito y Piñuela, José. *La mala vida en la España de Felipe II*. Madri: Alianza, 1987.

Domínguez Ortiz, Antonio. *Autos de la Inquisición de Sevilla*. Sevilha: Ayuntamiento de Sevilla, 1981.

_____. "El primer esbozo de tolerancia religiosa en la España de los Austrias". In *Instituciones y sociedade en la España de los Austrias*. Barcelona: Ariel, 1985.

_____ e Bernard Vincent. *Historia de los moriscos*. Madri: Revista de Occidente, 1978.

Dubois, Laurent. "An Enslaved Enlightenment: Rethinking the Intellectual History of the French Atlantic". Trabalho inédito apresentado em "La expérience coloniale. Dynamique des échanges dans les espaces atlantiques à l'époque de l'esclavage". Nantes, 2005.

Duchet, Michèle. *Anthropologie et histoire au siècle des lumières*. 2ª ed. Paris: Albin Michel, 1995.

Dufour, Gérard. "Eclesiásticos adversarios del Santo Oficio al final del Antiguo Régimen". In *Inquisición y sociedad*, editado por Angel del Prado Moura, pp. 157-91. Valladolid: Universidad de Valladolid, 1999.

Dupront, Alphonse. *Qu'est-ce que les Lumières?* Paris: Gallimard, 1996.

Dupuis, Jacques. *Toward a Christian Theology of Religious Pluralism*. Maryknoll, NY: Orbis Books, 1997.

Eco, Umberto. *The Name of the Rose*. Trad. William Weaver. San Diego: Harcourt Brace Jovanovich, 1983. [Ed. bras.: *O nome da rosa*. Trad. Aurora Bernardini e Homero Freitas de Andrade. Rio de Janeiro: Nova Fronteira, 1983.]

Edwards, Jonathan. "Religious Faith and Doubt in Late Medieval Spain: Soria circa 1450-1500". *Past and Present*, 120 (1988), pp. 3-25.

_____. "The Beginnings of a Scientific Theory of Race? Spain, 1450-1600". In *Rapports entre Juifs, Chrétiens et Musulmans*, editado por Johannes Irmscher, pp. 179-98. Amsterdam: Verlag Adolf M. Hakkert, 1995.

Egido, Teófanes. "La defensa de los conversos". In *Dogmatismo e intolerancia*, editado por Enrique Martínez Ruiz e Magdalena de Pazzis Pi, pp. 191-208. Madri: Actas, 1997.

_____. "El año 1559 en la historia de España". In *Sociedad, tolerancia y religión*, editado por Elena Santiago del Cura, pp. 11-26. Burgos: Caja de Ahorros Municipal de Burgos, 1996.

Ehlers, Benjamin. *Between Christians and Moriscos: Juan de Ribera and Religious Reform in Valencia 1568-1614*. Baltimore: Johns Hopkins University Press, 2006.

Elorza, Antonio. *La ideología liberal en la Ilustración española*. Madri: Editorial Tecnos, 1970.

_____ (ed.). *Pan y toros y otros papeles sediciosos de fines del sigo XVIII*. Madri: Ayuso, 1971.

_____. "La Inquisición y el pensamiento ilustrado". <www.vallenajerilla.com/berceo/florilegio/inquisicion/pensamientoilustrado.htm> [último acesso em janeiro de 2009].

Epstein, Steven. *Purity Lost: Transgressing Boundaries in the Eastern Mediterranean*. Baltimore: Johns Hopkins University Press, 2006.

Fajardo Spínola, Francisco. *Las víctimas del Santo Oficio*. Las Palmas: Gobierno de Canarias, 2003.

Farriss, Nancy M. *Maya Society under Colonial Rule*. Princeton: Princeton University Press, 1984.

Fasoli, G. "Noi e loro". In *L'uomo di fronte al mondo animale nell'Alto-Medioevo*. 31ª Settimana di Studi sull'Alto Medioevo. Spoleto: Presso de la Sede del Centro, 1985.

Feitler, Bruno. *Inquisition, juifs et nouveaux-chrétiens au Brésil*. Louvain: Presses Universitaires Louvain, 2003.

Ferreira da Cunha, Norberto. *Elites e académicos na cultura portuguesa setecentista*. Lisboa: Imprensa Nacional, 2000.

Ferrer Benimeli, José A. "La inquisición frente a masonería e ilustración". In *Inquisición española y mentalidad inquisitorial*, editado por Ángel Alcalá, pp. 463-96. Barcelona: Ariel, 1984.

_____. *Masonería, Iglesia e Ilustración*. 4 vols. Madri: Fundación Universitaria Española, 1976-7.

_____. *Los archivos secretos vaticanos y la Masonería*. Caracas: Universidad Católica "Andres Bello", 1976.

Ferretti, Sérgio. "Notas sobre o sincretismo religioso no Brasil: modelos, limitações, possibilidades". *Tempo*, 6: 11 (2001), pp. 13-26.

Few, Martha. *Women Who Live Evil Lives: Gender, Religion, and the Politics of Power in Colonial Guatemala*. Austin: University of Texas Press, 2002.

Flynn, Maureen. "Blasphemy and the Play of Anger in Sixteenth-Century Spain". *Past and Present*, 149 (1995), pp. 29-56.

Foster, George M. *Culture and Conquest: America's Spanish Heritage*. Chicago: Quadrangle Books, 1960.

Franco, José Eduardo, e Paulo de Assunção. *As metamorfoses de um polvo: religião e política nos regimentos da Inquisição portuguesa*. Lisboa: Prefácio, 2004.

Furió Ceriol, Fadrique. *El consejo y consejeros del príncipe*. Editado por Diego Sevilla Andrés. Valencia: Institución Alfonso el Magnánimo, 1952.

Gacto Fernández, Enrique. *Cantabria y la inquisición en el siglo XVIII*. Santander: Fundación Marcelino Botín, 1999.

Gama Lima, Lana Lage da. "Aprisionando o desejo: confissão e sexualidade". In *História e sexualidade no Brasil*, editado por Ronaldo Vainfas, pp. 67-88. Rio de Janeiro: Graal, 1986.

García Cárcel, Ricardo. *Herejía y sociedad en el siglo XVI*. Barcelona: Peninsula, 1980.

_____. "¿Son creíbles las fuentes inquisitoriales?". In *L'Inquisizione romana: Metodologia delle fonti e storia istituzionale*, editado por Andrea del Col e Giovanna Paolin, pp. 103-16. Trieste: Edizioni Università di Trieste e Circolo Culturale Menocchio, 2000.

_____ e Doris Moreno Martínez. *Inquisición: História crítica*. Madri: Temas de Hoy, 2000.

García Villoslada, Ricardo. *Historia de la Iglesia en España*. 5 vols. em 7. Biblioteca de Autores Cristianos. Madri: Edica, 1979-82.

Gil, Juan. *Los conversos y la inquisición sevillana*. 4 vols. Sevilha: Universidad de Sevilla, 2000.

Giles, Mary (ed.). *Women in the Inquisition: Spain and the New World*. Baltimore: Johns Hopkins University Press, 1999.

Gill, Anthony. "The Political Origins of Religious Liberty: Initial Sketch of a General Theory". In *Political Origins of Religious Liberty* (no prelo).

Gill, Katherine. "Women and the Production of Religious Literature in the Vernacular, 1300-1500". In *Creative Women in Medieval and Early Modern Italy*, editado por E. A. Matter e J. Coakley, pp. 64-104. Philadelfia: University of Pennsylvania Press, 1994.

Ginzburg, Carlo. *The Cheese and the Worms*. Trad. John e Anne Tedeschi. Baltimore: Johns Hopkins University Press, 1980 [*O queijo e os vermes*. Trad. Maria Betânia Amoroso. São Paulo: Companhia das Letras, 1987.]

_____ e Adriano Prosperi. *Giochi di Pazienza: Un seminario sul "Beneficio di Cristo"*. Turim: Einaudi, 1975.

Giordani, Lourdes. "Speaking Truths or Absurdities: The Religious Dialogues between Father Gilij and His Indian Contemporaries (18th-century Venezuela)". Trabalho apresentado em Latin American Studies Association. Washington, DC, 1995.

Gitlitz, David M. *Secrecy and Deceit: The Religion of the Crypto-Jews*. Philadelfia: Jewish Publication Society, 1996.

Given, James B. *Inquisition and Medieval Society*. Ithaca: Cornell University Press, 1997.

Góngora, Mario. *Studies in the Colonial History of Spanish America*. Cambridge: Cambridge University Press, 1975.

Gorenstein, Lina e Maria Luiza Tucci Carneiro, ed. *Ensaios sobre a intolerância*. São Paulo: Edusp, 2002.

Graizbord, David L. *Souls in Dispute: Converso Identities in Iberia and the Jewish Diaspora, 1580-1700*. Philadelfia: University of Pennsylvania Press, 2004.

Greenleaf, Richard E. "The Inquisition and the Indians of New Spain: A Study in Jurisdictional Confusion". *The Americas*, 22: 2 (1963), pp. 138-66.

———. "Persistence of Native Values: The Inquisition and the Indians of Colonial Mexico". *The Americas*, 50: 3 (1994), pp. 351-76.

Grell, Ole Peter, e Bob Scribner. *Tolerance and Intolerance in the European Reformation*. Cambridge: Cambridge University Press, 1996.

——— e Roy Porter (eds.). *Toleration in Enlightenment Europe*. Cambridge: Cambridge University Press, 2000.

Griffiths, Nicholas. "Popular Religious Scepticism and Idiosyncrasy in Post--Tridentine Cuenca". In *Faith and Fanaticism: Religious Fervour in Early Modern Spain*, editado por Lesley K. Twomey, pp. 95-128. Aldershot: Ashgate, 1997.

Grunberg, Bernard. *L'inquisition apostolique au Mexique*. Paris: L'Harmattan, 1998.

Gruzinski, Serge. "L'Amérique espagnole dans le miroir du Brasil portugais". *Arquivos do Centro Cultural Calouste Gulbenkian*, 42 (2001), pp. 119-33.

———. *The Conquest of Mexico: The Incorporation of Indian Societies into the Western World*. Trad. E. Corrigan. Cambridge: Polity Press, 1994.

——— e Nathan Wachtel. "Cultural Interbreedings: Constituting a Majority as a Minority". *Comparative Studies in Society and History*, 39: 2 (1997), pp. 231-50.

Guerreiro, Inácio e Francisco Contente Domingues (eds.). *Fernando Oliveira e seu tempo: humanismo e arte de navegar no Renascimento europeu (1450--1650)*. Cascais: Patrimonia, 1999.

Guggisberg, Hans, Frank Lestringant e Jean-Claude Margonlin. *La liberté de conscience (XVIe-XVIIe siècles)*. Genebra: Droz, 1991.

Guibovich Pérez, Pedro. "Proyecto colonial y control ideológico: El establecimiento de la Inquisición en el Perú". *Apuntes*, 35 (1994), pp. 110-1.

_____. *Censura, libros e inquisición en el Perú colonial*. Sevilha: Diputación de Sevilla, Universidad de Sevilla, csic, 2003.

Haliczer, Stephen (ed.). *Inquisition and Society in Early Modern Europe*. Londres: Croom Helm, 1987.

_____. *Sexuality in the Confessional: A Sacrament Profaned*. Oxford: Oxford University Press, 1997.

Halperin-Donghi, Tulio. *Un conflicto nacional. Moriscos y cristianos viejos en Valencia*. Valencia: Institución Alfonso el Magnánimo, 1980.

Hampe Martínez, Teodoro. *Santo Ofício e historia colonial*. Lima: Ediciones del Congreso del Perú, 1998.

Hanke, Lewis. *Aristotle and the American Indians*. Chicago: Henry Regnery, 1959. [*Aristóteles e os índios americanos*. Trad. Maria Lúcia Galvão Carneiro. São Paulo: Livraria Martins Editora, 1955.]

_____. *The Spanish Struggle for Justice in the Conquest of America*. Philadelfia: American Philosophical Society, 1949.

Harris, A. Katie. *From Muslim to Christian Granada: Inventing a City's Past in Early Modern Spain*. Baltimore: Johns Hopkins University Press, 2007.

Henriques, Ursula. *Religious Toleration in England, 1787-1833*. Toronto: University of Toronto Press, 1961.

Heras Santos, Juan de las. *La justicia penal de los Austrias en la Corona de Castilla*. Salamanca: Universidad de Salamanca, 1991.

Herr, Richard. *The Eighteenth-Century Revolution in Spain*. Princeton: Princeton University Press, 1958.

_____. "The Twentieth-Century Spaniard Views the Spanish Enlightenment". *Hispania*, 45: 2 (1962), pp. 183-93.

Herrera Sotello, F. "Ortodoxia y control social en México en el siglo xvii: El Tribunal del Santo Oficio". Tese de doutorado, Universidad Complutense, 1982.

Higgs, David. "O Santo Ofício da Inquisição de Lisboa e a 'Luciferina Assembleia' do Rio de Janeiro na década de 1790". *Revista do Instituto Histórico e Geográfico Brasileiro*, 412 (2001), pp. 239-384.

Hsia, Po-Chia. *The World of the Catholic Renewal, 1540-1770*. Cambridge: Cambridge University Press, 1998.

Hunter, Michael e David Wootton (ed.). *Atheism from the Reformation to the Enlightenment*. Oxford: Clarendon Press, 1992.

_____ e Henk van Nierop. *Calvinism and Religious Toleration in the Deutch Golden Age*. Cambridge: Cambridge University Press, 2002.

Illanes, José Luis e Josep Ignasi Saranyana. *Historia de la teología*. Biblioteca de Autores Cristianos. Madri: Edica, 1995.

Ingram, Martin. *Church Courts, Sex and Marriage in England, 1570-1640*. Cambridge: Cambridge University Press, 1987.

Irmscher, Johannes (ed.). *Rapports entre Juifs, Chrétiens et Musulmans*. Amsterdam, Verlag Adolf M. Hakkert, 1995.

Israel, Jonathan. "Locke, Spinoza and the Philosophical Debate Concerning Toleration in the Early Enlightenment (c. 1670-c. 1750)". *Mededelingen van de Afdeling Letterkunde*, Royal Netherlands Academy of Sciences, n. s., nº 62 (1999), pp. 5-19.

_____. *The Dutch Republic*. Oxford: Oxford University Press, 1995.

_____. *Radical Enlightenment: Philosophy and the Making of Modernity, 1650--1750*. Oxford: Oxford University Press, 2001.

Jiménez Monteserín, Miguel. *Sexo y bien común*. Cuenca: Ayuntamiento de Cuenca e Instituto Juan de Valdés, 1994.

Jung, Eva-Marie. "On the Nature of Evangelism in Sixteenth-Century Italy". *Journal of the History of Ideas*, 14 (1953), pp. 511-27.

Kamen, Henry. "Toleration and Dissent in Sixteenth-Century Spain: The Alternativa Tradition". *Sixteenth-Century Journal*, 19 (1988), pp. 3-23.

_____. *The Iron Century*. Nova York: Praeger, 1971.

_____. *Nacimiento y desarrollo de la tolerancia en la europa moderna*. Madri: Alianza, 1967.

_____. "Exclusão e intolerância em Espanha no início da época moderna". *Ler História*, 33 (1997), pp. 23-35.

_____. "Inquisition, Tolerance, and Liberty in Eighteenth-Century Spain". In *Toleration in Enlightenment Europe*, editado por Ole Peter Grell e Roy Porter, pp. 250-8. Cambridge: Cambridge University Press, 2000.

_____. *The Spanish Inquisition: A Historical Revision*. New Haven: Yale University Press, 1998.

_____. *The Phoenix and the Flame: Catalonia and the Counter-Reformation*. New Haven: Yale University Press, 1993.

Kaplan, Yosef. *From Christianity to Judaism*. Oxford: Oxford University Press, 1989.

Kenny, Neil. *Curiosity in Early Modern Europe: Word Histories*. Wiesbaden: Harrassowitz Verlag, 1998.

Klein, Herbert S. "The African Slave Trade to 1650". In *Tropical Babylons: Sugar and the Making of the Atlantic World*, editado por Stuart B. Schwartz, pp. 201-36. Chapel Hill: University of North Carolina Press, 2004.

Klor de Alva, Jorge. "Colonizing Souls: The Failure of the Indian Inquisition and the Rise of Penitential Discipline". In *Cultural Encounters: The Impact of the Inquisition in Spain and the New World*, editado por Mary Elizabeth Perry e Anne J. Cruz, pp. 3-22. Berkeley: University of California Press, 1991.

Lapeyre, Henri. *Géographie de l'Espagne morisque*. Paris: SEVPEN, 1959.

Largomarsino, David. "Furió Ceriol y la 'Pragmatica de las Cortesias' de 1586". *Estudios*, 8 (1979-80), pp. 87-104.

Laurensen, John Christian, ed. *Religious Toleration*. Nova York: St. Martin's Press, 1999.

Lea, Henry Charles. *A History of the Inquisition of Spain*. 4 vols. Nova York: MAS Press, 1966.

Lecler, Joseph. *Histoire de la tolérance au siècle de la Réforme*. 2 vols. Paris, 1955.

Levine, Alan. *Early Modern Skepticism and the Origins of Toleration*. Lanham: Lexington Books, 1999.

Lewin, Boleslao. *Confidencias de dos criptojudíos en las carceles del Santo Oficio*. Buenos Aires: Boleslao Lewin, 1975.

_____. *La Inquisición en México*. Puebla: José Cajica, 1971.

Lindbeck, George. "*Fides ex auditu* and the Salvation of the Non-Christians: Contemporary Catholic and Protestant Positions". In *The Gospel and the Ambiguity of the Church*, editado por Vilmos Vajta. Philadelfia: Fortress Press, 1974.

Lohman Villena, Guillermo. *Pedro Peralta Barnuevo y Pablo de Olavide: Biblioteca de Hombres del Peru*. Lima: Editorial Universitaria, 1964.

Lombardi, Riccardo. *The Salvation of the Unbeliever*. Londres: Burns and Oates, 1956.

Lopetegui, Leon e Felix Zubillaga (eds.). *Historia de la Iglesia en la América Española*. Madri: Biblioteca de Autores Cristianos, 1965.

Lopez, Robert. "Dante, Salvation, and the Layman". In *History and Imagination*, editado por Hugh Lloyd-Jones, Valerie Pearl e Blair Worden, pp. 37-42. Londres: Duckworth, 1981.

López-Baralt, Luce. *Islam in Spanish Literature: From the Middle Ages to the Present*. Leiden: Brill, 1992.

Losada, Angel. "En la España del siglo XV, la voz de un eminente teólogo español se alza contra la acusación de 'deicidio': Alfonso Fernández de Madrigal, 'El Tostado'". In *Encuentros en Sefarad*, editado por Francisco Ruiz Gomez e Manuel Espadas Burgos. Ciudad Real: Instituto de Estudios Manchegos, 1987.

Lourenço, Maria Paula Marçal. "Para os estudos da actividade inquisitorial no Alto Alentejo: a visita da Inquisição de Lisboa ao bispado de Portalegre em 1578-79". *A cidade*, 3 (1989), pp. 109-38.

MacCormack, Sabine. *Religion in the Andes: Vision and Imagination in Early Colonial Peru*. Princeton: Princeton University Press, 1991.

Maravall, José Antonio. "Trabajo y exclusión: El trabajador manual en el sistema social español de la primera modernidad". In *Les problèmes de l'exclusion en Espagne (XVIe-XVIIe siècles)*, editado por A. Redondo, pp. 135-59. Paris: Publications de la Sorbonne, 1983.

Margolin, Jean-Claude. "La tolérance et ses limites d'après Érasme". In *Homo religiosus: Autour de Jean Delumeau*, pp. 628-36. Paris: Fayard, 1997.

Mariel de Ibáñez, Yolanda. *La Inquisición en México*. Cidade do México: Imprenta Barrie, 1945.

Markus, R. "Pelagianism: Britain and the Continent". *Journal of Theological Studies*, n. s. 37 (1986), pp. 191-204.

Márquez Villanueva, Francisco. "La criptohistoria morisca (Los otros conversos)". In *Les problèmes de l'exclusion en Espagne (XVIe-XVIIe siècles)*, editado por A. Redondo, 77-94. Paris: Publications de la Sorbonne, 1983.

_____. *Personajes y temas del Quijote*. Madri: Taurus, 1975.

_____. *El problema morisco (desde otras laderas)*. Madri: Libertarias, 1975.

Marsh, Christopher W. *The Family of Love in English Society, 1550-1630*. Cambridge: Cambridge University Press, 1994.

_____. *Popular Religion in Sixteenth-Century England*. Nova York: St. Martin's Press, 1998.

Marshall, John. *John Locke, Toleration and Early Enlightenment Culture*. Cambridge: Cambridge University Press, 2006.

Martin, John. "Salvation and Society in Sixteenth-Century Venice: Popular Evangelism in a Renaissance City". *Journal of Modern History*, 60 (1988), pp. 205-33.

Martín, Josep Lluís, org. "La Inquisició a debat". *Manuscrits*, 13 (1995), pp. 31-55.

Martín Casares, Aurelia. "Cristianos, Musulmanes y animistas en Granada: Identidades religiosas y sincretismo cultural". In *Negros, mulatos, zambaigos*, editado por Berta Ares Queija e Alessandro Stella, pp. 207-21. Sevilha: Escuela de Estudios Hispano-Americanos, 2000.

Martínez Baracas, Rodrigo. *La secuencia tlaxcalteca: Orígenes del culto a Nuestra Señora de Ocotlán*. Cidade do México: Instituto Nacional de Antropología e Historia, 2000.

Martínez Ruiz, Enrique e Magdalena de Pazzis Pi (ed.). *Dogmatismo e intolerancia*. Madri: Actas, 1997.

Mas, Albert. *Les Turcs dans la littérature espagnole du siècle d'or*. 2 vols. Paris: Institut d'études hispaniques, 1967.

Masseaut, Jean-Marc. "La Franc-Maçonnerie dans la traite atlantique: Un paradoxe des Lumières". Trabalho apresentado em "L'expérience coloniale. Dynamiques des échanges dans les espaces atlantiques à l'époque de l'esclavage". Nantes, 2005.

Max, Frédéric. "Un écrivain français des lumières oublié: Francisco Xavier de Oliveira (1701-83)". *Revue d'Histoire et de Philosophie Religieuses*, 75: 2 (1995), pp. 193-8.

Maxwell, Kenneth. *Pombal: Paradox of the Enlightenment*. Cambridge: Cambridge University Press, 1995. [*Marquês de Pombal: paradoxo do Iluminismo*. Trad. Antônio de Pádua. São Paulo: Paz & Terra, 1996.]

Maxwell-Stuart, P. G. *The Occult in Early Modern Europe*. Nova York: St. Martin's Press, 1999.

McCaa, Robert. "Marriageways in Mexico and Spain, 1500-1900". *Continuity and Change*, 9: 1 (1994), pp. 11-43.

McGrath, Alister E. *Iustitia Dei: A History of the Christian Doctrine of Justification*. 2 vols. Cambridge: Cambridge University Press, 1986.

_____. *Reformation Thought: An Introduction*. Oxford: Oxford University Press, 1988.

_____. *The Intellectual Origins of the European Reformation*. Oxford: Oxford Univeristy Press, 1987.

Mea, Elvira Cunha de Azevedo. *A Inquisição de Coimbra no século XVI*. Porto: Fundação Eng. António de Almeida, 1997.

Méchoulan, Henri. *Razón y alteridad en Fadrique Furió Ceriol*. Madri: Editorial Nacional, 1973.

_____. "La liberté de conscience chez les penseurs juifs d'Amsterdam au XVIIe siècle". In *La Liberté de conscience (XVIe-XVIIe siècles)*, editado por Hans R. Guggisberg, Frank Lestringant e Jean-Claude Margolin, pp. 216-33. Genebra: Droz, 1991.

_____. *Le sang de l'autre ou l'honneur de dieu*. Paris: Fayard, 1979.

Medina, José Toribio. *Historia del tribunal del Santo Oficio de la Inquisición en Chile*. 2 vols. Santiago: Ercilla, 1890.

_____. *Historia del tribunal del Santo Oficio de la Inquisición de Lima*. 2 vols. Santiago do Chile: Gutenberg, 1887.

_____. *Historia del tribunal del Santo Oficio de la Inquisición de México*. 2ª ed. Editado por Julio Jimenez Rueda. México: Ediciones Fuente Cultural, 1952.

Mejías-López, William. "Hernán Cortés y su intolerancia hacia la religión azteca en el contexto de la situación de los conversos y moriscos". *Bulletin Hispanique*, 95: 2 (1993), pp. 623-46.

Mello e Souza, Laura de. *O diabo e a terra de Santa Cruz: feitiçaria e religiosidade popular no Brasil*. São Paulo: Companhia das Letras, 1986.

_____. *Inferno atlântico*. São Paulo: Companhia das Letras, 1993.

Mendonça, Enrique Lopes de. *O padre Fernando Oliveira e a sua obra náutica*. Lisboa, 1898.

Mensching, Gustav. *Toleration and Truth in Religion*. Trad. H. J. Klimkeit. Alabama: University of Alabama Press, 1971.

Miles, Margaret R. *Carnal Knowing: Female Nakedness and Religious Meaning in the Christian West*. Boston: Beacon Press, 1989.

Mills, Kenneth. *Idolatry and Its Enemies: Colonial Andean Religion and Extirpation, 1640-1750*. Princeton: Princeton University Press, 1997.

_____. "The Limits of Religious Conversion in Mid-Colonial Peru". *Past and Present*, 145 (1994), pp. 84-121.

_____. "The Naturalization of Andean Christianities". In *The Cambridge History of Christianity*, vol. 6, *Reformation and Expansion, 1500-1660*, editado por Po-Chia Hsia, pp. 508-39. Cambridge: Cambridge University Press, 2007.

Mitre Fernández, Emilio. "Animales, vicios y herejías: Sobre la criminalización de la disidencia en el Medievo". *Cuadernos de Historia de España* (Buenos Aires), 74 (1997), pp. 255-83.

Monsalvo Antón, José María. "Herejía conversa y contestación religiosa a fines de la edad media: Las denuncias a la inquisición en el obispado de Osma". *Studia Historica*, 2: 3 (1984), pp. 109-39.

_____. "Mentalidad antijudia en la Castilla medieval: Cultura clerical y cultura popular en la gestación y difusión de un ideario medieval". In *Xudeus e conversos na Historia*, editado por Carlos Barros, v. 1, pp. 21-84. Santiago de Compostela: De la Historia, 1994.

Midelfort, Erik. *A History of Madness in Sixteenth-Century Germany*. Stanford: Stanford University Press, 1999.

Monter, William. "Anticlericalism and the Early Spanish Inquisition". In *Anticlericalism in Late Medieval and Early Modern Europe*, editado por Peter A. Dykema e Heiko A. Oberman, pp. 237-42. Leiden: Brill, 1993.

_____. *Frontiers of Heresy*. Cambridge: Cambridge University Press, 1990.

Mott, Luiz. "Maria, Virgem ou não? Quatro séculos de contestação no Brasil". In *O sexo proibido*, pp. 131-86. Campinas: Papirus, 1988.

_____. "O sexo cativo: alternativas eróticas dos africanos e seus descendentes no Brasil escravista." Mimeo. Congresso Internacional sobre a Escravidão, São Paulo, 1988.

Muldoon, James. *The Americas in the Spanish World Order*. Philadelfia: University of Pennsylvania Press, 1994.

_____. "Medieval Canon Law and the Conquest of the Americas". *Jahrbuch für Geschichte Lateinamerikas*, 37 (2000), pp 9-25.

Mullett, Michael. *Radical Religious Movements in Early Modern Europe*. Londres: Allen and Unwin, 1980.

Nalle, Sara. "Popular Religion in Cuenca on the Eve of the Catholic Reformation". In *Inquisition and Society in Early Modern europe*, editado por Stephen Haliczer, pp. 67-87. Londres: Croom Helm, 1987.

_____. *Mad for God: Bartolomé Sánchez, the Secret Messiah of Cardenete*. Charlottesville: University of Virginia Press, 2001.

_____. *God in La Mancha: Religious Reform and the People of Cuenca, 1500--1650*. Baltimore: Johns Hopkins University Press, 1983.

Nederman, Cary J. e John Christian Laurensen. *Difference and Dissent: Theories of Toleration in Medieval and Early Modern Europe*. Lanham: Rowman and Littlefield, 1996.

Nesvig, Martin. "Pearls before Swine: Theory and Practice of Censorship in New Spain, 1527-1640". Tese de doutorado, Universidade Yale, 2004.

Nieto, José C. *Juan de Valdés and the Origins of the Spanish and Italian Reformations*. Genebra: Droz, 1970.

Nierenberg, David. "Conversion, Sex, and Segregation: Jews and Christians in Medieval Spain". *American Historical Review*, 107, 4 (2002), pp. 1065-93.

_____. *Communities of Violence*. Princeton: Princeton University Press, 1996.

_____. "Mass Conversion and Genealogical Mentalities: Jews and Christians in Fifteenth-Century Spain". *Past and Present*, 174 (2002), pp. 3-41.

Novaes, Adauto. "Por que tanta libertinagem". In *Libertinos, libertários*, editado por Adauto Novaes, pp. 9-20. São Paulo: Companhia das Letras, 1996.

Novinsky, Anita. *Cristãos novos na Bahia*. São Paulo: Perspectiva, 1973.

_____. "A Inquisição portuguesa à luz de novos estudos". *Revista de la Inquisición*, 7 (1998), pp. 297-307.

_____. "Marranos and the Inquisition: On the Gold Route in Minas Gerais, Brazil". In *The Jews and the Expansion of Europe to the West, 1450-1800*, editado por Paolo Bernardini e Norman Fiering, pp. 215-41. Nova York: Berghan Books, 2001.

Nys, Hendrik. *Le salut sans l'évangile*. Paris: Cerf, 1996.

Olsen, Margaret M. *Slavery and Salvation in Colonial Cartagena de Indias*. Gainesville: University Press of Florida, 2004.

O'Malley, John. *Catholicism in Early Modern History: A Guide to Research*. Center for Reformation Research. Ann Arbor: Edwards Brothers, 1988.

Ortega Noriega, Sergio. "Teología novohispana sobre el matrimonio y comportamientos sexuales". In *De la santidad a la perversión*. Cidade do México: Grijalbo, 1986.

Pagden, Anthony. *Lords of All the World*. New Haven: Yale University Press, 1995.

_____. *European Encounters with the New World*. New Haven: Yale University Press, 1993.

Paiva, José Pedro. *Bruxaria e superstição num país sem caça às bruxas*. 2ª ed. Lisboa: Notícias, 2002.

_____. *Práticas e crenças mágicas*. Coimbra: Minerva, 1992.

_____. "Inquisição e visitas pastorais. Dois mecanismos complementares de controle social?". *Revista de História das Ideias*, 15 (1993), pp. 85-102.

_____. "Os bispos e a Inquisição portuguesa (1536-1613)". *Lusitania Sacra*, 2ª série, 15 (2003), pp. 43-76.

_____. "A diocese de Coimbra antes e depois do Concílio de Trento: d. Jorge de Almeida e d. Afonso Castelo Branco". Coimbra, novembro de 2003.

Palomo, Federico. *A contra-reforma em Portugal, 1540-1700*. Lisboa: Livros Horizonte, 2006.

Pardo Tomás, José. *Ciencia y censura: La Inquisición española y los libros científicos en los siglos XVI y XVII*. Madri: Consejo Superior de Investigaciones Científicas, 1991.

Passeron, Jean-Claude e Jacques Revel. *Penser par cas*. Paris: EHESS, 2005.

Payne, Harry C. *The Philosophes and the People*. New Haven: Yale University Press, 1976.

Penna, M. *La parabola dei tre anelli e la tolleranza del Medio Evo*. Turim: Gheroni, 1953.

Pérez, Joseph. "Política y religión en tiempos de Felipe II". *Las sociedades ibéricas y el mar a finales del siglo XVI*. 6 vols. Madri: Pabellón de España, 1998, v. 2, pp. 223-35.

Pérez Fernández, Isacio. *Fray Bartolomé de Las Casas, O. P.: De defensor de los indios a defensor de los negros*. V. 8, Monumenta Histórica Iberoamericana de la Orden de Predicadores. Salamanca: San Esteban, 1995.

Pérez, Llorenç, Lleonard Muntaner e Mateu Colom (eds.). *El tribunal de la Inquisición en Mallorca: Relación de causas de fe, 1578-1806*. 1 vol. até o momento. Palma de Mallorca: Miquel Font, 1986.

Pérez Magallón, Jesús. *Construyendo la modernidad: La cultura española en el tiempo de los novatores (1675-1725)*. Madri: Consejo Superior de Investigaciones Científicas, 2002.

Pérez Muñoz, Isabel. *Pecar, delinquir y castigar: El tribunal eclesiastico de Coria en los siglos XVI y XVII*. Cáceres: Diputación Provincial de Cáceres, 1992.

Peronnet, Michelle (org.). *Naissance et affirmation de l'idée de tolerance, XVIe et XVIIe siécles*. Montpellier: Université Paul Valéry, 1987.

Peters, Edward M. "Transgressing the Limits Set by the Fathers: Authority and Impious Exegesis in Medieval Thought". In *Christendom and Its Discontents: Exclusion, Persecution, and Rebellion, 1000-1500*, editado por Scott L. Waugh e Peter D. Diehl, pp. 338-62. Cambridge: Cambridge University Press, 1996.

_____. "The Desire to Know the Screts of the World". *Journal of the History of Ideas*, 62: 4 (2001), pp. 593-610.

Phelan, John Leddy. *The Millenial Kingdom of the Franciscans in the New World*. University of California Publications in History, nº 32. Berkeley: University of California Press, 1956.

Pincus, Stephen. *The First Modern Revolution: The Revolution of 1688-89 in England*. Manuscrito.

Pino Iturrieta, Elias. *Contra lujuria, castidad: Historias de pecado en el siglo XVIII venezolano*. Caracas: Alfadil, 1992.

Pinto Crespo, Virgilio. "Thought Control in Spain". In *Inquisition and Society in Early Modern Europe*, editado por Stephen Haliczer, pp. 171-88. Londres: Croom Helm, 1987.

Plumb, J. J. "Reason and Unreason in the Eighteenth-Century English Experience". *In the Light of History*, pp. 3-24. Boston: Houghton Mifflin, 1973.

Po-chia Hsia, R. *The World of the Catholic Renewal, 1540-1770*. Cambridge: Cambridge University Press, 1998.

Porter, Roy. *The Creation of the Modern World*. Nova York: W. W. Norton, 2000.

Poska, Allyson M. *Regulating the People: The Catholic Reformation in Seventeenth-Century Spain*. Leiden: Brill, 1998.

Prado Moura, Angel de. *Las hogueras de la intolerancia: La actividad represora del Tribunal Inquisitorial de Valladolid (1700-1834)*. Valladolid: Junta de Castilla y León, 1996.

Prosperi, Adriano. "L'Europa cristiana e il mondo: Alle origini dell'idea di missione". *Dimensioni e problemi della ricerca storica*, 2 (1992), pp. 190-220.

_____. *Tribunale della coscienza*. Turim: Einaudi, 1996.

_____. "América y Apocalipsis". *Teología y Vida*, 44 (2003), pp. 196-208.

Rabb, Theodore K. "Religious Toleration during the Age of Reformation". In *Politics, Religion, and Diplomacy in Early Modern Europe*, editado por Malcolm R. Thorp e Arthur J. Slavin, pp. 305-21. Sixteenth-Century Essays and Studies, 27. Kirksville, MO: Sixteenth-Century Journal Publishers, c. 1994.

Ragon, Pierre. *Les indiens de la découverte*. Paris: L'Harmattan, 1992.

_____. *Les amours indiennes, ou l'imaginaire du conquistador*. Paris: A. Colin, 1992.

Ramos Pérez, Demeterio. "La crisis indiana y la Junta Magna de 1568". *Jahrbuch für Geschichte von Staat, Wirtschaft und Gesellschaft Lateinamerikas*, 22 (1986), pp. 1-61.

Reay, Barry, ed. *Popular Culture in Seventeenth-Century England*. Londres: Croom Helm, 1985.

_____. "Popular Religion". In *Popular Culture in Seventeenth-Century England*, editado por Barry Reay, pp. 91-128. Londres: Croom Helm, 1985.

_____. *Popular Cultures in England, 1550-1750*. Londres: Longman, 1998.

Redwood, John. *Reason, Ridicule, and Religion: The Age of Enlightenment in England (1660-1750)*. Cambridge: Harvard University Press, 1976.

Redondo, Augustín, ed. *Les problèmes de l'exclusion en Espagne (XVIe-XVIIe siècles)*. Trabalhos do "Centre de Recherche sur l'Espagne des XVIe et XVIIe siècles". Paris: Publications de la Sorbonne, 1983.

_____. "La religion populaire espagnole au XVIe siècle: un terrain d'affrontement?". In *Culturas populares*, pp. 329-47. Madri: Casa de Velázquez e Universidad Complutense, 1986.

Reher, David. *Town and Country in Pre-Industrial Spain: Cuenca 1550-1870*. Cambridge: Cambridge University Press, 1990.

Reis, João José, Flávio dos Santos Gomes e Marcus J. M. de Carvalho. "Rufino José Maria: aventuras e desventuras de um Malé entre África e Brasil, c. 1822-1853". Trabalho apresentado em "L'expérience coloniale. Dynamiques des échanges dans les espaces atlantiques à l'époque de l'esclavage." Nantes, 2005.

Renda, Francesco. *L'inquisizione in Sicilia*. Palermo: Sellerio, 1997.

Révah, I. S. *Spinoza and Dr. Juan de Prado*. Paris: Mouton, 1959.

Ribas, Rogério de Oliveira. "O Islam na diáspora: crenças mouriscas em Portugal nas fontes inquisitoriais quinhentistas". *Tempo*, 6: 11 (2001), pp. 45-66.

Rivera Ayala, Sergio. "Lewd Songs and Dances from the Streets of Eighteenth--Century New Spain". In *Rituals of Rule, Rituals of Resistance*, editado por William H. Beezley, Cheryl English Martin e William E. French, pp. 27-46. Wilmington, DE: Scholarly Resources, 1994.

Rocha, André Crabbé. *Cartas inéditas ou dispersas de Vicente Nogueira*. Coimbra: Coimbra Editora, 1990.

Romeiro, Adriana. "As aventuras de um viajante no império português: trocas culturais e tolerância religiosa no século XVIII". In *O trabalho mestiço*, editado por Eduardo França Paiva e Carla Maria Junho Anastasia, pp. 483-95. Rio de Janeiro: Annablume, 2002.

_____. *Um visionário na corte de dom João V*. Belo Horizonte: UFMG, 2001.

Romero Magalhães, Joaquim. "A sociedade". In *História de Portugal*, v. 3, pp. 469-512.
Roncancio Parra, Andrés. *Indice de documentos de la inquisición de Cartagena de Indias*. Bogotá: Instituto Colombiano de Cultura Hispánica, 2000.
Ronquillo Rubio, Manuela. *Los orígenes de la Inquisición en Canarias*. Las Palmas: Cabildo Insular de Gran Canaria, 1991.
Roper, Lyndal. *Oedipus and the Devil: Witchcraft, Sexuality, and Religion in Early Modern Europe*. Londres: Routledge, 1994.
Roselló Vaquer, Ramón e Jaume Bover Pujol. *El sexe a Mallorca*. Palma de Mallorca: Miquel Font, 1992.
Rowland, Robert. "Inquisição, intolerância e exclusão". *Ler História*, 33 (1997), pp. 9-22.
Rueda Ramírez, Pedro J. *Negocio e intercambio cultural: El comercio de libros con América en la carrera de Indias (siglo XVII)*. Sevilha: Diputación de Sevilla, Universidad de Sevilla, CSIC, 2005.
Russell-Wood, A. J. R. "Iberian Expansion and the Issue of Black Slavery: Changing Portuguese Attitudes, 1440-1770". *American Historical Review*, 83: 1 (1978), pp. 16-42.
Sacristán, María Cristina. *Locura e Inquisición en Nueva España, 1571-1760*. Cidade do México: Fondo de Cultura Económica, 1992.
Sala-Molins, Louis. *Les misères de lumières*. Paris: R. Lafont, 1992.
Salvador Marques, Maria Adelaida. "Pombalismo e cultura média: Meios para um diagnóstico através da Real Mesa Censória". In *Como interpretar Pombal?*, pp. 185-214. Lisboa: Brotéria, 1983.
Salvio, Alfonso de. "Voltaire and Spain". *Hispania*, 7: 2 (1924), pp. 69-110.
Sánchez-Albornoz, Claudio. *España, un enigma histórico*. 2 vols. Buenos Aires: Sudamericana, c. 1956.
Sánchez Blanco, Francisco. *La mentalidad ilustrada*. Madri: Taurus, 1999.
_____. *El absolutismo y las luces en el reinado de Carlos III*. Madri: Macial Pons, 2002.
Sánchez Ortega, María Helena. *La mujer y la sexualidad en el antiguo regimen*. Madri: Akal, 1991.
Santoja, Pedro. *La herejía de los Alumbrados y la espiritualidad en la España del siglo XVI: Inquisición y sociedad*. Valencia: Generalitat Valenciana, 2001.
Saraiva, António José. *The Marrano Factory*. Trad. e ed. H. P. Salomon e I. S. D. Sassoon. Leiden: Brill, 2001.
Saranyana, Josep-Ignasi. *Teologia profética americana*. Pamplona: Ediciones Universidad de Navarra, 1991.

Sarrailh, Jean. *L'Espagne éclairée de la seconde moitié du XVIIIe Siècle*. Paris: Librairie C. Klincksieck, 1954.

Saupin, Guy, Rémy Fabre e Marcel Launay (eds.). *La Tolérance: Colloque international de Nantes*. Rennes: Presses Universitaires de Rennes, 1998.

Sauzet, Robert, ed. *Les frontières religieuses en Europe du XVe au XVIIe siècle*. Paris: Librairie Philosophique J. Vrin, 1992.

Schmitt, Jean-Claude. *História das superstições*. Lisboa: Fórum da História, 1997.

Scholem, Gershom. *The Messianic Idea in Judaism*. Nova York: Schocken Books, 1971.

Schwartz, Stuart B. "Pecar en colonias: Mentalidades populares, Inquisición y actitudes hacia la fornicación simple en España, Portugal y las colonias americanas". *Cuadernos de Historia Moderna*, 18 (1997), pp. 51-67.

Scribner, Bob. "Practical utopias: Pre-Modern Communism and the Reformation". *Comparative Studies in Society and History*, 36: 4 (1994), pp. 743-74.

Sesboüé, Bernard. *Hors de l'Église pas de salut*. Paris: Desclée de Brouwer, 2004.

Sierra, Julio. *Procesos en la Inquisición de Toledo (1575-1610): Manoscrito de Halle*. Madri: Trotta, 2005.

Silva Dias, José Sebastião da. *Correntes de sentimento religioso em Portugal*. 2 vols. Coimbra: Universidade de Coimbra, 1960.

Sina, Mario, ed. *La tolleranza religiosa: Indagini storiche e riflessioni filosofiche*. Milão: Università Cattolica del Sacro Cuore, 1991.

Siqueira, Sonia. "O pecado na Bahia nos séculos XVI e XVII". Anais do IV Congresso da História da Bahia. 2 vols. V. 1, pp. 147-74. Salvador: Instituto Histórico e Geográfico da Bahia, 2001.

_____. *A Inquisição portuguesa e a sociedade colonial*. São Paulo: Ática, 1978.

Smith, Steven B. *Spinoza, Liberalism and the Question of Jewish Identity*. New Haven: Yale University Press, 1997.

Solá, Emílio. *Cervantes y la Berbería*. Cidade do México: Fondo de Cultura Económica, 1995.

Sommerville, John. "Religious Faith, Doubt, and Atheism". *Past and Present*, 128 (agosto de 1990), pp. 152-5.

Spendiani, Anna María, et al. *Cincuenta años de la inquisición en el tribunal de Cartagena de Indias*. Bogotá: Centro Editorial Javeriano, 1997.

Strayer, Brian E. *Huguenots and Camisards as Aliens in France, 1598-1789*. Lewiston, NY: Edward Mellen, 2001.

Sullivan, Francis A. *Salvation Outside the Church*. Nova York: Paulist Press, 1992.

Surtz, Ronald. "Morisco Women, Written Texts, and the Valencian Inquisition". *Sixteenth-Century Journal*, 32: 2 (2001), pp. 421-33.

Sweet, James H. *Recreating Africa*. Chapel Hill: University of North Carolina Press, 2003.

Tailland, Michèle Janin-Thivos. *Inquisition et société au Portugal*. Paris: Fundação Calouste Gulbenkian, 2002.

Tardieu, Jean-Pierre. *L'Inquisición de Lima et les herétiques étrangers (XVIe-XVIIe siècles)*. Paris: Harmattan, 1995.

Taylor, William B. *Magistrates of the Sacred*. Stanford: Stanford University Press, 1996.

Thomas, Keith. *Religion and the Decline of Magic*. Londres: Weidenfeld and Nicolson, 1971. [*Religião e o declínio da magia*. Trad. Denise Bottmann e Tomás Rosa Bueno. São Paulo: Companhia das Letras, 1991.]

Thomas, Werner. *La represión del protestantismo en España, 1517-1648*. Louvain: Leuven University Press, 2001.

_____. *Los protestantes y la Inquisición en España en tiempos de reforma y Contrarreforma*. Louvain: Leuven University Press, 2001.

Tiessen, Terrance L. *Irenaeus on the Salvation of the Unevangelized*. Metuchen, NJ: Scarecrow Press, 1993.

Tomás y Valiente, Francisco. "Ensayo para una historia de la tolerancia, sus formas, sus contrarios y sus límites". In *Sociedad, tolerancia y religión*, editado por Santiago del Cura Elena, pp. 29-42. Burgos: Caja de Burgos, 1996.

Toulouse-Le Mirail, Université de. *Penseurs hétérodoxes du monde hispanique*. Toulouse, 1974.

Traslosheros, José. "El tribunal eclesiástico y los indios en el arzobispado de México, hasta 1630". *Historia Mexicana*, 51: 3, 203 (2002), pp. 485-517.

Trinkhaus, Charles. "The Problem of Free Will in the Renaissance and the Reformation". *Journal of the History of Ideas*, 10: 1 (1949), pp. 51-62.

Turner, Ralph V. "'Descendit ad Infernos': Medieval Views of Christ's Descent into Hell and the Salvation of the Ancient Just". *Journal of the History of Ideas*, 27: 2 (1966), pp. 173-94.

Vaillancourt, P. L. "Clémence et tolérance dans quelques traités politiques à l'automne de la Renaissance". In *Naissance et affirmation de l'idée de tolérance, XVIe et XVIIIe Siècle*, organizado por Michelle Peronnet, pp. 117-30. Montpellier: Université Paul Valéry, 1987.

Vainfas, Ronaldo. *Trópico dos pecados: moral, sexualidade e Inquisição*. Rio de Janeiro: Nova Fronteira, 1997.

_____. *Os protagonistas anônimos da história*. Rio de Janeiro: Campus, 2002.

Vera Urbano, Francisco de Paula. "La libertad religiosa en el pensamiento católico según los tratados de teología moral y la literatura polémica del siglo

XVIII". *Revista de Estudios Histórico-Jurídicos*, 25 (Valparaíso, Chile), pp. 445-74.

Villads Jensen, Kurt. "Christian Reading of the Quran before and after 1300". In *Rapports entre Juifs, Chrétiens et Musulmans*, editado por Johannes Irmscher, pp. 173-8. Amsterdam: Verlag Adolf M. Hakkert, 1995.

Viñao Frago, Antonio. "Alfabetización y primeras letras (siglos XVI-XVII)". In *Escribir y leer en el siglo de Cervantes*, editado por Antonio Castillo, pp. 39-84. Barcelona: Gedisa, 1999.

Vivanti, C. *Lotta politica e pace religiosa em Francia fra Cinque e Seicento*. Turim: Einaudi, 1963.

Vizuete Mendoza, J. Carlos e Palma Martínez-Burgos Barcía (eds.). *Religiosidad popular y modelos de identidad en España y América*. Cuenca: Universidad de Castilla-La Mancha, 2000.

Voekel, Pamela. *Alone before God: The Religious Origins of Modernity in Mexico*. Durham: Duke University Press, 2002.

Wachtel, Nathan. "Marrano Religiosity in Hispanic America in the Seventeenth Century". In *The Jews and the Expansion of Europe to the West*, editado por P. Bernardini e N. Fiering, pp. 149-71. Nova York: Berghahn, 2001.

_____. *La foi du souvenir*. Paris: Seuil, 2002.

Wadsworth, James. "Joaquim Marques de Araújo: o poder da Inquisição em Pernambuco no fim do período colonial". In *De Cabral a Pedro I*, editado por Maria Beatriz Nizza da Silva, pp. 309-20. Porto: Universidade Portucalense, 2001.

_____. "Agents of Orthodoxy: Inquisitional Power and Prestige in Colonial Pernambuco, Brazil". Tese de doutorado, Universidade do Arizona, 2002.

Wagner, Christine. "Los luteranos ante la Inquisición de Toledo em el siglo XVI". *Hispania Sacra*, 46 (1994), pp. 473-510.

Walker, Timothy D. *Doctors, Folk Medicine and the Inquisition*. Leiden: Brill, 2005.

Waught, Scott L. e Peter D. Diehl (eds.). *Christendom and Its Discontents*. Cambridge: Cambridge University Press, 1996.

Weaver, R. H. *Divine grace and Human Agency: A Study of the Semi-Pelagian Controversy*. Patristic Monograph Series, 15. Macon, GA: Mercer University Press, 1996.

Whaley, Joachim. *Religious Toleration and Social Change in Hamburg, 1529--1819*. Cambridge: Cambridge University Press, 1985.

Wilson, Stephen. *The Magical Universe: Everyday Ritual and Magic in Pre-Modern Europe*. Londres: Hambledon and London, 2000.

Wooton, David. "New Histories of Atheism". In *Atheism from the Reformation to the Enlightenment*, editado por Michael Hunter e David Wooton, pp. 13--54. Oxford: Clarendon Press, 1992.

_____. "Lucien Febvre and the Problem of Unbelief in the Early Modern Period". *Journal of Modern History*, 60 (1988), pp. 695-730.

_____. "Unbelief in Early Modern Europe". *History Workshop Journal*, 20: 1 (1985), pp. 85-100.

Yerulshalmi, Yosef Hayim. *The Lisbon Massacre of 1506 and the Royal Image in the Shebet Yehudah*. Cincinnati: Hebrew Union College, 1976.

Yovel, Yirmiyahu. *Spinoza and Other Heretics*. 2 vols. Princeton: Princeton University Press, 1989.

Zagorin, Perez. *Ways of Lying: Dissimulation, Persecution, and Conformity in Early Modern Europe*. Cambridge: Harvard University Press, 1990.

Zaid, Rhoda. "Popular Discontent and Unsung Heroes: The Holy Office of the Inquisition in Cuenca, 1550-1590". Tese de doutorado, Universidade da Califórnia: Los Angeles, 1991.

Zavala, Silvio. *Filosofía de la conquista*. 2ª ed. Cidade do México: Fondo de Cultura Económica, 1972.

Zuñiga, Jean-Paul. *Espagnols d'Outre-Mer*. Paris: École des Hautes Études en Sciences Sociales, 2002.

Índice remissivo

Act of Toleration (1689), 338, 373
Adversus omnes haereses (Alfonso de Castro), 69
Agostinho, 17, 65-6, 133, 175, 210, 225, 227
Aguirre, Manuel de, 329-30
Alejandre, Juan Antonio, 39
alfabetismo, 223
Alfonso de Castro, 69
Ambrósio, 63, 227
América Latina, tolerantismo na, 380-1
Américas: conversão dos povos nativos, 189, 191-2; intenso comércio de livros, 225
Américas ibéricas, grande tema da história religiosa nas, 263, 265
Amsterdam, conversos e judeus, 95-6, 98, 99-100, 102
anabatistas, 392*n*
Andrés de San Pedro (frei), 216
antepassados, danação dos, 234

Apelos de um galego, 362
apostasia, 84, 108, 112, 155, 157, 280, 300, 439*n*
Aquino *ver* Tomás de Aquino
Arabigo, Joseph, 109
Aragão, perseguições em, 45
Aristóteles, 17, 99, 278, 310
Arte da guerra no mar (Oliveira), 248
Arte de los contratos (Frias de Albornoz), 247
Aruba, contato inter-religioso em, 341
Ásia portuguesa (Faria e Sousa), 283
astrologia judicial, 153
ateísmo, 100, 102, 121, 317, 325, 373, 403*n*, 432*n*
ateístas, 31, 141, 323-4, 326, 373, 403*n*; sete tipos de, 122
Auncibay, Francisco de, 246
autoridade papal sobre os índios, 189
autos-de-fé, 39, 43, 47, 52-5, 58, 85, 125, 138, 141, 154, 160, 166, 176, 180, 213, 217-8, 251, 254, 257,

332, 346-7, 352, 358, 403n, 407n, 409-10n, 416n, 421n

Bacon, Francis, 133
Bahia, 181, 270, 272, 276, 284-7, 290-1, 300, 305-6
Bandarra, Gonçalo Annes, 172, 174, 410n
Barreto, Francisco, 300
Barrios, Cristóbal de, 241
Barrios, Miguel (Daniel Levi) de, 98
Barros, João de, 248
Bastardo, Pedro, 282
Bayle, Pierre, 19, 317, 335, 338, 366
Belgrano, Miguel, 380
Ben Israel, Menasseh, 172
Bento XVI, papa, 383
Berlin, Isaiah, 378, 440n
Bernardo Velho, 282
Bíblia: demanda, 224
bigamia, 50-1, 150, 202, 353, 392n, 414n, 425n
blasfêmia, 39-42, 45, 51, 150-1, 181, 195, 198, 248, 275, 301, 323, 373, 388n, 414n, 425n
Blázquez Miguel, Juan, 145, 406n
Boccaccio, Giovanni, 71
Bodin, Jean, 19, 121, 367
Bolívar, Simón, 380
Bonifácio VIII, papa, 66
Bossy, John, 375, 439n
Brading, David, 23
Brandon (Brandão), Moses, 344
Brasil: atraindo dissidentes religiosos e marginais da sociedade portuguesa, 270; colonização do, 180; colonos com leque completo de crenças e superstições, 273, 281-2; colonos vendo os jesuítas como concorrentes no controle dos trabalhadores indígenas, 271; cristãos-novos no, 289, 291; cristãos-velhos no, 181, 182, 183; dissidentes no, 275-80; dominado pelos cristãos-novos, 156; duas visitas da Inquisição enviadas ao, 271, 273; início do desenvolvimento do, 269--70; jesuítas como principais agentes da reforma tridentina, 271; liberdade religiosa no, 382; lugar da moral e da teologia no, 289, 291; movimento religioso sincrético no, 284-5; perigo da visita inquisitorial ao, 281; reação portuguesa à liberdade de consciência nas áreas holandesas do, 291-300

Brasil holandês, 293, 295, 297, 300, 428n

Breve discurso sobre certos pontos da religião (Gifford), 369

bruxaria, 152-3, 199, 259, 282, 304-5, 353, 425n

Burnet, Gilbert, 339
Butler, John, 259

Cabral, Fernão, 284
Cáceres, António de, 164
Cadernos do Promotor, 353
calundus, 302-5, 308, 429n
calvinistas, 16, 296-7, 298, 375
Calvino, João, 67, 174, 188, 432n
Caminho do homem simples para o céu, O (Dent), 370
Cano, Melchor, 68, 224
Cárcel, Ricardo García, 57, 390n, 392n, 413-4n, 417n, 432-3n, 437n, 440n
Caribe, influência estrangeira no, 340
Carpentier, Servaes, 295

Carta sobre a tolerância (Locke), 338, 373
Cartagena das Índias, tribunal de, 194-5
Castro, Américo, 76, 395-6*n*
Castro, Luis de, 206
Catalunha, processos na, 45
causa causarum, 99
censura, 25, 71, 223, 226, 323-4, 326, 359, 432-3*n*, 436-7*n*
Cervantes, Miguel de, 129-30, 222, 226, 237, 404*n*, 417*n*, 419*n*, 422*n*, 424*n*
Chevalier d'Oliveyra brûlé en effigie comme Hérétique. Comment et Pourquoi? (Oliveira), 333
Chincilla, Antonio de, 340, 341
Christian, William, 258
Christin, Olivier, 369, 438*n*
Cipriano, 63
Cisneros (arcebispo), 112
classe média, expressando soteriologia dissidente, 263
Clavis prophetarum (Vieira), 172
clero, controle da libido do, 201
Colbert, Jean-Baptiste, 22, 134, 172
Colombo, Cristóvão, 189, 194, 196
Colonia, Gaspar de, 149
Companhia de Jesus, 271, 276
Companhia do Brasil, 172, 409*n*
Companhia Holandesa das Índias Ocidentais, 292
Compendio de sentencias morales (Valtanás), 228
comportamento simbólico, importância do, 30
Concílio de Castela, 223
Concílio de Florença, 66, 69

Concílio de Trento, 42, 47, 51, 58, 196, 201, 210, 227, 241, 267, 271, 392*n*
Concílio Vaticano II, 24, 33, 240, 383
Concordancias (Valtanás), 228
confesos, campanha contra os, 84
confessionário, violação do, 42, 198, 389*n*
contato português com os índios, 282
Contreras, Jaime, 42, 388*n*, 389*n*, 391--2*n*, 396*n*, 400*n*, 407*n*, 412*n*, 427*n*
"controvérsia de Auxiliis", 67
conversos: adotando e modificando o conceito cristão de salvação e paraíso, 92-4; campanha contra os, 84; diferença em relação aos cristãos-novos, 92; encomendando a alma nas três leis, 93; impressão favorável sobre os cristãos-velhos, 134; influência dos livros sobre os, 226; preocupação com os, 44; preservação do respeito pela antiga lei, 86-7; probabilidade de se tornarem relativistas, 214; processo por proposições, 45-6; proibição de emigrar para as Índias, 196; reação às exclusões por sangue, 88; recusa em abandonar as crenças, 134; rejeição das crenças e práticas cristãs, 84
convivência religiosa, 22, 368
Corão, tolerante em matéria de fé, 106
Cortes de Toledo, 81
Cortes espanholas, ameríndios jurando por sua própria lei, 231
Costa, Manuel Américo da, 288
Costa, Mateus da, 297
Costa, Uriel da, 96-7
credos, validade de todos os, 58

criptojudaísmo, 87, 150-1, 165
Crisóstomo, João, 63
cristãos, atitudes negativas em relação aos judeus e aos conversos, 84
cristãos-novos: adoção da ideia de salvação individual, 91; concedida anistia geral em Portugal pelo papa e pelo rei, 181; condições para a conversão em Portugal, 155; conversos da primeira geração, 91; denúncia de judeus secretos, 92; entre catolicismo e judaísmo, 406n, 428n; no Brasil, 272-3, 288-9, 291; preocupação portuguesa com os, 156-8; primeira geração acreditando que a antiga lei era melhor, 92-4; relativismo sobre a questão da salvação, 160-1; simpatia pelos, 166-7; status como membros da Igreja, 165-6; tendência à dúvida e ao ceticismo sobre a fé e a prática católicas, 101; tolerância dos cristãos-velhos em relação a, 168-70, 173, 175-6, 178
cristãos-velhos: atitude em relação a outras religiões, 125, 127-8, 130-2, 134, 136-7, 139; atitude em relação aos judeus, 130-1; compartilhando crenças sobre a validade de antigas leis, 87, 89; descrença entre os, 122; dúvida e ceticismo sobre a fé e a prática católica, 101; foco nos, 45; grupos distintos de, 114-5; no Brasil, 288, 289, 291; relativismo sobre a salvação, 161;

tolerância dos cristãos-novos, 168-70, 173, 175-6, 178; tratamento benévolo dos, 46; tratamento dos, 48, 50; universalismo entre os, 120-2, 124-5
cristianismo: caridade no, 319, 375; convivendo com a religião americana nativa, 261-2; dúvidas sobre o dogma, 89; lutando com o efeito das ações na salvação, 93; quantidade crescente de convertidos judeus e muçulmanos ao, 81; superioridade do, 82; *ver também* Igreja Católica
Cristina, rainha da Suécia, 134, 172
Cromwell, Oliver, 22, 170, 172
cultura: desempenho, 262; popular (oral) e de elite (letrada), 31, 83
cultura árabe, desejo de destruir a, 105
Cunha, Dom Luís da, 331-2
Curaçao, 316, 341-3, 346, 436n
curiosidade entre cristãos-velhos, 131-2

D'Alembert, Jean le Rond, 319
Dante Alighieri, 51, 70-1, 278, 395n
De Indis (Vitória), 190
De Instauranda Aethiopium Salute (Sandoval), 249
De la Cruz, Francisco, 239-40, 419n
De Lugo, Juan, 69
De natura et gratia (De Soto), 68
De Soto, Domingo, 68
de Valera, 88, 398n
Decamerão (Boccaccio), 71

Defoe, Daniel, 19, 374
Dent, Arthur, 370
denúncias nas Índias, 199
Desembargo do Paço, 324
Diálogos cristianos (Pérez de Chinchón), 109
Diderot, Denis, 317, 319, 433*n*
Diez lamentaciones del miserable estado de los ateistas de nuestro tiempo (Graciano), 122, 403*n*
Diogo de Paixão (frei), 281
direitos comunais, 75
Discursos (Maquiavel), 278
dissidência religiosa, profundidade da, 366
dissidentes, 23-4, 25, 30-1; Abuja, Antonio de la, 343, 345-6, 348; Aguirre, Francisco de, 200-1; Aldama, Inocencio de, 143, 145; Almeida Botelho, Paulo de, 287; Almería, Lope de, 110; Alonso (escravo africano), 113; Alvares Calcaterra, Manuel, 166; Amaral, Joseph Hario, 323; Amores, Francisco de, 138; André, Baltasar, 132; Andrea, mestre, 236-7; Anguieta, Julian de, 337; Aramua, Juan de, 206; Aranha, Lázaro, 285; Aterle, Silverio, 342; Bandeira, António, 356; Bocacho, Francisco, 110, 402*n*; Bolés, João de, 276, 278, 280, 425*n*; Bolonia, Miguel de, 241-2; Botello, Francisco, 214; Bruno, Giordano, 262; Calado do Salvador, Manuel "dos Óculos", 296; Campos, Jerónima de, 135; Cartagena, Pedro de, 88; Carvajal, Luis de, 226; Castaños, Joseph, 324; Castillo, Juan de, 227; Castro, Maria Francisca Ana de, 218; Caules, Joan, 117, 403*n*; Cigales, Alonso de, 58; Crespo, Catalina, 135; Criceño de Araya, Luis, 220; Cubas, Alonso de, 224; Cuevas, Andrés de, 250; Damil e Sotomaior, Sebastião, 309-12; Díaz, Diego, 218; Domínguez, Juan, 70; Duro, António, 308; Dutric, Henrique, 342; Eanes, António, 120; Echigoíen, Juan Pablo de, 350-3; Enriques, Clara, 161; Enríquez, Diego, 213; Enríquez, Duarte, 226; Escobar, Francisco de, 237; Falcão, Simão, 206; Falcó, Juan, 136; Fernandes da Cruz, António, 303; Fernandes, André, 162; Fernandez, Jerónimo, 83; Ferrera, Angela, 120; Ferrera, Juan, 218; Flores, Nicholas, 219; Fonseca, Manuel de, 226; Gajo, Luis Borico, 108; Gallen, Francisco, 415*n*; Garcia, Enrique, 323; Gomes Coelho, Vicente, 178; Gomes dos Santos, Joaquim José, 355-6; Gómez de Triguillos, Francisco, 225; Govion, Pierre, 137; Goz, Giraldo de, 138, 139; Guniz, María de, 126; Hernández, Domingos, 220; Herrera, Pedro de, 202; Herrera, Sebastián de, 235; Hurtado, Diego, 37-8, 61; Jabalera, Bartolomé de, 124-5; Joaquim, Manuel, 353; José Maria, Rufino, 435*n*; Keith, William, 138; La Rabanera, 90; Laínez, Gregório, 95; Las Heras, Juán Fernandez de, 204-5; Leal, Antonio, 218; León, Juan de, 335; León, Pedro de, 339; Lopes Luce-

na, Pero, 166; Lopes, André, 175; Lopes, Isabel, 168; Lopes, Pero, 167; Lourenço, Francisco, 149; Ludena, Fernando de, 134, 405*n*; Luís de Granada, 121; Luís, Ana, 168; Macedo Freire, Luís de, 167; Macedo, Belchior de, 167; Maldonado da Silva, Francisco, 217; Manso, Antonio, 163; Marquies, Andrea, 164; Martin, Inés, 57; Martínez, Francisco, Frei, 210; Martínez, Julio, 336; Martins, Lianor, 148; Matamoros, Sancho, 336; Medina, Tomé de, 212; Mendache de Alcamo, Stefano, 70; Mendes, António, 290; Mendoza, Diego de, 86; Menocchio, 15, 71, 212, 383, 386*n*, 395*n*; Mesa, Diego de, 215; Monte, Genaro, 219-20; Monteiro, Maçal Ignacio, 354; Montesinos, Antonio de, 187, 189; Moraes, Manuel de, 296; Morales, Pedro de, 215; Muñoz de Acuña, Manuel, 212; Murcia, Martín de, 110; Navarro, Pedro, 55; Negreiros, Manuel Felix de, 354; Niza, Antón de, 214; Nuñez, Antonio Correa, 87; Olavide y Jáuregui, Pablo de, 316, 318; Oliveira e Sousa, Simeão de, 141-2; Olivi, Rafael, 277, 278, 280; Ometochtzin, Dom Carlos, 195; Oro, María de, 107; Palacios Alvarado, Hernando, 211; Pastor, Pedro Fernández de, 119; Pedro de Azuaga, Frei, 208; Pegado, Francisco, 149; Penso, Fernando Morales, 158; Pereda, Manuel, 324; Pereira de Castro, Fernando, 182, 183; Pérez, Juana, 90; Pinelo, Silvestre, 223; Pizarro, María, 239, 240; Plata, Juan, 187, 209; Porras, Ysabel de, 232, 234-5, 240; Querols, Hierónimo, 120; Ramírez de Arellano, Fernando, 139, 142; Ramírez, Pedro, 230, 371; Rates Hennequim, Pedro de, 308; Recio, Gil, 89; Ricor, José, 436*n*; Rodrigues de Oliveira, Manuel, 165; Rodrigues, Francisco, 118; Rodrigues, Luís, 167; Rodrigues, Manuel, 147; Rodríguez, Juan, 90; Salado (Saladé), Mateo, 255-6; Salas, Juán de, 220; Sánchez, Bartolomé, 49, 256, 406*n*; Segueira, Madanella de, 161; Silveira, Cosme da, 288; Sisler, Andrian, 213; Sonio, Paulo, 286; Teixeira, Bento, 279, 426*n*; Tendeur, Felipe, 348-9, 350, 352-3; Torquemada, Juan de, 88; Torres, Isabel de, 111; Torres, Juan de, 57; Torres, Leonor de, 83; Torrijos, Gonzalo de, 93; Tourinho, Pero de Campos, 275; Trabalon, Louis, 137; Treviño de Sobremonte, Tomas, 218; Tuniscia, Leonor, 107; Val, Juan de, 123; Valtanás, Domingo de, 227-8, 263, 418*n*; Vayazan, Gaspar, 108; Viñas, Juan, 137; Vizcaino, Bartolomé, 82; Zárate, María de, 93; Zenequi, Francisco, 402*n*

diversidade religiosa, implicações políticas da, 73

Divina Comédia (Dante), 70, 278

Dom Quixote (Cervantes), 129, 226-8, 397*n*, 404*n*

dominicanos, abordagens da salvação, 68

Dominus Iesus, 383
Duro, António, 308

economia açucareira, 245, 270, 276-7, 294
Édito de Nantes, 221, 338, 367, 434*n*
Edwards, Thomas, 372, 439*n*
Elliott, John, 135
embriaguez, como desculpa para heresia, 54
epítetos, uso comum, 82
erasmianos, perseguição aos, 374
Erasmo, Desidério, 24, 47, 135, 188, 239, 255, 280, 374, 391*n*
"erotização da religiosidade", 210
escolasticismo, ataque ao, 320
escravidão, 245-51, 253-4, 256, 290, 361
Espanha: como campo de batalha cultural no século XVIII, 321; como sociedade de dissidência, 193; cultura da, 75, 127-8; defendendo a tolerância, 20; eliminação da Inquisição na, 381; enfatizando heranças judaica e muçulmana, 80
espanhóis, acusados com mais frequência nos tribunais americanos, 199
Española (ilha), 187, 341
Espejo de verdadera nobleza (Valera), 88
Espina, Alonso de, 85
Esteban del Valle (frei), 216
estrangeiros suspeitos, 213
extra ecclesiam nulla salus, 17, 383

Fajardo, Diego Saavedra, 73, 222, 395*n*
fala, controle da Inquisição sobre a, 39

falsos católicos, 126
familiares (agentes da Inquisição), 154, 194
Faria e Sousa, Manuel, 283
Febvre, Lucien, 121
feiticeiro, 307
Fernandes, Manoel, 300
Fernández de Madrigal, Alonso, 67, 235, 394*n*, 419*n*
Fernández de Moratín, Leandro, 340, 435*n*
Fernando VII, rei da Espanha, 379, 381
Fernando, rei de Castela, 194
Ferrer, Vicente, 85
Filipe II, rei da Espanha, 69, 105, 107, 147, 166, 195, 287, 341, 374, 413*n*
Filipe III, rei da Espanha, 78, 159, 182
Filipe V, rei da Espanha, 332
filossemitismo, 169, 409*n*; em meados do século XVII, 169; entre as elites europeias, 134
fitra, 106, 107
fornicação: atitudes dissidentes em relação a, 57, 59; defesa da, 55, 57; discussões sobre, 149; doutrina a respeito da, 50-1; grupos acusados de, 54, 59; perseguição a, 51-2, 56-7; simples *vs.* qualificada, 391*n*; sociologia das acusações, 60
Fortalitium fidei (Espina), 85
Foucault, Michel, 199
França, 22, 69, 78, 137, 146, 160, 170, 221, 248, 316-7, 321, 327, 329, 331-2, 337-8, 357, 367, 369, 371, 377, 379
Franco, Francisco, 382
Frias de Albornoz, Bartolomé, 247
Furió Ceriol, Fadrique, 111-2

Galícia, perseguições na, 45
Gangrena (Edwards), 372
Geertz, Clifford, 30
gente simples, conversas de, 56
germanías (irmandades), 77
Gifford, George, 369
Giovanni, Domenico de, 278
Giraldes, Lucas, 276-7
Gitlitz, David, 92
Gomes, Domingos, 147, 177, 411*n*
Gordon, Mariano, 211
graça, doutrina da, 67, 160, 210
Graciano, Jerónimo, 122
Granada, 76, 104-5, 107
Gruzinski, Serge, 422-4*n*
Guerra da Luz Divina, 293, 299
Guerras civiles de Granada (Hita), 128
Guerras das Alpujarras, 103
guerras religiosas, 189, 223
Guía de pecadores (Luis de Granada), 51, 389*n*, 391*n*
Guzmán y Pimentel, Gaspar de, 22

Hallafan, William, 342
Hanlon, Gregory, 368, 436*n*, 438*n*
heresia: bestializante, 82; dos pagãos (portugueses lidando com), 284--5; punição para a, 52; recusando aceitar correção, 38; tipos de, 39
Hernán Cortés, 189, 412*n*
heterodoxia, 26, 142, 148, 149, 151, 154, 157, 166, 199, 205, 260, 338, 394*n*; importância para os tribunais americanos, 198
Hidalgo, Miguel, 380
hierarquia na prática social, 82
Hill, Christopher, 372, 439*n*
Histoire de la Tolérance dans le siècle de la Réforme (Lecler), 20

Histoire philosophique des deux Indes (Raynal), 328, 433*n*
História do futuro (Vieira), 172
Hita, Ginés Pérez de, 128
Hume, David, 319

Ibéria, não reconhecida na historiografia do tolerantismo, 20
Idade de Ouro das letras espanholas, 222
Idade Média ibérica, tema central da, 76
idolatria, 109, 191, 240, 264, 294, 418*n*, 423*n*
Igreja Católica: declarações contra a, 41-2; e a salvação para todos, 382-3; *ver também* cristianismo
Ilha do Príncipe, 184
Ilha Encoberta, 178
Ilhas Canárias, processos nas, 337
Ilhéus, 276-7, 279-80
Iluminismo, 21, 33, 143, 316, 320-2, 325, 327, 330, 334, 337, 353, 360-1, 363
iluministas, 49, 361, 363
Índias: atitude em relação aos hereges, 219-20; ortodoxia e imigração, 195; revolução sexual, 202, 203
indiferença religiosa, conceito central no desafio à ortodoxia, 327
índios: aumento do catolicismo entre, 260; comparados aos conversos e mouriscos, 265, 267; conceitos cristãos e ritos indígenas integracionistas, 240; espanhóis e mestiços adotando costumes indígenas, 243-4; executados por matérias de fé, 195; iluminados pela lei natural antes da chegada dos espanhóis,

206-7; isentos da autoridade inquisitorial, 195; leis regulamentando a interação com, 189, 191; nos relatos da Inquisição, 260; relações sexuais dos colonizadores com os, 283; salvação dos, 232, 235-6, 238, 239, 241-2, 244; sob autoridade episcopal, 264; soberania pré-existente, 191; vistos como gente inferior, 189, 191
inferno, teologia de Teixeira sobre o, 280
Inglaterra, 21, 22, 100, 133, 170, 172, 204, 248, 281, 325, 327, 329, 331, 335, 338-40, 352, 367, 369, 371-4, 377
Inquisição: abolição da, 358, 360-1; americana, 193-5, 198; audiência da, 29; contra os judeus no comércio, 327; jurisdição da, 39; maior preocupação com questões políticas, 325, 327; maior questionamento sobre a, 355; mapa dos tribunais espanhóis e portugueses da, 197; menor influência da, 357-8; motivada pelo lucro, 165-6; mudança de alvos no século XVIII, 322, 323, 325, 333-4; ofensas contra a, 39, 41; remanescentes da, no século XIX, 379; transformando bons cristãos em judeus, 166, 175-6; últimos surtos de atividade da, 378-9; variados padrões de atividade da, 44-5; vozes contrárias à, no Brasil e em Portugal, 331
inquisições americanas, 194-5, 198
intolerância, defesa da, 328
Introducción del Símbolo de Fe (Luis de Granada), 374

Isabel de Castela, rainha, 79, 194
Islã: convertidos do Islã como expoentes do relativismo, 107; cristãos convertidos, 115-6, 118, 119; história das relações pacíficas com o cristianismo, 78; *ver também* muçulmanos
ius gentium, 191

jansenismo, 210
jesuítas, 67, 69-70, 141, 194, 249, 271--84, 311, 331, 351, 353, 375
João III, d., 159
João IV, d., 160, 170, 411n
João Paulo II, papa, 440n
João V, d., 330, 332
Joaquín de Finestrad (frei), 380, 440n
Juan de Avila, 227
judaizantes: admiração pelos, 217; preocupação com os, 46
judeus: crença na libertação, 90-1, 93; defesa da nobreza dos, 404n; direito de viver em sua própria lei, 86; expulsão ou exigência de conversão dos, 76; fascínio popular pelos, 134; Inquisição portuguesa decidida a eliminar os, 168; obrigados a morar em guetos, 80; retrato negativo na literatura hispânica cristã dos, 127; sob proteção do governante, 79
juízo final, 64, 82, 231-2, 266
Juízo final (López de los Rios), 233
justificação, 67

Kamen, Henry, 44, 138, 193, 387n, 389n, 398-9n, 401n, 412n, 433n
Kaplan, Yosef, 100, 400n

L'Hôpital, Michel de, 367, 438*n*
La Peyrère, Isaac, 101
Laguna, Andrés de, 278, 426*n*
lapsus linguae, 209
Las Casas, Bartolomé de, 68, 191-2, 196, 239, 240, 247, 394*n*, 412*n*, 419-20*n*
Lea, Henry Charles, 204, 392*n*, 414*n*
Lecler, Joseph, 19-20, 387*n*, 438*n*
lei natural, 17, 62-3, 67-70, 74, 99-101, 124, 162, 189-92, 207, 209, 211, 228, 232, 235, 308, 319, 329, 361, 363
Lerma, duque de, 182
Levante Comunero, 380
Lewis, Laura, 260
liberdade de consciência, 319-20, 335--9; e implicações políticas, 73; ligada a outras espécies de liberdade, 357; na Inglaterra, 373; não enfraquece necessariamente a sociedade, 286; restrições a, 327
Libro de oración y meditación (Luis de Granada), 226
Lima, Francisco de, 303
Lima, tribunal de, 234, 414*n*, 416*n*
limpieza de sangre (pureza de sangue), 76, 85
livre arbítrio, 65, 210, 311, 335, 337
livros de horas, 225
livros, 221-5, 324-5
Llorente, Juan Antonio, 360, 387*n*, 437*n*
Locke, John, 19, 22, 24, 317-8, 330, 335, 338, 353, 366, 373, 387*n*, 400*n*, 431*n*
Lopes Ulhoa, Diogo, 273
Luis de León (frei), 67
Luís, Francisco, 282

Lumen gentium, 383
luteranismo, 47, 48, 55, 137, 392*n*
luteranos: atitude nas Índias, 219-20; denunciados, 136
Lutero, Martinho, 24, 67, 174, 188-9, 255, 256
luxúria, doutrina sobre a, 51

maçons, 325-6, 351
Mãe Catherina, 305
magia, como parte da crença ortodoxa, 260
Mañozca, Juan de, 252
Manuel, d., 155, 215
Margarida, Dona, 299
Maria, descrença na virgindade de, 44
Marques Pereira, Nuno, 302, 429*n*
Martín, Melquiades Andrés, 79, 394*n*, 397*n*
Martínez, Francisco, 210
Mártir, Justino, 62
Massacre do dia de São Bartolomeu, 368
Mazarin, Jules, 170
Melchor de Jovellanos, Gaspar, 359
Menavino, Giovan Antonio, 278
Mendes Pinto, Fernão, 288, 427*n*
Mendieta, 207, 415*n*
Menéndez Pelayo, Marcelino, 26, 330, 431*n*, 433*n*, 437*n*
Mercado, Tomás de, 247
Messias, crença judaica no, 91
México, tribunal do, 55, 193-4, 205
Meyerson, Mark, 79, 395*n*, 397*n*
Michener, James, 126
milenarismo, 170, 172, 261, 268, 309
mobilidade, impacto sobre sociedade rural, 146

monarquismo minando o papel da Inquisição, 359
Mondéjar, família, 105
Montaigne, Michel de, 122, 367
Montes, Antonio, 161
Montesquieu, barão de la Brède et de, 316-7, 319
moradores luso-brasileiros, 292
Morais e Silva, Antonio de, 355
Morelos, José María, 380
Mortara, Saul Levy, 300
Motolinía, Frei Toribio de Benavente, 207, 415n, 419n
mouriscos (cristãos ex-muçulmanos): associação íntima com cristãos-velhos, 110; conversão de mouros em, 104; crença na validade relativa de todas as religiões, 102; enviados para Nova Espanha apesar das restrições, 196; expulsão dos, 77; ideia da igualdade das três leis, 108-9; mulheres preservando ensinamentos islâmicos, 398n; posição de maior confronto ao comparar as três leis, 95, 110; preocupação com os, 44; processados por proposições, 46; procurando paralelos entre credos, 107; rejeição das crenças e práticas cristãs, 83-4; revoltas dos, 77; sujeitos à Inquisição, 77-8
mouros, ameaça interna dos, 103-4
Movimento da Santidade, 285-6
muçulmanos: conversão em larga escala ao cristianismo, 102; exigência de conversão dos, 76, 78; liberdade religiosa para os, 78, 86, 107; representação complexa na literatura hispânica cristã, 127-8, 130; revolta aberta até o fim da década de 1520, 102; *ver também* islã
mudéjares, 76, 79, 81, 102, 104, 106
mulheres: conduzindo o criptojudaísmo, 87; raramente acusadas de tolerância, 375
Mystici corporis (Pio XII), 382

Napoleão, 359, 379
nascimentos ilegítimos, índices de, 58, 203
Nassau, Maurício de, conde (governador do Brasil holandês), 292-3, 296-9, 428n
nepantla, 264, 424n
nicodemismo, 100, 107
Nobre, Domingos (Tomacaúna), 284
Nóbrega, Manoel da, 269, 273
Nogueira, Vicente, 410n
Nova Espanha: relativismo religioso na, 206
Nova Inglaterra, 21, 373
Nova scientia de Niccolò Tartaglia, 278
Novellino, 72
Novinsky, Anita, 301, 407-9n, 427-9n
Novo Mundo: descoberta e impacto sobre o conceito de salvação, 66; examinando opiniões dissidentes ou heterodoxas no, 188; possibilidade de salvação entre os povos autóctones do, 231

Oberman, Heiko, 19, 387n
ocultismo, 152, 234, 259, 304
Olivares, conde-duque de, 22, 134, 172, 327, 409n
Oliveira, Fernão, 247, 420n
Oliveira, Francisco Xavier de, 332
Orã, posto avançado espanhol em, 131

Orígenes de Alexandria, 17
Orobio, Baltasar Alvares de, 98-9, 400*n*
Osorio, Jerónimo de, 279

Paiva, José Pedro, 153
Paixão, Diego de, 339
Palacios Rubios, Juan de, 67, 190
Pastor bonus (Pio II), 246
paz sem unidade religiosa, 73
Pedro de Zamora (frei), 208
Pelágio, 17, 65, 210
pensamento, Inquisição mais preocupada com ele do que com as ações, 51-2, 58
Peregrinação (Mendes Pinto), 288
Peregrino da América (Marques Pereira), 302, 429*n*
Pérez de Chinchón, Bernardo, 109, 402*n*
Pernambuco, 181, 270, 279, 282, 294, 297, 308, 334
Pighi, Albert, 69
Pio II, papa, 246
Pio XII, papa, 382
Poma de Ayala, Felipe Guaman, 232
Pombal, marquês de, 322, 326, 331, 333, 353, 358, 431-2*n*
Portugal: abolição da Inquisição em, 382; apreço por Maurício de Nassau, 299; como campo de batalha cultural, 322; considerações políticas ao tratar de judeus e cristãos-novos, 159-60; dúvidas religiosas em, 148-9; emigração de (ligada à extorsão), 159; ênfase na herança judaica e muçulmana, 80; fim da distinção entre cristãos velhos e novos em, 330-1; Iluminismo em (chegando ao campo), 353-4; império de, 269; judeus convertidos em, 154-5; ligação entre cristãos velhos e novos na sociedade de, 159; muçulmanos em, 154; negociações (extorsão), 159; opondo-se a Filipe IV da Espanha, 298; permissão de liberdade religiosa em, 382; perseguições em, 46, 331; preocupações da Inquisição em, 149, 151-2, 154-5, 157-8, 160; quatro tribunais da Inquisição funcionando em, 156; reformas do governo no século XVIII, 331; religiosidade em, 151-2; sociedade de, 148; suspensão da Inquisição em, 160; tolerância no Iluminismo de, 330-1, 333-4
Prado, Juan (Daniel) de, 101, 400*n*
Problema da incredulidade no século XVI, O (Febvre), 121
proposições (*proposiciones*): campanha contra, tentando deter a difusão da heresia, 46; características das pessoas acusadas e processadas, 375-6; clérigos acusados, 47; predomínio em tribunais americanos, 198; processos, 42, 45-6, 48, 54, 59
Prosopopeia (Teixeira), 279
protestantismo, 44, 47-8, 120, 198, 285, 347, 351, 370, 376; atitude em relação a (nas Índias), 219, 220; desafio do, 47; processos por, 47; sentimentos sobre o, 135-6
Provisorato, 264, 266, 424*n*
purgatório, 47, 67, 71, 119, 121, 149, 232, 234-5, 256, 273, 280, 309, 323, 342, 345

quacres, 328
Queijo e os vermes, O (Ginzburg), 15
Quetzalcoatl, 207, 415*n*
Quevedo, Francisco de, 223, 417*n*

Ratzinger, Joseph, 383
Raynal, Guillaume-Thomas François, 316, 328, 433*n*
Real Mesa Censória (Portugal), 324, 432*n*
Reay, Barry, 370, 438*n*
Redemptoris missio (João Paulo II), 440*n*
Redi, Francesco, 430*n*
Reforma, efeito sobre a questão da salvação, 72
Refranero de Correas, 82
refraneros (coleções de provérbios), 126
relativismo religioso, 15, 28, 32, 121, 149, 165, 206, 213, 244, 262, 264, 275, 285, 288, 369, 376, 439*n*; entre a população, 206; exemplos americanos, 262
relativistas, 30, 32-3, 90, 125, 136-7, 141, 214, 264, 322, 439*n*
religião local, 263
"religião natural", 320
religiões ameríndias coexistindo com o cristianismo, 244, 259, 261
religiões indígenas, transformação das, 265
religiões monoteístas: coexistência conflituosa entre as, 76, 79; impacto mútuo em questões religiosas, 79; intimidade beligerante entre as, 81-2, 84-5, 87, 89-90; representando modos de vida, 74-5; servindo lado a lado, 74; tendências contraditórias, 127; violência ritualizada entre as, 80
religiões, validade de todas (origem do conceito), 212, 213
religiosidades híbridas, 265
renegados, 115-6, 118-9, 235, 236
Révah, I. S., 99, 399-400*n*, 408*n*, 410--1*n*
Revolução Francesa, 325-6, 379
Ribeiro, Domingos, 297
Ribera, Daniel de, 98
Ribera, Juan de, 77, 396*n*
Rocha, António da, 280
Rodrigo de São Pedro (frei), 305
Rodrigues de Sousa, Antonio, 355
Rodrigues, Luiza, 285
Romeiro, Adriana, 141, 280, 406*n*, 425-6*n*, 430*n*
Rousseau, Jean-Jacques, 316, 319, 330, 338
Ruíz de Gamboa, Martín, 244

Salazar, António, 382
salvação: discurso com finalidades protonacionalistas, 163; entrelaçada com a tolerância, 16; falta de clareza a respeito na Bíblia, 61-2; ideias não limitadas a um só grupo social, 376; imperativo da, 64; importância teológica como critério de ortodoxia, 287-8; interpretação liberal da, 69; interpretações eclesiásticas alternativas sobre a, 162-3; no pensamento racional, 99; opiniões entre os portugueses sobre a, 160-1, 163-4, 166-7; para não-cristãos, 66, 68-9, 71-2; para os índios, 231-2, 235-6, 238-9, 241-2, 244; para todos (ou para

ninguém), 262; posição da Igreja mudando ao longo do tempo, 61; possibilidade para os povos do Novo Mundo, 231; possível em qualquer religião, 15; possível fora da Igreja, perseguição à ideia de, 61; primeiras abordagens à, 62, 65-6; questão controversa, 16-7
San Martín, Diego de, 89
San Martin, José de, 380
sanbenitos (trajes de penitência), 53
Sánchez-Albornoz, Claudio, 76, 395-6n
Sandoval, Alonso de, 249-50, 254, 421n
Santo Ofício da Inquisição, 26-7, 39, 355, 357-8, 378; *ver também* Inquisição
santos sem batismo, 227
Saraiva, Antônio José, 408n
Sarmiento, Dom Diego, 130
Sarpi, Paolo, 354
sebastianismo, 179
Sebastião, d., 147-8, 159, 411n
Sêneca, 227-8
Sepúlveda, Juan Ginés de, 190, 192
sexo fora do casamento *ver* fornicação
sexual, atividade: atitudes e crenças sobre a, 50-2, 55; ideias heterodoxas sobre a (indicando heresias mais graves), 203-4; nas Américas, 201, 203; no paraíso islâmico, 336; opiniões sobre (ligadas a ideias sobre a salvação), 240-2; proibições nas três fés, 200
Siete Partidas, 200
Silva Lopes, Josepha da, 287
Silva, Pedro da, 295, 300, 428n
sincretismo, 32, 92, 240, 244, 257, 261, 265, 268, 284, 286, 301, 304, 402n

sobrenatural na religião portuguesa, 152
"Sonetti di Burchiello" (Giovanni), 278
Soria, investigações em, 89-90
soteriologia, 16, 223, 261; *ver também* salvação
Sousa Coelho, Matheus de, 281
Sousa, Francisco de, 183
Spinoza, Baruch, 19, 22, 24, 97-102, 112, 230, 319
Stachouwer, Jacob, 296
Suárez, Francisco, 69
Sullivan, Francis A., 63
superstição no Brasil, 304, 306

tainos, povo do Caribe, 418n
Talavera, Hernando de, 112
Teles da Silva, António, 300
Tesouro de prudentes, 312
Testamento político (Vieira), 332
Thomas, Werner, 376, 390n, 414n
Toland, John, 122
Toledo, processos em, 45
toleracionismo, 327-8
tolerância: atitude nascente de, 22; casos americanos setecentistas de desejo de, 342-3, 345-6, 348, 349, 351-2; como fenômeno generalizado em toda a Europa, 365; e tolerantismo, 22; em relação a outras práticas religiosas, 21; no Iluminismo português, 330-1, 333-4; pouco a ganhar com a, 377; religiosa (conceito emergindo de diferentes opiniões sobre a salvação), 18; tema da (entrelaçado com a salvação), 16; vinda de diversas fontes, 215-7; vista como

conceito central no desafio à ortodoxia, 327
tolerantismo: ampliação dos estudos do contexto, 366; aumentando na Europa, 327-8; e tolerância, 22; grupos acusados de, 377
Tomás de Aquino, 51, 345
Tomás y Valiente, Francisco, 381, 391*n*
Torquemada, María Jesús, 388*n*
Tractatus Theologo-Politicus (Spinoza), 97
Traité des Trois Imposteurs, 102
Trattato de' costume et vita de Turchi (Menavino), 278

Unam Sanctam (Bonifácio VIII), 66
Unamuno, Miguel de, 381, 440*n*
universalismo, 62, 89, 91, 97, 102, 120, 139, 149, 191, 211, 215, 240, 375
universalistas, 31-2, 95, 125, 136, 143, 193, 242

Valdés, Juan de, 47, 67, 390*n*
Valladolid, processos em, 45, 48, 59
Valtanás, Domingo de, 227-8, 263, 418*n*
Van der Ley, Gaspar, 297
Vanini, Giulio Cesar, 122

Vasallo instruido, El (Joaquín de Finestrad), 380
Vasconcelos, Simão de, 311, 430*n*
Vega, Lope de, 128-9, 173
viagens, ligadas à tolerância, 133
Viaje a Turquia (Laguna), 278
Vicenza, Lucrecia, 304
Vieira, António, 22, 134, 160, 168, 171, 179, 272, 297
Vieira, João Fernandes, 296, 428*n*
Vitoria, Francisco de, 68, 190, 412*n*
Voltaire (François-Marie Arouet), 19, 22, 49, 315-6, 319-20, 330, 335, 338-9, 353-4, 361, 366, 374

Wachtel, Nathan, 214, 399*n*, 416*n*, 424*n*
Walwyn, William, 372
Wijnants, Jan, 297
Williams, Roger, 328

Xavier, Francisco, 69

Yovel, Yirmiyahu, 97, 400*n*

Zapata, Manuel Francisco, 420*n*
Zárate, Maria de, 93, 215, 399*n*, 416*n*
Zohar, 131
Zumárraga, Juan de, 194

A marca FSC é a garantia de que a madeira utilizada na fabricação do papel deste livro provém de florestas de origem controlada e que foram gerenciadas de maneira ambientalmente correta, socialmente justa e economicamente viável.

ESTA OBRA FOI COMPOSTA EM MINION PELO ACQUA ESTÚDIO E IMPRESSA
PELA GEOGRÁFICA EM OFSETE SOBRE PAPEL PÓLEN SOFT DA SUZANO
PAPEL E CELULOSE PARA A EDITORA SCHWARCZ EM AGOSTO DE 2009